제6회 다산 기념 철학 강좌(2002. 10)

세속화와 현대 문명

● 제6회 다산 기념 철학 강좌(2002. 10) ●

세속화와 현대 문명

「 찰스 테일러(Charles Taylor) 지음 」
(김선욱 · 노양진 · 목광수 · 신혜영 · 윤평중 옮김)

철학과현실사

■ 역자 서문

찰스 테일러(Charles Taylor) 교수는 2002년 10월 27일에 입국하여 11월 3일 출국하기까지 모두 네 차례의 공개 강연과 대담을 통해 한국의 철학자들과 사상적 교류를 나누었다. 헤겔 철학 연구가로 또 공동체주의를 주장하는 사상가로 우리들에게 알려졌지만, 현대성(modernity)을 중심으로 한 이번 강연을 통해 우리에게 보여준 그의 사상적 깊이와 폭은 그보다 훨씬 큰 것이었다.

그는 1931년에 캐나다 퀘벡 주 몬트리올에서 출생하여 몬트리올 소재 맥길(McGill)대를 졸업한 후, 1953년에 영국으로 건너가 옥스퍼드대에서 철학 박사 학위를 취득하였다. 1961년에 귀국하여 맥길대 교수로 있으면서 활발한 현실 정치 활동을 하였고, 1971년에는 정치 일선에서 물러나 학문적 활동에 전념하였다. 1976년부터 옥스퍼드대에서 석좌 교수로서 도덕철학 및 정치 이론 강의를 하다가 캐나다 분리주의가 득세하자 1979년에 다시 캐나다로 돌아와 맥길대에서 철학 및 정치학 교수로 재직하면서 퀘벡 주 분리 운동을 둘러싼 캐나다의 국가 위기 수습에 앞장을 섰다. 1995년에 후학들을

위해 조기 은퇴 후 강연과 저술 활동에 몰두하고 있다. 1999년 봄
에버딘대에서 기포드 강의를 하였고, 2000년 봄 가다머 100세 기념
으로 비엔나 인문학연구소 특강을 하기도 하였다.

여기에 수록된 테일러의 서문은 목광수, 제1강연은 신혜영, 제2강
연은 윤평중, 제3강연은 노양진, 제4강연은 김선욱이 각각 번역하였
다. 여러 사람들이 나누어 번역한 까닭에 번역어의 선택과 어투가
완전히 일치하지 못한 점이 있음을 양해해주시기 바란다. 아울러
이 책의 말미에 『철학과 현실』에 수록되었던 찰스 테일러와 윤평중
교수의 대담과, 『에머지』에 게재되었던 찰스 테일러를 개괄적으로
소개하는 김선욱 교수의 글을 수록하였다.

이 책이 나오기까지 수많은 분들의 배려와 수고를 기억하지 않을
수 없다. 테일러 교수를 초빙하는 모든 과정과 강연의 모든 순서와
관련하여 수고를 아끼지 않으신 위원장 서강대 종교학과의 길희성
교수님, 이 강연을 주최한 한국철학회의 회장이신 이화여대의 정대
현 교수님, 재정적인 후원을 통해 올 들어 7번째 강연에 이르기까지
도움을 주신 명경의료재단과 이사장 황경식 교수님, 또 강연과 관련
하여 많은 수고를 해주신 전남대와 경상대 철학과 여러 교수님들의
도움에 감사를 드린다.

서둘러 내놓아 불비한 점이 많지만, 한국철학계에 도움이 되는
자료이기를 바란다.

2003년 10월 1일

역자 일동

차 례

▣ 저자 서문

이 책에 실린 네 편의 논문은 내가 추진하고 있는 연구 중 일부분이다. 이 연구는 근대 서양이 "세속" 문명의 중심지라는 특성을 다루고 있다. 물론 많은 사람들이 이미 이러한 특성에 대해 말해왔으며, 나는 그들의 언급을 거부하고 싶지 않다. 그러나 나는 많은 사람들이 근대 서양의 특성에 관하여 언급하고 있음에도 불구하고, 이런 언급이 갖는 의미에 대해서 충분히 알고 있는 사람은 아무도 없다고 생각한다. 지난 몇 년간, 나는 이러한 의미가 무엇인가라는 문제에 대답하기 위해 준비해왔다. 그리고 나는 1999년 에든버러대의 기포드 강좌(Gifford Lectures)에서 특별히 이 문제를 다루었다.

어떻게 세속화가 등장하였는가? 그리고 내가 그 발전 과정에 대해 설명하고자 하는, 세속 시대란 정확히 말해 무엇인가? 세속화를 설명하는 데에는 공적 삶과 종교의 분리, 종교적 믿음과 종교 행위의 쇠퇴 등의 다양한 방식들이 있을 수 있다. 앞으로 나는 이러한 방식들을 다루겠지만, 특히 나는 우리 시대의 또 다른 측면에 관심을 갖고 있다. 또 다른 측면의 내용은 신에 대한 믿음이나 초월적인 것에 대한 믿음이 반박되고 있다는 점, 종교적 믿음이 선택 사항에 불과하다는 점, 그리고 이로 인해 종교적 믿음이 상실되기 쉽다는 점이다. 그런데 이러한 모습은 어떤 사회에 살고 있는 사람들에게는 이해하기 어려운 상황이며, 심지어 "괴이하기"까지 한 상황이다. 500년 전의 우리 문명에서 보면 그러했다. 당시 대부분의 사람들에게 불신앙이란 있을 수도 없었고, 생각조차 할 수 없는 것이었다. 더욱이 이런 생각은 근대 서양뿐만 아니라 당시의 모든 인간 사회에서도 마찬가지였다.

그렇다면 세속적 분위기가 형성되기 위해 어떤 상황이 선행되어야 했겠는가? (1) "자연적인" 것과 "초자연적인" 것을 명확하게 구분하는 문화가 발달했어야 했다. (2) 자연적인 것만을 가지고도 인간의 모든 생활이 가능해보여야 했다. 나는 (1)은 의도되었던 것인 반면, (2)는 처음엔 아주 우연히 생겨났다고 생각한다.

나의 주장을 제시하기 전에, 먼저 (1)과 (2)가 결합되어 나타나는 변화가 인간사에서 매우 중요하고 주목할 만한 사건임을 말해두고 싶다. 물론 문명 발달 과정에서 이러한 "세속적" 전환은 예견되었던 것은 아니다. 그렇기 때문에 세속적 전환에 대해서 역사적 관점에 입각한 설득력 있는 설명이 제시되어야 한다.

그런데 학계 일부에서 주도적이고 지배적인 담론들 때문에 세속적 전환 문제를 다루려는 시도가 어려움을 겪고 좌절되고 있다고 나는 생각한다. 기존의 지배적인 담론들의 영향으로 세속적 전환은 실제보다 덜 주목할 만한 것으로 보이게 된다. 어떤 의미에서 보면, 이러한 담론들 때문에 세속적 전환은 "일반적"이거나 "자연스러운" 것으로 생각된다. 나는 앞으로 "신의 죽음", "삭감 담론"이라는 용어를 사용하여 이러한 담론들의 주요 특징을 설명하고자 한다. 논의가 전개되는 과정에서 내가 제시하려는 주장뿐만 아니라 이러한 담론들도 명시되길 바란다.

특히, 나의 목적은 (2)를 설명하려는 것이다. 즉, 내가 "닫힌" 세계 혹은 "수평적" 세계라고 부르는 근대 사회 체제를 탐구하려고 한다. 이러한 표현은 하이데거(Heidegger)적 의미인 "수직적"인 것 또는 "초월적"인 것이 존재할 여지를 남겨두지 않는다는 것을 의미한다. 오히려 닫힌 세계라는 표현은 초월적인 것에 대해 어떤 식으로든 닫혀 있으며 이것을 접근 불가능하고 심지어는 사고 불가능한 것으로 생각한다는 것을 의미한다.

오늘날 우리에게 닫힌 세계는 "일반적"인 세계가 되었다. 그러나 앞에서 언급했던 것처럼, (라틴 기독교 제국으로 알려진) 500년 전의 서양 문명에서 보면, 닫힌 세계라는 개념은 매우 놀라운 개념이었다. 그 당시 대부분의 사람들에게 불신앙은 생각조차 할 수 없는 것이었다.[1] 그러나 오늘날은 전혀 그렇지 않다. 그래서 어떤 사람들은 어떤 사회 여건에서는 믿음이라는 것이 생각조차 할 수 없는 것이라고 주장하고 싶을지도 모르겠다. 그러나 이런 식의 과장은 오히려 균형 감각이 부족하다는 것을 드러낼 뿐이다. 오히려 가장 호전적인 무신론에서부터 가장 교조적인 전통적 유신론으로까지의 모든 가능한 입장이 오늘날 사회의 어느 곳에서 주장되고 옹호된다고 말하는 편이 더 사실일 것이다. 각 사회 영역마다 어떤 입장을 생각조차 할 수 없는 것으로 간주하겠지만, 이런 입장이 무엇인지에 대해서는 각 사회 영역마다 다를 것이다. 기독교 사회에서 무신론자를 이해하기 어려운 것처럼, 특정 학문 영역에서는 (다소 다른 방식이지만) 기독교인을 이해하기가 어렵다. 그러나 물론 어떤 입장에 대해서 이해하기 어려워하는 사람들도 다양한 대안이 있으며, 자신들이 전혀 인정할 수 없는 대안이 같은 사회의 다른 영역에서는

---

1) Lucien Febvre, *Histoire de l'Incroyance*를 보라.

가장 적합한 방안일 수 있다는 것을 알고 있다. 그들이 그러한 사회를 적대적으로 바라보든 아니면 단지 혼란스럽게 바라보든 간에 말이다. 다양한 입장들이 있다는 사실을 인정하게 되면서, 각각의 사회 영역에서는 생각 가능함 / 생각 불가능함이라는 그 사회적 입장이 불확실해졌고 혼란스러워졌다.

많은 사람들은 어떤 사회적 입장에 확고하지 않으며 때로는 혼란을 느끼기도 한다. 또한 많은 사람들은 다양한 입장들 사이에서 갈등하기도 하며 임시 변통으로 중립적 입장을 취하기도 한다. 이러한 모습으로 인해 사회적 혼란은 심화된다. 많은 사람들이 다양한 입장들 사이에서 갈등하기 때문에, 안정된 사회에서 때때로 훨씬 더 심각한 의혹들이 제기된다. "자유주의자"와 "근본주의자" 사이에서 일어나는 근대 미국의 문화 전쟁에서 볼 수 있듯이, 이러한 양극단의 입장들은 서로의 주장을 단지 미친 소리나 쓸데없는 소리로 치부해버릴 수 있다. 그러나 보통 양극단 사이에 있는 입장들은 쉽게 사라지지 않는다.

나는 믿음을 정당하지 못하거나 이상한 것으로 생각하는 세계를 설명하고자 한다. 그런데 이러한 설명에는 세 가지 종류의 일반화가 포함되는데, 각각은 문제점 또한 내포하고 있다.

a) 내가 설명하고자 하는 것은 전체 세계가 아니라 "세계 구조들"이다. 즉, 내가 설명하는 것은 경험과 사유가 형성되고 정합되는 방식의 모습이나 특징이지, 이러한 경험과 사유가 구성하는 전체 세계는 아니다. b) 나는 어떤 구체적인 인간 세계를 기술하지는 않을 것이다. 세계는 사람들이 거주하는 그 무엇이다. 세계는 사람들이 경험하고, 느끼고, 의견을 말하고, 보는 것 등 다양한 것들을 포함한다. 그런데 다양한 대안들 사이에서 갈등하는 사람들의 세계는 하나의 대안을 확신하는 사람들의 세계와 다르다. 나는 [유사-베버(Weber)적 의미의 "이상적 형태"인] 어떤 세계 형태를 설명하고자

하지만, 이것은 분명히 인간들의 실제 세계와 일치하지 않을 것이다. c) 설명 과정은 지적 분석을 포함한다. 사람들은 관념을 통해 실제 경험을 파악한다. 그리고 많은 경우는 만약 문제 제기하고 논쟁하는 과정을 통해서 관념들이 저절로 해명되지 못한다면, 논의에 관련된 사람들이 의식적으로 사용하지 못하는 관념들을 통해 실제 경험을 파악해야 한다.

비록 일반화가 문제점을 갖고 있음에도 불구하고, 나는 일반화 작업이 매우 가치 있다고 생각한다. 왜냐 하면, 일반화 과정을 통해 어떤 세계 구조 내에 대안이 존재한다는 사실에 대해 알지 못한 채로 살아갈 수 있는 방식이 무엇인지를 우리가 직시할 수 있기 때문이다. 비트겐슈타인(Wittgenstein)이 말했듯, 하나의 "이론"은 "우리를 사로잡을" 수 있다.[2] 이렇기 때문에 두 명 또는 두 개의 그룹의 경험과 사고가 두 개의 서로 다른 이론에 의해 구조화했을 때, 이들이 서로 논쟁하는 것은 불가능할 수 있다.

나는 초월적인 것에 대해 닫혀 있는 세계 구조를 설명하려고 한다. 이러한 닫힌 세계 구조의 대부분은 라틴 기독교 제국과 이를 계승한 문명들에서 "자연적"이라고 불리게 된 것들과 "초자연적"이라고 불리게 된 것들이 둘로 명확히 구분되는 오랜 과정 가운데 형성되었다. 역사적으로 볼 때 이러한 명확한 구분은 다른 문명 세계에서는 매우 낯선 것이다. 신성한 것과 세속적인 것, 더 높은 존재와 세상의 존재 사이 등의 구분은 언제나 있어왔다. 그러나 "마법에 걸린" 세계라고 불리는 이전 시대에는, 현실을 이렇게 둘로 구분하는 것이 불가능할 정도로 상호 뒤섞여 있었다. 더욱이 특정한 시기, 장소, 행동 또는 특정한 사람들에게 신성한 것은 강조되었다. 자연적인 것과 초자연적인 것의 구분은 "자연적인" 것이 그 자체로 기술되고 이해될 수 있게 되었음을 함축한다. 더 나아가서, 이러한 구분

---

2) "Ein Bild hielt uns gefangen", *Philosophical Investigations*, para 115.

은 **유일한** 실재를 선언하기 위한 전제 조건이 된다. 왜냐 하면, "자연적인" 것을 자율적인 질서로 확고하게 받아들일 때만 "초자연적인" 것은 부정될 수 있기 때문이다.

나는 앞으로 몇 개의 닫힌 세계 구조를 살펴보고, 이를 통해 영적인 것, 신성한 것, 초월적인 것을 경험하지 못하는 근대의 몇 가지 특징을 고찰하고자 한다. 물론, '초월'이라는 용어는 자연적인 것과 초자연적인 것이 구분되는 사회에서만 가장 명확하게 이해된다. 왜냐 하면, 초월이라는 것은 자연적인 것을 "넘어서는" 것을 의미하기 때문이다. 이 개념을 중세 소작농에게 설명하기는 어려우며, 설명하는 과정에 이 개념 자체가 다른 개념으로 빠르게 변질될 것이다. (예를 들어, 성자들의 왕국에 반대되는 개념으로 하나님의 나라를 이해하는 것) 그리고 예를 들어 한국의 독자들에게 친숙한 유교와 같은 매우 복잡한 세계관에서는 '초월'이라는 개념은 거의 이해될 수 없다. 그러나 우리는 닫힌 세계 구조라는 문제를 논의하기 위해 몇 가지 용어를 사용해야 하며, 이러한 용어들은 어떤 시대에서만 이해되며 다른 시대에서는 이해되지 않을 것이다. 따라서 나는 우리에게 이해될 수 있는 하나의 용어를 사용하고자 한다.

우리 시대는 초월이라는 개념에 대한 이견과 갈등으로 가득 차 있다. 이러한 갈등은 때때로 몹시 심하고 강렬하게 일어나기도 하며, 서로 의사 소통조차 되지 않을 때도 많다. 나는 주요한 닫힌 세계 구조에 대해 이 연구가 이러한 갈등들이 갖고 있는 차이점에 대해서 그리고 상호 주장에 대해서 명확히 밝혀줄 것으로 기대한다. 궁극적으로 나는 세 개의 닫힌 세계 구조를 살펴보려고 한다. 그러나 세 가지 논의는 다루는 중요도 면에서 서로 다르다. 나는 세 개의 닫힌 세계 구조들 중 (역사적 순서에서가 아닌 제시되는 순서에서) 두 번째와 세 번째 닫힌 세계 구조에 주목할 것이다. 왜냐 하면, 이들 두 구조가 중요도 측면에서 가장 의미 있기도 하지만, 지금까지 가장 덜 연구되고 덜 이해되었다고 생각하기 때문이다.

닫힌 세계 구조 1 : 여기에서 나는 근대 인식론을 소개하고자 한다. 나는 근대 인식론이 널리 알려진 내용 그 이상이라고 생각하지만, 여기서는 나의 용어법에 따라 한 층위인 기저 이론으로 간주한다. 즉, 단지 부분적으로만 인식되면서도 사람들이 생각하고, 논쟁하고, 추론하고, 사물의 의미를 파악하는 방식을 통제하는 기저 이론으로 근대 인식론을 간주한다.

근대 인식론을 간략하게 설명해보면, 근대 인식론에서는 주체를 개체로 간주한다. 그리고 개체는 만약 내적 표상이 (초기의 변형 과정에서) 심적인 그림이나 또는 더욱 근대적인 의미에서 참으로 인식되는 문장 같은 것으로 이해된다면, 개인들은 그들이 습득하고 내적 표상으로 표현하는 정보를 더욱더 포괄적인 이론에 따라 조합하고 연결함으로써 세계에 대한 이해를 증진시킨다.

근대 인식론의 특성은 일련의 선후 관계를 설정한다는 점이다. 자아와 자아의 상황에 대한 지식은 외부 실재와 타자에 대한 지식 이전에 얻어진다. 중립적 사실로서의 실재에 대한 지식은 그 지식에 다양한 "가치들"과 연관성을 부여하기 전에 얻어진다. 그리고 당연하지만 "이 세계" 사물에 대한 지식, 다시 말해 자연적 질서에 대한 지식은 그 지식을 초월하는 힘과 실재에 대한 어떠한 이론보다도 앞선다.

근대 인식론이 근대 과학과 연결되면서 때때로 하나의 닫힌 세계 구조로 작동한다. 근대 인식론의 특징인 선후 관계를 통해 우리는 무엇을 무엇 이전에 알게 된다는 것을 배울 뿐만 아니라, 무엇이 무엇을 기초로 하여 추론될 수 있다는 것도 배운다. 따라서 이러한 선후 관계는 상호간에 토대 관계를 설정한다. 예를 들면, 나는 나의 표상을 통해서 세계를 인식하는 것이며, 나는 가치 부여 이전에 세계를 사실로 인식해야 한다. 그리고 만약 초월적인 것이 있다면 자연적인 것에서부터의 추론을 통해 초월적인 것을 인식해야 한다. 이러한 선후 관계 설정은 닫힌 세계 구조로 작동될 수 있는데, 왜냐하면 이러한 인식 과정에 따르면 초월적인 것에 대한 추론이 추론 과정에서 가장 마지막 부분에 위치되며, 이로 인해 가장 논박되기 쉽기 때문이다. 초월적인 것에 대한 추론은 근대 인식론에서 보면 가장 문제가 많은 추론이다. 사실상, 만약 추론 과정의 초기 단계(예를 들어 "타인의 마음"에 대한 추론)에서 동의가 이루어지지 못한다면, 초월적인 것에 대한 추론은 매우 의심스럽게 될 것이다.

이제 나는 우리 시대에 닫힌 세계 구조가 작동하는 방식, 즉 한편으로는 논박 받으면서도 다른 한편으로는 자신을 유지하는 방식을 설명하기 위해 인식론적 논의를 살펴보고자 한다.

우리는 모두 인식론적 논박에 대해 잘 알고 있는데, 왜냐 하면 이 강좌에 참석한 사람들 대부분이 인식론 논쟁에 참여해왔기 때문이다. 그런데, 인식론에 대한 반박의 전형적인 사례인 하이데거(Heidegger)와 메를로-퐁티(Merleau-Ponty)를 살펴본다면, 우리는 근대 인식론은 완전히 본말이 전도된 이론이라는 사실을 알게 될 것이다. 1) 우리의 세계 파악은 외부 세계에 대한 내적 표상의 포착만으로는 이루어지지 않는다. 현대 용어에 따르면, 내적 표상은 아마도 참으로 인정되는 문장일 것이다. 그러나 표상은 오로지 표상이 우리에게 포착할 때만 의미가 있는데, 왜냐 하면 이러한 표상이 물질적인, 사회적인 그리고 문화적인 존재인 세계를 계속적으로 경험하는 과정에서 우리에게 던져진 것이기 때문이다. 따라서 세계 경험은 결코 표상이라는 용어로는 설명될 수 없으며, 세계 경험은 표상이 의미를 갖는 바탕이 된다. 2) 앞에서 암시되었듯이, 세계를 경험하는 활동과 이 활동에 담겨 있는 이해는, 무엇보다도 우리의 개별 활동과 관련된 것이 아니다. 오히려 우리 각자는 사회적 "게

임"이나 활동으로서 이런 활동에 참여하게 된다. 그런데 활동이 전개되면서 이러한 활동들 가운데 일부는 우리에게 개체로서의 위치를 가지라고 요구한다. 그러나 우선적으로 보면 우리는 사회적 활동의 일부다. 3) 세계를 경험하는 과정에서, 우리가 경험하는 것들은 우리가 1차적으로 가장 먼저 만나는 대상이 아니라 하이데거가 "프라그마타"라고 부른 것들이다. 프라그마타는 경험에서 핵심이 되는 것들로서 나중에가 아니라 우리에게 처음 보일 때부터 가치와 의의와 의미가 있는 것들이다. 나중이 되어서야 우리는 경험 활동에서 벗어나 대상을 객관적으로 고려할 수 있게 된다.

4) 후기 하이데거에서 이러한 의미들은 우리 삶의 모든 방식인 의미의 총합을 구조화하면서 더 높은 지위를 갖는 몇몇 의미들을 포함한다. "사방(四方)"을 형성하는 데에서 우리의 세계가 형성되는 이러한 맥락에는 네 개의 축인 땅과 하늘, 인간 그리고 신적인 것이 있다.

비록 근대 인식론의 해체를 주장하는 사람들이 전부 네 번째 단계에 찬성하는 것은 아니지만, 이러한 주장들이 근대 인식론의 특성인 선후 관계 주장의 완전한 포기를 주장한다는 것은 명백하다. 이러한 주장들에 따르면, 근대 인식론에서 나중에 추론된 것이나 부가된 것으로 간주되는 것들이 우리의 근원적 상태로 생각된다. 이런 것들을 지탱하는 것들은 없으며, 이런 것들을 논박한다는 것은 말도 안 된다. 하이데거는 『존재와 시간』에서 "철학의 스캔들"은 외부 세계에 대해 확실성을 획득하는 것이 불가능하다는 것이 아니라, 이런 불가능이 문제로 여겨져야 한다는 사실이라고 말하고 있다. 우리는 세계를 경험하는 주체로서의 지식만 가질 뿐이다. 또한 이 지식은 우리가 직접 다루고 있다는 점에서 의심의 여지가 없는 지식이다. 그런데 가치를 배제한 채 사물을 중립적으로 파악하는 행위에서는 어떠한 선후 관계도 요구되지 않는다. 마찬가지로 사회를 배제한 개인의 감각 과정에서도 어떠한 선후 관계가 요구되지 않는다. 우리의 가장 근원적 정체성은 새로운 플레이어로서 과거의 경기로 우리를 인도하고 있는 것이다. 비록 우리가 네 번째 단계를 부가하지도 않으며 신적인 어떤 것을 피할 수 없는 인간 행동의 바탕으로 여기지 않음에도 불구하고, 이 네 번째 단계가 긴 추론의 연쇄에서 가장 멀리에 위치하여 논박되기 쉬운 추론이나 부가물이라는 사실 자체는 근대 인식론을 폐기함에 의해서 완전히 사라진다. 새로운 인식론은 새로운 닫힌 세계 구조 속에서 구축될 수는 있지만, 인식론이 그랬던 것과 같은 직접적이고 명백한 방식으로 자기 자신을 닫힌 세계 구조로 만들지는 않는다.

우리는 위 설명을 통해, 닫힌 세계 구조가 작동하고, 공격받으며, 자기 자신을 방어하는 일반적 방식을 배울 수 있다. 그 자체로 보면 근대 인식론은 문제가 없는 것 같다. 근대 인식론은 지각 과정과 지식 습득 과정을 반성하는 과정에 나타나는 명백한 발견으로 간주된다. 근대 인식론의 대표적 인물들인 데카르트, 로크, 흄은 우리가 경험 그 자체를 반성적으로 검토하고 있을 때가 바로 명백한 것에 대해서 말하고 있는 것이라고 주장했다.

그런데 해체의 관점에서 볼 때 이러한 생각은 매우 심각하게 자기 맹목적이다. 경험이라는 것은 확실성의 근거로 개별적인 것, 중립적인 것, 정신 내적인 것에 우선성을 둔 영향력 있는 이론에 의해서 구성된 것에 불과하다. 이 이론을 주도한 것은 무엇인가? 바로 자신의 사고 과정을 반성적으로 통제하는 독립되고 해방된 주체, 즉 후설(Husserl)의 유명한 구절인 "자기-책임적" 주체가 갖는 특정한 "가치들", 덕목들, 탁월성이다. 여기에는 독립의 윤리, 자기 통제의 윤리, 자기 책임의 윤리 그리고 통제를 가져오는 해방의 윤리가 있다. 즉, 권위에 순종하라는 평안한 위로에 대한 거부와 용기, 마법에 걸린 세계가 주는 위안에 대한 거부, 감각의 자극에 굴복하는 것에 대한 거부를 요구하는 자세가 바로 그것이다. "가치"에 의해 제시된 이 도덕 이론은 주의 깊고, 객관적인, 편견 없는 정밀 조사로부터 생겨난 것으로 생각된다. 그리고 이 이론은 처음부터 "발견"의 전체 과정을 이끌면서 거기에 있었던 것으로 제시된다.

당신이 해체적 관점을 취한다면, 닫힌 세계 구조는 더 이상 이런 방식으로 작동할 수 없다. 닫힌 세계 구조는 "초월적" 가치와 같은 특정한 가치를 다른 가치들보다 더 문제시하는 중립적인 관점을 우리에게 제공하는 것처럼 보였다. 하지만 우리는 이제 닫힌 세계 구조가 스스로의 가치 체계에 의해 움직인다는 것을 안다. 따라서 닫힌 세계 구조의 "중립성"은 거짓이다.

다른 관점으로 보면, 어떤 의미에서 닫힌 세계 구조는 사물에 대한 특정한 관점을 "중립화한다". 이것은 단지 원래 사물이 있는 방식일 뿐이며, 당신이 편견 없이 경험을 살펴본다면 이 관점은 보이는 그대로다. 이러한 논의에서 "자연적인 것"은 일종의 "사회적으로 구성된 것"과 대립된 개념이다. 그러나 해체적 관점에서 보면, 당신은 이러한 견해와 전혀 다르게 말해야만 한다. 우리는 어느 날 눈도 한 번 깜박하지 않고 응시하여 근대 인식론을 발견한 것이 아니다. 오히려 근대 인식론은 인간 정체성의 새로운 역사적 형성, 즉 해방되고 객관화된 주체의 관점으로부터 사물들이 보일 수 있는 방식이다. 이 과정은 사회와 사회적 실천의 대변화와 동시에 인간 정체성의 재발명과 재창조를 포함한다. 따라서 이전의 정체성이 벌거벗은 자연의 순수한 빛 속으로 단순하게 한 걸음 내디딘 것이 아니다.

현대의 닫힌 세계 구조의 특징은 근대 인식론적 관점들이 현대인들에게는 이런 식의 자연화된 방식으로 이해된다는 것이다. 현대인들이 이렇게 이해하기 때문에 그들은 과거의 신화나 환상으로 돌아가는 것 이외의 대안을 생각하지 못하며, 따라서 이런 이해로 인해 닫힌 세계 구조는 더욱 강화된다. 강화된 닫힌 세계 구조 내에 사람들은 마치 이것이 가장 강력한 논변인 것처럼 생각하고 투쟁하는데, 이는 그들이 과거로의 회귀 이외의 다른 대안을 생각할 수 없기 때문이다. 자연화 담론은 현대인이 자신의 기원이라고 생각하는 어떤 논의 과정에서 나타나는데, 나는 이것을 "삭감 담론"이라고 부른다.

그러나 이러한 생각을 발전시키기 위해서 나는 다른 좀더 내용이 풍부한 닫힌 세계 구조를 설명하고자 한다. 이 구조는 내가 구분한 두 번째와 세 번째 닫힌 세계 구조를 포함하고 있다. 이 논의는 사람들이 "신의 죽음"이라는 표현으로 제시하는 논의다. 물론 신의 죽음이라는 표현은 셀 수 없이 다양한 논의에서 사용된다. 나는 논의된 모든 방식을 다룰 수는 없으며, 또한 (비록 나의 표현이 원래의 표현과 크게 다르지는 않다고 생각하지만)3) 나는 이 표현의 최초 사용자를 단순하게 따르지도 않을 것이다. 만약 내가 이 표현의 핵심 생각이 바로 정직하게, 합리적으로, 혼란이나 속임수 그리고 정신적 갈등 없이 신을 믿는다는 것이 불가능하게 된 상황이 등장하였음을

---

3) "신은 죽었다"는 구절은 니체(Nietzsche)의 『즐거운 학문』 125단락에 등장한다. 니체는 357단락에서 다음과 같이 말한다 : "사람들은 실제로 기독교의 신을 이긴 것이 **무엇인지**를 안다. 즉, 기독교의 도덕성 그 자체, 점점 더 엄격하게 다루어지는 참의 개념, 어떤 희생을 치러서라도 얻으려는 학문적 양심과 지적인 결백함으로 이해되고 승화되는 기독교적 양심의 고해 신부적인 고상함이 바로 그것이다. 자연은 신의 선함과 보호를 위한 증거인 것처럼 여겨진다. 또한 역사는, 신적 이성을 위해, 윤리적인 세계 질서와 궁극적 목적에 대한 불변의 증거로 해석된다. 또한 개인의 고유한 경험은 우리, 즉 신실한 인간들이 아주 오랫동안 해석해왔던 것과 마찬가지로, 마치 모든 섭리와 모든 징조가, 그리고 모든 것들이 인간 영혼의 행복을 위해 고안되고 마련되었다는 것처럼 해석된다. 그런데 이런 것은 이미 **지나갔다**. 이런 것은 양심에 **반**(反)한다. 이런 것은 모든 순수한 양심에게는 음탕함으로, 부정직함으로, 거짓말함으로, 여성스러움으로, 연약함으로, 소심함으로 여겨진다." 어디 부분에서 나의 해석이 니체의 주장과 일치하는지는 뒤에서 명백해질 것이다.

의미한다면 말이다. 이러한 상황 속에서 인간은 인간의 행복, 인간의 잠재력, 영웅주의 등 인간과 관련된 것을 넘어선 어떤 것도 믿지 못하게 된다.

그렇다면 이러한 상황은 어떠한 상황인가? 이 상황은 두 단계로 이루어져 있는데, 가장 중요한 단계인 첫 번째 단계는 과학의 구원이라는 단계며, 두 번째 단계는 현대 도덕 상태라는 단계다.

첫 번째 단계는 아마도 오늘날 작동하는 가장 강력한 닫힌 세계 구조인데, 이 단계의 핵심적 내용은 과학의 전반적인 주장이 유물론을 확립하는 것이라는 점이다. 이런 주장에 집착하는 사람들에게, 두 번째 단계인 현대 도덕 상태 논변은 불필요하거나 단지 부차적일 뿐이다. 이런 점에서 볼 때 과학만으로도 믿음이 왜 더 이상 가능하지 않은지를 충분히 설명할 수 있다. 이러한 생각을 모든 사람들이 공유한다. 즉, 복잡한 표현을 좋아하는 사람들이 "우리는 물질적인 세계에서 물질적인 존재로 존재한다. 세계의 모든 현상들은 물질적 실체들 사이의 물리적인 관계의 결과다(Lewontin, NYR, Jan 9, 1997, p.28)"라고 말하는 것으로부터, 마돈나(Madonna)가 사용한 "물질 세계에 사는 물질 소녀"라는 표현처럼 가장 단순하고 직접적인 표현을 좋아하는 사람들의 표현까지 모두 사람들이 공유하는 생각이다.

종교나 영성은 잘못된 신화적인 설명 그리고 [칼 세이건(Karl Sagan)이 인용한 르원틴(Lewontin)의 글에 표현된] "악마"에 의한 설명을 대체한다. 근본적으로 이러한 대체는 단지 명백한 진리와 관련된 문제다.

이러한 언급을 통해 도덕적인 문제가 등장하지 않는다고 말하는 것은 아니다. 도덕적인 문제는 왜 사람들이 현실에서 도망치는지, 왜 사람들이 계속하여 환상을 믿고 싶어하는지를 설명하는 과정에서 나타난다. 사람들이 환상을 믿고 싶어하는 것은 환상이 그들에게

위로를 주기 때문이다. 현실 세계는 우리에게 완전히 무관심하며, 어느 정도 위험하고 위협이 되기까지 한다. 어린아이일 때 우리는 우리 자신이 사랑과 관심에 둘러싸여 있어야만 한다고 생각하며, 그렇지 않으면 움츠러든다. 그러나 자라나면서 우리는 관심에 둘러 싸여 있는 환경이 인간의 영역을 넘어서지 못하며, 인간의 영역 내 에서도 그렇게 넓게는 확장되지 못한다는 사실을 배워야만 한다.

그러나 이러한 사고 전환을 하기란 무척 어렵다. 그래서 우리는 인자한 신에 의해 창조된 섭리적인 세계를 꿈꾸게 된다. 아니면 적 어도 우리는 세계가 궁극적인 휴머니즘 가치라는 점에서 의미 있다 고 생각한다. 섭리적 세계를 설정함으로써 우리는 위로를 얻을 뿐만 아니라 어깨의 무거운 짐들도 벗게 된다. 이런 관점에서 보면 사물 의 의미는 이미 주어진 것이다.

이런 입장에서 보면 종교란 유치하게도 용기가 부족해서 생겨난 것이다. 우리는 사나이답게 서서 현실과 직면할 필요가 있다.

계몽주의 시대 이후부터 계속된 전통적인 불신앙의 공격에는 종 교가 유치한 소심함 때문이라는 비난뿐만 아니라 종교가 혹독하게 인간을 훼손한다는 공격 또한 포함한다. 후자의 공격은 인간에 대한 자부심에서 비롯된 비난이다. 종교적 관점에서 보면 인간의 욕망은 검열의 대상이며 수치스러운 것이다. 더욱이 이러한 수치스러움은 종종 다른 사람에게도 부과되는데, 이로 인해 종교는 혹독한 고통의 원인이 되기도 하며, 이교도와 외부인들에 대해서는 잔인한 처벌을 가하기도 한다. 이러한 논의를 고려해볼 때 불신앙의 비판은 내가 다루는 것보다 훨씬 더 복잡하며 여러 경로로 이루어져온 것 같다. 그럼에도 불구하고 진리에 저항하는 가장 근본적인 이유는 소심함 때문이다라는 비판이 이러한 비판들 중 가장 널리 퍼진 비판이다.

불신앙적 태도에는 이러한 소심함과는 상반된 특징이 있다. 즉, 불신자는 당당하게 현실과 직면할 용기가 있다. 불신자는 인간이 혼자뿐이라는 사실을 안다. 그런데 이러한 사실로 인해 불신자는 의기소침하는 것이 아니라 오히려 휴머니즘 가치를 확신하고 거짓된 환상이나 위로 대신에 휴머니즘 가치를 추구하기로 결심한다. 따라서 불신자는 욕망을 수치스러운 것으로 간주하지 않는다. 더욱이 불신자는 어느 누구도 이교도로 배척할 이유가 없다고 생각하기 때문에 그의 박애 정신은 보편적이게 된다. 이상의 논의에서 볼 수 있는 것처럼 불신앙은 근대의 (배타적) 휴머니즘과 함께 발전한다.

근대 휴머니즘의 과학적-인지적 측면이 완전히 자기 지지적이라는 특징은 매우 중요하다. 합리적인 사람이라면, 자신이 어떤 도덕적 신념을 가지고 있는가와 무관하게 이런 특징을 인정할 것이다. 왜 어떤 사람들은 어떤 사실을 수용하고 다른 사람들은 이를 거부하는지를 설명하려고 할 때 당신은 이런저런 도덕적 근거를 제시하게 된다. 당신이 이러한 사실에 직면하는 성숙된 용기 있는 사람이 되어야 하기 때문에, 유물론적 과학과 휴머니즘적 확신은 서로 관련을 맺게 된다. 신앙을 거부하는 용기가 휴머니즘의 특징인 박애를 포용하게 되는 이유는, 우리가 단지 우리에게 남겨진 것으로 다른 인간을 도우려고 하기 때문이며, 우리가 이러한 방식을 문화적으로 발달시켰고 우리가 이런 행위에 가치를 두며 우리가 그렇게 하고자 한다면 계속 그렇게 할 수 있기 때문이다.

신자의 관점에서 보면 이 모든 것은 전혀 다르게 설명된다. 인식론적으로 볼 때, 근대 과학에서부터 도처에 만연한 유물론에까지의 논변은 신자들의 관점에서 보면 전혀 설득력이 없어보인다. 더욱이 이런 논변들을 더 세부적으로 다룰 때는 항상 더 많은 문제점들을 드러낸다. 오늘날 이러한 가장 좋은 사례로는 진화론, 사회생물학 등이 있을 것이다. 그러나 리처드 도킨스(Richard Dawkins)나 다니엘 데넷(Daniel Dennett) 등은 오히려 이런 사례들을 옹호하는 논변을 제시하고 있다.

따라서 신자들은 자신들의 논의를 보완하려고 노력한다. 즉, 결정적이지도 못한 논변을 왜 유물론자들이 그렇게도 열정적으로 믿으려고 하는지에 대해 신자들은 설명하려고 노력한다. 그런데 이러한 설명 과정에서 보면 앞에서 언급되었던 도덕적 관점이 앞에서와는 다른 역할을 감당하고 있다는 것을 알 수 있다. 즉, 도덕적 관점으로 인해 우리가 유물론적 입장에 맞서게 되는 것이 아니라, 오히려 과학으로부터 유래한 유물론을 불신앙으로 쉽게 인정하게 된다. 왜냐하면 유물론의 도덕적 관점이 매력 있고, 유물론적 관점에 따른 인간의 도덕적 상황이 외관상 타당해보이기 때문이다. 이러한 논의의 전체적으로 보면 타당해보이기 때문에, 우리는 이 논변을 아주 상세하게 살펴보지는 않는다.

그런데 어떻게 이것이 가능할 수 있는가? 틀림없이, 과학이 이런저런 것들을 보여주었기 **때문에** 논의가 전체적으로 타당해보이게 되었다. 이런 방식을 통해 인식적 도덕적 관점을 갖는 유물론적 이론 체계는 인정할 만한 이론, 즉 통념이 된다. 그러나 나의 가정은 이러한 통념은 실제와 다르며, 유물론적 이론 체계가 매력적으로 보이게 하며 확신을 주는 실제적인 힘은 이론 체계 내에 있는 도덕적 관점이라는 것이다.

이러한 가정은 모든 평안한 위로와 위안을 기꺼이 포기하며, 더욱이 세계를 파악하고 제어하게 되었으며, 불쾌한 진실을 용기 있게 인정할 줄 아는 사람들의 이러한 이상이 우리를 사로잡고 있다는 것을 의미한다. 그래서 우리는 그 이상을 우리 자신의 것으로 만들려는 유혹을 느끼게 된다는 것을 의미한다. 그리고 이러한 가정은 믿음, 헌신, 경건이라는 반(反)이상이 위안, 의미, 탈(脫)인간적 생활에 대한 여전히 미성숙한 욕망에 의해 너무나도 쉽게 일어날 수 있다는 것을 의미한다.

유물론적 이론 체계가 인식 과정을 통해 확립되었다는 생각은,

다윈 이후 빅토리아 시대의 사람들(post-Darwinian Victorians) 이후로 지금까지 계속되고 있다. 이에 따르면 어린 시절에 강한 믿음을 지녔던 사람들은, 비록 정신적으로 고통스럽더라도 어쩔 수 없이 자신의 믿음을 포기해야만 했는데, 이는 "다윈이 성경을 논박했기 때문이다." 틀림없이, 우리는 이러한 사람들이 어떤 의미에서는 도덕적으로 기독교적 관점을 선호했지만, 내적 고통이 어느 정도든간에 사실에 굴복해야만 했다고 말하고 싶을 것이다.

그러나 나는 이러한 주장을 거부한다. 즉, 명백한 사실에 기존의 도덕 입장이 굴복한 것이 아니라 오히려 더욱 크게 승리한 다른 도덕적 모델이 기존의 도덕 입장을 대체했다는 주장이다. 그리고 이 새로운 모델과 함께 권력 개념, 자유로운 주체성 개념, 자기에 대한 영적 지배 ("완충된 자아") 등의 많은 개념들이 변화하였다. 그러나 다른 한편에서 보면 어린 시절의 믿음은 여전히 유치한 채로 남아 있었다. 그럼에도 불구하고, 어린 시절의 믿음을 본질적으로 근본적으로 유치한 것으로 생각하게 되는 것은 너무나도 쉬운 것이었다.

물론 어린 시절의 믿음을 모두 버리는 변화는 고통스럽다. 왜냐하면 어린 시절의 믿음은 과거의 일부분으로서 뿐만 아니라 그 믿음이 약속했던 것과도 깊게 결부될 수 있기 때문이다. 그러나 이러한 고통조차도 믿음을 버리고 과학을 수용하는 변화를 막을 수 없었다. 위대한 빅토리아 시대의 무신론자들 중 많은 사람들이 기독교 가정 출신이라는 사실은 주목받아왔다. 그들은 기독교적 배경 속에서 자신들이 갖고 있는 정열적, 남성적, 박애적 관심은 새로운 세속적 모델 속에서 새로운 역할을 갖게 되었다. 즉, 상실의 고통에서 나타난 남성적 자기 정복 개념은 세속적 모델의 핵심 개념이 되었고, 배교를 옹호하는 개념이 되었다.4)

---

4) Stefan Collini를 보라.

따라서 "신의 죽음" 논변을 통해 근대 세속성의 도래 다시 말해 신앙이 처한 근대적 상황을 설명하려는 시도는 충분한 설득력을 갖지 못한다. 신앙을 문제시하고 어려움에 처하게 하거나 의심의 대상이 되게 하는 것은 단지 "과학"이 아니다.

  이렇게 말한다고 해서 과학(그리고 더 많은 "과학")이 근대 세속성 담론에서 중요한 위치를 가지며, 그것도 여러 가지 방식으로 차지하고 있다는 점을 부정하는 것은 아니다. 예를 들어보면, 과학으로 인해 드러난 우주의 모습은 기존의 문명이 성장해온 중앙 집권적인 계층적 우주의 모습과는 완전히 다르다. 인간은 과학에 근거한 우주 담론에서 어떠한 특별한 위치를 점유하고 있지 않다. 즉, 우주의 시간적, 공간적 차원은 인간과 무관한 것이다. 우리가 우주를 이해하는 방식인 자연 법칙에 따르면, 이전에 우주를 설명하는 방식이었던 성경 담론과 섭리의 개입이 더 이상 인정되기 어렵게 되었다. 이러한 점에서 볼 때 "다윈"은 실제로 "성경을 논박했다."

  또 다른 예를 들어보면, 근대 과학은 내가 위에서 언급하였던 해방된 이성의 윤리와 협력 관계를 갖게 되었다. 그러나 이러한 모든 설명에도 불구하고 근대 사회에서 나타나는 불신앙적 풍토가 지난 3세기 동안 과학이 이끌어왔던 강력한 유물론 때문이라는 통념을 지지하기에는 충분하지 못하다.

  물론 내가 이렇게 의심하는 중요한 이유는 아직까지 강력한 유물론을 경험하지 못했기 때문이다. 내가 유물론을 의심하고 탐구하지 않는 이유를 말하겠다. 그러나 이러한 언급은 나의 전체 논변에서 보면 부수적인 것이기 때문에 이것을 다시 탄탄한 논변으로 구성하지는 않을 것이다. 그러나 통념을 설명하는 과정에 등장하는 과학 때문이 아니라 과학과 결합한 도덕 때문에 유물론이 사람들에게 매력적이라는 타당성 있는 설명을 통해서 이러한 논변이 어느 정도 보완될 수 있기를 희망한다.

그런데 어떤 사람들은 불충분한 논변이 훌륭한 논변보다 더 많은 것이 아니라면, 어느 정도의 영향력을 역사에서 갖지 말아야 하는 이유가 무엇인가라고 반문할 수도 있을 것이다. 어떤 의미에서 보면 이러한 반대는 적절하기도 하다. 따라서 어떤 의미에서 보면, 내가 논거가 불충분하다고 비난한 통념 또한 사실이다. 사실상 많은 사람들은 과학이 자신들에게 무신론과 유물론이 논박 불가능하다는 것을 보여주었기 때문에, 자신들은 무신론자며 유물론자라고 주장한다. 따라서 자신들이 무신론자가 된 이유가 과학이라고 말하는 통념의 주장은 분명히 의미 있다.

그러나 근거가 불충분한 설명에는 추가적 설명이 필요하다. 다시 말해 우리는 왜 불충분한 근거가 불충분함에도 불구하고 영향력이 있는지를 설명할 필요가 있다. 물론 개별 사례마다 불충분한 근거에도 불구하고 항상 영향력을 갖는 것은 아니다. 어떤 사람들은 사회적 권위를 근거로 어떤 결론을 수용할 수 있다. 예를 들면, 우리와 같은 문외한들은 주간지에 실린 원자의 미시적 구성에 대한 최근 연구 보고서를 아무런 의심 없이 받아들이는 것과 마찬가지로, 우리는 세이건이나 도킨스와 같은 사람들의 권위에 힘입어 과학이 신을 논박했다는 주장을 의심 없이 받아들인다. 그러나 이러한 수용 과정에서는 어떻게 이런 권위가 확립되었는지가 설명되지 않고 있다. 무엇 때문에, 위대한 과학자들과 마찬가지로 우리와 같은 문외한들이 타당하지 못한 논변을 그렇게도 쉽게 수용하게 되는 것일까? 왜 우리나 과학자들은 기꺼이 대안을 모색하지 않는가? 도덕적 관점이 갖고 있는 매력을 근거로 나는 이러한 심오한 질문에 답하고자 한다.

나는 어떤 사람의 행동이 잘못된 믿음에 따른 것이라는 설명에는 언제나 추가적 설명이 필요하다고 주장하는 것은 아니다. 나는 라디오의 일기 예보가 믿을 만하고, 또 이제까지 날씨 예보가 정확했기 때문에 우산 없이 집을 나올 수도 있다. 그러나 일기 예보의 경우와 위에서 언급한 경우 사이에는 몇 가지 점에서 다르다. 첫 번째 차이점은, 오늘 비에 맞는다는 불편을 제외한다면, 날씨 문제는 나에게 앞에서 설명한 것과 같은 방식에서 문제가 되는 것은 아니다. 두 번째 차이점은, 나에게는 라디오의 일기 예보 외에는 오후 날씨에 대한 다른 대안에 접근할 가능성이 없다는 것이다.

두 번째 차이점이 신앙 문제의 경우에는 해당되지 않는다. 물론 나는 신앙 문제에 대해 문외한이기 때문에, 이 문제에 대한 해답을 모색하기 위해서는 고생물학 발견에 의존해야 한다. 그러나 과학이 물질 세계를 설명했기 때문에 신의 실존이 부정되었는가의 문제에 대답을 모색하기 위해서, 일기 예보 경우처럼 다른 대안이 없는 것은 아니다. 즉, 다양한 대안들이 있기 때문에 나는 종교적인 삶을 영위할 수 있고, 신을 느낄 수 있으며, 신이 나의 실존에 간섭하시는 방식을 알 수 있다. 더욱이 나의 이러한 경험들에 대한 반박을 검토할 수도 있다.

나는 데스데모나(Desdemona)를 유비로 들어 이를 설명하고자 한다. 『오셀로(Othello)』를 단순한 불운에 관한 이야기가 아닌 비극으로 만드는 것은, 이아고(Iago)에 의해 조작된 증거를 너무나도 쉽게 믿어버리는 주인공 오셀로에게 문제가 있다고 우리들이 생각하기 때문이다. 만약 그가 데스데모나의 사랑과 헌신에 대해 마음 / 정신을 열기만 했더라면, 오셀로는 데스데모나가 무죄임을 알 수 있었다. 이 작품에서 비극의 주인공인 오셀로의 치명적인 잘못은, 부분적으로는 외부적 상황과 갑작스런 충동 때문에 자신의 마음 / 정신을 열지 못했다는 점이다.

어떤 보충 설명 없이 "과학이 신을 논박했다"는 논변을 불신앙의 도래에 대한 설명으로 받아들일 수는 없다. 왜냐 하면, 신앙 경우에 우리의 입장은 우산 앞에서 주저하면서 일기 예보를 듣는 사람의 입장이 아니라 오셀로와 같은 입장이기 때문이다. 우리는 현재의 우리를 만든 내적인 근거를 살펴보지 않고, 외적인 근거에만 의존하여 우리의 불신앙적 모습을 바르게 설명할 수는 없다.

이렇게 말한다고 해서 내가 한 개인에 대한 경험을 완벽하고 타당하게 설명하지 못할 것 같다고 말하는 것은 아니다. 또한 우주에 대한 명백한 사실이 믿음과 모순되기 때문에, 자신이 간직했던 믿음을 포기해야만 한다고 느끼게 되었다는 것을 의미하는 것은 아니다. 그렇기 때문에 당신이 불신앙을 받아들이자마자, 당신은 아마도 외부적인 근거를 우월한 것으로 받아들이며, 내부적인 근거를 사실상 유치한 환상처럼 영향력 없는 것으로 평가절하하는 이데올로기를 받아들이게 될 것이다. 이러한 이데올로기는 오늘날 사후 세계가 없는 것처럼 보이게 하는 방식이며, 오셀로에게 보였던 방식이다. 그러나 사건의 전모를 본 우리는 데스데모나의 결백이 오셀로에게 들리지 않았던 이유를 설명하기 위해서는 더 많은 설명을 필요하다고 생각한다.

어떤 사람이 불신앙의 길로 들어서자마자 그 사람이 과학에 의해 제기된 통념을 수용하게 되는 강력한 이유들이 있다. 그리고 우리는 과학적 통념을 수용하게 하는 권위를 지닌 사람들의 영향력 아래에서 거의 대부분 이러한 선택을 하기 때문에, 종교를 버리고 통념을 받아들이는 회심의 과정이 과학에 의해 이루어졌고 심지어 이 과정이 가장 극적인 형태로 이루어진 것으로 많은 사람들이 생각해왔던 것은 놀랄 만한 일이 아니다. 과학에 따르면, 인간은 단지 죽어가는 별 위의 떠다니는 생명체에 불과한 것 같았고, 우주는 단지 끝없이 증가하는 엔트로피 아래에서 썩어가는 물질에 불과한 것 같았다. 또한 과학에 따르면 영이나 신 그리고 기적이나 구원이 있을 만한 장소가 없는 것 같았다. 도스토예프스키(Dostoyevsky)가 드레스덴(Dresden)의 한 미술관에 있던 '십자가 수난'이라는 제목의 그림

앞에서 가졌던 생각, 즉 물질적인 것 그 이상이 있을 것이라고 도스토예프스키를 확신하게 했던 죽음의 절대적 종말이라는 생각은, 당신을 낙담시켜서 당신의 믿음을 포기하게 만드는 정반대의 결과를 너무나도 쉽게 가져왔는지도 모른다.

그러나 다음과 같은 의문은 여전히 남는다. 만약 이런 논변이 사실상 결정적인 것이 아니라면, 왜 이런 논변이 다른 시대와 다른 장소에서는 신의 실존을 명백하게 보여주었음에도 불구하고, 지금은 불신앙을 명백한 것으로 확신하게 하는가? 이것이 내가 답하려고 하는 질문이며, "신의 죽음" 논변은 이 질문에 답을 모색하는 과정에서 나에게 전혀 도움이 되지 않는다. 오히려 거짓 해답을 제시하여 진정한 해답을 모색하는 길을 가로막을 뿐이다.

따라서 나의 주장은 오늘날 유물론의 위력은 과학적 "사실"에서 유래한 것이 아니며, 오히려 유물론의 위력은 유물론을 도덕적 관점과 결합시키는 "무신론적 휴머니즘" 혹은 배타적 휴머니즘이라 부를 수도 있는 이론 체계에 의거해서 설명되어야 한다는 것이다. 그러나 이러한 주장이 내 연구의 결론은 아니다. 오히려 이러한 주장을 통해 다른 질문을 제기하고자 한다. 즉, 그렇다면 이 이론 체계가 지닌 힘을 어떻게 설명하여야 하는가?

이를 설명하는 과정에서, "신의 죽음" 논의의 두 번째 부분인 현대 도덕 상태 논변이 포함될 수도 있다. 이 논변의 결론은 과학의 구원 논변의 결론과 동일하다. 즉, 우리는 더 이상 합리적으로는 신을 믿을 수 없다는 것이다. 그러나 논의의 출발점은 과학의 구원 논변과 달리 근대의 도덕적 관점으로부터 시작한다.

사실상 우리의 정치적, 도덕적 생활의 많은 부분은 인류 복지, 인권, 인류 번영, 인간 평등 등의 휴머니즘적 가치들에 초점을 두고 있다. 사실, 근대의 세속적 사회에서 인간의 공공 생활은 오로지 휴머니즘적 가치들에만 관심을 두고 있다. 이러한 점에서 우리 시대는 인간사적으로 보면 분명히 독특하다. 오늘날 어떤 사람들은 현대 사회 속에서 자신의 신앙 거처를 찾지 못한다. 따라서 신앙을 가진 사람들은 자신의 신앙과 끊임없이 갈등하는 현대 사회 속에서는 적이며 외부인이 될 수밖에 없다. 즉, 인간은 현대 사회의 전제에 따라 살면서 철저하게 현대 사회에 속할 수 있는데, 이 경우엔 신을 진정으로 믿을 수는 없다. 아니면 현대인은 신을 믿으면서 어떤 의미에서는 현대 사회에 거주하는 이방인처럼 살아갈 수밖에 없다. 그런데 우리는 점점 더 많이 현대 사회에 동화되어가기 때문에, 신앙이란 갈수록 어려워진다. 다시 말해 현대 사회에서는 신앙의 지평이 꾸준히 후퇴한다.5)

이러한 신앙과 근대성의 대립적 구도는 불신자들이 만들어낸 것이 아니다. 이러한 대립 구도는 휴머니즘적인 세계에 대한 기독교의 적대감에 의해 조장되었고 심화되었다. 이에 대한 증거로는 교황 비오 9세(Pius IX)가 1864년 교서에서 인권, 민주주의, 평등 등의 가치들을 근대 사회의 오류들에 포함시켰고, 근대 자유 국가가 내포하는 거의 모든 가치들에 대해 강한 분노를 표시한 사실을 들 수 있다. 그리고 더욱 최근의 또 다른 사례들은 다른 종교의 신자들뿐만 아니라 기독교인들에게서도 발견할 수 있다.

그런데 근본주의자들과 강경 무신론자들에게서 이와 동일한 대립 관계를 볼 수 있다고 해서, 신앙과 근대성의 대립적 구도가 유일하게 가능한 관계로 볼 수는 없다. 실제로 많은 신자들이 근대 휴머니즘적 세계의 구축을 도와왔고, 이 세계를 유지시키고 있으며, 이 세계가 중심으로 삼았던 인간의 복지와 번영 가치에 동조했다는 것은 명백한 사실이다. 과학이 무신론을 증명했다고 결론 내렸던

---

5) 니체, 『즐거운 학문』, 단락 125를 보라. 이 부분은 광인이 신의 죽음을 선언하는 유명한 부분이다. 이 부분에서도 이러한 지평의 이미지가 사용된다.

것처럼, "신의 죽음" 논변은 근대 휴머니즘을 종교의 적으로 생각할 수 있다는 정당화되지 않은 결론으로 비약한다. 그러나 어떤 경우에도 이런 결론은 정당화될 수는 없기 때문에, 왜 많은 사람들이 그런 결론에 도달했는지에 대한 의문은 여전히 남게 된다. 그리고 이런 의문으로 인해 나는 내가 제기해왔던 중심 주제로 다시 돌아오게 된다.

많은 사람들이 "신의 죽음" 논변에 대한 이러한 도덕적 해석을 타당한 것처럼 간주하게 되는 이유는, 사람들이 근대성의 등장에 대해 어떤 가정을 하고 있기 때문이다. 그런데 이러한 가정으로 인해 사람들은 근대성 탐구가 얼마나 복잡하고 어려운지를 깨닫지 못하게 된다. 이 가정은 내가 "도버(Dover) 해변에서의 전망"이라고 불렀던 것이다. 즉, 전통적인 신앙과 헌신의 상실을 통해 근대로 이행했다는 가정이다. 근대로의 이행은 제도적 변화의 결과로 등장한 것으로 간주될 수도 있었다. 특히 정적이었던 농경 사회라는 가치와 신앙이 인구 이동과 도시화로 인해 침식되었다고 생각될 수도 있었다. 또는 근대로의 이행은 근대의 과학적 이성의 작용이 증가함에 따른 것으로 간주될 수도 있었다. 근대로의 이행은 긍정적으로 평가될 수도 있었고, 전통적인 가치에 의미를 두고 과학적 합리성을 지극히 협소한 것으로 평가하는 사람들에게는 재앙으로 평가될 수도 있었다. 그런데 이 모든 주장들은 근대로의 이행 과정에 대해서는 과거의 관점과 충성심이 침식되었다고 동일하게 설명한다. 니체 식으로 표현하면, 과거의 지평은 씻겨 사라졌다. 아놀드(Arnold) 식으로 표현하면, 신앙의 바다는 후퇴한다. 아놀드의 시 「도버 해변(Dover Beach)」의 아래 구절은 이러한 관점을 담고 있다.

신앙의 바다는,
옛날에는 또한 충만하고 둥근 지구의 바닷가에서

감아 올려진 빛나는 허리띠의 주름처럼 놓여 있었네.
그러나 지금 나는 듣고 있네
신앙의 바다가 내는 음울하고, 긴, 물러나는 울부짖음을.
음울한 광활한 가장자리 아래
세계의 벌거벗은 조약돌들의
밤바람의 숨소리까지
물러남을.6)

  위 구절의 어조에는 후회와 향수 비슷한 어떤 것이 담겨 있다.
그런데 신앙이 침식당했다라는 기본적 생각을 통해, 승리한 과학적
합리성이 진보한다는 낙관적 주장도 마찬가지로 제기될 수 있을
것 같다. 한편으로 보면, 휴머니티는 잘못되고 해로운 많은 신화들
을 제거했지만, 다른 한편으로 보면 휴머니티는 중요한 영적 실재에
대한 감각을 상실시켰다. 그러나 어떤 관점에서든 근대로의 이행은
신앙의 상실로 간주된다.
  신앙의 상실 담론을 통해 제기되는 낙관적 주장에는 지식에 대한
경험적-과학적 접근, 개인주의, 소극적 자유, 도구적 합리성 등을
우월한 가치로 간주하는 생각이 담겨 있다. 그리고 더 이상 우리가
미신적인 거짓 신앙과 이에 따르는 어리석어보이는 삶의 태도에
의해 방해받거나 판단력이 상실되지 않는다면, 우리 인간들이 이러
한 것들에 "정상적으로" 가치를 부여하기 때문에 이러한 것들은
전면에 등장하게 된다. 신화나 오류가 사라지고나면, 이러한 것들만
이 논의의 대상이 될 수 있다. 경험적 접근은 지식을 습득하는 유일
하게 타당한 방법이며, 이러한 사실은 우리가 거짓 형이상학의 노예
상태에서 해방되자마자 명백해진다. 도구적 합리성에 대해 더 많이
의존하면 의존할수록 우리가 원하는 것은 더 많이 얻어진다. 그런데

---

6) <u>Dover Beach</u>, 21-28.

우리 자신을 제한하라는 근거 없는 명령에 의해서만 이런 활동이 제약을 받았었다. 개인주의는 신에 대한 환상적 주장과 존재의 위계 구조, 사회의 성스러운 질서가 없는 상태에서 인간의 자기 존중이 가져다준 당연한 열매다.

다시 말해, 근대인들은 어떠한 주장들이 거짓이었다는 것을 "보게 되었기" 때문에 마치 그런 것처럼 행동한다. 이를 부정적으로 해석해보면, 근대인들은 영구적인 진리를 잃어버렸기 때문에 마치 그런 것처럼 행동한다. 이러한 관점을 통해서 우리는 과거의 신화와 전설이 사라져버린 이후 유일하게 가능한 논의들을 통해서가 아니라 좋음에 대한 적극적 설명으로부터, 즉 그러한 가능한 논의들 중에서 특정한 논의를 통해서 서양 근대성이 강화되었을지도 모른다는 가능성을 보게 된다. 이러한 설명 방식에서는 오래된 오류(혹은 잊혀진 오래된 진리)가 나타날 때, 서양 근대성에 대한 특정한 도덕적 지침에 속할 것 같은 것, 즉 인간 삶의 일반적 형태에 의해 지시되는 것을 넘어서는 무엇이든지간에 배제된다. 예를 들어, 사람들은 개체인 것처럼 행동하는데, 왜냐 하면 개체로서의 행동이 우리의 관점에 따라 영광된 자유로도 보일 수 있고 에고이즘에 더럽혀진 소경 짓거리로도 보일 수 있지만, 이런 행동은 오래된 종교나 형이상학, 관습에서 해방될 때 사람들이 "자연스럽게" 하는 행동이기 때문이다. 개체로서의 행동으로 보일 수 없는 것은 도덕적 자기 이해의 새로운 형태다. 왜냐 하면, 이것은 개체로서의 행동 이전의 행동을 단순히 부정으로서 정의될 수 없기 때문이다.

몇 페이지 앞의 논의에 따르면, 이러한 설명들은 근대의 특징인 자유로운 정체성을 "자연화한다." 이러한 설명에 따르면, 근대 정체성을 인간이 역사적으로 구성한 하나의 이해 방식으로 간주할 수 없다.

근대성이 과거의 지평을 제거함으로써 등장했다는 "삭감" 담론에 따르면, 근대 휴머니즘은 오직 과거의 형태를 지워버림으로써만 등장할 수 있었다. 근대 휴머니즘은 "신의 죽음"을 통해 등장하는 것으로써만 인식될 수도 있다. 따라서 당신은 과거의 믿음을 버리지 않으면 오늘날의 휴머니즘 관심사에 완전히 동참할 수 없다. 또한 여전히 신을 믿으면서 근대를 받아들이는 것은 불가능하다. 반면에, 만약 당신이 근대를 받아들이면서도 여전히 신을 믿는다면 당신은 갈등 속에 살게 될 것이며, 결국에는 신앙을 버리거나 부분적으로 근대성에 대한 반대자가 된다.

내가 다른 저서에서 상세하게 논하였듯이,7) 삭감 담론은 근대성에 대한 매우 부적절한 설명 방식이다. 왜냐 하면, 서양의 근대성은 근대로의 이행 과정에서 단순하게 필연적으로 생성된 것이 아니라 그 자신의 고유한 영적 관점에 의해서 생성될 수도 있다는 가능성이 이러한 설명 방식에서는 배제되기 때문이다. 그런데 이러한 가능성이 실제로는 사실이다.

삭감 담론의 논리는 다음과 같다. 우리가 신이나 어떤 다른 초월적 실제를 섬기려는 마음을 버렸을 때, 우리에게 남겨지는 것은 휴머니즘 가치뿐이라는 것이다. 그리고 휴머니즘 가치가 바로 근대 사회가 관심을 두고 있다는 것이다. 그러나 이러한 설명은 내가 근대 휴머니즘이라고 부르는 것을 극단적으로 간략하게 설명한 것에 불과하다. 나에게 오직 휴머니즘적 관심사만이 남아 있다는 사실로 인해, 내가 보편적인 인간 복지를 나의 목표로 삼게 되는 것은 아니다. 마찬가지로 그 사실로 인해 나는 자유,'풍요, 평등이 중요하다고 생각하게 되는 것은 아니다. 휴머니즘 가치에 국한함으로써 나는 오로지 나의 물질적 복지, 내 가족이나 직접 접하는 환경의 물질적 복지에만 관심을 쏟을 수 있었다. 실제로 매우 필요한 보편적인 정의와 박애에 대한 요구는 근대 휴머니즘의 특징인데, 이러한 요구들

---

7) Charles Taylor, *Source of the Self*, Harvard University Press, 1989.

이 이전 시대의 목표와 헌신에 대한 삭감 담론만으로는 설명될 수 없다.

삭감 담론은 비록 부적절하긴 하지만, 근대 휴머니즘 의식에 매우 뿌리깊게 자리잡고 있다. 삭감 담론은 단순한 이론가들에 의해서만 제안된 것은 아니다. 폴 브니슈(Paul Benichou)처럼 철저하고 엄밀한 사상가도 그의 저서 『위대한 시대의 도덕』에서 삭감 담론에 동의했다. "휴머니티는 비참함을 줄이는 것이 가능해졌다고 생각되자마자 등장하였다. 그 비참함을 감소시키는 것과 동시에 휴머니티는 필수적 덕목을 따르게 했던 굴욕적인 도덕을 망각하는 경향이 있다. 휴머니티는 이러한 삶을 강요한다."8) 다시 말해, 인간이 금욕주의라는 더 오래된 다른 시대의 윤리를 버릴 수 있게 되었기 때문에 근대 휴머니즘이 등장하였다는 것이다.

더욱이 삭감 담론은 일반적으로는 인간 동기라는 관점에, 특수하게는 종교적 신앙의 근원이라는 관점에 기반을 두고 있다. 후자의 관점은 비참함의 결과로 간주되며, 이와 동반되는 자기 부인이 "필수적 덕목이 된다." 신앙은 결핍과 굴욕, 희망 결여의 산물이다. 신앙은 번영하고자 하는 인간 욕망과 상반된다. 이러한 욕망이 좌절될 때 우리가 느끼는 절망감으로 인해 우리는 신앙을 찾게 된다.

따라서 인간의 번영은 비록 비참함과 굴욕의 시기에는 약화되지만 우리의 영구적인 목표로 생각된다. 그리고 그 목표의 내용은 우리가 그 목표를 인정하기 시작하자마자 전혀 문제가 없는 것으로 생각된다.

이러한 논의를 통해 우리는 근대 세속성을 개관하는 하나의 설명 방식을 보게 된다. 그런데 이러한 설명 방식 속에는 넓게 깊게 근대 휴머니즘적 문화가 이식되어 있다. 근대 세속성 논의에는 네 가지 주장들이 상호 연결되는 경향이 있다. a) 인간은 더 이상 정직하게,

---

8) Paul Benichou, *Morales du grand siècle*, Paris : Gallimard, p.226.

명료하게, 진지하게 신을 믿을 수는 없다는 "신의 죽음" 논변. b) 근대 휴머니즘의 등장에 대한 "삭감 담론". c) 종교적 신앙의 근본적 이유에 대한 논변, 그리고 삭감 담론의 토대를 형성하는 영구적인 인간 동기에 대한 이론. 이상의 세 가지 주장은 미지에 대한 원초적 두려움 또는 자연 요소들에 대한 통제 욕망 등을 다룬 19세기 이론에서부터, 종교를 신경증과 연결시킨 프로이트의 고찰까지 그 이론의 모습이 다양하다. 이러한 이론들에 입각해서 보면, 기술이 일정 수준에 도달한 순간 종교는 단지 불필요하게 된다. 즉, 우리는 더 이상 신을 필요로 하지 않는데, 왜냐 하면 우리는 어떻게 우리 스스로 기술을 획득해야 하는지 알기 때문이다.[9] 그런데 이러한 입장들은 일반적으로 매우 타당성이 없을 만큼 환원적이다.

d) 근대적 세속화가 주로 과학, 기술, 합리성과 갈등하는 종교의 퇴보로 간주된다는 논변. 그런데 이 논변에서 위의 입장들은 논란에 빠진다. "휴머니티가 더 이상 어떤 것에 대해서 믿는 것이 아니라 아는 시기가 올 것이다. 휴머니티가 이미 물리적 세계를 아는 것과 마찬가지로 휴머니티가 형이상학적, 도덕적 세계를 알 시기가 올 것이다"[10]라는 르낭(Renan)의 말에서 볼 수 있듯이, 19세기에 대항했던 콩트와 같은 사상가들이 과학이 종교를 대체할 것이라고 확신에 가득 차서 예언했을 때, 오늘날 모든 사람들은 종교라는 이러한 잘못된 예언이 지속될 것이라고 생각한다. 그러나 내가 여기에서 기술하고 있는 방식에 따르면 이러한 잘못된 예언의 영향력은 더욱 줄어들고 있다.

이 네 가지 주장들은 모두 근대의 세속화가 휴머니즘 진영 내에서 어떻게 생각되는지에 대한 동일한 생각을 보여주고 있다. 그런데

---

9) 이 관점을 더욱 정교하게 발전시킨 것으로는 Steve Bruce, *Religion in modern Britain*, OUP 1995, pp.131-133을 보라.
10) Sylvette Denefle, *Sociologie de la Secularisation*, Paris-Montreal : l'Harmattan, 1997, pp.93-94에서 재인용.

나는 이런 생각에 반대하여 전혀 다른 설명을 제시하려고 한다.[11]

　이러한 대안적 설명을 제시하기 위해 나는 세 번째 닫힌 세계 구조의 발생을 탐구하려고 하는데, 이 구조는 내가 생각하기에 가장 근본적인 닫힌 세계 구조다. 세 번째 닫힌 세계 구조에서 근대인들의 도덕적 자기 이해는 강화되어 왔다. 나는 여기에서 장황한 이야기를 하려고 한다. 하지만 대부분의 설명은 기독교적 질서를 확립하려는 시도에 초점이 맞춰질 것이고, 이 기독교적 질서를 설명하는 핵심 어구는 종교 개혁이 될 것이다. 이러한 시도를 통해 우리는 차축 시대 종교의 더 오래된 형식과 함께 이러한 시도가 얼마나 점진적인 조급함이었는지를 알게 된다. 그런데 차축 시대 종교의 더 오래된 형식에서는 집합적, 의례적인 특정한 초기 종교의 형태가 "고차원적" 계시를 통해 개인적 헌신과 윤리적 변화를 요구하는 모습과 불편하게 공존했었다. 라틴 기독교 제국에서 이 시도는 더욱 개인적인 기독교 중심 종교의 헌신과 행동을 강화하여 이를 모든 사람에게 부과하는 것이었으며, 그리고 더 이전의 집합적인 의례 행위의 "마술적" 혹은 "미신적"이라고 추정된 형태를 억압하거나 심지어는 포기하는 것이었다.

　기독교는 신스토아주의(neo-Stoic)와 연결되었기 때문에, 기독교적 질서를 확립하려는 시도는 새로운 규율(푸코가 이 부분에서 우리의 논의에 등장한다)에 의존하는 새로운 형태의 사회적 질서를

---

11) 내가 어떤 식으로든 근대 세속성을 적절하게 설명하게 된다면, 우리는 "신의 죽음" 설명에 어떤 외견상의 진리가 있다는 것을 알게 될 것이다. 휴머니즘은 유일한 삶의 방식으로 생각되면서 등장하였고 지속되었다. 휴머니즘 관점에 따르면, 과학이 영혼을 유물론에 입각하여 설명했다는 것은 사실상 타당할 수 있을 것 같다. "신의 죽음" 논변은 이론적인 면에서 보면 근대 세속성에 대해 잘못된 설명 방식이 아니며, 근대적 상황을 해석하고 경험하도록 유혹을 받는 방법이기도 하다. "신의 죽음"은 내가 찾는 설명 방식이 아니라 설명 대상의 중요한 일부다. 이런 관점에서 본다면, 나는 "신의 죽음" 설명 방식을 전혀 부인하고 싶지 않다.

확립하려는 일련의 시도에 대한 선언이 되었다. 이 새로운 규율로 인해 폭력과 무질서는 감소하였고, 상대적으로 평화롭고 생산적인 장인들과 농민들의 인구가 증가하였다. 그리고 이들 장인들과 농민들은 점점 더 새로운 형태의 헌신적 실천과 도덕적 행동을 하게 되었다. 이러한 현상은 개신교적 영국, 네덜란드 그리고 이후의 미국의 식민지들 또는 반 종교 개혁 운동의 프랑스나 "행정 복지 국가" 독일에서 나타났다.

나의 가설은 문명화된 "품위 있는" 질서라는 새로운 형태가 최초의 창조자들이 희망했던 것보다 더 오래 지속되었다는 것이다. 그리고 이러한 새로운 형태로 인해, 기독교 질서에 무엇인지에 대해 더욱더 (품위 있는 문명화된 질서가 기독교 질서라는) "내재적"인 용어로 새롭게 설명되게 되었다는 것이다. 기독교에 대한 이러한 설명에서는 기독교의 "초월적"인 내용의 대부분이 상실되었으며, 이로 인해 새로운 논의의 가능성이 열렸다. 즉, (내가 "근대 도덕 질서"라고 부르는) 좋은 질서에 대한 이해가 원래의 신학과 섭리의 틀을 넘어서서 포용될 수도 있으며, 어떤 경우에는 [볼테르나 기본(Gibbon), 또 다른 식으로는 흄 등에서 볼 수 있듯이] 이러한 틀과 반대 방식으로 이루어질 수도 있게 되었다.

불신앙은 권리를 갖고 있는 개인들의 도덕 질서에 대한 이러한 믿음과 밀접한 공생 관계 속에서 생겨난다. 이러한 개인들은 (신이나 자연에 의해) 서로 이익을 주는 방식으로 행동하도록 예정되어 있다. 또한 이 도덕 질서는 기사들을 칭송하는 이전의 명예 윤리를 거부하는 질서며, 어떠한 초월적 지평도 거부하는 경향이 있다. 이러한 질서의 개념을 잘 공식화시킨 예로는 로크의 『통치론』을 들수 있다.

이러한 이상적 질서는 단순한 인간의 창조물로 생각되지는 않았다. 오히려 그것은 신에 의해 설계되었으며, 신의 목적에 따라 모든 것이 관련을 맺는 질서였다. 18세기 후반부에는 근대 도덕 질서와 동일한 설명 모형이 우주를 설명하는 데에 사용되었는데, 이에 따르면 우주는 각각의 피조물들의 존재 목적이 다른 것들과 서로 맞물리는 완벽하게 서로 연결된 일련의 부분들의 한 집합으로 설명되었다.

우리의 구성적 활동이 근대 도덕 질서를 전복시키거나 실현시키는 우리의 능력 범위 내에서 이루어지는 한, 이러한 질서 속에서 우리 활동의 목표를 설정한다. 물론, 전체적 관점에서 보면 근대 도덕 질서는 이미 얼마나 많이 실현되었는지 알 수 있다. 그러나 인간사로 우리의 눈을 돌려보면, 우리가 근대 도덕 질서로부터 얼마나 많이 벗어났으며, 그 질서를 얼마나 많이 전복시켰는지 알 수 있다. 근대 도덕 질서는 우리가 돌아가기 위해 노력해야만 하는 규범이 된다.

사물의 본성 속에서 근대 도덕 질서를 명확히 볼 수 있다고 생각되었다. 물론 우리가 계시를 의존한다면, 우리는 또한 우리가 그 계시에 따른다는 식으로 정형화된 요구를 발견할 수도 있을 것이다. 그러나 오직 이성만이 신의 목적을 우리에게 이야기해줄 수 있다. 우리 자신을 포함한 생명체들은 자기 자신을 보존하려고 노력한다. 이것이 신이 하는 일이다.

> 신은 인간을 만들었고, 신은 인간에게 다른 모든
> 동물들에게처럼 강한 자기 보존의 욕망을 심어줬으며, 세계에 음식
> 과 빛과, 삶에 필수적인 또 다른 것들,
> 그리고 인간이 살아가는 데 보조적인 것들을 풍요롭게 함으로써, 인간은
> 언제든지 땅의 표면에서 살아나가고, 머물러야 하며,
> 너무나 호기심이 많고 놀라운 그의 솜씨가 그 자신의
> 무지나, 필요의 부족으로 인해서
> 없어져 버리는 일은 없어야 한다 … : 신은 인간에게 말했다. (즉) 신은
> 인간의 감각과 이성을 통해 인간에게 명령한다 … 그의

존속에 유용하고, 또한 그의 자기 보존의 수단으로
그에게 주어진 것들을 이용하라고. … 욕망, 생명과 존재를 보존하기
위한 강한 욕망이 신 자신에 의해 행동의 원리로서 인간에게
심어졌으므로, 인간에게는 신의 목소리인 이성은,
단지 인간을 가르치고 인간에게 보증할 수밖에 없다. 그 자신의 존재
를 보존해야 한다는
자연적인 경향을 추구함으로써 인간은 창조자의 의지를 따르게 된다
고.[12]

이성을 부여받음으로서, 우리는 단지 우리의 생명만이 아니라, 모든 인간의 생명이 보존되어야만 한다는 사실을 깨닫게 된다. 그리고 이에 덧붙여서, 인간은 사회적인 존재로 만들어졌다는 것을 알게 된다. 따라서 "모든 인간은 자신을 보존해야 하며 생존을 고의로 포기하지 말아야 한다. 그러므로 비슷한 이유로 그 자신의 보존이 위태롭지 않을 때 인간은 가능한 한 최대한 나머지 인류를 보존하게 해야만 한다."[13]

이와 비슷하게 로크는 신이 우리에게 이성과 교육의 힘을 부여했기 때문에, 우리는 가장 효율적으로 우리 자신을 보존하는 임무를 수행할 수 있다고 말한다. 따라서 우리는 "근면하고 이성적이어야" 한다고 로크는 말하고 있다.[14] 교육과 개선의 윤리는 신이 설계했던 자연 질서 그 자체의 요구다. 인간 의지에 의한 질서 부과는 그 자체로 인간의 계획에 의해 요구된다.

우리는 로크의 정식화에서 그가 얼마나 이익 교환의 관점에서 상호 봉사를 바라보고 있는지를 알 수 있다. "경제적" (즉, 질서 있

---

12) *Two Treatises of Civil Government*, I. 86.
13) Op. Cit., II. 6 ; 또한 II. 135와 *Some Thoughts concerning Education*, §116을 보라.
14) Op. Cit., II. 26.

는, 평화로운, 생산적인) 활동은 인간 행동 모델이 되며 조화로운 공존의 열쇠가 된다. 계층적 상보성 이론에 반해서, 우리는 우리의 일상적인 목표와 목적을 초월하지 않는 한도 내에서 또한 그 반대로, 신의 설계에 따라 그것들을 수행하는 과정 중에 조화와 상호 봉사의 영역 안에서 서로 만나게 된다.

근대 도적 질서에 대한 이러한 이해 방식은, 근본적으로 근대 서양 사회에서 지배적인 상상력의 형태를 형성하였다. 즉, 시장 경제, 공공 영역, 주권을 가진 "인민" 등의 개념이 바로 그것이다.

근대 도덕 질서의 이해 방식이 근대 세속성을 설명하는 핵심 요소다. 섭리 개념과 신적으로 거룩해진 질서에 비해 다소 벌거벗겨진 개념, 즉 보통 인간의 번영을 중심으로 삼는 이러한 이해 방식 내에서, 이신론의 형태로부터 궁극적으로 무신론적 휴머니즘으로 미끄러진다는 것은 점점 명백해진다. 처음에 섭리적인 것으로 여겨졌던 질서는 "자연"에 위치될 수 있고 (신이 자연을 창조했기 때문에, 이것은 그다지 큰 변화는 아니다), 나중에 이 질서는 더 나아가 "문명"의 결과 중 하나로 다시 위치될 수 있다.

이와 마찬가지로 근대 도덕 질서는 야만주의와 종교에서 벗어나 역사적 기원에 대한 담론과 연결된다.[15] "품의 있는" 사회는 전쟁이 최고의 활동이었던 초기 단계에서 상업과 생산이 생활 방식에서 가장 가치 있는 활동으로 여겨지는 단계로 진화하는 과정과 관련된다. 이러한 과정에서 경제적 차원은 아주 중요한 역할을 감당한다. 동시에, 경제적 차원은 종교적 형태가 이러한 사회 질서를 최고로 받아들이는 형태로 진화해야 한다고 요구한다.

이러한 관점에서 본다면, 종교가 근대 도덕 질서를 위협하는 것으

---

15) 나는 야만주의와 종교에 대한 John Pocock의 흥미 있는 논의를 참조하였다. 다음을 보라 : *The Enlightenments of Edward Gibbon*, Cambridge University Press, 1999.

로 보일 수 있다. 우리는 기본과 흄 등의 제기한 비판에서 이를 확인할 수 있다. 그들이 제기하는 비난의 주요 개념들을 설명하는 다음과 같다. "미신"은 마법에 걸린 세계에서 지속되었던 믿음을 의미한다. 그런데 근대 신교가 이를 극복하였다. "광신주의"는 박해와 같은 근대 도덕 질서가 행한 위반이나 어떤 다른 종교의 비이성적인 반생산적인 행동을 정당화하기 위해 종교에 호소하는 것을 의미한다. "열광주의"는 어떤 특별 계시에 대한 주장을 의미하며, 이를 통해 인간은 근대 질서 규범에 다시 한 번 도전할 수 있다. "미신"은 가톨릭에만 있는 특이 현상이며, "열광주의"는 극단적 개신교 분파의 특징이라고 이야기하고 싶을지도 모르겠다. 그러나 "광신주의"는 가톨릭과 극단적 개신교 분파 모두가 저지를 수 있는 잘못이다.

만약 우리가 흄이 『도덕 원칙에 대한 탐구』에서 열거한 두 가지 종류의 덕, 즉 그가 적합한 덕이라고 간주한 것과 쓸모 없다고 생각하는 "수도승 같은" 덕을 살펴본다면 도덕 질서에 대한 이러한 근대적 사상에 자리잡고 있는 계몽적 비판의 기원을 다시 확인할 수 있을 것이다.16)

만약 모든 종교, 적어도 수용할 수 없을 것으로 생각되는 "광신적인" 형태의 종교를 배제하지 않는다면, 우리는 문명화된 질서와 "품위 있는" 사회에 대한 이러한 이해가 어떻게 닫힌 세계 구조로 작동할 수 있었는지를 알 수 있다. 삶의 다양한 형태들이 이러한 질서 이해에 의해 가려지거나 이러한 이해의 기원에 대한 담론 안에 위치되었기 때문에 삶의 다양한 형태들이 "야만인"처럼 보이게 되며, (적어도 특정한 형태의) 종교는 수용할 수 없는 것으로 생각된다.

여기에서 우리는 근대사에서 가장 강력한 닫힌 세계 구조 중 하나를 보게 된다. 이 닫힌 세계 구조에서는, 종교에 많은 제한이 가해진

---

16) David Hume, *An Enquiry Concerning the Principles of Morals.*

다. 즉, 종교의 어떤 형식들은 금지되기까지 하는데, 왜냐 하면 이 종교가 자연 질서 그 자체에 반하기 때문이다. 비록 이 닫힌 세계 구조의 질서가 이신론을 지지하는 좀더 온건한 종교나 주의 깊게 통제되어 종교성이 적은 종교와 조화를 이룰 수 있음에도 불구하고, 자연 질서를 역사의 목적으로 받아들이는 입장으로부터는 어떤 종교도 더 이상 분명하지 않거나 더 이상 확실하지 않은 것처럼 여겨지게 된다. 오늘날에는 볼테르의 이신론처럼 18세기에는 수용되었던 중간 입장들이 모두 주변부로 밀려나는 급진화가 진행되어 왔다는 점만 제외하면, 이러한 근대 도덕 질서 형태는 우리 시대에 매우 널리 퍼진 닫힌 세계 구조다.

또한 우리는 어떻게 이 닫힌 세계 구조가 앞에서 제시된 다른 닫힌 세계 구조들과 상호 지지하고 공생하는 관계에 놓여 있는지 보게 된다. 개체 개념의 등장과 더불어 시작된 근대적 사회 질서 체계는 근대 인식론에서 자아의 우선권을 강화하였고, 이런 자아 우선권은 근대 인식론을 강화한다. 해방된 이성 논변은 사회적 실제를 구성하는 교육의 중심이 되며, 또한 교육받은 생산적인 개인들의 활동이 상호 이익이 되는 경향이 있다는 질서 규범은 "인간 본성"에 대한 타당한 기술인 것처럼 여겨질 수도 있다. 이러한 관점에 따르면, 근대 도덕 질서는 완전히 "자연화된다". 근대 도덕 질서는 현재 인간이 존재하는 방식이며, 또 과거에 존재했을 것으로 생각되는 방식이다. 실제로, 근대 인식론에서 최고의 이상인 해방된 과학적 이해라는 이상은 "문명"이 이룩한 업적 가운데 하나다.

동시에, 미신에 빠진 사람들, 열광주의자들과 광신주의자들의 미성숙과 야만인의 미성숙과 비교해볼 때, 품위 있는 문명의 등장이라는 담론을 통해 품위 있는 사회 내에서 살아가는 사람들은 스스로 자립하는 존재들이 된다. 따라서 이 담론은 "신의 죽음"과 관련된 다양한 닫힌 세계 구조를 강화시키며, 종교에 대한 과학의 "논박"이

힘을 얻게 되는 성인(成人)의 도덕적 우월성을 강화시킨다.

 그러나 가장 격렬한 논쟁을 불러일으켰던 것 또한 이러한 품위 있는 문명의 닫힌 세계 구조논의에서였다. 근대 도덕 질서에 대한 이러한 이해 방식은 여러 면에서 뜨거운 논쟁의 대상이 되었을 뿐만 아니라 지금도 논쟁이 되고 있다. 어떤 사람들은 이러한 이해 방식이 우리를 고무시키거나 고양시키기에 불충분하다고 생각한다. 다른 사람들은 이러한 이해 방식이 우리 안에 있는 자발적이며 감정적인 것들을 억압하고 강제하게 하는 교육 방식들로 인해 오염되었다고 생각한다. 또 다른 사람들은 이 닫힌 세계 구조가 "열광주의"를 비난하는 진정한 인간적 공감과 관용을 거부한다고 생각한다. 어떤 사람들은 이 닫힌 세계 구조를 거부하는데, 왜냐 하면 이러한 이해 방식이 폭력과, 영웅주의와, 위대함 등의 가치를 거부하였기 때문이며, 우리를 비참한 평등의 상태로 떨어뜨렸기 때문이다. 후자와 같은 반응은, 예를 들면 토크빌(Tocqueville)에게서 찾을 수 있다. 그러나 가장 유명한 예는 니체의 반응이다.

 니체라는 이름을 들을 때 떠오르는 생각처럼, 18세기 후반에 시작된 이러한 저항의 흐름에서 가장 주목할 만한 것은 이러한 저항이 다양한 방면에서 일어날 수 있다는 점이다. 도덕적 질서를 생존에 부적당하며 환원적인 것으로 간주하는 생각은 [경건주의자 웨슬리(Wesley)처럼] 더욱 헌신적인 종교로 유도할 수도 있고, 불신앙적 낭만주의의 형태를 넘어설 수도 있었다. 이러한 생각으로 인해, 인간의 죄에 대한 진정한 자각으로 돌아가는 "비극적" 차원이 일깨워질 수도 있었다. 또는 니체가 그 실마리를 찾아내었듯이, 이러한 생각을 통해 근대 도덕의 진정한 역사적 기원으로 간주되는 기독교에 대한 거부를 정당화할 수도 있었다. 다시 말해서, 현존하는 형태에 대한 불만족은, 야코비즘과 이후의 공산주의와 마르크스에서 볼 수 있듯이, 더욱 급진적이고 유토피아적인 유형의 질서를 일으킬 수도 있었다. 또는 1815년의 가톨릭 반동이나, 전혀 다른 방식이긴 하지만 니체에게서 볼 수 있듯이 그 질서에 대한 포기를 정당화할 수도 있겠다.

따라서 도덕 질서라는 근대적 이상은 근대 사회에서 가장 영향력 있는 닫힌 세계 구조의 핵심일 수 있는 반면에, 닫힌 세계 구조의 자기 "자연화"를 거부하고 비난하려는 시도 또한 새롭고 더욱 근본적인 닫힌 세계 구조의 기원이 될 수 있다. 결론적으로, "신의 죽음"이라는 표현이 일반적으로 통용되는 계기를 우리는 『즐거운 학문』에서 찾아볼 수 있다. 근대 문화는 우리가 "새로운 결과"라고 부를 수 있는 영적인 입장과 더욱 반(反)영적인 입장들의 증가로 특징지을 수 있다. 영적인 입장과 반(反)영적인 입장들의 증가는 근대 문화 내에 자리잡고 있는 다양한 입장들을 더욱 불안정하게 한다. 이젠 더 이상 어떤 논쟁을 주도할 만한 명확하고 확실한 입장이 없다.

그런데 근대 도덕 질서 개념 때문에 이러한 입장들이 계속적으로 증가하게 되었다. 왜냐 하면, 초월성에 대한 우리의 태도가 긍정적이든 부정적이든 간에 우리의 입장을 확립하는 중요한 특징인 것과 마찬가지로, 질서에 대한 우리의 태도가 그러하기 때문이다. 그런데 흥미로운 새로운 입장은 근대 도덕 질서를 혹독하게 비판하면서도 동시에 초월적인 것을 거부하는 방식으로 나타난다. 이러한 두 입장의 결합 방식은 기독교에 대항하는 호소력 있는 이교주의의 새로운 방식에서 뿐만 아니라, 니체를 따라 "내재적 역(逆)계몽"이라고 부를 수 있는 방식에서도 볼 수 있다. 이러한 방식은 어떤 의미에서 보면 계몽주의만큼이나 오래되었다. 분명히 기본은 그가 회의적이어서 광신적이지 않은 로마의 지배 계급으로 생각하였던 사람들에 대해 동정심을 느꼈는데, 왜냐 하면 그가 기독교의 어떤 분파에서 일어난 순교의 물결로 인해 심적 혼란을 느꼈기 때문이다. 밀(Mill)

은 "이교도적 자기 주장"에 대해 말했다. 피터 게이(Peter Gay)는 심지어 계몽주의를 일종의 "근대적 이교주의"로 묘사했다.17) 그런데 최근에도 유일신 사상에 억압받아왔던 것을 복원시키려는 시도들이 있다. 즉, 근대 도덕 질서의 핵심이라고 할 수 있는 단일한 지배적 도덕 법칙이 있다는 주장을 거부하는 [칼라소(Calasso)나 스피노자와 같은] "다신론"에 대한 담론이 오늘날 존재한다. 사람들은 심지어 이러한 담론에 기반하여 새로운 닫힌 세계 구조를 구축하려고 할 수도 있다.

나는 아직 마무리되지는 않은 나의 작업의 궤적에 대한 이 짧은 요약이 이 책에 모인 네 편의 논문들을 적절히 위치시키는 데 도움이 되길 바란다. 나의 주장은 종교가 근대사에서 꾸준히 몰락해왔다는 종교에 대한 비역사적 설명 방식인 "삭감" 담론과는 상반된다. 나의 주장은 종교 형식이 변화하였고, 종교가 그 형식들을 스스로 다시 만들어내고 있으며, 종교가 변화하는 세계 속에서 새로운 형태를 띠게 된 방식들을 설명하는 것이다.

첫 번째 논문인 「근대성과 세속적 시간」은 과거의 삶과 현재의 삶을 대비시키는 중요한 측면을 다루고 있다. 그런데 이러한 측면은 종교적인 삶을 포함한 우리의 모든 행동과 이해의 틀을 형성하고 이에 조건을 부여한다. 근대 사회의 상상력은 세속적 시간에 깊이 자리잡고 있는 개념이다.

두 번째 논문인 「종교와 정치 : 종교적 갈등과 인정 투쟁의 정치」는 오늘날 종교와 집단 정체성 사이의 관계에서 이 상상력이 어떤 의미를 갖고 있는지를 다루고 있다. 특히 폭력을 정당화하는 과정에서 근대 사회의 상상력이 갖고 있는 역할이 무엇인가라는 가장 문제시되는 특징을 다루고 있다.

---

17) Peter Gay를 참조하라.

세 번째 논문에서는 내가 앞에서 잠깐 언급했던 「내재적 역계몽」을 더 자세히 고찰하고 있다. 이 "내재적 역계몽" 논의는 특히 프리드리히 니체에 의해 제기된 이후, 그 추종자들에 의해 서구 문화와 역사에 강력한 영향을 끼쳤다.

마지막으로, 네 번째 논문에서 나는 현대 종교의 위치에 대해 언급하고자 한다. 특별히 종교와 영성이 현대 서양에서 드러나는 새로운 "탈-뒤르켕적" 틀을 다루고 있다.

사실상 이 책에 실린 네 편의 논문들은 내 연구의 일부로서, 분명히 서양의 발달 과정을 다루고 있다. 2002년 다산 기념 철학 강좌(Tasan Memorial Lectures)를 통해서, 나는 다른 문화권에 속한 동료들과 교류하는 것이 얼마나 풍요로운 결과를 가져오는지 다시 한 번 깊이 깨달았다. 특히 한국에 체류하는 짧은 시간 동안, 한국의 동료들이 자신들의 다양한 관점에 근거하여 서양인인 나의 설명에 대해 응답해주었는데, 이를 통해서 나는 이들로부터 많은 것을 배웠다. 내가 배운 것처럼 나는 한국의 동료들에게 이 논문이 조금이라도 도움이 되길 바란다. 만약 네 편의 논문들의 한국어판 출판이 어떤 식으로든 이러한 교류를 심화시킬 수 있다면 나는 더 바랄 것이 없겠다.

Introduction

These four papers are part of a larger study. This is about a central feature of the modern West, its being the locus of "secular" civilization. Everyone repeats that this is so, and I don't want to deny it. But I don't think anyone quite knows what it means. In the last few years, I have been preparing myself to address this question. I gave the Gifford Lectures in Edinburgh in 1999, essentially on this subject.

How did this secular age come about? And what exactly is this age whose development I'm trying to explain? There are all sorts of ways of describing it : separation of religion from public life, decline of religious belief and practice. But, while I'll touch on these, I'm interested in another facet of our age : Belief in God, or in the transcendent in any form is contested ; it is an option among many ; it is therefore fragile ; for some people in some milieux very difficult, even "weird". 500 years ago in our civilization, it wasn't so. Unbelief was off the map for most people, close to inconceivable. But that description also applies to the whole of human history outside the modern West.

What had to happen for this kind of secular climate to come about? 1) There had to develop a culture which marks a clear division between the "natural" and the "supernatural", and 2) it had to come to seem possible to live entirely within the natural. I believe that (1) was something striven for, but (2) came about at first quite inadvertently.

But before presenting my own views, I want to remark that the transformation represented by (1) + (2) is one of the most important and remarkable in human history. It is unprecedented for a civilization to make this kind of "secular" turn. It is an explanandum calling out for a convincing historical account.

Now I think that our attempts to come to grips with this question are obscured and impeded by a very powerful master narrative, or family of such narratives, which is even hegemonic in some parts of the academy. These narratives have the effect of making the secular turn look less remarkable than it is ; they in a sense "normalize" or "naturalize" it. I will try in the following pages to identify key features of this narration, using the key terms, "death of God", and "subtraction story". I hope that both a picture of this kind of narrative, as well as of the alternative that I propose, will emerge in the following pages.

My aim is to account in particular for phase (2), that is, I want to explore the constitution in modernity of what I will call "closed" or "horizontal" worlds. I mean by this shapes of our "world" in Heidegger's sense which leave no place for the "vertical" or "transcendent", but which in one way or another close these off, render them inaccessible, or even unthinkable.

This has become "normal" for us. But we can bring out again how remarkable this is, if we take a certain distance from it, jump back 500 years in our Western civilization (aka Latin Christendom), as I indicated above. At that time, non-belief in God was close to unthinkable for the vast majority ; [1] whereas today this is not at all the case. One might be tempted to say that in certain milieux, the reverse has become true, that belief is unthinkable. But this exaggeration already shows up the lack of symmetry. It is truer to say that in our world, a whole gamut of positions, from the most militant atheism to the most orthodox traditional theisms, passing through every possible position on the way, are represented and defended somewhere in our society. Something like the unthinkability of some of these positions can be experienced in certain milieux, but what is ruled out will vary from context to context. An atheist in the Bible belt has trouble being understood, as often (in a rather different way) do believing Christians in certain reaches of the academy. But, of course, people in each of these contexts are aware that the others exist, and that the option they cant really credit is the default option elsewhere in the same society, whether they regard this with

---

1) See Lucien Fevre, <u>Histoire de l' Incroyance.</u>

hostility or just perplexity. The existence of an alternative fragilizes each context, that is, makes its sense of the thinkable/unthinkable uncertain and wavering.

This fragilization is then increased by the fact that great numbers of people are not firmly embedded in any such context, but are puzzled, cross-pressured, or have constituted by bricolage a sort of median position. The existence of these people raises sometimes even more acute doubts within the more assured milieux. The polar opposites can be written off as just mad or bad, as we see with the present American culture wars between "liberals" and "fundamentalists"; but the intermediate positions can sometimes not be as easily dismissed.

What I want to try is to articulate some of the worlds from within which the believing option seems strange and unjustifiable. But this articulation involves some degree of abstraction - indeed, three kinds of abstraction, with the corresponding dangers.

a) What I shall really be describing is not worlds in their entirety, but "world structures", aspects or features of the way experience and thought are shaped and cohere, but not the whole of which they are constituents. b) I will not be describing the world of any concrete human beings. A world is something which people inhabit. It gives the shape of what they experience, feel, opine, see, etc. The world of the cross-pressured is different from that of the assured. But what I'm doing is trying to articulate certain world-types ("ideal types" in a quasi-Weberian sense), which may not, will almost surely not coincide with the totality of any real person's world. c) thirdly, the articulation involves an intellectualization ; one has to get at the connections in lived experience through ideas, and very often ideas which are not consciously available to the people concerned, unless they are forced to articulate them themselves through challenge and argument.

Nevertheless, this effort, I believe is very worth while, because it enables us to see the way in which we can be held within certain world structures without being aware that there are alternatives. A "picture" can "hold us captive", as Wittgenstein put it.[2] And by the same token, we can gain insight into the way two people or groups can be arguing past each other, because their experience and thought is structured by two different pictures.

What I want to try to lay out is world structures which are closed to transcendence. All of these arise during the slow development in Latin Christendom and its successor civilization of a clear distinction between what came to be called the "natural" and the "supernatural", as two separate levels of reality. This kind of clear demarcation was foreign to any other civilization in history. There have always been distinctions between, for instance, the sacred and the profane, higher beings and worldly beings, and so forth, but in the "enchanted" worlds that humans have inhabited in earlier times, these two kinds of reality were inextricably interwoven. The sacred was concentrated in certain times, places, acts or persons. The natural / supernatural distinction implies a great sorting out, in which the "natural" becomes a level

---

2) "Ein Bild hielt uns gefangen", Philosophical Investigation, para 115.

which can be described and understood on its own. This is the precondition for going the further step, and declaring this the ONLY reality. The "supernatural" can be denied, only from a firm footing in the "natural" as an autonomous order.

So I want to look at some Closed World Structures (CWS), and try to draw from them some of the features of modern experience, or inability to experience the spiritual, the sacred, the transcendent. Of course, this term 'transcendent' makes sense most clearly within a world in which natural and supernatural are distinguished ; it is what "goes beyond" the natural. It would have been hard to explain this concept to a mediaeval peasant, or it would have slid quickly into other concepts (e.g., the realm of God, as against that of the Saints). And it makes little sense in the context of other highly sophisticated world views, such as the Confucian, for instance, as Korean readers are well aware. But we have to use some terms to discuss these issues, and they are bound to make sense in some epochs and not others. So I use one that does make sense to us.

Our time is full of struggle and cross-purposes on this issue of the transcendent. We are opposed, sometimes bitterly and strongly ; but we also often are speaking past each other. I'm hoping that a study of some key CWS will cast some light on the differences, and also the cross-purposes. I want to look ultimately at three, but with rather unequal treatment. I will give most attention to the second and third in the series (in the order of their introduction, not the order of their arising). That's because I think that they are in an important sense the most significant, and also the least explored or understood.

CWS 1 : Here I want to introduce the structure of modern epistemology ; which I am taking as more than a set of theories which have been widespread, but also at the level of a structure in my sense, that is, an underlying picture which is only partly consciously entertained, but which controls the way people think, argue, infer, make sense of things.

At its most blatant this structure operates with a picture of knowing agents as individuals, who build up their understanding of the world through combining and relating, in more and more comprehensive theories, the information which they take in, and which is couched in inner representations, be these conceived as mental pictures (in the earlier variants), or as something like sentences held true in the more contemporary versions.

Characteristic of this picture are a series of priority relations. Knowledge of the self and its states comes before knowledge of external reality and of others. The knowledge of reality as neutral fact comes before our attributing to it various "values" and relevances. And, of course, knowledge of the things of "this world", of the natural order precedes any theoretical invocation of forces and realities transcendent to it.

The epistemological picture, combining as it does very often with some understanding of modern science, operates frequently as a CWS. The priority relations tell us not only what is learnt before what, but also what can be inferred on the basis of what. There are foundational relations. I know the world through my representations. I must grasp the world as fact before I can posit values. I must accede to the transcendent, if at all, by inference from the natural. This can operate as a CWS, because it is obvious that the inference to the transcendent is at the extreme and most fragile end of a series of inferences; it is the most epistemically questionable. And indeed, granted the lack of consensus surrounding this move, as against earlier steps in the chain (e.g., to "other minds"), it is obviously highly problematic.

Now I introduce the epistemological picture in order to bring out some features of the way CWS operate in our time, the way they are on one hand contested, and on the other maintain themselves.

We are all aware of the contestation, because most of the people at this conference have taken part in contesting epistemology. But referring to Heidegger and Merleau-Ponty as paradigm cases of the refutation of epistemology, we can see that this view has been comprehensibly turned on its head. 1) Our grasp of the world does not consist simply of our holding inner representations of outer reality. We do hold such representations, which are perhaps best understood in contemporary terms as sentences held true. But these only make the sense that they do for us because they are thrown up in the course of an ongoing activity of coping with the world, as bodily, social and cultural beings. This coping can never be accounted for in terms of representations, but provides the background against which our representations have the sense that they do. 2) As just implied, this coping activity, and the understanding which inhabits it, is not primarily that of each of us as individuals ; rather we are each inducted into the practices of coping as social "games" or activities ; some of which do indeed, in the later stages of development, call upon us to assume a stance as individuals. But primordially, we are part of social action. 3) In this coping, the things which we deal with are not first and foremost objects, but what Heidegger calls "pragmata", things which are the focal points of our dealings, which therefore have relevance, meaning, significance for us, not as an add-on but from their first appearance in our world. Later, we learn to stand back, and consider things objectively, outside of the relevances of coping.

4) In later Heidegger, these significances include some which have a higher status, structuring our whole way of life, the ensemble of our significances. In the formulation of "das Geviert", there are four axes to this context in which our world is set : earth and sky ; human and divine.

Although all those who follow something like this deconstruction of epistemology do not go along with this fourth stage, it is clear that the general thrust of these arguments is to utterly overturn the priority relations of epistemology. Things which are considered as late inferences or additions, are seen to be part of our primordial predicament. There is no getting behind them, and it makes no sense to contest them. The "scandal of philosophy" is not the inability to attain to certainty of the external world, but rather that this should be considered a problem, says Heidegger in *Sein und Zeit*. We only have knowledge as agents coping with a world, which it makes no sense to doubt, since we are dealing with it. There is no priority of the neutral grasp of things over their value. There is no priority of the individual's sense of self over the society ; our most primordial identity is as a new player being inducted into an old game. Even if we don't add the fourth stage, and consider something like the divine as part of the inescapable context of human action, the whole sense that it comes as a remote and most fragile inference or addition in a long chain is totally undercut by this overturning of epistemology. The new outlook can be built into a new CWS, but it doesn't offer itself as a CWS in the same direct and obvious way as the epistemological picture did.

We can learn something general about the way CWS operate, suffer attack, and defend themselves, from this example. From within itself, the epistemological picture seems unproblematic. It comes across as an obvious discovery we make when we reflect on our perception and acquisition of knowledge. All the great foundational figures : Descartes, Locke, Hume, claimed to be just saying what was obvious once one examined experience itself reflectively.

Seen from the deconstruction, this is a most massive self-blindness. Rather what happened is that experience was carved into shape by a powerful theory which posited the primacy of the individual, the neutral, the intra-mental as the locus of certainty. What was driving this theory? Certain "values", virtues, excellences : those of the independent, disengaged subject, reflexively controlling his own thought-processes, "self-responsibly" in Husserl's famous phrase. There is an ethic here, of independence, self-control, self-responsibility, of a disengagement which brings control ; a stance which requires courage, the refusal of the easy conforts of conformity to authority, of the consolations of an enchanted world, of the surrender to the promptings of the senses. The entire picture, shot through with "values", which is meant to emerge out of the careful, objective, presuppositionless scrutiny, is now presented as having been there from the beginning, driving the whole process of "discovery".

Once you shift to the deconstructing point of view, the CWS can no longer operate as such. It seemed to offer a neutral point of view from which we could problematize certain values - e.g., "transcendent" ones - more than others. But now it appears that it is itself driven by its own set of values. Its "neutrality" appears bogus.

Put another way, the CWS in a sense "naturalizes" a certain view on things. This is just the way things are, and once you look at experience, without preconceptions, this is what appears. "Natural" is opposed here to something like "socially constructed" ; and from the deconstructing point of view, you have to tell a quite different story of the rise of this outlook. It isn't just that one day people looked without blinkers and discovered epistemology ; rather this is the way things could be made to look from within a new historical formation of human identity, that of the disengaged, objectifying subject. The process involves a re-invention, a recreation of human identity, along with great changes in society and social practices. There is no simple stepping out of an earlier such identity into the pure light of bare nature.

It is a feature of our contemporary CWS that they are under-stood by those who inhabit them in this naturalizing way. It also follows from this that those who inhabit them see no alternative, except the return to earlier myth or illusion. That's what gives them their strength. People within the redoubt fight as it were to the last, and feeblest, argument, because they cannot envisage surrender except as regression. The naturalizing emerges in a kind of narration they proffer of their genesis, which I want to call a "subtraction story".

But to develop this idea I should move to another, richer CWS, or constellation of CWS : which includes my second and third. It is what people often gesture at with an expression like the "death of God". Of course, this expression is used in an uncountable range of ways ; I can't be faithful to all of them, nor even will I be simply following the originator of the phrase (though I think my version is not too far from his),[3] if I say

---

3) The "death of God" reference is from <u>The Gay Science</u>, para 125. Later on, Nietzsche says : "Man sieht, **was** eigentlich über den christlichen Gott gesiegt hat : die christliche Moralität selbst, der immer strenger genommene Begriff der Wahrhaftigkeit, die Beichtväterfeinheit des christlichen Gewissens, übersetzt und sublimiert zum wissenschaftlichen Gewissen, zur intellektuellen Sauberkeit um jeden Preis. Die Natur ansehn, als ob sie ein Beweis für die Güte und Obhut eines Gottes sei ; die Geschichte interpretieren zu Ehren einer göttlichen Vernunft, als beständiges Zeugnis einer sittlichen Weltordnung und sittlicher Schlussabsichten ; die eignen Erlebnisse auslegen, wie wir fromme Menschen lange genug ausgelegt haben, wie als ob alles Fügung, alles Wink, alles dem Heil der Seele zuliebe ausgedacht und geschickt sei : Das ist numehr **vorbei**, das hat das Gewissen **gegen** sich, das gilt allen feineren Gewissen als

that one essential idea which this phrase captures is that conditions have arisen in the modern world in which it is no longer possible, honestly, rationally, without confusions, or fudging, or mental reservation, to believe in God. These conditions leave us nothing we can believe in beyond the human - human happiness, or potentialities, or heroism.

What conditions? Essentially, they are of two orders : first, and most important, the deliverances of science ; and then secondarily also, the shape of contemporary moral experience.

To take up the first, perhaps the most powerful CWS operating today, the central idea seems to be that the whole thrust of modern science has been to establish materialism. For people who cling to this idea, the second order of conditions, the contemporary moral predicament, is unnecessary or merely secondary. Science alone can explain why belief is no longer possible in the above sense. This is a view held by people on all levels ; from the most sophisticated : "We exist as material beings in a material world, all of whose phenomena are the consequences of physical relations among material entities." (Lewontin, NYR, Jan 9, 1997, p.28) ; to the most direct and simple : Madonna's "material girl, living in a material world."

Religion or spirituality involves substituting wrong and mythical explanations, explaining by "demons" (Lewontin's article again, quoting from Carl Sagan). At bottom it's just a matter of facing the obvious truth.

---

unanständig, unehrlich, als Lügnerei, Feminismus, Schwachheit, Feigheit", para 357. It will be clear later on where my interpretation agrees with Nietzsche's.

This doesn't mean that moral issues don't come into it. But they enter as accounts of why people run away from reality, why they want to go on believing illusion. They do so because it's comforting. The real world is utterly indifferent to us, and even to a certain degree dangerous, threatening. As children, we have to see ourselves as surrounded by love and concern, or we shrivel up. But in growing up, we have to learn to face the fact that this environment of concern can't extend beyond the human sphere, and mostly doesn't extend very far within it.

But this transition is hard. So we project a world which is providential, created by a benign God. Or at least, we see the world as meaningful in terms of the ultimate human good. The providential world is not only soothing, but it also takes the burden of evaluating things off our shoulders. The meanings of things are already given.

So religion emanates from a childish lack of courage. We need to stand up like men, and face reality.

Now the traditional unbelieving attack on religion since the Englightenment contains this accusation of childish pusillanimity, but also an attack on religion as calling for terrible self-mutilation, actuated by pride. Human desire has to be checked, mortified. And then this mortification is often imposed on others, so that religion is the source of a terrible infliction of suffering, and the visiting of severe punishment, on heretics and outsiders. This shows that the unbelieving critique of religion is more complex and many-tracked than I'm dealing with here ; but on one very widespread version of this critique, the basic reason for resisting the truth is pusillanimity.

Unbelief has the opposite features. The unbeliever has the courage to take up an adult stance, and face reality. He knows that human beings are on their own. But this doesn't cause him just to cave in. On the contrary, he determines to affirm human worth, and the human good, and to work for it, without false illusion or consolation. So he is counter-mortification. Moreover, he has no reason to exclude anyone as heretic ; so his philanthropy is universal. Unbelief goes together with modern (exclusive) humanism.

So goes one story. The crucial idea is that the scientific-epistemic part of it is completely self-supporting. That's something the rational mind will believe independent of any moral convictions. The moral attributions to one side or the other come when you are trying to explain why some people accept and others resist these truths. The connection between materialist science and humanist affirmation comes because you have to be a mature, courageous being to face these facts. As to why mature courage embraces benevolence, which figures here in the portrait of this humanism, the answer can simply be that left to ourselves we do want to benefit our fellow humans ; or that we have developed this way culturally, and we value it, and we can keep this going if we set ourselves to it.

From the believer's perspective, all this falls out rather differently. We start with an epistemic response : the argument from modern science to all-around materialism seems quite unconvincing. Whenever this is worked out in something closer to detail, it seems full of holes. The best example today might be evolution, sociobiology, and the like. But we also see reasonings of this kind in the works of Richard Dawkins, for instance, or Daniel Dennett.

So the believer returns the complement. He casts about for an explanation why the materialist is so eager to believe very inconclusive arguments. Here the moral outlook just mentioned comes back in, but in a different role. Not that, failure to rise to which makes you unable to face the facts of materialism; but rather that, whose moral attraction, and seeming plausibility to the facts of the human moral condition, draw you to it, so that you readily grant the materialist argument from science its various leaps of faith. The whole package seems plausible, so we don't pick too closely at the details.

But how can this be? Surely, the whole package is meant to be plausible precisely **because** science has shown ⋯ etc. That's certainly the way the package of epistemic and moral views presents itself officially; that's the official story, as it were. But the supposition here is that the official story isn't the real one; that the real power that the package has to attract and convince lies in it as a definition of our moral predicament.

This means that this ideal of the courageous acknowledger of unpalatable truths, ready to eschew all easy comfort and consolation, and who by the same token becomes capable of grasping and controlling the world, sits well with us, draws us, that we feel tempted to make it our own. And / or it means that the counter-ideals of belief, devotion, piety, can all-too-easily seem actuated by a still immature desire for consolation, meaning, extra-human sustenance.

What seems to accredit the view of the package as epistemically-driven are all the famous conversion stories, starting with post-Darwinian Victorians but continuing to our day, where people who had a strong faith early in life found that they had reluctantly, even with anguish of soul, to relinquish it, because "Darwin has refuted the Bible". Surely, we want to say, these people in a sense preferred the Christian outlook morally, but had to bow, with whatever degree of inner pain, to the facts.

But that's exactly what I'm resisting saying. What happened here was not that a moral outlook bowed to brute facts. Rather it gave way to another moral outlook. Another model of what was higher triumphed. And much was going for this model : images of power, of untrammelled agency, of spiritual self-possession (the "buffered self"). On the other side, one's childhood faith had perhaps in many respects remained childish ; it was all too easy to come to see it as essentially and constitutionally so.

Of course, the change was painful, because one could be deeply attached to this childhood faith, not just as part of one's past, but also to what it promised. But even this pain could work for the conversion. It has been noted how many of the crop of great Victorian agnostics came from Evangelical families. They transposed the model of the strenuous, manly, philanthropic concern into the new secular key. But the very core of that model, manly self-conquest, rising above the pain of loss, now told in favour of the apostasy.[4]

So I am less than fully convinced by the major thrust of the "death of God" account of the rise of modern secularity ; its account in other words of the modern conditions of belief. What makes belief problematical, often difficult and full of doubts, is not simply "science".

This is not to deny that science (and even more "science") has had an important place in the story ; and that in a number of ways. For one thing, the universe which this science reveals is very different from the centred hierarchic cosmos which our civilization grew up within ; it hardly suggests to us that humans have any kind of special place in its story, whose temporal and spatial dimensions are mind-numbing. This, and the conception of natural law by which we understand it, makes it refractory to the interventions of Providence as these were envisaged in the framework of the earlier cosmos, and the connected understanding of the Biblical story. Seen in this light, "Darwin" has indeed, "refuted the Bible".

For another thing, the development of modern science has gone hand in hand with the rise of the ethic of austere, disengaged reason I invoked above. But all this still doesn't amount to an endorsement of the official story, that the present climate of unbelief in many milieux in contemporary society is a response to the strong case for materialism which science has drawn up during the last three centuries.

Of course, a strong reason for my lack of conviction here is that I don't see the case for materialism as all that strong. To

---

4) See Stefan Collini.

state just why would take me much too far afield, and lead me away from the enquiry I want to pursue. But I acknowledge that this a loose end in my argument which I won't be able to tie up. I hope however that this lacuna in my case can be partly compensated for by the plausibility of the explanation I offer in place of the official account, and which sees the attraction of materialism arising not so much from the conclusions of science as from the ethic which is associated with it.

But, one might object, why shouldn't bad arguments have an important effect in history, as much if not more than good arguments? In a sense, this objection is well taken ; and in a sense, therefore, the official story is also true. Since lots of people believe that they are atheists and materialists because science has shown these to be irrefutable, there is a perfectly good sense in which we can say that this is their reason.

But an explanation in terms of a bad reason calls for supple-mentation. We need an account of why the bad reason nevertheless works. This is not necessarily so, of course, in individual cases. Individuals can just take some conclusion on authority from their milieu. Just as we laypeople take the latest report about the micro-constitution of the atom from the Sunday paper, so we may take it on authority from a Sagan or a Dawkins that Science has refuted God. But this leaves still unexplained how an authority of this kind gets constituted. What makes it the case that we laypeople, as also the scientific luminaries, get so easily sucked into invalid arguments? Why do we and they not more readily see the alternatives? My proffered account in terms of the attraction of an ethic vision is meant to answer this deeper question.

I am not arguing that an account of someone's action in terms of erroneous belief always needs supplementation. I may leave the house without an umbrella because I believe the radio forecast to be reliable, and it predicted fair weather. But the difference between this kind of case and the issue we're dealing with here, is first, that the weather, beyond the inconvenience of getting wet today, doesn't matter to me in anything like the same way, and second, that I have no alternative access to this afternoon's weather than the forecast.

This latter is not simply true in the question of belief in God. Of course, as a layperson, I have to take on authority the findings of paleontology. But I am not similarly without resources on the issue whether what science has shown about the material world denies the existence of God. Because I can also have a religious life, a sense of God and how he impinges on my existence, against which I can check the supposed claims to refutation.

I want to draw the Desdemona analogy. What makes Othello a tragedy, and not just a tale of misfortune, is that we hold its protagonist culpable in his too ready belief of the evidence fabricated by Iago. He had an alternative mode of access to her innocence in Desdemona herself, if he could only have opened his heart / mind to her love and devotion. The fatal flaw in the tragic hero Othello is his inability to do this, partly induced by his outsider's status and sudden promotion.

The reason why I can't accept the arguments that "science

has refuted God", without any supplement, as an explanation of the rise of unbelief is that we are on this issue like Othello, rather than the person listening to the forecast as he hesitates before the umbrella stand. We can't just explain what we do on the basis of the information we received from external sources, without seeing what we made of the internal ones.

All this doesn't mean that a perfectly valid description of an individual's experience might not be, that he felt forced to give up a faith he cherished, because the brute facts of the universe contradicted it. Because once you go this way, once you accept unbelief, then you will probably also accept the ideology which accords primacy to the external sources, which depreciates the internal ones as incompetent here, indeed, as likely sources of childish illusion. That's how it now looks ex post facto – and how it looked to Othello. But we who have seen this happen need a further account why Desdemona's testimony wasn't heard.

Thus, once one has taken the step into unbelief, there are overwhelming reasons why one will be induced to buy into the official, science-driven story. And because we very often make these choices under the influence of others, on whose authority we buy the official story, it is not surprising that lots of people have thought of their conversion as science-driven, even perhaps in the most dramatic form. Science seemed to show that we are nothing but a fleeting life-form on a dying star ; or that the universe is nothing but decaying matter, under ever increasing entropy, that there is thus no place for spirit or God, miracles or salvation. Something like the vision which Dostoyevsky had in the picture gallery in Dresden before the Crucifixion by ?, of the absolute finality of death, which convinced him that there must be something more, might easily have the opposite effect, of dragging you down and forcing an abandonment of your faith.

But the question remains : if the arguments in fact aren't conclusive, why do they seem so convincing, where at other times and places God's existence just seems obvious? This is the question I'm trying to answer, and the "death of God" doesn't help me here ; rather it blocks the way with a pseudo-solution.

So my contention is that the power of materialism today comes not from the scientific "facts", but has rather to be explained in terms of the power of a certain package uniting materialism with a moral outlook, the package we could call "atheist humanism", or exclusive humanism. But this doesn't bring me to the end of my search ; rather, the further question arises : how in turn to explain something like the power of this package?

Here's where we might invoke the second level of the "death of God" account, the one which starts from our contemporary moral predicament. The conclusion here is the same as with the argument from science, that we can no longer rationally believe in God ; but the starting point is now the ethical outlook of the modern age.

Now it is true that a great deal of our political and moral life is focussed on human ends : human welfare, human rights, human flourishing, equality between human beings. Indeed, our public life, in societies which are secular in a familiar modern sense, is exclusively concerned with human goods. And our age is certainly unique in human history in this respect. Now some people see no place in this kind of world for belief in God. A faith of this kind would have to make one an outsider, an enemy of this world, in unrelenting combat with it. Thus one is either thoroughly in this world, living by its premisses, and then one cannot really believe in God ; or one believes, and one is in some sense living like a resident alien in modernity. Since we find ourselves more and more inducted into it, belief becomes harder and harder ; the horizon of faith steadily recedes.[5]

Now this adversarial picture of the relation of faith to modernity is not an invention of unbelievers. It is matched and encouraged by a strand of Christian hostility to the humanist world. We have only to think of Pius IX, fulminating in his Syllabus of 1864 against all the errors of the modern world, including human rights, democracy, equality, and just about everything our contemporary Liberal state embodies. And there are other, more recent examples, among Christians as well as believers in other religions.

But this convergence between fundamentalists and hard-line atheists doesn't make their common interpretation of the relation of faith to modernity the only possible one. And it is clear that there are many people of faith who have helped to build and are now sustaining this modern humanist world, and are strongly committed to the modes of human well-being and flourishing that

---

5) Friedrich Nietzsche, The Gay Science, para 125, the famous passage about the madman who announces the death of God, also makes use of this horizon image.

it has made central. Once again, the "death of God" account leaps to a conclusion which is far from being warranted. It is possible to see modern humanism as the enemy of religion, just as it is possible to take science as having proved atheism. But since the conclusion is in neither case warranted, the question arises why so many people do so. And that brings me back to the central issue I've been raising.

This moral version of the "death of God" account seems plausible to many people, because they make an assumption about the rise of modernity, which helps to screen from them how complex and difficult this quest is. The assumption is what I have called "the view from Dover Beach" : the transition to modernity comes about through the loss of traditional beliefs and allegiances. This may be seen as coming about as a result of institutional changes : e.g., mobility and urbanization erode the beliefs and reference points of static rural society. Or the loss may be supposed to arise from the increasing operation of modern scientific reason. The change may be positively valued - or it may be judged a disaster by those for whom the traditional reference points were valuable, and scientific reason too narrow. But all these theories concur in describing the process : old views and loyalties are eroded. Old horizons are washed away, in Nietzsche's image. The sea of faith recedes, following Arnold. This stanza from his Dover Beach captures this perspective :

The Sea of Faith
Was once, too, at the full, and round earth's shore

Lay like the folds of a bright girdle furled.
But now I only hear
Its melancholy, long, withdrawing roar,
Retreating, to the breath
Of the night-wind, down the vast edges drear
And naked shingles of the world.[6]

The tone here is one of regret and nostalgia. But the underlying image of eroded faith could serve just as well for an upbeat story of the progress of triumphant scientific reason. From one point of view, humanity has shed a lot of false and harmful myths. From another, it has lost touch with crucial spiritual realities. But in either case, the change is seen as a loss of belief.

What emerges comes about through this loss. The upbeat story cherishes the dominance of an empirical-scientific approach to knowledge claims, of individualism, negative freedom, instrumental rationality. But these come to the fore because they are what we humans "normally" value, once we are no longer impeded or blinded by false or superstitious beliefs and the stultifying modes of life which accompany them. Once myth and error are dissipated, these are the only games in town. The empirical approach is the only valid way of acquiring knowledge, and this becomes evident as soon as we free ourselves from the thraldom of a false meta-physics. Increasing recourse to instrumental rationality allows us to get more and more of what we want, and we were only ever deterred from this by unfounded injunctions to limit ourselves.

---

6) <u>Dover Beach</u>, 21-28.

Individualism is the normal fruit of human self-regard absent the illusory claims of God, the Chain of Being, or the sacred order of society.

In other words, we moderns behave as we do because we have "come to see" that certain claims were false – or on the negative reading, because we have lost from view certain perennial truths. What this view reads out of the picture is the possibility that Western modernity might be powered by its own positive visions of the good, that is, by one constellation of such visions among available others, rather than by the only viable set left after the old myths and legends have been exploded. It screens out whatever there might be of a specific moral direction to Western modernity, beyond what is dictated by the general form of human life itself, once old error is shown up (or old truth forgotten). E.g., people behave as individuals, because that's what they "naturally" do when no longer held in by the old religions, metaphysics and customs, though this may be seen as a glorious liberation, or a purblind enmiring in egoism, depending on our perspective. What it cannot be seen as is a novel form of moral self-understanding, not definable simply by the negation of what preceded it.

In terms of my discussion a few pages ago, all these acounts "naturalize" the features of the modern, liberal identity. They cannot see it as one, historically constructed understanding of human agency among others.

On this "subtraction" view of modernity, as what arises from the washing away of old horizons, modern humanism can only have arisen through the fading of earlier forms. It can only be conceived as coming to be through a "death of God". It just follows that you can't be fully into contemporary humanist concerns if you haven't sloughed off the old beliefs. You can't be fully with the modern age and still believe in God. Or alternatively, if you still believe, then you have reservations, you are at last partly, and perhaps covertly, some kind of adversary.

But of course, as I have argued at length elsewhere,[7] this is a quite inadequate account of modernity. What has got screened out is the possibility that Western modernity might be sustained by its own original spiritual vision, that is, not one generated simply and inescapably out of the transition. But this possibility is in fact the reality.

The logic of the subtraction story is something like this : once we slough off our concern with serving God, or attending to any other transcendent reality, what we're left with is human good, and that is what modern societies are concerned with. But this radically under-describes what I'm calling modern humanism. That I am left with only human concerns doesn't tell me to take universal human welfare as my goal ; nor does it tell me that freedom is important, or fulfilment, or equality. Just being confined to human goods could just as well find expression in my concerning myself exclusively with my own material welfare, or that of my family or immediate milieu. The in fact very exigent demands of universal justice and benevolence which characterize modern humanism can't be explained just by the subtraction of

---

7) Charles ‑Taylor, <u>Sources of the Self</u>, Harvard U.P. 1989.

earlier goals and allegiances.

The subtraction story, inadequate though it is, is deeply embedded in modern humanist consciousness. It is by no means propounded only by the more simplistic theorists. Even such a penetrating and sophisticated thinker as Paul Bénichou subscribed to a version of it in his Morales du grand siècle : "L'humanité s'estime dès qu'elle se voit capable de reculer sa misère ; elle tend à oublier, en même temps que sa détresse, l'humiliante morale par laquelle, faisant de nécessité vertu, elle condamnait la vie."[8] Modern humanism arises, in other words, because humans become capable of sloughing off the older, other-worldly ethics of asceticism.

Moreover, this story is grounded in a certain view of human motivation in general, and of the well-springs of religious belief in particular. This latter is seen as the fruit of misery and the accompanying self-renunciation is "making a virtue of necessity." Belief is a product of deprivation, humiliation and a lack of hope. It is the obverse of the human desire for flourishing ; where we are driven by our despair at the frustration of this desire.

Thus human flourishing is taken as our perennial goal, even though under eclipse in periods of misery and humiliation, and its content is taken as fairly unproblematic, once one begins to affirm it.

We see here the outlines of one version of an account of modern secularity, which in its general form is widely and deeply implanted in modern humanist culture. It tends to have four

---

8) Paul Bénchou, Morales du grand siècle, Paris : Gallimard, p.226.

connected facets : a) the "death of God" thesis that one can no longer honestly, lucidly, sincerely believe in God ; b) some "subtraction" story of the rise of modern humanism ; c) a view on the original reasons for religious belief, and on their place in perennial human motivations, which grounds the subtraction story. These views vary all the way from nineteenth Century theories about primitives' fears of the unknown, or desire to control the elements, to speculations like Freud's, linking religion to neurosis. On many of these accounts, religion simply becomes unnecessary when technology gets to a certain level : we don't need God any more, because we know how to get it ourselves.[9] These theories are generally wildly and implausibly reductive.

They issue in d) a take on modern secularization as mainly a recession of religion in the face of science, technology and rationality. As against the nineteenth Century, when thinkers like Comte confidently predicted the supersession of religion by science, as did Renan : "il viendra un jour où l'humanité ne croira plus, mais où elle saura ; un jour où elle saura le monde métaphysique et moral, comme elle sait déjà le monde physique",[10] today everybody thinks that the illusion has some future ; but on the vision I'm describing here it is in for some more shrinkage.

These four facets together give an idea of what modern secularization often looks like from within the humanist camp. Against this, I want to offer a rather different picture.[11]

---

9) There is a more sophisticated version of this in Steve Bruce, Religion in modern Britain, OUP 1995, pp.131-133.
10) Quoted in Sylvette Denèfle, Sociologie de la Sécularisation, Paris-Montréal : l'Harmattan 1997, pp.93-94.

In order to develop this alternative picture, I want to explore the genesis of this third CWS, which I think is most fundamental. This is the domain in which the moral self-understanding of moderns has been forged. I would want to tell here a longish story. But in its main lines, my account centres on the development of an ascending series of attempts to establish a Christian order, of which the Reformation is a key phase. These attempts show a progressive impatience with older modes of post-Axial religion in which certain collective, ritualistic forms of earlier religions existed in uneasy coexistence with the demands of individual devotion and ethical reform which came from the "higher" revelations. In Latin Christendom, the attempt was to recover and impose on everyone a more individually committed and Christocentric religion of devotion and action, and to repress or even abolish older, supposedly "magical", or "superstitious" forms of collective ritual practice.

Allied with a neo-Stoic outlook, this became the charter for a series of attempts to establish new forms of social order, drawing on new disciplines (Foucault enters the story here), which helped to reduce violence, disorder, and create populations

---

11) If I can manage to tell this story properly, then we will see that there is some, phenomenal, truth to the "death of God" account. A humanism has come about which can be seen, and hence lived, as exclusive. And from within this, it can indeed seem plausible that science points us towards a materialist account of spirit. The "death of God" is not just an erroneous account of modern secularity on a theoretical level ; it is also a way we may be tempted to interpret, and hence experience the modern condition. It is not the explanans I am looking for, but it is a crucial part of the explanandum. In this role, I am very far from wanting to deny it.

of relatively pacific and productive artisans and peasants, who were more and more induced / forced into the new forms of devotional practice and moral behaviour, be this in Protestant England, Holland, or later the American colonies, or in counter-Reformation France, or the Germany of the "Polizeistaat".

My hypothesis is that this new creation of a civilized, "polite" order succeeded beyond what its first originators could have hoped for, and that this in turn led to a new reading of what a Christian order might be, one which was seen more and more in "immanent" terms (the polite, civilized order is the Christian order). This version of Christianity was shorn of much of its "transcendent" content, and was thus open to a new departure, in which the understanding of good order (what I call the "modern moral order") could be embraced outside of the original theological, Providential framework, and in certain cases even against it (as with Voltaire, Gibbon, in another way Hume).

Disbelief in God arises in close symbiosis with this belief in a moral order of rights-bearing individuals, who are destined (by God or Nature) to act for mutual benefit ; an order which thus rejects the earlier honour ethic which exalted the warrior, as it also tends to occlude any transcendent horizon. We see one good formulation of this notion of order in Locke's *Second Treatise.*

This ideal order was not thought to be a mere human invention. Rather it was designed by God, an order in which everything coheres according to God's purposes. Later in the eighteenth Century, the same model is projected on the cosmos, in a vision of the universe as a set of perfectly interlocking parts, in which the purposes of each kind of creature mesh with those of all the others.

This order sets the goal for our constructive activity, insofar as it lies within our power to upset it, or realize it. Of course, when we look at the whole, we see how much the order is already realized ; but when we cast our eye on human affairs, we see how much we have deviated from it and upset it ; it becomes the norm to which we should strive to return.

This order was thought to be evident in the nature of things. Of course, if we consult revelation, we will also find the demand formulated there that we abide by it. But reason alone can tell us God's purposes. Living things, including ourselves, strive to preserve themselves. This is God's doing.

> God having made Man, and planted in him, as in all other
> Animals, a strong desire of Self-preservation, and furnished the
> World with things fit for Food and Rayment and other
> Necessaries of Life, Subservient to his design, that Man
> should live and abide for some time upon the Face of the
> Earth, and not that so curious and wonderful a piece of
> Workmanship by its own Negligence, or want of Necessities,
> should perish again ··· : God ··· spoke to him, (that is)
> directed him by his Senses and Reason, ··· to the use of
> those things which were serviceable for his Subsistence, and
> given him as the means of his Preservation. ··· For the desire, strong
> desire of Preserving his Life and Being having been planted in him,
> as a Principle of Action by
> God himself, Reason, which was the voice of God in him,

could not but teach him and assure him, that pursuing that natural Inclination he had to preserve his Being, he followed the Will of his Maker.[12]

Being endowed with reason, we see that not only our lives but that of all humans are to be preserved. And in addition, God made us sociable beings. So that "every one as he is bound to preserve himself, and not quit his Station wilfully ; so by the like reason when his Preservation comes not in competition, ought he, as much as he can, to preserve the rest of Mankind."[13]

Similarly Locke reasons that God gave us our powers of reason and discipline so that we could most effectively go about the business of preserving ourselves. It follows that we ought to be "Industrious and Rational".[14] The ethic of discipline and improvement is itself a requirement of the natural order that God had designed. The imposition of order by human will is itself called for by his scheme.

We can see in Locke's formulation how much he sees mutual service in terms of profitable exchange. "Economic" (that is, ordered, peaceful, productive) activity has become the model for human behaviour, and the key for harmonious co-existence. In contrast to the theories of hierarchical complementarity, we meet in a zone of concord and mutual service, not to the extent that we transcend our ordinary goals and purposes, but on the

---

12) Locke, Two Treatises of Civil Government, I. 86.
13) Op. cit., II.6 ; see also II.135 ; and Some Thoughts concerning Education, para 116.
14) Op. cit, II. 26.

contrary, in the process of carrying them out according to God's design.

This understanding of order has profoundly shaped the forms of social imaginary which dominate in the modern West : the market economy, the public sphere, the sovereign "people".

This is the key entry point to modern secularity. Within this somewhat stripped down notion of Providence and divinely sanctioned order, one which made ordinary human flourishing so central, it became more and more conceivable to slide towards forms of Deism, and ultimately even atheist humanism. The order which was first seen as providential could be the located in "Nature" (this was not a big step, since God created Nature), and then later further relocated as one of the effects of "civilization".

As such it becomes connected with narratives of its genesis in history, out of barbarism and religion.[15] "Polite" society involves the evolution out of earlier phases in which war was the paramount activity to a mode of life in which commerce and production are the most valued activities. The economic dimension assumes crucial importance. At the same time, it requires the evolution of religious forms which accept this paramountcy of this kind of order in society.

Seen from this perspective, religion could be portrayed as a threat to this order. We see this in the critique offered by Gibbon

---

15) I have drawn on the very interesting discussion of John Pocock in his Barabarism and Religion : The Enlightenments of Edward Gibbon, Cambridge University Press 1999.

and Hume for instance. Key terms of opprobrium were: "superstition", by which was meant continuing belief in an enchanted world, the kind of thing which modern Reform Christianity had left behind it; "fanaticism", by which was meant the invocation of religion to justify violations of the modern moral order, be they persecutions, or any other type of irrational, counter-productive behaviour; "enthusiasm", by which was meant the claiom to some kind of special revelation, whereby one could once more challenge the norms of the modern order. One might say that "superstition" was the speciality of Catholics, and "enthusiasm" of extreme Protestant sects; but "fanaticism" was a sin of which both were capable.

The rooting of the Enlightened critique in this modern idea of moral order can be seen again if one looks at the two lists of virtues which Hume lists in the Enquiries, those he considers properly virtues, and the "monkish" ones for which he has no use.[16]

We can see how this understanding of civilized order and "polite" society could function as a CWS, if not excluding all religion, at least ruling out as unacceptable "fanatical" forms of it. Ensconced within this understanding of order, and situated in the narratives of its genesis, certain other forms of life appear as "barbarian", and (at least certain forms of) religion as unacceptable.

Here we have one of the most powerful CWS in modern history. Religion was to be severely limited, even in some versions banned, because it ran against the natural order itself. From

---

16) David Hume, <u>An Enquiry Concerning the Principles of Morals.</u>

within the acceptance of this order as the end of history, nothing could seem more obvious and secure, even if this could also accommodate milder positions which espoused Deism, or some carefully controlled and parsimoniously dosed religion. This is a very widespread CWS in our time, except that it has been radicalized to marginalize the intermediate positions available in the 18th Century, like Voltairean Deism.

And we can also see how this CWS exists in a kind of relation of mutual support and symbiosis with the others evoked above. The modern conception of social order, starting with individuals, reinforces and is reinforced by the primacy of the ego in epistemology. The stance of disengaged reason is also essential to the range of disciplines by which a social reality was built in which the norms of the order - disciplined and productive individuals whose activity tends to mutual benefit - can seem a plausible description of "human nature". For from within this perspective the modern moral order is fully "naturalised". It is the way humans are, and were meant to be. Indeed, disengaged scientific understanding, the highest ideal of epistemology, is one of the achievements of "civilization".

At the same time, the narrative of the emergence of polite civilization confers the status of adulthood on those who inhabit it, in relation to the immaturity of barbarians and the superstitious, or enthusiastic or fanatic. It therefore helps to anchor the various CWS of the "death of God", and indeed, gives its full weight to the moral superiority of adulthood from which the "refutation" of religion by science draws much of its strength.

But it was also this CWS of polite civilization which inspired the most bitter controversies. Because this understanding of order was and is hotly contested ; and this from a host of directions. Some saw it as insufficiently inspiring and uplifting ; others as poisoned by forms of discipline which repress and crush the spontaneous or the emotional in us ; others as rejecting true human sympathy and generosity in condemning "enthusiasm". But others again rejected it because it turned its back on violence, and hence heroism, and hence greatness ; because it leveled us all in a demeaning equality. We find some of this latter kind of reaction in Tocqueville, for instance ; but most famously in Nietzsche.

As this latter name reminds us, the remarkable thing about this wave of protests, which begins in the latter half of the 18th Century, is that they each can be taken in more than one direction. The sense of the moral order as unliveable and reductive could either lead back to a more full-hearted religion (e.g., Wesley, the Pietists), or it could lead beyond to modes of unbelieving Romanticism. Similarly, the "tragic" dimension could be invoked for a return to a real sense of human sin ; or it could justify a rejection of Christianity as the original historical source of modern morality, the trail blazed by Nietzsche. Again, dissatisfactions with existing forms could lead to more radical and utopian versions of order, as we see with Jacobinism, later communism and Marx ; or it could justify abandoning it, as with the Catholic Reaction after 1815 ; or again, in a quite different way, with Nietzsche.

So while the modern ideal of moral order can be the centre of one of the most influential CWS of modern society, the attempts to criticise it, to denounce its self-"naturalisation", can also be a source of new and more profound CWS. After all, the source whence the expression "death of God" flows into general circulation is the *Gay Science*. Modern culture is characterized by what we could call the "nova effect", the multiplication of more and more spiritual and anti-spiritual positions. This multiplicity further fragilizes any of the positions it contains. There is no longer any clear, unambiguous way of drawing the main issue.

But a crucial reference point in this swirling multiplicity is the modern idea of order ; in the sense that our stance to that is an important defining characteristic of our position, as much as our stance, positive or negative, on transcendence. The dimension in which interesting new positions have arisen is that which combines severe criticism of the order with a rejection of the transcendent. This is where we find what we might call the "immanent Counter-Enlightenment", following Nietzsche ; as well as new ways of invoking paganism against Christianity. This is as old as the Enlightenment in one sense ; Gibbon clearly had some sympathy for what he saw as the skeptical, very unfanatical ruling class of Rome, puzzled by the rush to martyrdom of this obscure sect of Christians ; Mill spoke of "pagan self-assertion" ; Peter Gay has even described the Enlightenment as a kind of "modern paganism".[17] But we find more recently attempts to rehabilitate precisely what was suppressed by monotheism.

---

17) See Peter Gay.

There is a discourse of "polytheism" (Calasso, Spinosa), which profoundly rejects the notion of single, dominant moral code, an essential feature of the modern moral order. One can even hope to erect a novel CWS on this basis.

I hope that this brief summary of the trajectory of my as yet unfinished work will help to situate the four studies brought together in this book. Clearly, in opposition to a "subtraction" story, which tends to give an ahistorical account of religion, as that which is steadily declining throughout modern history, my account insists on the ways in which religious forms change, re-invent themselves, take new shape in a changed world. My first chapter, "Modernity and Secular Time", deals with one important dimension of the contrast between life then and now, which enframes and conditions all our action and understanding, including religious life.

The modern social imaginary is deeply embedded in secular time. Chapter 2 ("Religion and the modern social Imaginary") explores something of what that means for the relation of religious belonging and group identity today, including its most problematic feature : its role in justifying violence.

In Chapter 3, I explore further the "immanent counter-Enlightenment" I referred to above, whose followers, particularly those inspired by Friedrich Nietzsche, have such a powerful impact on Western culture and history.

Finally, in my last chapter, I attempt to say something about the place of religion today, and in particular about the new "post-Durkheimian" framework in which much religion and spirituality now finds itself in the West.

These studies, as indeed my whole project, deal explicitly with developments in the West. In delivering the Tasan Lectures 2002, I became aware once again of how fruitful it can be to exchange with colleagues from other parts of the world, as they respond to these Western self-descriptions from their own rather different perspectives I learned a great deal from my Korean colleagues during my short stay in the country. I hope that they found some of these studies helpful as well. I would be very pleased if the publication of these papers in Korean could in some fashion further and continue this exchange.

근대성과 세속적 시간

나는 근대 세계에서 시간을 경험하는 주요한 특징이 무엇인지 탐구하고자 한다. 우리는 시간을 오직 선(線)적인 것으로만 받아들이는 경향이 있는데, 나는 이러한 시간 개념을 '세속적' 시간이라는 말로 표현하겠다. '세속적' 시간은 우리에게 공통적이고 사회적인 존재 양식상의 시간이다. 개인적 경험은 다를 수 있다. 그러나 개인적 경험이 기존의 사회 틀과 마찰을 일으키면, 이러한 경험은 단지 기이하거나 아주 사적인 것으로 취급될 위험이 항상 존재한다. 그러나 중세 시대의 우리 선조들에게는 결코 이러한 일이 발생하지 않았다. 그들은 시간을 우리와는 매우 다른 방식, 즉 다면적이고 위계적 질서를 지닌 것으로 인식했다. 아니, 내가 그렇게 주장하고 싶다는 것이 더 정확한 표현일 것이다.

그런데 시간과 같이 근본적인 것에 대한 경험이 어떻게 역사적으로 변할 수 있는가? 그것은 오직 질서에 대한 우리의 이해와 더불어서만 가능하다. 아리스토텔레스(Aristotle)는 시간을 변화의 척도라고 말했다. 그리고 사물은 일정한 틀 속에서 변화하며 틀 그 자체는 안정적이다. 아니, 우리가 지금의 세계에 대해 그렇게 믿고 있다고 말하는 것이 더 정확할 것이다. 우리가 이 틀을 유동적인 것 혹은 빅뱅 이론에서 말하는 것처럼 변화하는 것으로 받아들일 때, 우리는 "시간의 역사"에 대해 말할 수 있으며, 시간의 본질적 변화에 대해 생각할 수 있다. 시간은 질서와 함께 변할 수 있으며, 변화는 그 질서 내에서 일어난다. 만약 모든 사물이 변화가 일어나는 질서 속에 존재하는 것이 아니라면 모든 것이 시간 속에 존재하는 것도 아니게 된다. 플라톤은 이와 같은 의미에서 시간을 초월한 영원한 실체들이 존재한다고 생각했다.

따라서 시간에 대한 우리의 이해와 경험은, 우리 자신과 사물들이 놓이는 질서에 대한 우리의 인식과 더불어 변화할 수 있다. 우리의 시간 경험이 우리 선조들의 것과 어떻게 다른지 알기 위해 탐구해야 하는 것은 바로 이 점이다. 나는 이 강연에서 서구 문명 혹은 라틴 기독교 문명로마 가톨릭 국가에서의 변화에 초점을 맞추겠다.

I

질서에 대한 선조들의 이해는 지금과 어떻게 달랐는가? 여러 가지 방식으로 지적할 수 있겠지만, 나는 근본적인 차이를 두드러지게 보여주는 한 가지 사실에 주목하고자 한다. 그것은 카니발과 무질서한 축제, 소년 주교 놀이 등과 유사한 페스티벌에서 발견할 수 있다. 이와 같은 시기에는 보통의 일상적인 삶의 질서가 무너지고, "세계가 거꾸로 뒤집혔다." 사람들은 잠시 일상적인 질서를 깨뜨리고 놀이하는 시간을 가졌다. 하루 동안 소년들이 주교복을 입었고, 바보가 왕이 되었다. 사람들은 평소에 숭배하던 것들을 흉내내며 조롱했고, 성적인 행위뿐만 아니라 거의 폭력에 가까운 행위에 이르기까지 자기 멋대로 행동했다.

　이러한 축제는, 사람들에게 인간으로서의 의의를 일시에 아주 강력하게 느끼게 해주었으므로 — 사람들은 환호하며 이러한 축제에 참여했다 — 매혹적인 것이었다. 또한 그러한 축제는 불가사의한 것이었다. 특히 우리 근대인에게는, 이와 같은 축제가 기존의 질서에 대한 어떤 대안을 제시하는 것이 아니었다는 점에서 더욱 불가사의하게 느껴진다.

　그 축제는 우리가 근대 정치의 관념으로 받아들이는 것, 다시 말해서 지배적인 통치를 대치하고자 반대 질서를 제시하는 것과 같은 것이 아니었다. 더 좋고, 고상하며, 덕스러운 것 혹은 기독교적 카리스마 등과 같은 것이 통치해야 한다는 판단에 따라, 흉내내며 조롱하는 것은 일회적 행위로 그쳤다. 이런 점에서 유머는 궁극적으로 중요한 것이 아니었다.

　나탈리 데이비스(Natalie Davis)는, 마을 단위로 도시 지역에서 열렸던 이와 같은 축제의 기원에 대해 논의했다. 이러한 축제에서 젊은 남자들이 흉내를 내며 난동을 부리는 것은, 결혼식 피로연에서 장난치며 야단법석을 떠는 것처럼, 사회적으로 인정된 것이었다. 그리고 그녀가 지적하는 것처럼, 이러한 해학적 행동은 지배적인 도덕적 가치를 옹호하여 실행되었다.[1]

　그러나 이와 같은 축제들이 기존의 질서를 수용하고 있음에도 불구하고 기존의 질서와 모순되는 어떤 열망들이 해학적으로 표현되기도 했다. 정확하게 무슨 일이 일어났었는지 말하는 것은 쉽지 않다. 그러나 이것을 이해하기 위해 제시된 주장 가운데 몇 가지를 살펴보겠다.

　그 당시에도 사람에게는 안전 장치로서 이러한 축제가 필요하다

---

1) Natalie Zemon Davis, *Society and Culture in early modern France*, Stanford 1975.

는 주장이 제기되었다. 덕과 선의 도덕 질서가 주는 무게가 너무 무겁고, 인간 본능에 대한 그러한 억압 아래에서 발생한 열기가 너무 많아지면, 일시적으로 열기를 발산하는 기간이 필요하다는 것이다. 그래야만 시스템 전체가 파괴되지 않는다고 보았다. 물론, 그 당시 사람들이 열기라는 용어를 사용한 것은 아니지만, 한 프랑스 성직자는 그 날의 중요한 특징을 다음과 같이 분명하게 표현했다.

　　오래된 관습이 그렇듯이, 우리도 이것을 진지하게 수행하는 것이 아니라 장난삼아 한다. 그래서 1년에 한 번 우리 안에 있는 어리석음이 밖으로 발산될 수 있는 것이다. 만일 포도주를 담고 있는 가죽 부대의 공기 구멍을 가끔씩 열어주지 않는다면, 포도주 부대는 빈번하게 터지지 않겠는가? 우리도 오래된 가죽 부대와 같다 …2)

또한, 그 당시에도 그리고 그 이후에는 더욱 많이, 사람들은 이러한 축제를 로마의 농신제와 관련시켰다. 둘 사이의 역사적 연관을 추적할 만한 타당한 근거는 없는 것으로 보인다. 그러나 유사한 어떤 것이 겉모습만 바뀌었으리라는 가설은, 원칙적으로 완벽하게 받아들여질 수 있다. 이와 같이 둘을 병렬시키는 것은 로마의 농신제 및 다른 유사한 축제(예컨대, 고대 메소포타미아의 축제나 아즈텍인의 세계의 부활 축제)에 대한 이론에 근거한다. 어떤 근본적 직관이 이 모든 축제 아래 놓여 있다는 것이다. 즉, 질서가 원시적 혼돈을 구속하며, 그 원시적 혼돈은 질서의 적이기도 하면서 동시에 질서를 포함한 모든 에너지의 원천이라는 것이다. 구속은 그 에너지를 포섭해야 하는데, 창설하는 최고의 순간에 그와 같이 한다. 그러나 수년간의 일상적인 시간들은 그 힘을 짓밟고 고갈시켜버린다. 그래서

---

2) Peter Burke, *Popular Culture in early modern Europ*, N.Y. 1978, p.202에서 인용.

질서 그 자체는 오직, 혼돈의 힘이 다시 처음처럼 해방되고, 질서의 새로운 기초를 세우게 되는 일정한 시간 동안의 회복 과정을 통하여 유지될 수 있다. 이는, 마치 이 질서가 새롭게 강화되기 위해서 원초적인 혼돈의 에너지 속에 잠기지 않는다면, 혼돈에 대항하여 질서를 유지하려는 노력이 결국에는 약화되고 소진될 수밖에 없는 것과 같다. 혹은 그와 같은 어떠한 것이다. 이를 완전히 분명하게 이해하는 것은 어려운 일이다.

바흐친(Bakhtin)도 축제에 대한 설명을 제시하고 있다. 그는 웃음에 담겨 있는 유토피아적인 경향에 대해 언급하고 있다. 바흐친에 따르면, 카니발에서는 모든 경계를 무너뜨리는 것으로서의 웃음과, 우리를 모든 사람과 사물에게 연결시켜주는 신체가 찬양된다. 일종의 물질적 풍요로움의 이상이 구현되어 있다.[3]

빅터 터너(Victor Turner)는 또 다른 이론을 제시한다. 터너의 이론에 따르면, 우리가 조롱하는 질서는 중요한 것이긴 하지만, 궁극적인 것은 아니다. 궁극적인 것은 그 질서가 기여하는 공동체다. 그리고 이 공동체는 근본적으로 평등한 것이다. 모든 사람이 평등하다. 그러나 우리는 질서 없이는 지낼 수 없다. 그래서 우리는, 근본적으로 그리고 궁극적으로는 동등한 사람들로 이루어지고 그 질서의 기반이 되는 공동체의 이름으로, 그 질서를 잠시 보류시킴으로써, 주기적으로 질서를 갱신하고, 새로이 정화시키며, 그 본래의 의미로 되돌아가게 한다.[4]

나는 축제에 대한 모든 설명을 살펴보았다. 왜냐 하면 각 이론의 장점이 무엇이든간에, 그것들은 축제가 일어났던 세계의 중요한 특징을 지적하기 때문이다. 그 특징은, 동시에 존재할 수 없는 정반대

---

3) M. M. Bakhtin, *Rabelais and his world,* Indiana University Press, 1984.
4) Victor Turner, *The Ritual Process : Destructure and Anti-Structur*, Cornell 1969, and *Dramas, Fields and Metaphor*, Cornell 1978.

의 것들이 서로를 필요로 한다는 상보성에 대한 인식을 포함하고
있다. 물론, 우리 모두는 어느 정도씩 이렇게 산다. 즉, 우리는 x시간
동안 일하고, y시간 동안 쉬며, z시간 동안 잠을 잔다. 그러나 근현대인
이 의아하게 여기는 것은, 카니발의 배후에 있는 상보성이 도덕적이며
영적인 단계로 존재한다는 것이다. 우리는 단지 동시에 텔레비전을
보기도 하고 잠을 자기도 하는 것과 같은 사실상의 양립 불가능성을
고려하는 것이 아니다. 우리가 다루는 것은 요구되는 것과 비난받는
것, 합법과 불법, 질서와 혼돈 등이다. 위의 모든 설명은 공통적으로,
질서가 혼돈을 필요로 요구하고, 모순된 원칙들이 통용되는 세계 ―
또한 아마도 그 세계의 근저에 있는 우주를 가정하고 있다.

  이 주제에 대한 빅터 터너의 논의는 특히 흥미롭다. 왜냐 하면,
그는 카니발의 이와 같은 현상을 더 넓은 관점에서 파악하려 하기 때문
이다. 카니발은 근대 이전 사회의 모든 영역에서 세계의 모든 부분에
대하여 나타난 특정한 관계를 보여준다. 그 특정한 관계는 '모든 구조
가 반구조(anti-structure)를 필요로 한다'는 것으로 나타낼 수 있다.
터너는 머턴(Merton)의 구절, 즉 "기존 사회에서 명확하게 인식되고,
규칙적으로 작용하는 '역할-집합, 지위-집합, 지위-서열의 패턴화된
배열'"5)을 빌려와 자신이 의미하는 '구조(structure)'를 설명한다. 우리
는 이것을 다시 표현하여, 상이한 역할과 지위, 권리, 의무, 권력, 약점
등을 규정하는 사회의 행위 규범이라고 말할 수도 있다.

  터너 설명의 핵심은, 이러한 사회적 규범이 전적으로 진지하게
수용되고, 대부분 가혹하게 강요되는 사회에서조차 그 규범이 일시
적으로 중단되고, 무효가 되며, 위반되는 시간 혹은 상황이 존재한
다는 것이다. 명백히, 카니발과 무질서의 축제는 중세 유럽에 그와
같은 시간을 가져왔다. 그러나 사실 이와 같은 "뒤바꿈의 의식"은

---

5) *Dramas*, p.237.

매우 광범위하게 퍼져 있다. 예를 들어, 아프리카 여러 사회의 왕위 즉위 의식에서, 그 후보는 장차 그의 신민이 될 사람들에 의해 욕을 먹고, 괴롭힘을 당하며, 심지어 발로 채이고, 밀쳐지는 혹독한 시련을 통과해야 한다.6)

이와 같은 종류의 뒤바꿈은, 지배적인 법적, 정치적 규범에 의하면 지위가 낮고 약한 사람들이 보완적 영역에서는 또 다른 종류의 힘을 발휘하는 종류의 관계와 유사하다. 터너는, 토착민을 군사력으로 정복한 침입자들에 의해 형성된 아프리카 여러 사회를 예로 든다. "침입자들은 왕위, 지방 지사나 수령과 같은 정치적 고위직을 장악한다. 반면, 토착민들은 종종 그 지도자들을 통하여 그 땅이나 그 땅의 모든 풍요에 대하여 신비한 힘을 갖는 것으로 여겨진다. 이 토착민들은, 강자의 법적 정치적 힘에 대항하는 약자의 힘, 즉 종교적 힘을 지니며, 권력상의 위계 질서와 내적인 분할을 수반하는 정치적 시스템에 대항하여 분할되지 않은 나라 그 자체를 대표한다."7)

이러한 상황은, 여성의 경우와 같이 힘없고 지위가 낮은 다양한 부류의 사람들이 고유한 영역에서 특정한 권한을 행사하거나 혹은 중세 사회의 가난한 사람 — 이들의 근대 초기 사회에서의 뒤바뀐 운명은 아래에서 논의하겠다 — 이나 광인의 경우처럼 궁핍자, 약자, 이방인이 일종의 카리스마를 갖는 모든 사회에 대한 유비다.

터너는 더 나아가 아놀드 반 게넵(Arnold van Gennep)이 연구한 "통과의례"를 지닌 사회에 이르기까지 그 유비를 확장한다.8) 유비의 접합 지점은, 성인이 되기 위해 거치는 젊은 남자의 할례 의식처럼, 그 구성원이 다음 단계로 나아가기 위해 통과하는 이와 같은 의식을 통해 신참자는 처음 역할을 벗어버리고 일종의 변방으로

---

6) *The Ritual Process*, p.101, 171 ; 또한 the Apo ceremony of the Ashanti 178-181 을 보라.
7) *Dramas*, p.234.
8) Arnold van Gennep, *Rites of Passage*, London : Routledge 1960.

들어가는데, 그곳에서 그들이 지니고 있던 지위의 모든 흔적들이 제거된다는 것이다. 그들이 처음에 가지고 있던 정체성이 말소되고 새로운 정체성을 획득하기 전에, 시험과 시련을 겪으며 일종의 "문턱" 기간을 통과하게 된다. 문턱 이미지는 이러한 상태를 묘사하기 위해 "리미널리티(liminality)"라는 신조어를 만들어낸 반 게넵의 개념이다. 터너는 리미널리티를 일종의 "반구조(anti-structure)"로 받아들인다. 왜냐 하면 그것은 권리, 의무, 지위 기준을 포함하는 일상적 규범의 표지들을 일시적으로 제거하는 상태이기 때문이다.

이 모든 상황에는 공통적으로 구조와 반구조, 규범과 반규범(anti-code)이 존재하며, 이것은 일시적으로 중지되고 위반되는 규범의 형태를 취하거나, 위에서 언급한 정복자와 토착민 사이의 관계처럼, 규범 그 자체가 지배적인 권력의 근원에 대한 반대 원칙을 허용한다. 다시 말해서 그것은 약자의 상보적 힘에 대한 여지를 남겨둔다. 그것은 마치 권력 구조를 그것과 반대되는 것으로 보완할 절실한 필요가 있는 것과 같다. 그렇지 않고 다른 무엇이 있겠는가?

직관적으로 볼 때 이러한 질문에 대해 답하기는 어렵다. 이에 대하여 나는 앞에서 카니발과 관련하여 몇 가지 가능성을 조금 언급했다. 물론 그 중 하나는 규칙이 주는 압박이 때때로 늦춰질 필요가 있다는 생각이다. 다시 말해 우리는 열기를 뺄 필요가 있다는 것이다. 그러나 다음과 같이 이보다 더 생각을 진척시킬 수 있을 것도 같다. 즉, 가혹하게 적용된 규범은 우리에게서 모든 에너지를 빼앗아가며, 그 규범은 반대 원칙의 야성적 힘을 되찾을 필요가 있다는 것이다. 터너는, 음란한 행위를 부추기는 의례에 대한 에반스 프리차드(Evans-Pritchard)의 글을 논평하면서, 다음과 같이 말한다.

성별간의 적개심과 성욕에 대한 공공연한 상징의 사용에서 표출되는 원시적 에너지는, 구조적 질서 및 다른 질서들이 의존하는 덕과 가치를 대표하는 중심 상징으로 방향이 전환된다. 모든 적대성은 회복된 통일체 속에서 극복되거나 초월된다. 또한 그 통일체는 그것을 위태롭게 하는 바로 그 힘에 의해 새롭게 강화된다. 의례의 이러한 측면은, 인간의 포유 동물적 본질 속에 내재하는 바로 그 무질서의 힘을 사회 질서에 이바지하게 하는 수단이다.[9)]

이와 같은 설명은 여전히 "기능주의적"인 것으로 보인다. 즉, 행위의 목적이 여전히 사회의 보전인 것으로 보인다. 그러나 터너는 이런 설명을 "연대감(communitas)"의 맥락 속에 적용함으로써, 우리를 기능주의적 설명 이상의 설명을 제시한다. "연대감"에 대한 인식은, 다양하게 규범화된 역할들을 통해 우리가 서로에게 관련되는 방식을 넘어서 우리는 다양한 측면을 지녔지만 함께 결합되고 근본적으로 평등한 인간 존재로 이루어진 공동체라는, 우리 모두가 공유하는 직관이다. 약자의 권력에 합법성을 부여하고, 뒤바꿈과 위반의 순간에 돌발적으로 형성되는 것은 이와 같은 근원적 공동체다.

그런데 사실상 터너의 이런 설명도 "기능주의적" 측면을 지닌다. 왕으로 당선된 자에게 악담과 욕설을 퍼부을 때, 우리는 그와 우리 자신에게 통치자의 권리와 특권은 전체의 행복이라는 더 큰 목적을 지닌다는 점을 상기시키는 것이다. 그러나 터너에 따르면, "연대감"으로 끌어당기는 것이 우리 사회의 한계를 넘어서게 할 수도 있다. 그리고 그것은 우리가 모두 동등한 인간 존재라는 인식을 통해 촉진될 수 있다. 반구조로 나아가는 것은 사회 저편으로부터, 심지어는 인간성 저편으로부터 나올 수도 있다. 이런 관점으로부터, 우리가 중세 기독교 국가나 수많은 다른 문명에서 발견되는 긴장을, 구조와 반구조의 또 다른 예로서, 일상적으로 번영하는 직업과 더욱 고상한

---

9) *The Ritual Process*, p.93.

금욕적 직업 사이의 긴장으로 이해하는 것은 정당하다. 권력, 재산, 군사 영역의 구조들은, 삶을 통해 도전 받는다. 그리고 삶은 더욱 고상하기를 요구하지만, 기존의 질서를 대체할 수는 없다. 따라서 그것들은 공존하지 않을 수 없고 일종의 상보성이 형성된다.

이러한 설명을 통해서 우리는 구조와 반구조의 작용이 하나 이상의 단계에서 발생한다는 것을 알 수 있다. 왜냐 하면, 카니발의 반구조에 대해 구조적인 축을 형성하는 것은 국가와 교회의 이와 같은 전체적 상보성이기 때문이다.

따라서 연대감으로 끌어당긴다는 개념은 잠재적으로 다면적이다. 그것은 전면에 우리의 공동체뿐 아니라 인류 공동체를 제시한다. 그리고 연대감은 규범화된 역할로부터 우리를 단절시킬 때, 동료 의식을 불러일으키는 것 외에도 수많은 역할을 감당한다. 연대감은 또한 우리의 자발성과 창조성을 창출한다. 그것은 상상 작용에 대한 자유로운 지배를 허용한다.

이런 관점에서 본다면 반구조의 힘은, 모든 규범이 우리를 제한시키며 중요한 어떤 것으로부터 제외시키고 사태의 중요한 순간을 보고 느끼지 못하게 한다는 사실을 인식하는 점에서 생겨난다. 마치 사회의 가장 심오한 지식들이 일상적인 규범화된 역할에서 벗어나 예민하게 수용하는 사람들이 아니라면 학습될 수 없는 것같이, 몇몇 통과의례들에는 연장자가 그러한 지식을 젊은이에게 가르치는 구획적인 상태의 이점이 담겨 있다는 점을 우리는 기억한다. 여기에서 우리는 "후퇴"의 배후에 있는 종교적이고 세속적인 원칙을 인정하게 된다.

따라서 여기에서 나타나는 일반적인 현상은 반구조의 필연성을 우리가 인식한다는 점이다. 모든 규범은 대항하고 부정될 필요가 있으며 쇠약, 사회적 결속의 위축, 무분별 아마도 궁극적으로는 자기 파괴의 늪에 확실하게 빠질 필요가 있다. 세속적인 것과 종교적인 것 사이의 긴장과, 카니발과 여타의 뒤바꿈 의례의 존재는 이러한 인식이 로마 기독교 국가에서 매우 생생한 것이었다는 점을 보여준다. 그렇다면 오늘날은 어떠한가?

앞에서 제기한 후퇴에 대한 언급에서 보이듯이, 그것이 완전히 사라진 것은 아니다. 우리는 우리의 일상 생활에서 그것에 대해 인식한다. 우리는 여전히 휴일이면 우리의 일상적 역할에서 벗어나 "도시 생활의 번잡에서 벗어날" 필요를 느끼며, 모든 것을 중단하고 "배터리를 충전할" 필요를 느낀다. 물론 공휴일이나 축구 시합처럼 카니발과 같은 유형의 순간들이 있다. 이전의 카니발이 그랬던 것처럼 이것들은 폭력의 한계선 주위에서 맴 돌기도 하며 때때로는 폭력의 한계선도 넘어선다. 연대감은, 다이애나(Diana) 비를 애도하는 군중의 경우처럼, 특별한 위험이나 죽음의 순간에 갑자기 발생한다.

과거와 오늘날의 차이점은, 반구조에 대한 필요가 더 이상 사회 전체의 수준에서 그리고 사회의 공식적, 정치적, 법적 구조와 관련되어 인식되지는 않는다는 점이다. 반구조는 어떻게 존재할 수 있었나 하는 질문이 제기될 수 있다. 앞에서 언급한 모든 경우에, 반구조의 필요성은 영적인 맥락에서 사용하는 용어로 이해되었다. 즉, 인간의 규범은 더욱 큰 영적 질서 속에 존재하며, 반구조는 그 사회의 질서가 유지되기 위해서 혹은 영적 질서의 힘을 끌어들이기 위해서 필요한 것이다. 이런 관점에서 보면, 이러한 필요성을 상실하는 것은 공적인 영역의 "세속화"다.

그러나 단순한 결과로 보이는 것이 원인의 역할을 감당하기도 한다. 즉, 공적 영역의 세속화에 선행하여 그것을 초래한 것은, 필연적 상보성 혹은 반구조의 필요에 대한 인식의 상실일 수도 있다. 규범은 그것과 상충되는 원칙에 대해 어떠한 여지도 남겨놓을 필요가 없다는 생각, 규범의 시행에 어떠한 제한도 가할 필요가 없다는 생각 — 이것은 전체주의다 — 은, 근대가 반구조를 상실함으로써 발생한 결과 가운데 하나다. 이것은 물론 사실이다. 그러나 또한 어떠한 제한도 허용하지 않는 규범을 시행하고자 하는 유혹이 선행한 것도 사실이다. 그리고 이러한 유혹에 따름으로써 근대의 세속화가 초래된 것이다.

나는 곧 이 주제로 돌아올 것이지만, 지금 당장은 과거와 현재 사이의 대비를 설명하는 작업을 마무리짓고 싶다.

물론, 반구조의 상실이 초래한 결과 중 하나는 완전한 규범은 제한될 필요가 없으며, 그것은 제한 없이 실행될 수 있고 실행되어야 한다고 믿는 경향이었다. 그런데 이러한 경향은 우리 시대의 다양한 전체주의적 운동과 정치 체제 뒤에서 그것을 움직이게 하는 사상 가운데 하나였다. 사회는 완전히 변화되어야 했고, 행위에 대한 어떠한 전통적 속박이 이러한 기획을 방해하도록 허용하지도 않았다. 이보다는 덜 극적인 방식으로, 그러한 사상은 좁은 시야를 조장하여, 정치적 옳음에 대한 다양한 "언어 규범"이 특정 대학에만 적용되게 하고, "더 이상 참을 수 없음"과 같은 슬로건에만 제한적으로 실재적인 정치적 경쟁을 부여해준다.

아마도 프랑스 혁명기는, 반구조가 상실되는 것과 하나의 규범을 도덕적 한계 없이 적용하는 기획이 동시에 발생한 경우다. 이것은 새로운 사회를 표현하고 그 기반을 다지기 위한 축제를 구상했던 다양한 혁명 정부의 시도에서 분명하게 나타난다. 혁명 정부의 이러한 시도들은 카니발, 순례 여행, 성체축일 등과 같은 과거의 축제들의 모습에 많이 모방했다. 그러나 어떤 의미에서 보면 그 기획의 본질은 전도된 것이었다.

왜냐 하면, 반구조의 중요한 특성이 완전히 상실되었기 때문이다. 사실상 혁명 정부의 행사가 갖는 목적은 현재의 지배적인 규범의 틈을 벌리는 것이 아니라 오히려 그 정신을 표현하고, 그것과의 동일화를 고취시키는 것이었다. 이어 2세(Year Ⅱ)의 비(非)기독교화에서처럼, 카니발의 반구조적 요소가 가끔씩 차용되기도 했지만, 그와 같은 파괴적인 풍자는 일반적으로 고대 종교나 통치 체제에 대한 것이었다. 그것이 목적한 것은 통치 규범의 적들을 완전히 파괴하는 것이었지, 규범 그 자체를 중지시키는 것은 아니었다.10)

공식적인 실체에 대한 축전에 어울리게, 이러한 축제는 일반적으로 잘 정돈되어 있었다. 그것은 사회적 유대 그 자체나 "자연"을 찬양하도록 의도되었으며, 엄격하게 평등주의적이고 상호 호혜적인 것이었다. 그것은 관객과 배우 사이의 구별이 없어져야 한다는 루소(Rousseau) 식의 요구를 충족시키고자 했다. 이러한 축제에 대한 다음과 같은 기록이 그 사실을 잘 보여준다. "5월 15일의 자유의 축제는 어쨌든 국가적이었다. 그때는 민중과 모든 계급이 동시에 배우이자 관객이 된다."11) 축제는 분명히 인간 중심적이었다. "유일한 참된 종교는 인간을 고귀하게 하는 것이다."12)

---

10) Mona Ozouf, *La Fte Rvolutionnaire*, Paris : pp.102-108. 또한 Michel Vovelle, *La Mentalit Rvolutionnaire*, Paris : Edition sociales, 1985.도 보라.

11) Ozouf, op. cit. p.88. 루소는 *Lettre M. d'Alembert* 에서 원칙을 아주 분명하게 밝히고 있다. 여기에서 그는 근대의 연극과 실재하는 공화국의 공식적인 페스티벌을 대조시킨다. 후자와 같은 것들은 야외에서 열린다. 그는 관객과 수행자의 정체성이 그러한 덕스러운 집회의 열쇠라는 점을 분명히 한다.

"그러나 어떤 것들이 그러한 광경의 대상이 될 수 있을까?
거기에서 무엇을 보여줄 수 있을까?
누군가 원한다 할지라도 아무것도 보여줄 수 없을 것이다.
자유와 함께, 풍요로움이 넘치는 곳은 어디나 행복이 또한 넘친다.
꽃으로 왕관처럼 장식한 푯말을 광장 한가운데에 꽂으시오.
그리고 그곳에 사람들을 다시 모으시오. 그러면 당신은 기쁨을 얻을 것이오.
더 잘해보시오 : 그 (축제의) 광경에 구경꾼을 늘어놓으시오.
그들 자신이 배우가 되게 하시오 ;
모든 사람이 그 속에서(즉, 축제 속에서) 결합되도록,
각자가 다른 사람들 속에서 스스로를 보고 스스로를 사랑하게 하시오."
Du Contrat Social, Paris : Garnier 1962, pp.224-225를 보라.

12) Cabanis in Ozouf, op. cit., pp.336-337에서 인용.

그러나 그것은 의심할 나위 없이 극도로 지루했으며, 그것을 포함하도록 고안된 새로운 달력과 함께, 그것을 후원했던 정권의 쇠락과 함께 사라졌다. 그것은 금세기 공산당 정권의 자축연에서 유사하게 시도된 것의 전조였으며, 이것도 그와 유사하게 사라졌다. 그리고 그것은 1793년 비(非)기독교화된 카니발의 양상으로 이루어진 관행에서 볼 수 있는 것처럼, 우리 시대에는 전통적인 반구조에 발생한 것이 무엇인지를 알게 한다. 그것은 유토피아 혹은 완전히 조화로운 새로운 통치체제에 대한 지침을 제공할 수 있다. 나는 다음에 이 주제로 돌아올 것이다.

그러나 도덕적 한계가 없는 구조를 세우는 것은, 반구조를 잊어버린 세대가 느끼는 유혹이다. 그것은 피할 수 있으며, 대체적으로 피해왔다. 권력 분립처럼, 반대의 원리는 우리의 현 정치 규범 속에 수용될 수 있다. 이것은 대개 제한의 원리, 즉 국민의 소극적 자유라는 이름으로 이루어졌다. 물론, 롤즈(Rawls)와 드워킨(Dworkin)이 말하는 현대의 "자유주의"에서 볼 수 있는 바와 같이, 어떻게 자유로우면서 자기-제한적인 정권이 하나의 원리에 따라 움직일 수 있는지를 밝히기 위한 지적인 작업이 여전히 시도된다. 이것은 근대성이 유일하고 전권적인 규범이라는 신화를 얼마나 철저하게 받아들였는지 보여준다.[13] 그러나 벤자민 콘스탄트(Benjamin Constant), 알렉시스 드 토크빌(Alexis de Tocqueville), 금세기의 이사야 벌린(Isaiah Berlin)은 우리가 하나 이상의 원리에 충성해야 한다는 점과, 본질적으로 우리에게 고착되어 있는 원리들이 빈번하게 갈등을 일으킨다는 사실을 인식한 학자들이다.

이론과 실재 양면에서, 이와 같은 종류의 다원주의적인 자유주의 정권들이 발전된 곳에서는, 반구조를 상실한 결과가 훨씬 완화되었다. 이러한 사회에서는 반구조가 새로운 영역, 즉 사적인 영역에

---

13) 나는 "Iris Murdoch and Moral Philosophy"에서 이것을 좀더 길게 논의했다.

주어진다고 말할 수도 있다. 이러한 사회에서는, 공적 / 사적 구별과 소극적 자유의 광범위한 영역이 이전 시대의 뒤바꿈의 축제에 상당하는 영역이다. 여기, 우리 자신에서, 친구와 가족 중에서 혹은 자발적인 단체에서 우리는 우리의 규범화된 역할을 제거하고 벗어던질 수 있으며, 우리의 전 존재로서 생각하고 느낄 수 있고, 공동체의 여러 가지 강렬한 형태를 발견할 수 있다. 이러한 영역이 없다면, 근대 사회에서의 삶은 사는 보람이 없는 것이 될 것이다.

이와 같은 비공식적인 영역은 그 자신만의 공적 영역, 즉 미술, 음악, 문학, 사상, 종교 생활과 같은 영역을 발전시켰는데, 이곳에서 상상력이 길러지고 관념과 이미지가 순환한다. 만약 이러한 영역이 없다면 개인의 규범화된 역할의 제거는 철저하게 무기력해질 것이다. 이와 같은 근대의 반구조적 영역이, 자유로운 창조와 함께 지금까지 경험되지 않은 고독과 의미의 상실을 향한 전례 없는 가능성을 열어놓는다. 두 가지 가능성 모두 그 영역이 "사적"인 것이고, 그것의 공적인 영역은 순전히 자발적인 참여자에 의해서 유지된다는 사실에서 기인한다.[14]

근대의 문제는 이 점에서 과거의 어떤 것과도 구조적으로 다른 것이다. 그리고 이것은 전통적인 구조와 반구조의 역할 중 어떤 것도 더 이상 우리에게 소용없다는 것을 의미한다. 뒤바꿈의 의식에서 혹은 내가 일찍이 언급했던 아프리카 사회의 음란한 의식에서, 우리는 단지 흉내내어 조롱함에서 허용된 상반되는 원칙들을 개진하는 것이 아니다. 우리의 목적은 종종 그런 반대 원칙들에 일종의 시너지(공동 상승 작용) 효과를 가져오는 것, 즉 덜 폐쇄적인 구조가 되게 하고, 동시에 구조를 새롭게 하기 위해 그것에 반구조의 에너지를 끌어오게 하는 것이다.

---

14) 우리 시대의 리미널리티(liminality)와 예술에 대한 터너의 논의를 보라. *Dramas*, pp.254-257 ; and *The Ritual Process*, pp.128-129.

이것은 근대 세대인 우리의 능력을 넘어서는 것이다. 혹은 적어도 의식(ritual)을 통해서는 아니다. 때로 공통의 슬픔 혹은 어떤 공통의 위협이, 한 사회의 상반되는 힘들을 불러모아 그들의 공동성을 인식하게 한다. 그러나 이것은 외부의 위험이 우리를 결합하는 데 필요한 것이라는 사실이, 우리 시대에서 지속되는 국가주의의 위력을 어느 정도 설명해준다는 것과는 아주 다른 것이다.

따라서 반구조가 옮겨간 곳 중의 하나가 사적 영역이고, 공적 영역은 그것으로부터 유지된다. 그러나 그게 다가 아니다. 반구조에 대한 요청은 고도로 상호 의존적이며, 기술공학적이며, 극도로 관료적인 우리의 세계에서 여전히 강하다. 어떤 점에서는 그 어느 때보다 더 강력하다. 중앙 집권적 지배, 규격화, 도구적 이성의 폭정, 순응주의의 힘, 자연에 대한 약탈, 공상적인 환경 우생학 등에 대한 저항의 흐름이, 마지막 두 세기에 걸친 이 사회의 발전에 수반하여 일어났다. 그러한 저항은 근래 1960년대와 1970년대에 절정에 이르렀다. 그리고 이것이 마지막이 아니라는 것을 우리는 확신할 수 있다.

당시에는 카니발의 많은 양상들이 다시 나타나고 개정되었다. 1968년 5월의 파리를 생각해보라. 구조에 대한 탄핵, 그들이 방면시켰다고 생각한 연대감의 에너지를 생각해보라. "68세대"가 원한 것은, 사적 영역의 반구조를 없애고 그것을 공적영역의 중심이 되도록 만드는 것이었으며, 정확히는 그 두 영역 사이의 구분을 없애는 것이었다.

그러나 이것 또한 옛날의 반구조와는 결정적으로 다르다. 여기에서 규범을 부정하는 것은, 유토피아의 근원으로서, 내가 위에서 언급한 것처럼 현 사회를 대체하고자 하는 새로운 프로젝트로서 야기된다. 쾌활한 혁명가들이 혁명 속으로 카니발을 아무리 가깝게 끌어오고자 해도, 카니발과 혁명은 결코 동시에 발생할 수 없다. 혁명이 목적하는 것은 현 질서를 대체시키는 것이다. 혁명은 이전의 반구조를 채굴하여 자유, 공동체, 급진적인 형제애에 대한 새로운 규범을 만들어내고자 한다. 혁명은 새롭고 완전한 규범의 발생지며, 그 규범은 어떠한 도덕적 한계도 필요로 하지 않고, 따라서 어떠한 반구조도 포함하지 않는다. 그리하여 (불행히도 1968년에는 성취되지 않았지만) 성취된다 해도 그 꿈은 악몽으로 바뀌게 된다.

이 점에서 우리는 규범과 부정에 대한 옛날의 놀이가 가지는 지혜를 깨닫게 된다. 우리는 그것을 거의 잊어버릴 위험에 처해 있다. 모든 구조는 일시적으로 중지되지는 않더라도 제한될 필요가 있다. 그러나 우리는 구조 없이는 살 수 없다. 우리는 이런 반대되는 것들의 긴장을 넘어서, 그 자체만으로 다스릴 수 있는 순수한 반구조 혹은 순수한 비규범(non-code)으로 영원히 건너뛰었다는 착각에 빠지는 일 없이, 더 좋은 사회를 찾으면서 규범과 그것의 제한 사이에서 앞뒤로 왔다 갔다 할 필요가 있다.15)

그러나 이러한 꿈은, 우리 세대에서, "국가사멸"을 꿈꾸며 "과학적 사회주의"를 주창한 사람들처럼 경직된 두뇌를 가진 사람들에 의해 놀라울 정도로 자주 다시금 떠오른다. 왜냐 하면 초기에 그 구조가 지녔던 사회적 배출구로서의 역할을 상실하면서, 구조 자체나 구조의 경직성과 부정의, 인간적 열망과 고통에 대한 구조의 무감각이 산출하는 괴로움이 우리를 다시금 이러한 꿈으로 이끌어가기 때문이다. 우리는 아마도 그 꿈의 마지막을 아직 보지 못한 것 같다.

Ⅱ

뒤바꿈과 반구조의 세계에서의 시간 개념이, 벤자민(Benjamin)이 근대성의 중심 개념으로 삼은 "동질적이고, 비어 있는 시간"일 수 없다는 것은 분명하다.16) 예를 들어 카니발의 시간은 카이로스적

---

15) 빅터 터너가 *Dramas* 에서 이 점을 효과적으로 입증한다. pp.268-270.

이다. 즉, 시간의 흐름은 카이로스적인 매듭, 즉 그 본성과 위치가 뒤바꿈을 요구하는 순간들과 만나고, 다시 새로운 헌신을 요구하는 순간들이 그러한 순간들을 뒤따르고, 또다시 파루시아(Parousia), 즉 참회 화요일, 사순절, 부활절에 근접한 순간들이 이를 뒤따른다.

이제 우리가 말할 우리 시대의 이야기 속에는 카이로스적인 순간들이 존재한다. 혁명 그 자체는 그 후계자들과 지지자들에 의해 카이로스적인 순간으로 이해된다. 또한 국가주의적인 역사 편찬도 그런 순간들로 가득하다. 그러나 변화하는 것은 이러한 순간들로 함께 둘러싸이는 때다. 근대 이전 시대에 보통의 시간 동안 조직화되는 분야는, 내가 '고차원적 시간'으로 부르고자 하는 시간으로부터 산출되는 것이다.

여기에서 소개할 가장 분명한 용어는 '영원성'이다. 그리고 그것은 철학적으로 신학적으로 고차원적 시간을 위하여 성별된 용어이기 때문에 잘못된 것이 아니다. 그러나 나는 그 보다 더 일반적인 용어를 필요로 한다. 왜냐 하면, a) 영원성의 종류가 한 가지 이상이고, b) 이것들이 고차원적 시간을 규명해내지 못하기 때문이다.

고차원적 시간들은 어떠한 역할을 감당했는가? 고차원적 시간들은 신성한 것과 무관한 평범한 시간들을 모으고 소집하여 다시 질서를 부여하고 강조하였다고 말할 수 있다. 이 후자의 시간을 나는 '세속적 시간'이라고 부르겠다.

우리 모두 알고 있듯이 '세속적'이라는 개념은 새큘럼(saeculum), 즉 한 세기 혹은 한 세대라는 개념에서 유래했다. 그런데 이러한 개념이 수도원에 속하지 않는 성직자와 수도원에 속하는 성직자처럼 혹은 새큘럼 속에 있는 것과 종교 생활 속에 (즉, 어떤 수도원적 질서 속에) 있는 것처럼 반대 항을 갖는 용어로 사용되기 시작할 때, 원래의 의미는 매우 특정한 방식으로 나타난다. 새큘럼 속에

---

16) Walter Benjamin, *Illuminations,* New York : Schoken Books, 1986.

있는 사람들은 일상적 시간 속에 깊이 파묻혀 있으며, 영원성에 더 가깝게 살기 위하여 이로부터 벗어난 사람들과 반대로, 그들은 일상적 시간의 삶을 살아간다. 그래서 이 개념은 고차원적 시간과 상반되는 일상적인 것으로서 사용된다. 현세적 / 종교적도 이와 유사한 구별이다. 하나는 일상적 시간 속의 사태와 관련되고, 다른 하나는 영원한 것들과 관련된다.

따라서 전 근대적인 시간 의식을 논의할 때 세속적이라는 개념을 사용하지 않기는 어렵다. 사태를 철저하게 다루기 위한 가장 좋은 방법은 세속적이라는 개념을 사용하는 것이다.

"세속적" 시간은 우리에게 일상적인 시간이며, 사실, 우리에게 그것은 단지 시간 혹은 기간이다. 하나의 사건은 다른 사건 뒤에 나타난다. 어떤 것이 지나갔다면 그것은 과거다. 시간의 배열은 일관되게 이행하는 것이다. 만약 A가 B 앞에 있고 B가 C 앞에 있다면 A는 C 앞에 있다. 우리가 이 관계를 양화시킨다 해도 마찬가지다. 만약 A가 B에 앞서 오랫동안 존재한 것이고, B가 C에 앞서 오랫동안 존재한 것이라면, A는 C에 앞서 매우 오랫동안 존재한 것이다.

고차원적 시간은 세속적 시간을 모으고 이에 다시 질서를 부여한다. 고차원적 시간은 세속적인 시간의 질서에, 세속적인 시간과는 일관되지 않게 보이는 것과 "휨(warps)"을 끌어들인다. 따라서 세속적인 시간에서는 서로 분리되어 있었던 사건들이, 아주 가깝게 연결될 수도 있다. 베네딕 앤더슨(Benedict Anderson)은 내가 지금 여기에서 기술하고 있는 것과 동일한 주제에 관해 통찰력 있는 논의를 전개할 때,[17] 아우어바흐(Auerbach)가 예상하기와 이행하기(prefiguring-fulfilling) 관계에 대해 언급한 것을 인용한다. 그 관계에서 보면, 이삭의 희생과 예수의 십자가에 못 박힘처럼, 구약의 사건들은 신약의 사건들을 예표하고 있다고 생각된다. 이 두 사건들

---

17) Benedict Anderson, *Imagined Communities*, London : Verso 1983, pp.28-31.

은, 신성한 계획에서 직접적으로 접촉하는 부분을 통하여 연결된다. 비록 그 사건들이 수세기 떨어져 있다 해도, 그것들은 영원 속에서 동일한 것으로 간주된다. 즉, 신의 시간에서는 이삭의 희생과 십자가에 못 박힘이 일종의 동시적인 사건이다.

이러한 관점에서 보면, 마찬가지로 1998년의 수난일이 1997년의 세례요한 축일보다 예수가 십자가에 못 박힌 그 날에 얼마간 더 가깝다. 일단 사건들이 한 가지 이상의 시간의 종류와 관련된 것으로 설정되면, 시간을 배열하기와 관련된 이슈는 완전히 변형된다.

왜 고차원적 시간은 더 높은가? 유럽이 플라톤(Plato)과 그리스 철학으로부터 상속받은 영원성에 대해서는 답변하기는 쉽다. 진실로 참되고 온전한 존재는 시간 밖에 존재하며 불변하는 것이다. 시간은 영원의 움직이는 모상(模像)이다. 시간은 불완전하며 혹은 불완전한 경향이 있다.

아리스토텔레스(Aristotle)에게 영원성은 이 세상의 것에 해당된다. 여기에서는 어떤 것도 그 본성에 완전히 따른 것으로 생각될 수 없다. 그러나 흠 없이 영원을 반영하는 어떤 과정이 있다. 시작도 끝도 없는 순환적 진행 속에 있는 별들이 그 예다.

이러한 사상의 일반적 경향은 영원한 우주, 즉 변화를 겪지만 그 속에 시작도 끝도 없는 것을 위하여 노력한다는 것이었다. 참된 영원성은 이것을 넘어서는 것이었고 고정되고 불변하는 것이었다.

영원성은 이데아의 왕국이었다. 이데아보다 하위에 이데아를 세상에서 구현한 것이 놓인다. 이것은 일상적인 세속적 시간에서 정말로 중요한 것이다. 그리고 모든 것은 세속적 시간에서 이데아의 형상으로부터 어느 정도 벗어난다.

그리하여 시간 속에서 발생한 것은 초시간 속에서 발생한 것보다 덜 참되다. 제한은 이러한 벗어남에 붙여진다. 왜냐 하면, 시간의 진행은 (별들의 순환처럼) 영원에 더 가까운 더 높은 움직임에 의한 위치에서 고려되기 때문이다. 어떤 설명에서 그것은 또한 순환적인 "위대한 세월"에 의한 위치에서, 모든 것이 자신의 원래 상태로 돌아오게 하는 거대한 시간의 순환에 의한 위치에서 관련된다. 이것은 신화학에서 빌려온 일반적인 생각이다. 그리하여 스토아학파에서는 그와 같은 각각의 순환에 따라서 모든 것은 커다란 화재 속에서 아무런 차이가 없는 원래의 상태로 돌아오는 것으로 본다.

기독교는, 영원성에 대한 이와 같은 관념을 완전히 포기하지 않은 채 그것과 어느 정도 다른 관념을 발전시켰다. 성경은 우주가 신에 의해 창조되었다고 말한다. 성경은 또한 신이 인간과 관계 맺는다는 것에 대해서도 이야기한다. 이와 같이 신성하기도 하고 인간적이기도 한 역사 개념은, 시종일관 반복되는 순환이 존재한다는 생각과 양립할 수 없다. 그것은 또한 시간 속에서 일어난 것이 중요한 의미를 지닌다는 것을 뜻한다. 신은 시간 속에서 펼쳐지는 이야기 속으로 들어온다. 성육신과 십자가에 못 박힌 사건은 시간 속에서 발생한 것이다. 따라서 여기에서 일어난 일이 더 이상 완전하게 실재하는 것보다 덜 실재하는 것으로 여겨질 수 없다.

이로부터 또 다른 영원의 개념이 등장한다. 그것이 플라톤과 그 뒤의 플로티누스(Plotinus) 식으로 이해되는 한, 우리가 신에게로 가는 길은 우리가 시간으로부터 벗어나는 것에 있다. 그리고 또한 시간 너머에 존재하며, 아무런 감정도 없는 신은 역사 속에 참여할 수 없다. 기독교인들이 지닌 생각은 이것과 다른 것이어야 한다. 기독교적인 개념은 천천히 발전되었다. 로마 기독교에서 그것을 형식화한 것 가운데 가장 잘 알려진 것은 어거스틴(Augustine)이 형식화한 것이다. 어거스틴으로 인해 영원 개념은 축적된 시간 개념으로 새롭게 인식되었다.

자신의 그리스적인 바탕과 달리 객관적인 시간 및 과정과 움직임으로서의 시간을 바라본 어거스틴은, 『참회록』11장에 나오는 그의 유명한 논의에서 지속되는 시간 문제를 다루고 있다. 그가 말하는 순간은 하나의 한계이고 하나의 점처럼 연장이 없는 시간 종지부의 경계인, 아리스토텔레스의 "지금"이 아니다. 오히려 그것은 과거를 현재 속으로 모두 모으는 것이며, 현재는 미래를 투사하는 것이다. 더 이상 "객관적으로" 존재하지 않는 과거는 여기에서 나의 현재 속에 존재한다. 과거는 이 순간을 형성하고 나는 이 순간에 미래로 나아갈 것이며, 미래는 아직 "객관적으로" 존재하지 않지만 투영하는 것으로서 존재한다.18) 어떤 의미에서 어거스틴은 하이데거 (Heidegger)의 세 가지 엑스터시(3 ekstaseis)를 미리 보여준 것이라고 생각될 수도 있다.19)

이것은 행위의 구성 요소들간에 존재하는 일종의 동시성을 만들어낸 것이다. 즉, 나의 행위는, 나의 상황을 결합시킨다. 다시 말해, 나의 행위는 나의 과거로부터 나오는 것이면서, 동시에 과거에 대한 반응으로서 내가 투사할 미래와 함께 나타나는 것이다. 그것들은 서로를 이해한다. 그것들은 분리될 수 없다. 그리고 이런 방식으로 특정한 최소한의 일관성이 지금의 행위 속에 존재하며, 최소한의 두께가 존재한다. 또한 행위의 결합을 분해하지 않고서는 더 이상 시간은 그보다 하위로 나눠질 수 없다. 그 행위의 결합은 어거스틴의 유명한 예들인 음악과 시에서 우리가 발견할 수 있는 종류의 결합이다.20) 첫 번째 음정과 마지막 음정은 일종의 동시성을 지닌다. 왜냐 하면, 모든 음정은 멜로디가 들려지기 위해서 다른 음정이 나올 때 함께 들려야 하기 때문이다. 이런 미시 환경에서 시간은 멜로디를 구성하는 음정을 우리에게 지시하기 때문에 중요한 것이다. 그러나 여기에서 그것은 파괴자로서의 시간의 역할을 수행하지

---

18) Jean Guitton, *Temps et Éternitchez chez Plotin et Saint Augustin*, Paris : p.235.
19) Martin Heidegger, *Sein und Zeit*, Tübingen : Niemeyer, 1927.
20) Guitton, op. cit., chapter 5.

않는다. 파괴자로서의 시간은 내 젊음을 아주 멀리 빼앗아가고, 과거의 시간에 대해서 문을 닫는다.

그리하여 정말로 우리의 흥미를 끄는 대화의 예에서 발견할 수 있듯이, 행위와 향유의 순간들로 이루어진 일종의 확장된 동시성이 존재한다. 당신의 질문과 나의 대답, 당신의 답변은, 비록 멜로디에서처럼 시간 속에서 그것들의 순서가 아주 중요한 것이긴 하지만, 이와 같은 의미에서 함께 발생하는 것이다.

따라서 어거스틴은 신이 시간을 그러한 행위의 순간으로 만들 수 있고 실제로 그렇게 한다고 생각한다. 따라서 모든 시간은 그에게 현재하는 것이며, 그는 그것들을 그의 확장된 동시성 속에 소유한다. 이제 그의 시간은 모든 시간을 포함한다. 그것은 "현재 있음"이다.

따라서 영원해지는 것은 신의 순간에 참여하는 것이다. 어거스틴은 일상적인 시간을, 통일성을 잃고 분산되고 확장된 것으로 보았으며, 과거로부터 단절되고 미래와 접촉하지 못한 것으로 보았다. 우리는 우리의 작은 시간의 꾸러미 속에서 쇠하여 간다. 그러나 우리는 영원에 대한 억누를 수 없는 열망을 가지고 있다. 따라서 우리는 영원으로 넘어가기 위해 노력한다. 불행하게도 이것은 매우 자주 우리의 작은 시간의 꾸러미에 영원한 의미를 부여하고 사물을 신성시함으로써 더 깊이 죄에 빠져드는 형태를 취할 때가 많다.[21]

그러므로 중세 시대는 영원성에 대해 두 가지 모델을 가졌다고 말할 수 있다. 그 하나는 우리가 플라톤의 영원성이라고 부르는 것으로, 완전히 부동하고 무감각하며 시간을 벗어남으로써 열망할 수 있는 것이며, 다른 하나는 시간을 소멸시키지 않고 그것을 하나의 순간으로 모으는 신의 영원성이다. 우리는 오직 신의 삶에 참여함으로써 신의 영원성에 접근할 수 있다.

이것에 더하여 우리는 세 번째 종류의 고차원적 시간 개념을 살펴

---

21) Guitton, op. cit., pp.236-237.

보고자 한다. 우리는 이것을 엘리아데(Eliade)를 따라 "기원의 시간"이라고 부를 수 있다.[22] 위의 두 가지 영원성과 달리 이것은 철학자나 신학자에 의해 발전되지 않았다. 이것은 단지 유럽뿐 아니라 거의 모든 곳의 민속적 전통에서 발견할 수 있는 개념이다.

이 개념은 위대한 시간(Great Time), 즉 그 시간(illud tempus), 즉 사물의 질서가 세워진 시간 — 현재의 세계를 창조한 시간이든, 사람들을 그것의 법칙과 더불어 만든 시간이든 — 에 대한 것이다. 이 시간에서의 행위자는 오늘날의 사람들보다 더 커다란 스케일로 존재하며, 아마도 신들이거나 아니면 적어도 영웅들이다. 세속적 시간의 관점에서 보면 이 기원은 먼 과거에 속하며, "잊혀진 시간"이다. 그러나 그것은 단지 과거 속에 존재하지 않는다. 왜냐 하면 그것은 또한 우리가 다시 접근할 수 있고 다시 가까워질 수 있는 것이기 때문이다. 이것은 단지 의식을 통해서 존재하겠지만, 이 의식은 또한 새롭게 하고 다시 봉헌되는 효과를 낳음으로써, 그 기원에 더 가까워지게 하는 결과를 낳는다. 그리하여 위대한 시간(Great Time)은 우리 배후에 존재하는 것이며, 어떤 의미에서는 우리 위에 존재하는 것이다. 그것은 최초에 생긴 것이며 또한 우리가 역사를 통하여 움직일 때, 그것으로부터 멀리 떨어지거나 가까이 있을 수 있는 위대한 전형이다.

고차원적 시간에 대한 이와 같은 세 가지 종류 가운데 각각의 특정한 양상이 중세 선조들의 시간 의식을 형성하도록 도왔다. 각각의 경우에, 단지 세속적인 시간의 "수평적" 영역은 물론, 내가 위에서 언급했던 시간의 "휨"과 단축을 허용할 수 있는 "수직적" 영역이 존재한다. 세속적 시간의 흐름은 다중적(多重的)인 수직적 상황에서 일어나므로 모든 것은 하나 이상의 시간의 종류와 관련된다.

그리하여 왕이 두 가지 "몸"을 갖는 중세 말기의 왕국은, 플라톤

---

22) Mircea Eliade, *The Sacred and the Profane,* New York : Harcourt Brace, 1959.

의 영원 속에서도 존재하는 것으로 생각되어야 한다. 결코 죽을 수 없는 몸은 시간과 변화에 굴복하지 않는다. 동시에 많은 수의 이러한 왕국은 그들의 법을, 기원의 시간 틀에서 나온 개념으로서 잊혀진 시간 이후부터 설정되어 있는 것으로 보았다. 또한 기독교 국가의 일부분으로서 그것들은 교회를 통하여 신의 영원성과 관련되었다.

한편, 교회는, 전례(典禮) 규정에 따른 역년(曆年)에서, 그리스도가 이 땅에 있었던 그 시간(illo tempore)에 일어났던 일을 기억하고 다시 행한다. 그것이, 올해의 성(聖)금요일이 지난해의 세례요한 축일보다 십자가에 못 박힘에 더 가까울 수 있는 이유다. 그리고 그리스도의 행위와 수난이 여기에서 신의 영원성에 참여하기 때문에, 십자가에 못 박힘 그 자체는, 세속적인 시간에서 모든 시간들이 서로 서로에게 가까운 것보다 모든 시간에 더 가깝다.

다른 말로 하면, 이런 관점에서 세속적 시간대는 동질적이지 않고 상호 교환할 수 있는 것이 아니다. 그것들은 고차원적 시간들과 그것들이 관련되는 위치를 통해 특징지워진다. 나는 여기에서 대비 사례, 즉 근대적 의식의 특징인 벤자민의 "동질적이고 비어 있는 시간" 개념을 환기시키고 있다. 이 견해에서 보면 시간은 공간처럼 하나의 용기(容器)며 그것을 채우는 것과는 무관한 것이다.

나는 현대인들이 이와 같은 사고 방식을 갖는 것이, 그것이 나타내는 것처럼 옳은 것인지 확신할 수 없다. 고대와 중세의 "위치" 개념에서 현대의 "공간" 개념으로의 이동이 공간의 부분들과 그것을 채우고 있는 것과의 분리를 포함했다는 것은 사실이다. "위치" 개념이 거기에 존재하는 것에 의해 동일시되는 반면, 뉴턴(Newton)식의 공간과 시간은 단지 그 안에서 사물들이 움직일 수 있는 용기였다. (그리고 심지어 물체가 아닌 것, 즉 진공도 그 안을 채울 수 있었다.) 시간에 대한 그와 같은 현대의 많은 이해는, 시간을 엔트로피와 같은 우주적 과정과 분리될 수 없는 것으로서 받아들인다.

그러나 우주적인 용어로 시간을 규정하는 것은 시간을, 우리가 지구상에서 겪는 인간적이고 역사적인 사건들을 담는 무관심한 용기로 만드는 것이다. 그러한 의미에서 우주적 시간은 (우리에게) 동질적이고 비어 있다.

그러나 이러한 설명은 이전의 복합적인 시간 의식에는 전혀 맞지 않다. 만약 시간대가 세속적 시간 질서 속에서의 그것의 위치에 의해서만 규정되지 않고, 고차원적 시간과의 근접성을 통해 규정된다면, 그 속에서 일어난 것은 더 이상 그것이 위치하는 바와 무관한 것이 아니다. 질서의 영원한 패러다임에서 떨어져나온 시간은 더욱 많은 무질서를 보일 것이며, 신의 영원성에 더 가까운 시간-위치는 더욱 많이 모아질 것이다. 성인의 축일에 중심이 되는 순례 여행에서 신성시되는 것은 시간 자체다.23) 햄릿이 "시간은 탈골되었다"라고 말할 때 우리는 이 말을, 단지 "이 시간의 조각을 채우고 있는 덴마크 사회의 상황이 통탄스럽다"는 것에 대한 단순한 비유로서가 아니라 글자 그대로 받아들일 수 있다. "탈골되었다"는 것은, 질서 있는 영원의 패러다임에 더 가까운 시기에 그러한 것처럼 사물이 적합하게 서로 들어맞지 않는다는 것을 의미한다. 우리가 크리스마스 이브에는 유령과 도깨비가 감히 땅에서 돌아다니지 못한다는 마르켈루스(Marcellus)의 옛 말을 글자 그대로 받아들여야 하는 것처럼, "그 시간은 대단히 성스럽고 우아한 것이다."24)

동질성과 공허함이 근대 시간 의식의 전부를 말해주는 것은 아니

---

23) 빅터 너터는 또한 순례자들이 고차원적 시간 속으로 들어간다는 논지를 입증한다 ; *Dramas*, p.207을 보라.
24) "누군가가 말하기를, 우리 구세주의 탄생을 축하하는 이 즈음이 되면, 이 새벽의 새는 밤새도록 운다. 그때는 아무도 감히 밖으로 다니지 못하고, 밤은 깜깜해지고, 모든 별이 잠잠하며, 어떤 요정도 요술을 부리지 않고 어떤 마녀도 마법을 걸 힘이 없으며, 너무나 신성하고 너무나 우아한 때다." *Hamlet*, Act I, scene I ; lines 158-164.

다. 나는 다음에 우리가 잠재성과 성숙성이라는 관념을 중심으로 형성되는 이야기 형태를 갖고 있다는 점을 주장하고자 한다. 이 같은 이야기는 어떤 의미에서 다른 시간-위치를 의미 있게 만든다. 그러나 확실히 이전에 지녔던 고차원적 시간에 대한 복잡한 의식과 관련하여, 우리의 사고 방식은 동질성과 내용에 대한 무관심을 소중하게 간직한다. 우리는 이제 햄릿이 생각했던 바를 이해하는 것조차 대단히 힘들다고 생각한다. 그것은, 우리가 우리 조상들과는 달리 우리의 삶을 전적으로 세속적 시간의 수평적인 흐름 안에서만 보는 경향이 있기 때문이다. 다시 한 번 말하지만, 나는 사람들이 신의 영원성을 믿지 않는다고 말하는 것이 아니다. 많은 사람들은 믿고 있다. 그러나 세속적 시간을 고차원적 시간 안에 겹쳐두는 것은, 오늘날의 많은 사람들에게 더 이상 일반적이고 "소박한" 경험의 문제가 아니며, 아주 명백한 것이기 때문에 신앙 또는 불신앙의 대상도 아니다. 마치 14세기 콤포스텔라(Compostella)나 캔터베리(Canterbury)의 순례자가 그러했던 것과 마찬가지다. [또한 오늘날 체스타초와(Czestachowa)와 과달루페(Guadalupe)에 있는 많은 사람들의 경우도 마찬가지일 것이다. 우리의 세속적 연대는 시간적 경계뿐 아니라 지리적 사회적 경계를 갖고 있다.]

이 점은, 근대 세속 사회를 위한 조건을 형성하는 데 기여한 각성 및 반구조의 상실과 더불어 또 다른 커다란 변화다. 분명히 근대 자연과학은 변화와 관련을 맺고 있었다. 17세기 기계과학은 변화의 배후에 있는 안정적인 실재에 대하여 완전히 다른 관념을 제시하였다. 이것은 더 이상 영원이 아니었다. 안정적인 것은 시간의 배후에 있는 어떤 것이 아니고, 모인 시간도 아니며 단지 시간 내에 있는 변화의 법칙이다. 이것은 일탈이 없다는 점을 제외하고는 고대의 객관적인 시간과 마찬가지다. 지구상의 사물은 별들이 그러한 것처럼 이 같은 법칙에 따른다. 수학의 영원성은 변화 너머에 존재하는 것이 아니며 오히려 끊임없이 변화를 통제한다. 수학의 영원성은 모든 시간으로부터 같은 거리를 유지하고 있다. 그것은 이 점에서 "더 높은" 시간이 아니다.

그러나 과학이 우리의 현재 사고 방식에 중요한 것이긴 하지만, 그것의 원인적 역할을 과장해서는 안 되며, 그것을 변화의 주된 동력으로 생각해서도 안 된다. 우리가 세속적 시간 속에 존재하게 된 것은 우리가 생활하고 삶을 명령하는 방식을 통해 생성된 어떤 것이다. 그것은 또한 정교한 각성을 수반하는 사회적이고 이념적인 변화에 의하여 초래되었다. 특히, 근대의 문명화된 질서는 역사상 처음으로 시간을 측정하고 조직하도록 우리를 훈련시켰다. 이제 시간은 "낭비되어서는" 안 되는 중요한 자원이 되었다.25) 그 결과 빡빡하고 질서 잡힌 시간 환경이 만들어졌다. 이것은 자연으로 보일 정도로 우리를 둘러싸고 있다. 우리는 우리가 살아가는 환경을 균일하고 단조로운 세속적 시간으로 만들었으며, 일을 이루기 위해 시간을 측정하고 통제하려 한다. 이 "시간 틀(time frame)"은 아마도 근대성의 다른 어떤 측면보다도 베버(Weber)의 "쇠우리"26)라는 유명한 표현에 적합하다. 그것은 더 높은 모든 시간을 배제하며, 그러한 시간을 이해하기가 매우 어렵게 만든다.

III

이제, 변화의 두 가지 중요한 측면에 대해 언급하겠다. 첫째는

---

25) H. Zerubavel, *Hidden Rhythms of everyday Life*, Berkeley : University of California Press, 1981, chapter 2를 보라.
26) Max Weber, *The Protestant Ethic and the Spirit of Capitalism*, London : Allen & Unwin, 1965.

"질서를 향한 열망", 즉 개인의 삶뿐만 아니라 전체 사회를 개혁하고 통제하고자 하는 충동이다. 이것은 서구의 중세 후기와 근대 초기에 매우 강력했던 것으로 보인다(오늘날에는 휴면 상태인가?). 나는, 소위 종교 개혁을 포함하여 중요한 종교적 개혁 운동에 대해서만 말하고 있는 것이 아니다. 그것은 시민성, 미풍양속, 군사적 효율성이라는 이름으로 정부가 시민의 종교적, 사회적, 경제적 생활을 재조직하고 규율하고자 하는 모든 시도를 포함한다.

사실 이와 같은 두 가지 종류의 계획은 종종 중복되었다. 비록 시민성과 종교적 개혁(개신교의 것이든 가톨릭의 것이든)의 목표가 정의상 분명하게 구별될 수 있지만, 실제로는 자주 정교하게 결합되었다. 전 주민을 규율하고 질서 있게 하려는 시도는, 거의 대부분 종교적 요소를 갖고 있었다. 예컨대, 사람들에게 설교를 듣거나 교리를 배우도록 요구했다. 좋은 행실이 종교와 분리될 수 없는 문화에서 달리 어쩔 수 있었겠는가? 또한 종교적 개혁은 공공 질서라는 요소를 갖고 있었다. 그리고 이 점은, 종교적 회심의 열매가 질서 있는 생활을 포함하는 것으로 간주되었고, 질서 있는 생활은 사회적 질서에 따르는 것을 포함했기 때문에 불가피했다. 16세기의 가장 유명한 개혁의 시도 가운데, 개신교 측의 칼빈(Calvin)의 제네바와 가톨릭 측의 찰스 보로메오(Charles Borromeo)의 밀라노가 있다. 그것들은 엄청난 노력의 결과였고, 그들의 노력 속에는 종교, 도덕, 좋은 공적 질서의 이슈들이 함께 묶여 있다. 그리고 그들의 수단은, 많은 경우 지극히 제한되어 있었고, 좋은 시민적 질서의 이슈로부터 종교적 이슈를 적절히 구별해낼 수도 없었다. 성(聖) 찰스(Charles)는 카니발과 춤을 공격했을 뿐 아니라 빈자들을 조직하고 규율하고자 했다. 이 모든 것이 단일한 개혁 프로그램의 일부분이었다.

결국, 이와 같이 두 가지 이상이 결합된 영향력 하에서, 근대 초기의 엘리트들은 더욱더 광범위하게 서민적 관행들에 반기를 들었다.

그들이 무질서, 난폭함, 방치된 폭력으로 간주한 것들은 용납되지 않았다. 이전에 정상적인 것으로 받아들여지던 것이, 이제는 허용될 수 없는 것으로, 심지어 수치스러운 것으로 여겨졌다. 16세기에 이미 그리고 그 이후에도 계속하여 이것은 네 가지 유형의 프로그램을 착수하도록 이끌었다.

1. 첫째는 위에서 언급한 대로 새로운 종류의 빈민법이다. 이 법은 그 이전과 비교할 때 중요한 변화, 심지어 뒤바꿈을 포함한다. 중세에는 가난의 둘레에 성스러운 기운이 서려 있었다. 그렇다고 해서 그와 같이 극도로 계급 의식적인 사회가, 사회 계층 구조의 맨 밑바닥에 있는 빈곤하고 무력한 자들을 심하게 경멸하지 않았다는 것은 아니다. 그러나 바로 그렇기 때문에 빈자들은 성화의 기회였다. 마태복음 25장의 대화에 따르면, 곤경에 처한 사람을 돕는 것은 그리스도를 돕는 것이다. 그 당시의 권력자들이 그들의 교만과 죄를 상쇄시키기 위해 한 일 가운데 하나는, 빈자들에게 자선을 베푸는 것이었다. 수도원과 왕이 그렇게 했고, 나중에는 부유한 중산층도 그렇게 했다. 부유한 사람들은 자신의 유언에, 자신의 장례식에서 일정한 수의 극빈자에게 자선금을 지급하게 하는 조항을 넣어야 했다. 그러면 이번에는 빈자들이 그 부자의 영혼을 위해 기도해야 했다. 나사로의 기도가 하늘에 들려 부자를 아브라함의 품으로 인도해주도록 재촉할 수도 있는 것이다.[27]

그러나 15세기에는 인구의 증가와 농작물의 부족, 그로 인한 빈민들의 도시로의 유입의 결과 근본적으로 태도가 바뀌었다. 새로운 일련의 빈민법이 채택되었는데, 그것은 자비 이외에는 달리 의지할 데 없는 절대 빈곤의 사람들로부터 일할 능력이 있는 사람들을 근본적으로 구별하는 것을 원칙으로 삼았다. 전자는 추방되거나 매우

---

27) Bronislaw Geremek, *La Potence ou la Pitié L'Europe et les Pouvers 여 Moyen Age a Nos Jours,* Paris : Gallimard, 1987, p.37을 보라.

적은 급료를 받고 열악한 상황에서 일하도록 보내졌다. 일할 능력이 없는 사람들은 구제되었지만 다시금 매우 통제된 조건 속에서 결국 감옥과 같은 수용 시설에 감금되었다. 또한 걸인의 자녀를 자립시키기 위해서 그들에게 상업을 가르쳐 근면하고 쓸모 있는 사회의 구성원으로 만들고자 노력했다.[28]

　일을 제공하고, 원조하며, 훈련하고 재활하는 모든 활동은 경제적인 목적에 따라서 혹은 통제의 수단으로서 감금을 수반할 수 있었다. 이로써 미셸 푸코(Michel Foucault)의 말을 따라 "대감금"이라고 불린 시기가 시작된다. 그 시기에는 의지할 바 없는 또 다른 계층의 사람들, 특히 정신 이상자들을 포함하게 되었다.[29]

　그 동기가 무엇이든간에 심각한 태도의 변화가 존재한다는 것은 분명하다. 빈곤을 이해하는 방식 전체가 달라졌다고 말할 수도 있을 것이다. 제레멕(Geremek)이 지적하듯이,[30] 중세에는 자발적인 빈곤이 성스러움으로 가는 길이었다. 비자발적인 빈자들은 일반적으로 성자로 간주되지 않았다. 그들은 인내를 가지고 운명을 견디는 대신에 질투를 느끼거나 범죄에 빠져 들 수 있었다. 그러나 그럼에도 불구하고 빈자는 성화의 기회였다. 빈자에게 주는 것은 그리스도에게 주는 것이다. 그러나 새로운 태도는 그러한 태도를 폐기하고 빈자를 근본적으로 다른 식으로 바라보았다. 이러한 태도는 이중적이었다. 우선 빈자가 상을 받을 만한지 평가되었다. 즉, 공적이 있는가, 도움이 정당한가 또는 자신을 위해서 마땅히 일하고 있는가? 그리고 다른 한편, 빈자를 다루는 방식이 도구적-합리적으로 평가되었다. 특히 달러, 플로린 화폐, 프랑스 화폐, 각 국의 금화 및 은화 등에 대해 가장 많은 타격을 주는 것에 관심이 집중되었다. 17세기

---

28) B. Geremek, op. cit., pp.180ff.
29) Michel Foucault, *Histoire de la Folie à l'âge classique*, Paris : Gallimard.
30) Geremek, op. cit., pp.40-41.

영국의 빈민 시설에서 사람들은 경제적 필요가 있는 물건을 만들기 위해 일해야만 했다. 그들은 양털로 실을 만드는 일을 했는데, 그 일이 그 당시 산업에서 병목 현상을 보였기 때문이다. 이 같은 방식으로 그들은 생활비에 대하여 값을 지불하고 사회를 돕는다. 갱생작업은 동일한 도구적 엄밀성에 의해 추진되었다. 암스테르담 라스푸이스에서는 습관적으로 게으른 사람들을 투옥했는데, 그 감옥은 그들이 움직이지 않는 한 천천히 물이 차오르는 곳이었다. 그들은 오래 휴식할 수가 없다. 그렇지 않으면 ….31)

극단적인 청교도 사상은 빈자들에 대해서 이보다 훨씬 가혹했다. 걸인에 대한 판결은 냉혹하게 적대적이었다. 페르킨스(Perkins)에게 걸인은 "몸으로부터 떨어져나간 썩은 팔 다리다."32) 잘 질서 잡힌 공화국에 걸인의 자리는 없었다.

이 같은 근본적인 전환은 저항을 불러 일으켰다. 가톨릭 국가에서는 교리적인 이유에서 사제들, 특히 탁발 수도회가 이러한 생각에 반대했다. 그리고 경제적인 발전 면에서 좀더 "후진적인" 나라인 스페인에서는, 빈자들에 대한 개혁이 완전히 중단되었다.33) 왜냐하면, 이러한 전환은 빈곤에 대한 중세 전체 신학과 너무 크게 단절된 것이었기 때문이다. 그러나 대부분의 유럽 가톨릭 국가에서는 이러한 전환을 막지는 못했다. 빈자들에 대한 새로운 접근 방식은 파리에서 실행되었고 찰스 보로메오(Charles Borromeo)의 밀라노 프로그램에서 표현되었다.

반대의 두 번째 근원은 변화를 막는 데 훨씬 미약한 것이었다. 그것은 빈자가 끌려갈 때 혹은 그를 숨기거나 보호할 때조차 자신을 나타내는 사람들로부터 나온 것이다.

---

31) Geremek, op. cit., 277-278.
32) Perkins, *Works*, London, 1616, I, 755 ; Walzer, op. cit., p.213에서 인용됨.
33) Geremek, op. cit., 186, 201.

2. 정부, 시 당국, 교회 혹은 그것들의 복합체는, 종종 대중 문화의 특정한 요소, 즉 쉬바레(charivaris. 결혼식 후에 야단법석을 떨며 장난치는 것), 카니발, 혼란스런 축제, 교회에서의 춤 등을 심하게 반대했다. 우리는 여기에서도 뒤바꿈을 본다. 이전에 정상적인 것으로 생각되어 모든 사람들이 거기에 참여할 준비가 되어 있었던 것들이 이제는 완전히 비난할 만한 것이 되었고, 어떤 의미에서는 매우 불온한 것으로 생각되었다.

에라스무스(Erasmus)는 1509년 시에나에서 그가 목격한 카니발을 두 가지 근거에서, "비기독교적인" 것이라고 비난했다. 첫째는 그것이 "고대의 이교도 신앙의 흔적"을 담고 있다는 것이었고, 둘째는 "사람들이 지나치게 방종에 빠진다"는 것이다.34) 엘리자베스 시대의 개신교도인 필립 스텁스(Philip Stubbes)는, "감염되기 쉬운 춤의 끔찍한 악덕"이 불결하게 손으로 더듬게 하고 더러운 접촉을 만든다고 비난했다. 그래서 그것은 "매춘의 도입부가 되고, 음탕함과 도발적인 더러움의 예비 행위며, 모든 종류의 음란함의 시작"이라고 비난했다.35)

버크(Burke)가 지적한 것처럼, 기독교인은 수세기 동안 대중 문화의 이런 양상을 비판했다.36) 새로운 것은, (a) 성도들의 환경에 대한 새로운 걱정 때문에 종교적인 공격이 강화되었다는 것과 (b) 시민성의 이상과 질서 정연, 품위, 세련에 대한 시민성의 기준이 그러한 관행으로부터 상류 계층을 분리시켰다는 점이다.

시민성 그 자체가, 버크가 대중 문화로부터의 "상류 계층의 철수"라고 부른 것의 원인이 되었다.

---

34) Peter Burke, *Popular Culture in early modern Europe*, p.209.
35) Burke, op. cit., p.212.
36) Burke, op. cit., p.217.

1500년에는 … 대중 문화가 모든 사람의 문화였다. 교육받은 자들에게는 보조적인 문화였고, 그 밖의 모든 사람들에게는 유일한 문화였다. 그러나 1800년에 이르기까지 대부분의 유럽에서는 성직자, 귀족, 상인, 전문적 직업인과 그의 아내들이 대중 문화를 하위 계층에게로 넘겨버렸다. 그들은 이제 세계를 보는 견해상의 심각한 차이를 통해 하층민과 구별되었다. 이것은 처음 있는 일이었다.[37]

16세기에 시민성은 다음과 같은 것을 의미했다.

귀족은 더 품위 있는 태도, 예절 교과서에서 본보기로 제시되는 새로우면서 더 의식적인 행위 양식을 취했다. 예절 교과서 가운데 가장 유명한 것이 카스틸리온(Castiglione)의 쿠르티어(Courtier)다. 귀족은 자기를 통제하는 것과 고의적으로 태연하게 행동하는 것, 스타일에 대한 감각을 기르는 것, 마치 격식을 갖춘 춤을 추듯이 품위 있게 움직이는 것 등을 배웠다. 춤에 대한 논문도 증가하여 왕실의 춤은 시골 춤으로부터 갈라져 나오게 되었다. 귀족은 커다란 식당에서 자신이 거느리는 사람들과 함께 먹는 것을 그만두고 구별된 장소로 철수했다("응접실"을 말하는 것이 아니고 "방으로 철수하기"를 말하는 것이다). 그들은 롬바르디의 관행처럼 자신의 소작농과 레슬링하기를 중단했다. 그리고 스페인의 관행처럼 사람들이 보는 앞에서 황소 죽이는 것을 중단했다. 귀족은 정해진 규칙에 따라 바르게 말하고 쓰는 것을 배웠으며, 장인이나 소작농들이 쓰는 기술적인 용어나 방언을 사용하지 않도록 배웠다.[38]

시민성의 이상이 그 자체로 이 같은 중단을 가져오기에 충분했을 것이다. 그러한 중단이 18세기에 이르러서는, 전통적인 경건성의 요소도 지나치게 "열광적인 것"이라면서 멀리하게 만들었다. 그러나 시민성의 이상은 종교적 개혁과 뒤섞이면서 중단을 넘어서 민중

---

37) Burke, op. cit., p.270.
38) Burke, op. cit., p.271.

들의 문화를 억누르고 재창조하려는 시도, 즉 바바리아의 막시밀리안과 같은 시도를 하게 되었다. 17세기 초 막시밀리안의 개혁 프로그램은, 특히 마술, 가면무도회, 짧은 옷, 혼욕, 점(占), 과식과 과음, 결혼식에서의 "부끄러운" 언사를 금지시켰다.39)

3. 17세기에는 위의 두 가지 활동이 세 번째 활동 아래 포섭되었다. 이 세 번째 활동은, 권력과 진보를 위하여 법령을 통해 신민의 경제적, 교육적, 영적, 물질적 복리를 형성하려는 시도였다. 그리고 이러한 시도는 프랑스와 중앙 유럽에서 절대주의적 혹은 통제 경제 정책 경향의 발전하는 국가 구조에 의해 행해졌다. 잘 질서 잡힌 "행정 복지 국가"40)라는 이상은 15세기부터 18세기까지 독일에서 최고에 달했다. 이 같은 통제 경제 정책 활동은 종교 개혁 이후의 상황, 즉 각 영토의 지배자가 교회를 재조직해야 하고(개신교 영토에서), 복종을 강화해야(모든 영토에서) 하는 상황을 통해 촉진되었다. 그러나 통제하려는 시도는 다음 세기까지 연장되며 경제적, 사회적, 교육적, 도덕적 목표를 포함하게 된다. 이것은 우리가 이미 (1), (2)에서 탐구한 영역, 즉 구제의 규정 및 전통적인 축제와 관행을 억제하는 것을 포함한다.41) 그러나 16세기에는 더욱 확장하여 학교 교육을 확립하고 생산성을 증가시키며, 더욱 합리적이고 열심히 일하는 근면하고 생산 지향적인 사고 방식을 그 신민들에게 주입시키게 된다. 사회는 자기 규율을 이끌어내려는 목적 하에서만 규율에 통제되어야 했다.42)

---

39) Burke, op. cit., p.221.

40) 물론, 이것이 근대적인 의미의 "경찰국가"를 뜻하는 것은 아니다. 'Polizei'(폴리스에서 파생된 또 다른 용어)는 "넓은 의미에서의 행정을 의미한다. 즉, 한 지역의 주민이 평화스럽고 질서 있게 존재하기 위해서 반드시 요구되는 제도적 기관이나 절차를 함축한다." ; Marc Raeff, *The well-ordered Police State*, Yale U.P. 1983, p.5.

41) Marc Raeff, *The Well-Ordered Police State*, Yalu U.P. 1983, p.61, 86-87, 89.

요컨대, 이것은 시민성이라는 이상의 몇 가지 특징을 더 넓은 계층의 주민에게 부과하려는 것을 의미했다. 의심할 바 없이 여기에서 중요한 동기는 순종적이고 효율적인 군인을 배출할 수 있는 주민과 군인에게 보수를 지불하고, 그들을 무장시킬 자원을 만들어내는 것이었다.

그러나 이 같은 많은 법령들은 진보(또는 진보라고 생각되는 것)를 목적 자체로서 상정한다. 18세기로 가면서 법령의 목적은 개인과 사회 전체에 생기는 이익을 위하여 인간 활동의 생산적, 물질적 측면을 더욱 강조하면서 점점 더 계몽 운동의 사상을 통합하게 된다.[43]

4. 만약 우리가 절차, "방법", 규율 양식 등의 증가를 살핀다면, 우리는 또 다른 각도에서 전체 발전을 보는 것이다. 이 가운데 어떤 것은 개인적 영역에서 자기 통제 및 지적 혹은 정신적 발전의 방법으로서 발생한다. 또 다른 것은 체계적인 조직적 통제의 맥락에서 부과되고 가르쳐진다. 푸코는 16세기에, 물리적 운동에 대한 정밀한 분석에 기반한 훈련 프로그램들이 그것을 여러 부분들로 쪼갠 후 사람들을 그것의 표준화된 형태로 훈련시키면서 어떻게 증가했는지 기술하고 있다. 물론, 그것의 일차적인 현장은 군대다. 군대가 군인을 훈련하는 새로운 양식을 시작한 이후에 그 원칙들 가운데 몇몇이 학교나 병원, 나중에는 공장에까지 적용되었다.[44]

이 모든 프로그램들이 나타내고 있는 동시에 변화에 대한 이와 같은 욕구 아래 놓여 있는 것은 인간 존재를 개조하는 능력에 대한 과장된 확신이다. 우리는 법의 힘으로 인간의 악한 본성을 통제하려는 몇몇 청교도 프로젝트의 순수한 열망에 감명 받지 않을 수 없다. 윌리엄 스토튼(William Stoughton)은 1604년 논문에서 다음과 같이 선언하고 있다. "신의 십계명을 기록한 두 개의 판 가운데 어느 쪽이든

---

42) Raeff, op. cit., p.87.
43) Raeff, op. cit., p.178.
44) Michel Foucault, *Surveiller et Punir*, Paris : Gallimard, 1975, Part III, chapter 1.

그것을 포함하는 율법에 관한 범죄는 존재하지 않는다. 그러나 범죄는 언제나 그랬고 지금도 그렇듯이, 장엄하고 세속적인 왕의 재판권에 의해 처벌될 수 있는 것이다." 따라서 십계명 전체는 이미 법률로서 금지된 것이다. 계속하여 스터튼은 이단과 교회 결석에 대해 논의한다. 한편, 그 당시의 다른 청교도들은 곰 굟리기(쇠사슬로 맨 곰에게 개를 덤비게 하는 옛 놀이), 춤추기, 맹세하기, 일요일의 스포츠, 교회의 에일 축제(church-ales) 등을 금지하는 법을 제안했다.45)

그러나 또 다른 방향, 즉 행정 복지 국가의 법령에서 마찬가지로 커다란 야심이 극명하게 나타난다. 신민의 삶의 세부 목록에 대한 훌륭한 규정을 통해서 신민을 개조하고자 하는 욕구는 그들을 새로운 형태로 만들 능력에 대한 무한한 확신을 나타낸다. 래프(Raeff)는 그것을 다음과 같이 표현한다. "말로서 충분하게 진술되지는 않았지만, 인간 본성의 순응성에 대한 가정이 함축되어 있다." 이 주장은 "인간 본성은 본질적으로 순응적이며 의지와 외부 환경에 의해 형성될 수 있다"는 것이다.46)

물론 어떤 사람들에게는 인간의 개조가 원칙적으로 하나의 가능성일 뿐이었다. 그들은 그 가능성을 모든 대중과 함께 실현해나가기를 크게 바라지도 않았다. 그러나 그런 믿음은 이와 같은 사회적 기술공학의 가능성이 원칙상 존재하지 않는다는 것이다.

변화의 가능성에 대한 다수의 견해가 변경되었다. 새로운 확신이 발생한 결과, 사회 구조 및 그것의 해악과의 관계를 전체적으로 모호하게 이해하는 것은 쇠퇴하게 되었다.

나는 이미 사회의 특정한 측면을 바라보는 방식에서의 심각한 변화를 언급했다. 예를 들어, 빈민을 새롭게 평가하는 전환적 사고와 악하고 무질서한 사회의 구습을 거부하고 그것으로부터 분리되

---

45) Walzer, op. cit., p.225, 227을 보라.
46) Raeff, op. cit., p.177.

는 것에 관해서 말했다. 각각의 경우 처음의 자세 밑에 놓여 있는 것은 하나의 교설 그 이상의 어떤 것, 더 정확히 말하면 전체적인 이해의 틀이었다.

아마도 이것은 사회를 여러 질서로 나뉘어 있는 것으로서, 위계적으로 서열화된 것으로서, 그 기능에서 상보적인 것으로서 이해하는 경향이 있다고 말하는 방식으로 나타낼 수 있다. 우리는 이러한 틀을 반영하는 것으로서 명백하게 주장된 학설들의 예에 익숙하다. 예를 들어, 기도하는 사람(수사와 성직자), 싸우는 사람(귀족), 노동하는 사람(농부)의 세 가지 질서를 가진 사회와 왕국과 인체 사이의 다양한 유비, 즉 각각의 계급이 신체의 각 부분과 연결되는 것 등이 있다.

이런 식의 표현에서 중요한 점은, 계층 사이에 분명한 가치상의 차이가 존재하지만, — 결국, 우리는 계층적인 질서를 다루고 있는 것이다 — 하층민을 제거함으로써 혹은 모든 사람을 수사나 기사로 변화시킴으로써 사태를 개선시키는 것은 있을 수 없다는 것이다. 모든 계층이 전체를 위하여 필요하다.

나는, 이런 취지의 명백한 학설이 존재하지 않는 구별일지라도 이와 같은 이해가 적용되는 또 다른 구별이 일반적인 의식 속에 존재한다고 생각한다. 그리하여 빈자들에 대한 태도는 분별력을 지니게 되었는데, 이것은 부분적으로 "가난한 사람은 항상 너희와 함께 할 것이다"가 당연한 것으로 여겨졌기 때문이다. 게다가 이것은 도리에 맞는다. 왜냐 하면 빈자는, 한편으론 복 받은 사람들에 의해 구제되지만 부자들의 구원을 이루는 기회이기도 하기 때문이다. 바로 이 점에서 가치 면에서의 차이와 나란히 상보성이 존재했다. (그럼에도 불구하고 두 가지 방면에서 차이점을 말할 수 있다. 기부한 주인 혹은 시민은 세속적인 지위에서 걸인보다 확실히 더 높다. 그러나 후자가 종교적인 지위에서 더 높을지도 모른다.) 이런 방식의 이해에서 보면 실제로 빈민을 없애려고 하는 것은 터무니없는 것이다.

나는, 엄격하게 신성한 것과, 활기찬 정신을 속 시원히 드러내는 것, 심지어 육체의 감각적인 즐거움 간의 관계에도 이와 비슷한 것이 적용된다고 생각한다. 물론 이 경우는, 이 문제와 관련해 언급할 수 있는 명백한 학설이 존재하지 않기 때문에 빈자의 경우처럼 다루어지기 어렵다. 그러나 이와 같은 것은 카니발 의식이나 다양한 "혼란"의 축제, "세계가 거꾸로 되었다가" 후에 사물의 질서가 회복되는 모든 종류의 의식에 암시되어 있다.

어느 경우든 카니발은 위에서 우리가 주장한 대로 시간을 카이로스적이며 다층적인 것으로서 이해한다.

이러한 이해는 여러 가지 면에서 기독교 이전의 것이며, 그 기원에서 기독교 밖의 것이지만, 반드시 반기독교적인 것은 아니다. 또한 악은 선과 밀접하게 관련되어 있기 때문에 세상의 종말에 이르기 전 복음을 전하는 시기에는 제거될 수 없으며, 알곡과 가라지가 추수 때까지 함께 가야 한다는 생각에 대한 근거가 복음서에 나와 있다.

명백히 현대의 엘리트들은 이러한 이해에 대한 감각을 전적으로 상실했다. 점차로 세계와 시간에 대한 새로운 개념이 우세해지기 시작했으며, 그 새로운 개념에 따라 더 높은 것과 더 낮은 것, 질서와 혼돈의 상보성은 더 이상 필요하지 않게 되었다. 이 혼돈의 자리를 인정하는 것은 더 이상 카이로스적인 시간의 상태와 함께 진행되는 불가피한 교체가 아니다. 오히려 그것은 우리가 근절시키고자 하는 것에 대한 이유 없는 양보며 해악과의 타협이 되었다. 따라서 대중 문화의 이런 요소에 대한 비판적인 목소리들이 점점 높아져서, 16~17세기 엘리트들 사이에 귀청이 터질 것 같은 합창을 만들어냈다.

이와 관련해서는 이야기가 장황하지만 매우 짧게 말하겠다. 우리는, 세계와 시간에 대한 이와 같은 새로운 이해가 원래는 기독교적인 사고 방식 안에서 나왔지만, 이제는 세속적인 변형을 겪는다는 것을 알 수 있다. 아마도 처음에는 유스투스 립시우스(Justus Lipsius)의 네오 스토이시즘으로 시작했지만, 점점 더 세속적인 방향으로 변해 간다고 말할 수도 있다. 사실, 그것은 "동질적이고 비어 있는 시간"을 중요한 구성 요소로 하는 현대의 세속적인 사고 방식을 구성하도록 돕는다고 말할 수도 있다. 그리고 이것과 함께 새롭고 타협이 불가능한 질서 개념이 나온다. 그리고 그 질서는 우리 삶 속의 질서며 사회적 질서다.

이 새로운 개념의 현대적인 변형은 그 이전의 것들보다 폭력과 사회적 무질서에 대해 훨씬 덜 관대하다. 16세기는 혼란스런 군대식 귀족 정치를 길들이고 왕실을 돌보고 보살피며 왕실 재산을 관리하도록 길들였다. 18세기는 전체 주민을 길들이기 시작했다. 서유럽에서는 폭동, 농민 반란, 사회적 무질서가 드물어졌다. 대부분의 대서양 연안 사회는 그들의 가정 생활에서 매우 높은 기준의 비폭력을 기대하기에 이르렀다. (다른 점에서와 마찬가지로 이 점에서 미국은 기묘하게도 더 이전의 시기로 되돌아간 것이다.)

그리고 이 모든 발달을 통해 성장하는 것은, 부분적으로는 그러한 발달을 추진하고, 부분적으로는 그러한 발달을 통해 강화되는 바, 우리의 삶에 이러한 종류의 질서를 세우는 우리의 능력에 대한 인식의 성장이다. 이러한 확신이 다양한 규율 프로그램의 중심에 있다. 다양한 프로그램들은 개인적인 것과 사회적인 것이 있다. 사회적인 것에는 종교적, 경제적, 정치적인 것들이 포함되며, 그러한 프로그램들이 16~17세기 이후부터 우리를 변화시켜가고 있다. 이와 같은 확신은, 우리는 타협할 필요가 없으며 상보성을 필요로 하지 않고 질서를 세우기 위해 혼돈의 반대 원칙에 대해 한계를 인정할 필요가 없다는 믿음과 동질적인 것이다. 그리고 이 때문에 질서를 향한 이 같은 욕구는 전통적인 뒤바꿈의 축제에 의해 거슬러지고 불안정하게 된다. 그것은 "거꾸로 된 세계"를 소화할 수 없다.

그리하여 그것은 인간의 순응성과 더 높은 단계로의 발전에 중요한 한계가 존재한다는 인식을 놓치기 쉽다. 가공하지 않은 야만적 본성은 시민성에 저항한다. 그러나 만회할 수 없는 상실, 치명적인 불안정, 전체에서 본질적인 부분의 파괴와 같은 것은 없다. 여러분은 여러분이 할 수 있는 데까지 멀리 갈 것이다. 이것은 파라과이 제수잇 유토피아스(Jesuit Utopias)와 중앙 유럽의 행정 복지 국가에도 적용된다.

나중에 이런 견해를 구별시키는 심리학적 이론들이 발생할 것이다. 인간 존재는 백지에 각인된 습관의 묶음이다. 개혁의 한계는 없다. 그러나 한계에 대한 경솔한 무시는 이러한 이론에서 비롯된 것이 아니다. 오히려 그것은 질서에 대한 새로운 이해에서 온 것이다. 이 새로운 이해는 자발적이고 적극적인 노력이 인간의 삶을 변화시키는 데 가장 중요한 것이라고 보는 견해다.

IV

지금까지의 논의를 정리해보자. 나는 처음에, 시간 경험의 변화를 파악할 수 있는 가장 좋은 방법은 질서를 이해하는 방식의 변화를 통해서라고 말했다. 우리의 선조들은 위계적으로 관련된 복합적인 시간의 세계 속에 살았다. 그들이 살았던 위계적 상보성을 지닌 사회 질서는 오직 이 같은 다층적 시간 속에서 이해되었다. 왕의 두 가지 몸과 같은 교리는 균일하고 세속적인 시간 속에서 기괴하고 터무니없는 것이 되었다.

특히, 반대되는 것들 혹은 적어도 가치 있으면서 동일하지 않은 것들 사이의 상보성 혹은 필연적인 교체의 개념은, 사회가 그러한 상보성이 다스리는 우주 속에 놓여 있다는 것을 가정한다. 그리고 그러한 우주를 지배하는 시간은 그 내용과 무관한 동질적인 용기가 아니라 다양한 형태를 취하며 카이로스적인 것이다.

그러나 계속되는 근대 개혁의 물결은, 종교 혹은 "시민성"의 이름으로, 조직과 규율을 통해서, 선한 필요가 나쁘거나 덜 좋은 필요에게 단지 전술적이고 우연적으로만 양보하는 인간적 질서를 만들고자 노력했다. "시민성"의 규율(이제는 이 말을 함축적으로 나타내기 위해 과정적인 단어인 '문명화'를 사용하겠다)은 상보성을 제거하는 데 결정적으로 기여했다. 그렇게 함으로써 시민성의 규율은 고차원적 시간이 일상적으로 이해되는 세계로부터 우리를 끌어내, 세속적 시간이 공적인 영역을 독점적으로 지배하는 세계로 이끈다.

만약 우리가 단지 사회의 주요한 근대적 형태, 즉 공적 영역, 경제, 민주주의 국가 등의 발전을 바라본다면, 우리는 또 다른 각도에서 이와 동일한 과정을 추적할 수 있다.

근대적 민족 국가는 베네딕트 앤더슨(Benedict Anderson)의 유명한 구절대로 상상된 공동체"다.47) 그것은 사회적으로 상상되는, 즉 사회적으로 공유되는 특별한 종류의 방식을 지니며, 그런 방식을 따라 사회적 영역들이 상상된다고 말할 수도 있다. 근대적 상상에는 두 가지 중요한 특징이 있다. 각각의 특징은 유럽 역사에서 전에 지녔던 모습과 대조함으로써 가장 잘 드러낼 수 있다.

첫째, 위계적이고 중재된 접근 방식의 사회로부터 수평적이고 직접적 접근 방식의 사회로 변화되었다. 이 전의 형태에서는 위계 질서와 내가 말하는 중재된 접근 방식이 공존한다. 17세기 프랑스와 같은 계급 사회 ― 토크빌(Tocqueville)의 구절을 사용하면, "서열 사회" ― 는 명백한 의미에서 위계적이었다. 그러나 이것은 또한 누

---

47) Benedict Anderson, *Imagined Communities : Reflections on the Origin and Spread of Nationalism,* London : Verso 1983 ; second edition, 1991.

구든 사회의 어떤 구성 요소에 속하게 됨으로써 이 사회에 속하게 된다는 것을 의미했다. 농부는 농부로서 주인에게 연결되고 그 주인은 왕의 소유였다. 지방자치제 의원은 그 승인된 신분을 통해 왕국에서의 신분을 지녔고 국회에서 어떤 기능을 발휘했다. 이에 반해 시민권의 현대적 개념은 직접적이다. 어떤 방식으로든 내가 나를 제외한 나머지 사회 구성원들과 매개적 조직을 통해 관련될 때, 나는 이 모든 관련 방식과 나의 시민권이 구별된다고 생각한다. 내가 국가에 속하는 근본적인 방식은 다른 종류의 소속에 의존하거나 그것에 의해 매개되지 않는다. 나는 내 동료 시민들과 나란히, 우리의 공통적인 충성의 대상인 국가와 직접적으로 관계를 맺는다.

물론 이것이 일이 행해지는 방식을 필연적으로 변화시키는 것은 아니다. 나는 그녀의 시숙이 판사 혹은 국회의원인 여자를 알고 있다. 그래서 나는 내가 곤경에 처했을 때 그녀에게 전화를 건다. 변화된 것은 규범적인 그림이라고 말할 수도 있다. 그러나 이것의 기반에 놓여 있는 것은 사람들이 소속을 상상하는 방식에서의 변화다. 그리고 이런 방식의 변화가 없다면 새로운 규범은 우리를 위해 존재할 수 없다. 물론 17세기 프랑스 사회와 그 이전에는, 직접적인 접근 방식이 낯설고 분명하게 이해되지 않는 사람들이 있었다. 교육을 받은 사람들이 모델로 삼은 것은 고대 공화국이었다. 그러나 많은 다른 사람들은, 왕국 혹은 우주적 교회와 같이 더 큰 전체에 속하는 것을, 오직 교구나 군주처럼 더 직접적이고 이해 가능한 작은 단위를 그와 같이 큰 존재와 겹치는 방식을 통해서 이해할 수 있었다. 근대성은 다른 무엇보다도 사회적 상상에서의 혁명과, 이와 같은 중재 형식들을 변두리로 추방하고, 직접적인 접근 방식의 이미지를 유포하는 것을 포함했다.

이것은 다양한 형태로 발생했다. 사람들 자신이 전국적인 규모의 논의(때때로 국제적인)에 직접 참여하는 것으로 생각하는 공적 영역의 발생, 모든 경제적 행위자가 동등한 입장에서 다른 행위자와 계약적인 관계를 맺는 것으로서 간주되는 시장 경제의 발전, 근대적 시민권의 발생 등. 그러나 우리는 다른 방식으로, 즉 접근의 직접성이 우리의 상상을 장악했다고 생각할 수 있다. 예를 들어 패션의 영역에서 우리는 스스로 스타일을 선택하고 전하는 것으로 본다. 우리는 스스로를 매스미디어 스타들의 범세계적인 관객의 일원으로 생각한다. 그리고 이런 영역들이 그 고유의 의미에서 위계적인 반면, ─그것은 거의 신화적인 인물에게 집중한다─ 모든 참여자는 다른 어떤 특별한 충성이 없이도 직접 그 영역에 접근할 수 있으며 소속할 수 있다. 더 실재적인 참여 양식과 함께 이와 동일한 것이 사회적, 정치적, 종교적인 다양한 운동에 사용될 수 있다. 그러한 운동들은 근대적 삶의 중요한 특징이며, 사람들을 범지역적으로 국제적으로 묶어 단일한 공동체적 매개자를 만들어낸다.

이와 같이 상상된 직접적인 접근 방식은 사실 평등과 개인주의의 근대적 측면과 연결되어 있다. 접근의 직접성은, 위계적인 소속이 갖는 이질성을 파괴한다. 그것은 우리를 획일적으로 만들며, 평등해지는 하나의 방법이다.(그것이 유일한 방법인지 여부는 다문화주의에 대한 오늘날의 투쟁과 관련되어 있는 중요한 이슈다.) 동시에, 다양한 형태의 중개의 제거는 우리 삶에서 그것이 가지는 중요성을 감소시켰다. 개인은 더욱더 그것들로부터 자유로워졌으며, 개인으로서의 자기 의식이 증가하게 되었다. 근대적 개인주의는 하나의 도덕적 이상이며, 어떤 것에도 속하지 않는다는 것 ─ 이와 같은 개인주의는 예외적이고 왜곡된 것이다 ─ 을 의미하지 않는다. 오히려 스스로를 지금까지 더욱더 넓고 더욱 개인과 무관한 존재, 즉 국가, 운동, 인류 공동체 등에 속하는 것으로 생각하는 것을 의미한다.

근대의 사회적 상상의 두 번째 중요한 특징은 세속적 시간에서의 공통된 행위보다 더 중요한 지역 초월적 실체들 ─ 이 실체들은 더 높은 다른 어떤 것에 기반 한다 ― 이 존재하지 않는다는 점이다. 근대 이전의 국가에는 이것이 적용되지 않는다. 왕국의 위계적 질서는 존재의 커다란 연쇄에 기반을 두고 있는 것으로 간주되었다. 부족 단위는 법률에 의하여 그러한 단위로 형성된 것으로 생각되었는데, 법률은 "생각해낼 수 없는 시간"까지 또는 아마도 엘리아데가 뜻하는 것처럼 "기원의 시간"의 지위를 지닌 어떤 최초의 시간까지 거슬러간다. 영국의 시민전쟁까지 포함하여 근대 이전의 혁명에서 회고적 전망과 최초의 법률을 제정하는 것의 중요성은, 정치적 실재가 이런 의미에서 행위 초월적이라는 인식에서 생겨난다. 그것은 단지 그 자신의 행동을 통해 스스로를 창조할 수 없다. 이와 반대로, 그것은 이미 그러한 것으로 구성되었기 때문에 하나의 실재로서 행위할 수 있다. 최초의 형성으로 돌아가는 것에 정당성이 수반되는 것은 바로 그 때문이다.

사람들이 자연 상태로부터 함께 나온 것으로 본 17세기의 사회계약론은 명백히 또 다른 사고의 질서에 속한다. 그러나 18세기 후반에 이르기까지는 사물을 생각하는 이와 같은 새로운 방식이 사회적 상상 속으로 들어가지 않았다. 미국의 혁명은 어떤 의미에서 분수령이었다. 그것은, 식민지인들이 영국인으로서 자신들의 기존의 권리 아래서 싸우고 있었다는 의미에서 회고적인 정신 속에서 착수되었다. 게다가 그들은 기존의 식민지 입법부 아래서 의회와 연합하여 싸우고 있었다. 그러나 그 전체 과정으로부터 "우리, 민족"이라는 결정적인 허구가 나타난다. 그리고 새로운 헌법을 선언하는 것은 그러한 "우리"의 입이다.

여기에서 민족 혹은 그 당시에 불렸던 대로 "국민"은 그것의 정치적 구성체와 독립하여 그보다 앞서 존재할 수 있다는 생각에 의지하게 된다. 그래서 이 민족은 세속적 시간 속에서 그 자신의 행위에 의하여 헌법을 부여받는다. 물론 획기적인 행위에는 고차원적 시간이라는 오래된 개념으로부터 끌어온 이미지들이 빠르게 제공되었다. 프랑스의 새로운 혁명력(革命曆)처럼 "시대의 새로운 질서(Novus Ordo seculorum)"는 유대 기독교적 묵시에 많이 의존한다. 헌법 제정은 우리가 끊임없이 다시금 가까워지려고 노력해야 하는 더 높은 종류의 행위자로 가득 찬 "기원의 시간", 고차원적 시간의 어떤 힘을 부여받게 된다. 그러나 그럼에도 불구하고 사물을 생각하는 새로운 방식은 퍼져나간다. 국민과 민족은 인격을 지닐 수 있고, 모든 우선적인 정치적 서열 밖에서 함께 행위할 수 있다. 근대적 국가주의의 중요한 전제 가운데 하나가 자리잡는다. 왜냐 하면, 이 것이 없다면 국민의 자기 결정은 아무런 의미가 없기 때문이다. 이 것은, 국민이 그들의 역사적 정치적 조직에 의한 차꼬를 풀고 자기 자신의 구성체를 만들 권리다.

앤더슨(Anderson)의 설명이 시사하는 바는 그것이 이러한 두 가지 특징들을 연결시킨다는 것이다. 그것은 직접적인 접근 방식의 사회의 발생이 시간 이해의 변화와 연결되어 있으며, 결과적으로 사회 전체를 상상하는 이해 방식의 변화와 연결되어 있다. 앤더슨은 국가에 속한다는 새로운 인식이, 어떻게 동시성의 범주 아래서 사회를 이해하는 새로운 방식[48] — 사회를 구성원들의 삶을 특징짓는, 무수한 사건들의 동시적 발생으로 이루어진 전체로서 이해함 — 에 의해 예비되었는지 강조한다. 그러한 사건들이 균질적인 시간의 조각들을 채운다. 이러한 매우 분명하고 모호하지 않은 동시성의 개념은 시간을 오로지 세속적인 것으로 이해하는 것이다. 세속적인 시간이 다양한 종류의 고차원적 시간과 섞여 짜이는 한, 모든 사건들이 동시성과 연속이라는 모호하지 않은 관계 속에 위치하리라는 아무런 보장도 없다. 고귀한 축제는 하나의 측면에서 나의 삶이나 내 동료 순례자들의 삶과 동시적이다. 그러나 다른 측면에서 그것은

---

48) Anderson, op. cit., p.37.

영원성 혹은 기원의 시간 혹은 그것이 예시하는 사건들에 가깝다.

순전히 세속적으로 시간을 이해하는 것은, 일상적인 사건의 연속이 고차원적 시간과 접하게 되는 "높은 지점"과 무관하게, 따라서 그렇게 규정된 시간에 일어서서 중재하는 왕이나 사제와 같이 특권적인 사람이나 기관을 인식하지 않고 사회를 "수평적으로" 상상하도록 허용한다. 근본적인 수평성은 정확히 말해 직접 접근하는 사회에 함축되어 있는 것이다. 그런 사회에서 각각의 구성원은 "전체에 대해 직접적이다". 물론 이러한 새로운 이해는 출판 자본주의의 발전과 같은 사회적 발전이 없었다면 발생할 수 없었을 것이라는 앤더슨의 주장은 옳다. 그러나 그는 이 말이 사회적 상상의 변화가 이러한 발전을 통해 충분히 설명되었다는 것을 함축하는 것을 원하지는 않았다. 근대 사회는 또한 우리가 우리 자신을 사회로서 특징짓는 방식에서 변화를 요구했다. 그런 변화 가운데 결정적인 것은, 누구의 것도 아닌 비중심적인 견해로부터 사회를 파악하는 능력이다. 즉, 나 자신의 관점보다 더 참되고 권위가 있는 관점에 대한 탐구는, 내가 사회를 왕 혹은 신성한 집회 등의 중심에 놓도록 이끌지 않는다. 오히려 이와 같이 횡적이고, 수평적인 견해 ─ 특정한 위치를 갖지 않은 관찰자가 가질 수 있는 ─ 를 수용하도록 이끌며, 특별한 마디 지점이 없이 극적 장면 밖에 놓이는 사회를 허용하도록 이끈다. 근대의 직접적인 접근 방식의 사회, 그들의 자기-이해, 절대적인 자기동일성에서의 굴절과, "세계 그림의 시대"의 근대적이고 개관적인 표현 양식 사이에는 밀접한 내적 연결 고리가 존재한다.49) 즉, 동시적 발생으로서의 사회, 사회의 비인격적인 "체제"로의 교체, 지도에 표시된 것으로서의 사회적 지형, 박물관에 나타난 것으로서의 역사적 문화 등등의 연결 고리가 있는 것이다.50)

---

49) Martin Heidegger, "Die Zeit des Weltbildes", in *Holzwege*, Frankfurt : Niemeyer.
50) Calhoun, op. cit., pp.234-235. 나는 이 부분의 아주 많은 논의들이 Calhoun의

V

이제 우리는, 근대가 얼마나 냉혹하게 우리 자신을 오로지 세속적 시간 속에서만 이해하고 혹은 상상하도록 이끌어왔는지를 평가할 수 있는 더 좋은 처지에 놓여 있다. 이것은 부분적으로 우리가 한데 뭉뚱그려 "각성"이라고 부르는 복합적인 변화를 통해 실현되었다. 각성은 질서를 향한 욕구를 물려받음으로써 헤아릴 수 없을 정도로 강화되었다. 이제 그 질서는 우리가 문명화를 통해 이해하는 바의 일부분이 되었다. 문명화는 우리가 시간을 도구로서 혹은 관리해야 할 자원으로서, 즉 측정하고 분할하며 통제하는 자원으로서 대하도록 만들었다. 바로 그러한 성격의 도구적 자세는 균질화하는 것이다. 그것은 어떤 더 나아간 목적을 위해 부분을 한정한다. 그러나 어떠한 본질적인 질적 차이도 인식하지 못한다. 이러한 자세는 엄정한 시간 틀을 세웠고 우리 모두는 그 속에서 살아간다.

그러나 이것의 꼭대기에서 동시적이고 연속적인 순수하게 세속적인 시간은, 다양한 형태의 근대적인 사회적 상상의 매개물이다. 우리의 공적이고 사적인 삶 속에서 우리는 이전 시대의 고차원적 시간을 위한 여지가 존재하지 않는, 파급적인 시간-배열에 의해 둘러싸여 있다.

그러나 이것은 단순히 "동질적이고 비어 있는 시간"이 아니었다. 인간이 오직 이런 시간 속에서만 살 수 있는지 여부가 의심스럽다. 우리에게 시간은 여전히 순환하는 것으로 특징지어진다. 우리는 순환 속에서 우리 자신의 방향을 결정한다. 아주 바쁜 직업의 밀하고 빽빽한 스케줄 속에 아주 철저하게 몰두된 사람들조차, — 아마도 특별히 그들이 — 일상적인 이 방해를 받으면 완전히 당황할 수 있다. 그 틀은 그들의 삶과 서로 구별되는 다른 순간들에 각각의 의미

최근 저작에 기대고 있다는 점을 반복하여 말하고 싶다.

를 제공하며, 시간의 흐름을 표시하는 작은 시간들을 창조하면서 의미를 부여한다. 그것은 마치 우리 인간들이 이런저런 형태로 모아진 시간을 필요로 하는 것과 같다.

이것이 우리 시대에 충족될 수 있는 한 가지 방법은 이야기며, 개인과 사회로서의 우리의 이야기를 더욱 강렬하게 말하는 것이다. 가장 원초적인 개인적 단계에서 자서전 — 이 장르는 어떤 의미에서 어거스틴이 시작했다. 그 후 루소가 다시 채택하기 전 14세기 동안은 사용되지 않았다 — 은 가장 두드러진 근대의 집필 분야 중 하나가 되었다.

사회적 단계에서 역사에 대한 우리의 관심이 그 어느 때보다 많아졌다. 그러나 이뿐만 아니라 정치적 단계에서 우리는 우리 국가의 역사를 이해할 필요가 있다.

수평적이고 직접적인 접근 방식의 세계로 이행하는 것은 세속적 시간 속에 자리잡는 것과 섞여 있으며, 시간과 공간에서의 우리의 위치를 다르게 이해하도록 만든다. 특히 그것은 역사와 서술 양식을 다르게 이해하도록 만든다.

가장 현저하게 이전의 행위-초월적 기초를 필요로 하지 않는 새로운 집합적 주체, 즉 그 자신의 나라를 세울 수 있는 민족 혹은 국민은 자신의 이야기를 말하는 새로운 방식을 필요로 한다. 어떤 면에서 이것은 과거의 것과 유사하다. 나는 위에서 나라 세우기 이야기가 어떻게 우리가 다시 되찾을 수 없는 기원의 시간에서의 영웅적인 인물들의 오래된 이미지를 끌어오는지에 대해 기술했다. 미국의 이야기에서 워싱턴(Washington)과 다른 설립자들의 태생에 관한 진술이 어떻게 되어 있는지를 생각해보라. 그러나 모든 유사성에도 불구하고 분명한 차이가 존재한다. 우리가 다루고 있는 것은 순전히 세속적인 시간 속의 이야기다. 이후에 확립된 현재의 질서가 옳다는 인식은 시간에 대한 이와 같은 이해와 조화되는 용어로 표현되어야 한다. 우리는 더 이상 고차원적 시간 속에 거하는 자기 실현적 질서를 나타냄으로써 그것을 기술할 수 없다. 세속적 시간에 숙달된 범주는 오히려 유기체적 영역에서 이끌어낸 증가, 성장의 범주다. 자연 속에서 잠재성은 완성된다. 따라서 역사는, 이를테면 잘못과 미신에 대항하여 싸우는 인간의 능력과 이성이 느린 속도로 증가하는 것으로서 이해될 수 있다. 근거 짓기는 사람들이 합리적 이해의 특정한 단계에 다다랐을 때 등장한다.

이 새로운 역사는 그것의 마디를 지닌다. 그러나 그 마디들은, 이를테면 합리적 통제의 잠재성이 완성되는 혹은 이성의 잠재성이 완성되는 단계에서 조직된다. 하나의 이야기에서 우리의 성장은 한편으로 올바른 도덕적 질서와, 우리가 실현시키고자 의도하는 상호 이익의 연결 관계("우리는 이러한 사실들이 자명한 것이라고 생각한다")가 나타나게 되는 것을 포함한다. 그리고 다른 한편으로는, 그것을 실행시키기 위해 자기 통제를 성취하는 것을 포함한다. 우리가 이 두 가지 길에서 충분하게 전진할 때 우리는 마디 지점에 존재하게 되며, 그 지점에서 새롭고 더 좋은 사회가 세워질 수 있는 것이다. 우리의 영웅 만들기는 그들이 가진 예외적인 특징에도 불구하고 세속적 시간에서의 성장 이야기로부터 나타난다.

이것은 근대성을 지닌 가장 중요한 서술 양식 가운데 하나인 진보의 이야기(혹은 신화)와 조화될 수 있다. 그러나 이것은 또한 매우 널리 의존된 또 다른 기반, 즉 혁명의 기반과 조화될 수 있다. 이것은 성숙의 마디 지점이다. 사람들은 그 지점에서 도덕 질서를 방해하고 왜곡하는 오래된 형식 및 구조와 결정적으로 관계를 끊을 수 있다. 갑자기 전에는 결코 있을 수 없었던 일, 즉 이와 같은 질서의 요구를 성취하는 것이 가능해진다. 모든 것이 가능하다는 성급한 인식이 존재하게 된다. 그리고 그것은 혁명의 개념이 반역과 비겁함을 통해 무한한 가능성이 좌절되고 배반되는 과거의 마디 지점의 강력한 신화로 쉽게 변질되는 이유다. 혁명은 이미 완성된 어떤 것이다. 이것은 19세기 동안과 금세기에 이르기까지 프랑스 급진 좌파의 지속적인 신화였다.51)

그러나 가장 강력한 이야기 양식 가운데 하나는 "국민"을 중심으로 하는 이야기다. 그 자신의 정치적 태생을 관장할 수 있는 사람들에게는 어떤 역설이 존재한다. 바로 그런 사람들이 자치를 위하여 함께 어울리도록 만드는 것은 무엇인가? 사실 때때로 그것은 역사의 우연이다. "국민"은 태어난다. 왜냐 하면 지금까지 하나의 권력에 의해 지배된 사람들이 이 같은 지배를 그들 자신의 손으로 가져와야 한다고 결심하기 때문이다(혹은 어떤 엘리트들은 그들이 이런 결과로 인도되어야 한다고 결의한다). 이것은 1789년 프랑스의 경우였으며, 이보다는 덜 순조로웠던 오스만제국의 국가적 독립을 이루려던 20세기 초반의 시도도 이 경우에 해당된다. 혹은 그 외의 민족들은 미국의 혁명과 더불어 자치를 위한 정치적 선택으로부터 스스로를 세우고자 했다. 혁명은 그들이 가진 확고한 정치적 선택을 통해 다른 영국인 심지어 그들 한가운데에 있는 토리 당원들로부터 그들 자신을 분리시켰다.

그러나 우리가 국가주의라고 부르는 대부분은 역사적 우연 혹은 정치적 선택과 다른, 어떤 토대가 선택된 단일체에 존재한다는 생각에 기반한다. 국가로 인도된 사람들은 공통 언어, 공통 문화, 공통 종교, 공통된 행위의 역사에 의해 함께 조화되는 것으로 판단된다. 종종 이와 같은 공통된 과거의 대부분이 순전히 허구라는 주장이 끊임없이 제기되었다.52) 이것은 사실이다. 그러나 그것은 확실히 종종 정치적으로 효과적인 허구며 이 허구는 내면화되었고 관련된

---

51) Bronislaw Baczko, *Les Imaginaires Sociaux*, Paris : Payot 1985, pp.117-118. I have drawn a great deal on the interesting discussions in this book.
52) Ernest Gellner, *Nations and nationalism*, Eric Hobsbawm, *Nation and Nationalism Since 1780* 을 보라.

사람들의 사회적 상상의 일부분이 되었다.

그리고 여기서 다시 기초가 되는 범주는 잠재력의 성장이라는 범주다. 우리의 분산, 다수의 방언, 의식의 부족에도 불구하고 우리 자신은 우크라이나인이며, 세르비아인이고, 슬로바키아인이었다. 우리는 우리가 함께 하나의 독립된 민족으로 움직이는 것이 자연스럽고 옳은 것이 되게 하는 중요한 어떤 것을 공유했다. 단지 우리는 각성될 필요가 있었다. 그 후에 아마도 우리는 이런 운명을 실현시키기 위해 투쟁할 필요가 있었다. 여기에서 핵심은 의식의 성장과 성숙이라는 이상, 결국 그 자신에 대립하게 되는 그 자체로서의 이상이다.

이야기의 이와 같은 세 가지 양식, 즉 발전, 혁명, 국민은 분명하게 결합될 수 있다. 이것들은 또한 구원사의 종교적인 이해로부터 도출되는 묵시록적이고 메시아적인 형태와 결합될 수 있다. 예를 들어 성숙하는 질서는 폭력적인 반대 입장, 즉 더 폭력적일수록 궁극적인 승리에 더욱 가까이 다가간다는 반대자들에 맞서야 한다. 혁명에는 엄청난 투쟁과 세속화된 대결전이 수반되었다. 20세기 역사에서 이것의 파괴적인 효과는 아주 극명하다.

그리고 도덕적 질서, 자유, 권리를 향한 투쟁 혹은 전세기적 발전에서의 우리의 위치에 대한 우리의 자각은 국가의 정치적 역사에서의 우리의 현재의 위치를 넘어서 있다. 이것은 우리의 국가적인 자기-이해의 아주 중요한 부분이 될 수 있다. 프랑스혁명 당시 프랑스 국민 의식 속에 있었던 일종의 보편주의적 국수주의, 즉 프랑스를 유럽에 인간의 자유와 권리를 가져오도록 운명지어진 국가로서 보는 견해를 생각해보라. 호전적인 영광과 보편적인 사명이 섞여 있었다. 이것은 나폴레옹이 알고 있었듯이 도취제다. 소련과 중국은 금세기의 다른 시기에 이 같은 모습을 나타내려고 했다

이야기는 시간을 모으는 하나의 방법이다. 그것은 시간의 흐름을 형성하고, 시간의 흐름을 "이질화"하며, 1789년, 1989년의 혁명과 해방의 시간과 같은 카이로스적인 순간들을 구별시킨다.

그리하여 우리는 그것들을 기념하기 위해 다시 집결할 수 있다. 공통적인 창립의 사건을 기념하기 위해 흩어져 있다가 함께 모이기 때문에 기념 그 자체가 일종의 작은 카이로스적인 순간이 된다. 우리는 지금 그것을 나누고 있기 때문에 더욱 강렬하게 우리의 이야기가 하나임을 느낀다.

그러나 우리가 우리 자신을 어떤 프로그램 없이 그 자체로서 함께 발견하게 되는 또 다른 순간들이 있다. 예를 들어, 수백만의 사람들은 다이애나(Diana) 비가 죽었을 때 그들이 느끼는 것을 느끼면서 자신이 고독하지 않다는 것을 발견한다. 그들은 함께 애도하는 행위 속에서 자신을 발견하다. 그리고 이 애도 행위는 일종의 카이로스적인 새로운 순간과 공통적인 사회 이해와 각 개인들의 이야기 속의 전환점을 창조하면서 거대한 공통의 의무가 된다. 이런 순간들은 매우 강력하고 심지어 그만큼 위험할 수도 있다.

그러나 이것이 근대 사회의 절실한 필요를 충족시켜주는 것으로 보인다. 나는 위에서 전형적으로 근대적인, 사회적 상상의 "수평적" 형태에 관해서 말했다. 이 수평적 상상 속에서 사람들은 자신과 수많은 다른 사람들이 동시에 존재하고 활동한다고 생각한다. 나는 경제, 공적 영역, 독립 민족뿐만 아니라 패션의 영역도 언급했다. 이것이 동시성의 네 번째 구조의 한 예다. 그것은 공적 영역이나 독립 민족과 다르다. 왜냐 하면, 이것은 공통 행위의 측면이기 때문이다. 이 점에서 그것은 수많은 개별 행위들을 사슬같이 연결시키는 경제와 같다. 그러나 그것은 또한 우리의 행위가 패션의 영역에서 특별한 방식으로 관련된다는 점에서 경제와 다르다. 나는 나 자신의 고유한 모자를 착용한다. 나는 그렇게 함으로써 여러분 모두에게

나의 스타일을 보이고 있는 것이다. 이 점에서 나는 여러분이 여러분의 스타일을 보이는 것에 응답하는 것이다. 여러분이 나의 것에 응답하는 것처럼. 패션의 영역 속에서 우리는 기호와 의미를 지닌 하나의 언어를 함께 떠받치며, 그 언어는 계속해서 변화된다. 그러나 그것은 어떤 순간에도 우리의 몸짓에 그것이 가진 의미를 제공하기 위해 요구되는 배경이다. 만약 내 모자가 건방지면서도 과묵한 일종의 자기 과시를 표현할 수 있다면, 그것은 스타일의 일상 언어가 우리들 가운데서 이 같은 단계까지 발전했기 때문이다. 나의 몸짓이 그것을 변화시킬 수 있고, 그러면 당신이 이에 반응하는 스타일은 그 언어가 드러내는 새로운 상황으로부터 그 의미를 얻게 될 것이다.

내가 이와 같은 패션 영역의 예로부터 끌어오기를 바라는 일반적인 구조는, 수평적이고 동시적인 공동 현존의 구조다. 이 구조는 공통 행위의 구조가 아니며 오히려 상호간의 표현 구조다. 우리가 행위할 때 우리 각자에게는 타인이 우리가 행위 하는 것의 목격자로서, 따라서 우리 행위의 의미를 함께 결정하는 자로서 거기에 존재한다는 것이 중요하다.

이런 종류의 영역들은 근대의 도시 사회에서 점점 더 중요해진다. 그 사회에서 많은 수의 사람들은 서로를 모른 채, 서로 교제하지 않는 채 어깨를 스치고, 서로에게 영향을 미치며, 서로의 삶의 불가피한 상황을 만든다. 사람들은 날마다 일하기 위해 도시로 쇄도하고 그곳에서 타인은 내가 가는 길에 놓여 있는 방해물의 수준으로 떨어질 수도 있다. 그러나 이와 다르게 도시 생활은 더불어 사는 다른 방식을 발전시켰다. 예를 들어, 우리 각자는 일요일에 공원에서 산책하며, 여름의 거리-페스티벌에서 혹은 결승 시합 전 스타디움에서 서로 뒤섞인다. 이곳에서 각각의 개인 혹은 작은 집단은 그들만의 방식으로 행위한다. 그러나 곧 그들이 표현하는 것이 타인에게 무언가를 말하며, 타인에 의해 응답되고, 모든 사람의 행위를 특징 짓는 공통의 분위기와 풍조를 형성하도록 돕게 되리라는 점을 깨닫는다.

수많은 도시의 개체들은 유아론과 교제의 경계에서 맴돈다. 나의 커다란 말소리와 몸짓은 명백하게 단지 나의 친한 동료들에게만 건네진다. 나의 가족은 일요일에 나만의 산책에 참여하며 조용히 걷는다. 그러나 항상 우리는 우리가 형성하고 있는 공통된 영역을 깨닫는다. 우리가 서로 주고받는 메시지는 이 공통 영역에서 그 의미를 획득한다. 고독과 교제 사이의 이 낯선 지대는 19세기 그것이 발생할 때 이 현상을 처음 관찰한 수많은 사람들을 매료시켰다. 우리는 마네(Manet)의 몇몇 그림 혹은 도시의 광경이나 게으름뱅이와 멋쟁이의 역할에 강렬한 관심을 가졌던 보들레르(Baudelaire)를 생각할 수 있다. 그들은 관찰과 표현을 결합시켰다.

물론 이 19세기 도시 공간은 화제의 대상이었다. 즉, 모든 관련자들이 서로를 보며 동일한 장소에 있었다. 그러나 20세기의 교제는 화제의 대상이 되는 것 이후의 변형들을 만들어냈다. 예를 들어, 우리는 CNN 카메라 앞에서 군인들에게 돌을 반원 그리듯 던진다. 왜냐 하면, 이 행위가 세계에 반향을 일으킬 것이라는 점을 알고 있기 때문이다. 우리가 그 사건에 참여한다는 것의 의미는, 그것을 공유하는 광대하게 흩어져 있는 청중들 전체에 의해 형성된다.

바로 이와 같은 영역이 고독과 연대감 사이에서 맴돌기 때문에 그들은 때때로 공통 행위 속으로 휙 던져진다. 그리고 사실, 그들이 그렇게 하는 순간을 정확하게 지적하기는 어렵다. 우리가 연장전의 결정적인 득점을 응원하는 사람으로서 일어설 때, 우리는 의심할 나위 없이 공통의 행위자가 된다. 그리고 우리는 운동장을 떠날 때, 행진하고 노래하고 심지어 함께 여러 가지 형태의 무차별 폭력을 가함으로써 이것을 연장시키고자 한다. 록 페스티벌에서 환호하는 군중은 마찬가지로 뒤섞인다. 이와 같은 혼재의 순간에는 옛날의 커다란 집단적 의식이나 카니발을 생각나게 하는 고조된 흥분이 존재한다. 그래서 어떤 이는 이러한 순간들을 우리의 세계에 존재하는 종교의 새로운 형태들로 보았다.53) 뒤르껭(Durkheim)은 이와 같은 집단적 흥분의 시간들에 대하여 사회의 기초가 되는 순간이며 신성하다고 중요한 위치를 부여했다.54) 어쨌든 이러한 순간들은 오늘날의 "외로운 군중들"의 중요한 요구에 부응하는 것으로 보인다.

이런 순간들 가운데 몇몇은 사실, 내가 1장에서 말한 앞선 세기의 카니발과 아주 유사하다. 그 순간들은 강렬하고 감동적일 수 있다. 왜냐 하면, 그러한 순간에는 그 이전에 흩어져 있던 잠재력으로부터 새로운 집단적 행위자가 탄생하는 것을 볼 수 있기 때문이다. 그 순간들은 도취시키고 흥분시킬 수 있다. 그러나 카니발과 달리 그 순간들은 구조와 반구조에 대한 암시적이지만 매우 확고한 공통의 이해를 기반으로 하지 않는다. 그 순간들은 종종 대단히 강력하지만 또한 자주 "거칠고" 혼란스럽다. 많은 상이한 도덕적 힘 ─ 유토피아적이고 혁명적인, 외국인 혐오적인 또는 거칠고 파괴적인 ─ 에 의하여 움직여질 수 있다. 또는 그 순간들은 웬체슬라스 광장에서 종을 번갈아 울리는 것처럼, 깊이 느껴지고 공통적으로 의지하는 선으로 구체화될 수 있다. 또는 다이애나 비의 장례식에서 비일상적인 삶 가운데서 사랑과 행복에 대한 일상적이고 연약한 추구를 축하하는 것과 같을 수 있다.

뉘른베르크 집회와 또 다른 공포로 가득 찬 20세기 역사를 기억할 때, 사람들은 이와 같이 "거친" 카이로스적인 순간들 속에서 희망만큼 공포를 느낄 충분한 이유를 갖는다. 그러나 그런 순간들의 잠재

---

53) Danièle Hervieu-Léger, *La Religion pour Mémoire*, Paris : Cerf 1993, chapter 3, esp pp.82ff를 보라.
54) Émile Durkheim, *Les Formes élémentaires de la Vie religieuse*, Paris : F. Alcan, 1925.

력과 거대한 호소력이 아마도 근대의 세속적 시간의 경험 속에 함축되어 있다.

VI

이전 장에서 우리는 우리의 세계에서 시간이 구체화될 수 있는 두 가지 방법을 확인하였다. 첫 번째 방법은 우리 생활에서의 순환, 반복, 되풀이되는 형태, 즉 하루의 반복, 한 주, 계절과 한 해, 활동이 많은 시간, 휴가 등에 의해서다. 두 번째 방법은 변화, 성장, 발전, 잠재성의 현실화를 통해서다. 이것들은 창설, 혁명, 해방이라는 그 자신의 유일한 순간들을 갖고 있다. 이 순간들의 바깥에는 "거칠고", 계획되지 않았으며, 종종 예측할 수 없는 회합의 순간들이 존재한다. 그 순간들에는 서로간의 표현이 공통적인 행위로 변한다. 이것들은, 잠재적인 공통의 기반이 처음으로 발견되고, 그리하여 아마도 새로운 공존의 방식이 시작되는 "혁명적인" 순간의 느낌을 가질 수 있기 때문에 대단히 강력할 수 있다. 그것들은 적어도 이 순간에는 접합 점 같은 느낌이 들 수 있고, 이 점은 종종 압도적인 그것들의 매력의 일부다.

순환과 유일함은 복잡한 관계를 맺고 있고 서로 의존하고 있다. 우선 위대한 접합점은 7월 4일, 7월 14일, 5월 3일에 반복하여 경축된다. 이야기가 생생하고 적절하며 형성적인 것으로 남아 있기 위해서는 이 같은 경축이 필수적이다. 또한 "거친" 접합 점 중 일부는 경축으로부터 존재하거나 생겨난다.

그러나 유일함이 생생하게 남아 있기 위해서 반복되어야 한다면, 순환이 그 의미와 힘을 위해서 유일함에 의존한다는 것도 사실이다. 이 같은 것이 언제나 사실이었다고 주장할 수 있을 것이다. 인류는 실제로 날, 달, 년 그리고 대화재로 끝나는 스토아학파의 "위대한 세월"과 같은 더 긴 기간이라는 시간의 순환을 채택해왔다. 그러나 많은 반복될 수 있는 부분은 하나의 계속적인 질서 또는 초월적인 원리에 관계되며, 그러한 부분이 의미를 갖는 것은 바로 이 같은 질서 또는 원리에 의해서다. 스토아학파의 위대한 해는 한 가지 원리의 전개 및 그 원리의 근원으로 회귀함을 나타낸다. 플라톤에게 많은 사례는 단지 하나의 이데아에 대한 관계일 뿐이다.

실제로 모든 전근대적인 견해에서는 시간의 반복되는 순환의 의미가 시간 바깥 혹은 고차원적 시간 혹은 영원성에서 발견되었다. 근대 세계에서 특이한 점은 반복적인 순환에 의미를 부여하는 하나의 실재가 진보의 이야기, 이성과 자유, 문명, 품위 또는 인권 등으로 다양하게 이해되는, 인간의 자기 실현에 관한 이야기라는 견해의 출현이다. 수년 동안 심지어 평생 동안의 규율 있는 업무의 반복, 발명의 위업, 창조, 개량, 국가 건설은 더 큰 이야기 속에서의 위치를 통하여 더 큰 의미를 갖게 된다. 내가 헌신적인 의사, 엔지니어, 과학자, 농학자라고 가정해보자. 나의 생활은 규율 있는 반복으로 가득 차 있다. 그러나 나는 이것을 통해 역사상 처음으로 인류의 복지를 위해 쓰여지는 문명을 만들고 유지하는 데 기여하고 있다. 그리고 내가 이룩하는 작은 발견과 개량은 나의 후계자로 하여금 동일한 과제를 조금 더 높은 성취로부터 시작할 수 있도록 할 것이다. 이 같은 반복을 진정으로 가치 있게 만드는 것은 그러한 반복의 의미인데, 그 의미는 공간과 시간을 넘어서 확대되는 이 큰 그림 안에 존재한다.

근대 세계의 중요한 특징은 이 같은 이야기가 공격을 받게 되었다는 것이다. 어떤 경향의 "포스트모더니즘"은, 거대한 이야기의 시대는 끝났고 우리는 이러한 이야기를 더 이상 믿을 수 없다고 주장한다.55) 그러나 그러한 이야기의 종언은, 포스트모더니즘 작가들 자신들이 이야기의 지배가 끝났다고 선언하면서 같은 수사를 사용하고 있기 때문에 더욱더 명백하게 과장된 것이다. 즉, 그들은 이전에는 우리가 거대한 이야기에 열중하였으나 지금은 그 이야기의 공허함을 깨달았고 다음 단계로 나아간다고 주장하는 것이다. 이것은 낯익은 상투어다.

인간의 진보에 대한 이야기는 우리의 세계에 아주 깊이 새겨져 있기 때문에 그에 대한 모든 믿음이 상실되는 날은 정말로 두려운 날이 될 것이다. 그같이 깊이 새겨져 있다는 사실은 일상의 어휘에 의해 많이 입증된다. 즉, 일상의 어휘에서 어떤 생각은 "진보적인 것"으로, 다른 생각은 "퇴보적인 것"으로, 어떤 견해는 오늘날의 견해로, 다른 견해는 확실히 "중세적인 것으로", 어떤 사상가는 "그 시대를 앞서 간다"고, 다른 사상가는 아직 이전 세기에 머물러 있다고 묘사되는 것이다.

그러나 비록 전체적으로 붕괴된 것은 아니지만, 근대성의 이야기가 18세기에 시작된 이래 이의가 제기되었고 논란의 대상이 되었으며 공격을 받아왔다는 것 또한 사실이다. 맨 처음부터 단조로움, 무미건조함, 진보의 목표에 관한 영감의 부족, 일상적인 인간의 행복에 관한 항의가 있었다. 어떤 사람들에게는, 모든 초월적인 전망이 폐기되었다는 사실 자체가 이 같은 목표를 부적합한 것으로 비난하기에 충분했다. 그러나 확고한 무신론자들인 다른 사람들은 인간의 삶을 일률적으로 낮추고, 예외적이고 영웅적이며 생활보다 더 위대한 것을 위한 자리를 마련하지 않는다면서 그것을 비난했다. 진보는 평등, 최저의 공통 수준, 위대함의 종말, 희생, 자기 극복을 의미했다. 니체는 우리의 문화에서 이 같은 공격선을 분명하게 표현하는 가장 영향력 있는 사람이었다.

---

55) 특히 J. Lyotard, *La Condition post-moderne*, Paris : Edition de Minuit, 1979 를 보라.

그 밖에 문명의 규율은 생에 의미를 부여하는 영감, 심오한 느낌, 강력한 감정 등을 제한하고 부인하는 것으로 간주되었다. 규율은 우리가 탈출해야 하는 감옥을 표현한다. 낭만주의 시대 이래로 이 같은 지역으로부터 공격이 반복되었다.

무의미성이라는 유령이 이 모든 공격을 관통한다. 즉, 초월, 영웅주의, 깊은 느낌을 부인한 결과로 우리는, 공허하고, 헌신에 영감을 불어넣을 수 없으며, 진정으로 가치 있는 어떤 것도 제공하지 않고, 우리 자신을 헌신할 수 있는 목표를 향한 열망에 응답할 수 없는 인생관을 갖게 된 것이다. 우리가 인간의 행복을 파괴하고 있는 세력에 대항하여 싸워야만 할 때는 인간의 행복만이 우리에게 영감을 불어넣을 수 있다. 그러나 인간의 행복은 일단 실현되면 권태, 즉 우주의 하품 이외에 아무것에 대해서도 영감을 불어넣지 않는다.

이 같은 주제는 진정으로 근대성에 특이한 것이다. 이전에는 의미의 부재를 두려워하는 것은 기이한 것으로 여겨졌다. 인류가 구원과 저주 사이에 놓여 있을 때는 우리가 복수하는 신의 부정의와 잔혹함에 대하여 항의할 수도 있다. 그러나 중요한 이슈가 남지 않은 것에 대해 항의하지는 않는다.

이 같은 걱정은 근대성에 매우 본질적인 것이었기 때문에 어떤 사상가들은 종교의 본질을 의미의 문제에 대한 종교의 답변에 있는 것으로 보았다. 베버(Weber)의 카리스마 이론은 이 같은 생각, 즉 카리스마적인 인물은 강력한 의미 감각을 제시하기 때문에 주목을 받는다는 생각에 의존한다. 이 점에서 베버는 종교는 고통에 의미를 주기 때문에 신뢰할 수 있는 것으로 될 수 있다는 니체(Nietzsche)의 생각을 따른다. 우리가 견딜 수 없는 한 가지는 의미 없는 고통인 것이다.[56] 그리고 최근에 마르셀 고쉐(Marcel Gauchet)는 그의 흥미로운 책에서 베버의 견해를 따랐다.[57]

---

56) Nietzsche, *Genealogie der Moral*, III 28.

사실 나는 이 같은 이론은 중요한 점에서 적절치 않은 것이라고 생각한다. 그러한 이론은 종교의 핵심이 의미에 대한 인간의 필요를 해결하는 데 있다고 시사한다. 이 같은 입장을 취하면서 그러한 이론은, 근대의 곤경으로부터 유래된 견해가 사물에 대한 최종적인 진리인 것처럼 근대의 곤경을 절대화한다. 이 같은 방식으로, 그러한 이론은 어떤 의미에서는 진보에 관한 이야기로부터의 파생물을 구성한다. 그러나 그러한 이론이 출발하는 직관이 다음과 같다는 것은 논쟁의 여지가 없다. 즉, 의미에 관한 문제는 우리 시대의 중심적인 편향이고, 의미의 위협적인 결핍은 우리가 그것에 의존하여 살아가는 근대성에 대한 모든 이야기를 약화시킨다.

그러나 이 같은 타고난 약함을 도외시하고도 근대성에 대한 이야기는 19세기와 20세기에 의심과 공격의 대상이 된다. 이는 부분적으로 문명의 실제적인 업적, 즉 산업 불모지, 방만한 자본주의, 대중사회, 생태학적 황폐함 등이 점점 더 의심스럽게 보이기 시작하기 때문이다. 그러나 또한 최초의 계몽주의적 목표가 점점 더 다른 변종으로 분화하기 때문이기도 하다. 그러한 변종은 때때로 의미심장한 성취를 포함하는 인간의 복지의 이설(異說)과 같이, 이전의 비판에 대응하여 발생한다. 그리고 자본주의의 타락을 극복하고자 한 공산주의적 환상과 같이, 문명의 문제 있는 실현에 대응하여 발생한다.

이 모든 것에 더하여 계몽주의 시대에 여전히 위력을 많이 떨쳤던, 질서에 대한 이전의 생각, 존재의 위대한 연쇄와 같은 생각, 신과 인간의 구원사에 대한 생각은 그 힘을 많이 잃었다. 낭만주의 시대의 시와 예술 중 많은 것은 오로지 이 같은 몰락을 배경으로 해야만 이해될 수 있다. 질서에 대한 더욱 오래된 관념은 시적 언어에 대한 일군의 참조 사항과, 이해되는 힘을 지닌 일련의 회화 주제를 제공했었다. 이제 이와 같이 참조 사항과 힘에 의존하는 예술 언어는

---

57) Marcel Gauchet, *Le Désenchantement do monde*, Paris : Gallimard, 1985.

약화되기 시작한다. 시는 일반적으로 받아들여진 사물에 대한 생각과는 관계없이 형성된 "더 미묘한 언어"를 찾는다.[58] 예술은 새롭게 정의된 주제를 찾는다.

그러나 문명 속에서의 규율 잡힌 일상 생활의 반복은 믿을 만한 이야기 또는 질서에 대한 이전 관념과 같은 것을 통해 지지받지 못하면서 대단히 문제 있는 것으로 된다. 우선 이것들은 우리를 의미 없는 반복으로 한정하는 것으로, 의미의 근원이 될 수 있는 것은 무엇이든 분쇄하고 죽이는 감옥으로 여겨질 수 있다. 이 같은 생각은 이미 낭만주의 시대의 비판에서 나타났지만, 현대로 가까이 오면서 더욱 끈질기게 되풀이된다.

이와 같지 않다면 이 같은 반복이 그 자체로서 우리의 생활을 완성할 수가 없다. 왜냐 하면 우리는 실업, 강요된 게으름 또는 규율을 받아들일 수 없음 / 받아들이려고 하지 않음에 의하여 반복으로부터 추방되거나 반복에 들어갈 수 없게 되거나 또는 반복 바깥에 머물러 있기 때문이다. 그러나 그때 매일의 시간의 바로 그 형태, 현 순간의 시간의 지역적인 형태가 상실될 위험에 놓인다. 시간은 붕괴되고, 모든 의미 있는 연관성을 상실하고, 무기력하거나 무한하게 된다.

이것도 아니면 반복은 여전히 현존하지만 반복적인 사례를 넘어서서 우리의 생활을 통일하지는 못하게 된다. 반복은 전 생애에 통일을 줄 수 없고, 우리의 삶을 우리 조상과 후손의 삶과 통일시키지도 못한다. 그러나 이 점은 언제나 반복될 수 있는 순환의 의미의 중요한 일부였다. 반복은 연속성 안에서 우리를 연결함으로써 다른 사례를 시간을 넘어선 더 큰 하나의 형태 안에서 묶는다. 이 같은

---

58) 이 용어는 셸리의 것이다. 그러나 매우 흥미로운 방식으로 Earl Wasserman에 의해 선택되었다. 그의 책 *The Subtler Language*, Johns Hopkins University Press를 보라 ; 'subtler language' 개념을 더 깊이 논의하려면, 나의 책 *Sources of the Self*, Harvard University Press 1989, Part V를 보라.

형태는 질적으로 동일하다는 점에서 조상들의 형태와 하나다. 그러나 이뿐만 아니라 그 형태는 조상들의 형태와 연속적이며 같은 이야기의 일부다. 그들이 이 같은 이야기를 우리에게 전해준 것은 그들의 생활 형태의 일부였다. 내가 재공연을 통하여 그들을 존경하고 그 형태를 다시 살면서 그들을 기억하는 것은 나의 생활 형태의 일부다. 이 같은 다른 공연은 불연속적이지 않다. 그것들은 연결되어 있고 파손되지 않은 이야기로 결합된다.

생의 반복적인 순환이 시간을 넘어 연결되고 연속성을 만든다는 것은 의미를 지닌 생활의 필수 조건이다. 바로 이 같은 연결은 영원 속에서의 만남이라는 이전의 방식에 의하여 확인되었다. 이는 마치 인간의 자기 실현에 대한 근대의 강력한 이야기에 의하여 제공되는 것과 같다. 그러나 신뢰성과 이 같은 이야기의 힘이 약화되는 곳에서 통일성은 위협을 받는다.

우리는 뒤늦은 것이지만 분열과 무의미성에 대한 이 같은 위협은 순전히 세속적인 시간으로의, 또한 고차원적 시간과 연결되지 않고 사는 삶으로의 최초의 이동에 내재되어 있었고, 적어도 인간의 문제에 관한 한 "동질적이고 공허한" 것으로 묘사될 수 있는 우주적 시간을 배경으로 한다고 주장할 수 있다. 그러나 오랫동안 이전 견해의 남은 힘과 강력한 이야기의 힘이 이 같은 위협을 멀리 두었다는 점은 분명하다. 사람들이 시간 의식의 일종의 위기에 대한 인식을 보기 시작한 것은 19세기 중엽 무렵인데, 물론 이는 예술적, 문화적 엘리트들 사이에서만 그렇다.

우리는 그것을 내가 방금 언급한 세 가지 방식으로 본다. 반복 속에 갇혀 있다는 느낌은 쇠우리에 대한 베버의 위대한 이미지에 의하여 분명하게 표현된다. 이것은 진부한 것, "일상의 것" 안으로 투옥되는 것이다[사실, 우리가 영어로 카리스마의 "속화(俗化)"로 번역하는 말은 "veralltaglichung"이다].

매일의 시간의 붕괴의 느낌, 그것이 일종의 단조로운 무한성으로 경화됨은 보들레르에 의하여 감동적으로 명백히 표현되었다. 그것은 그가 "우울", "권태"라고 부르는 것의 본질이다.

프루스트(Proust)는 시간을 넘어서 있는 상실된 연결을 가장 뛰어나게 명백히 표현하였을 뿐만 아니라 그것을 회복하는 경험 내재적인 새로운 방법을 만들어냈다. 즉, 고차원적 시간에 대한 예전의 의식이 사라진 세속의 시간의 세계에 사는 것은, 진정으로 시간 및 기억에 대한 새로운 감각이 자라도록 허용하고 또한 이를 야기했다. 이 같은 감각 중 가장 현저한 것의 하나는 "잃어버린 시간을 찾아서"에서 우리의 눈앞에 창조되는데, "잃어버린 시간을 찾아서"는 그것이 형식화될 수 있는 "더 미묘한 언어"의 창조를 향해 건설한다. 프루스트가 우리에게 주는 것은 세속의 시간의 흐름 가운데 있는 근대적 삶의 감성으로부터 만들어진, 고차원적 시간에 대한 느낌이다. 넓은 간격의 순간간의 연결은 존재의 질서나 신성한 역사에 의하여 매개되지 않는다. 그것은 작은 카스텔라와 흔들리는 포장 석에 대한 세속적이고 관능적인 경험 속에서 나타나게 된다.

이 세 가지 차원에서 상실의 느낌을 통해 나타나는 것은 문명의 규율잡인 질서의 객관화된 시간-근원의 아래에서 또는 이를 넘어서 살아온 시간을 재발견하려는 필요다. 바로 살아온 경험을 통해서 우리는 쇠우리로부터 빠져나갈 방법을 발견하거나 또는 권태의 세계를 변형하거나 상실된 시간을 다시 연결한다.

작가들은 상실을 탐구하고 변형을 더듬어 찾지만, 철학은 베르그송(Bergson)이나 하이데거에게서처럼 살아온 시간을 시험적으로 주제로 삼기 시작한다.

위에서 말한 것은 우리의 근대 시간-경험이 고차원적 시간의 퇴보에 대하여 반응하는 방법 중 일부다. 그 방법을 모두 열거하기 위해서는 현대 문화, 특히 죽음에 대한 우리의 태도에 대한 훨씬 더 광범위한 연구가 필요할 것이다. 그러나 나는 검토중인 이 영역에서 중요한 문제의 일부를 드러내기에 충분한 내용이 전달되었기를 바란다.

[Lecture 1]

Modernity and Secular Time

Charles Taylor

I want to try to explore what I believe is an important difference in our experience of time in the modern world. Time for us tends to be exclusively linear, what I will call 'secular' time. That is the time of our common, social existence. Individual experience may differ, but being at variance with the established social framework, it is always in danger of being considered merely idiosyncratic, or quite subjective.

Now this was not at all the case for our Mediaeval ancestors. They had a very different sense of time as multiple and hierarchical. Or so I would like to claim.

But how can the experience of something as basic as time change historically? Only along with our understanding of order. Time is the measure of change, Aristotle tells us ; and things change within a framework which is itself stable ; or so we believe concerning our present universe. When we conceive of this framework as in flux, or as coming to be, as in certain theories of the Big Bang, then we can speak of a "history of time", and a change in the nature of time becomes thinkable. Time can change with the order within which change occurs. If not everything is within the order in which change occurs, then not everything is in time. For Plato, there were realities which were in this sense eternal, out of time.

So our understanding, and therefore also our experience of time can change with our sense of the order(s) in which we and things are placed. This is what we have to explore in order to see how our time-experience differs from that of our forbears. I focus here on the change in Western civilization, or Latin Christendom.

I

How did the understanding of order differ in earlier times? In many ways, but I want to single out one which points up a rather basic divergence. We can see this if we look at Carnival and similar festivities, such as the feasts of misrule, or boy bishops, and the like. These were periods in which the ordinary order of things was inverted, or "the world was turned upside down". For a while, there was a ludic interval, in which people played out a condition of reversal of the usual order. Boys wore the mitre, or fools were made kings for a day ; what was ordinarily revered was mocked, people permitted themselves various forms of licence, not just sexually but also in close-to-violent acts, and the like.

These festivals are fascinating, because their human meaning was at once very powerfully felt in them - people threw themselves into these feasts with gusto - and yet also enigmatic. The enigma is particularly strong for us moderns, in that the festivals were not putting forward an alternative to the established order, in anything like the sense we understand in modern politics, that is, presenting an antithetical order of things which might replace the prevailing dispensation. The mockery was enframed by a understanding that betters, superiors, virtue, ecclesial charisma, etc. ought to rule ; the humour was in that sense not ultimately serious.

Natalie Davis had argued for an origin of these feasts of the urban setting in the villages, where there was recognized licence for the class of young unmarried males to indulge in mockery and mayhem, like the charivari. But as she points out, this mockery was exercised very much in support of the ruling moral values.[1]

And yet, for all this acceptance of order, plainly something else showed through the display and the laughter, some deeply felt longings, at variance with this order. What was going on? It's hard to say, but I'll present some of the ideas which have been put forward to make sense of this.

Even at the time, the theory was put forward that people needed this as a safety valve. The weight of virtue and good order was

---

1) Natalie Zemon Davis, Society and Culture in early modern France, Stanford 1975.

so heavy, and so much steam built up under this suppression of instinct, that there had to be periodic blow-outs if the whole system were not to fly apart. Of course, they didn't think in terms of steam at the time, but a French cleric expressed the point clearly in the technology of the day.

> We do these things in jest and not in earnest, as the ancient custom is, so that once a year the foolishness innate in us can come out and evaporate. Don't wine skins and barrels burst open very often if the air-hole is not opened from time to time? We too are old barrels …[2]

Also at the time, and more since, people have related these festivals to the Roman Saturnalia. There seems no good ground to trace a real historical connection, but the supposition that something similar is resurfacing here is perfectly acceptable in principle. The thinking behind this parallel draws on theories about the Saturnalia, and other similar festivals (e.g., in ancient Mesopotamia, and also the Aztec renewals of the world). The idea is that a basic intuition underlies all of these : that order binds a primitive chaos, which is both its enemy but also the source of all energy, including that of order. The binding has to capture that energy, and in the supreme moments of founding it does this. But the years of routine crush this force and drain it ; so that order itself can only survive through periodic renewal, in which the forces of chaos are first unleashed anew, and then

---

2) quoted in Peter Burke, <u>Popular Culture in early modern Europe</u>, N.Y. 1978, p.202.

brought into a new founding of order. As though the effort to maintain order against chaos could not but in the end weaken, tire, unless this order were replunged into the primal energies of chaos to emerge with renewed strength. Or something like this ; it's hard to get it entirely clear.

Then, of course, there is Bakhtin, who brings out the utopian strain in laughter. Laughter as the solvent of all boundaries ; the body which connects us to everyone and everything ; these are celebrated in Carnival. A kind of carnal Parousia is adumbrated.[3]

Victor Turner proposes another theory. The order we are mocking is important but not ultimate ; what is ultimate is the community it serves ; and this community is fundamentally egalitarian ; it includes everyone. Yet we cannot do away with the order. So we periodically renew it, rededicate it, return it to its original meaning, by suspending it in the name of the community, which is fundamentally, ultimately of equals, and which underlies it.[4]

I've laid all these out, because whatever the merits of each one, they point up an important feature of the world in which these festivals occurred. It incorporates some sense of the complementarity, the mutual necessity of opposites, that is, of states which are antithetical, can't be lived at the same time. Of course, we all live this at some level : we work for x hours, relax for y hours, sleep for z hours. But what is unsettling to the modern

---

3) M. M. Bakhtin, <u>Rabelais and his world</u>, Indiana University Press, 1984.
4) Victor Turner, <u>The Ritual Process : Dtructure and Anti-Structure</u>, Cornell 1969, and <u>Dramas, Fields and Metaphors</u>, Cornell 1978.

158 【다산 기념 철학 강좌 6】 세속화와 현대 문명

mind is that the complementarity behind carnival exists on the moral or spiritual level. We're not just dealing with a de facto incompatibility, like that of sleeping and watching television at the same time. We're dealing with things which are enjoined and those condemned, with the licit and illicit, order and chaos. All the above accounts have this in common, that they postulate a world, and underlying this perhaps a cosmos, in which order needs chaos, in which we have to give place to contradictory principles.

Victor Turner's discussion of this is especially interesting, because he tries to put this phenomenon of Carnival in a wider pespective. It is one manifestation of a relationship which turns up in a tremendous range of pre-modern societies in all parts of the world. In its general form, the relationship could be put in this way : all structure needs anti-structure. By 'structure', Turner means, borrowing a phrase from Merton, "'the patterned arrangements of role-sets, status-sets and status-sequences' **consciously** recognized and regularly operative in a given society."5) We could perhaps rephrase this, and speak of the code of behaviour of a society, in which are defined the different roles and statuses, and their rights, duties, powers, vulnerabilities.

Turner's point is that in many societies where this code is taken perfectly seriously, and enforced, even harshly most of the time, there are nevertheless moments or situations in which it is suspended, neutralized, or even transgressed. Plainly Carnival

---

5) Dramas, p.237.

and Feasts of Misrule constituted such moments in mediaeval Europe. But these "rituals of reversal" are in fact very widespread. For instance, in the enthroning ritual of the king in various African societies, the candidate must pass through an ordeal, in which he is reviled, hectored, and even kicked and shoved by his subjects to be.[6]

This kind of reversal has analogies to another kind of relation in which people who according to the dominant jural-political code are weak or of low status can exercise another kind of power in a complementary domain. Turner cites a number of African societies formed by militarily dominant invaders who have conquered the indigenous people. "The invaders control high political office, such as the kingship, provincial governorships, and headmanships. On the other hand, the indigenous people, through their leaders, frequently are held to have a mystical power over the fertility of the earth and of all on it. These autochthonous people have religious power, the "power of the weak" as against the jural-political power of the strong, and represent the undivided land itself against the political system with its internal segmentation and hierarchies of authority."[7]

This situation has analogies in turn to all those societies in which various classes of powerless and low-status people can exercise a certain authority in their sphere, as is sometimes the case for women, for instance ; or in which the weak, the indigent,

---

6) The Ritual Process, p.101, 171 ; see also the Apo ceremony of the Ashanti 178-181.
7) Dramas, p.234.

the outsider is surrounded with a certain charisma, like holy madmen, or indeed, the poor in mediaeval society – whose altered fate in early modern society I will discuss below.

Turner further extends the range of analogies to include societies with "rites of passage" of the kind studied by Arnold van Gennep.[8] The point of contact here is that these rituals by which people move from one status to the next – say, circumcision rites for young men, who thereby become adults – involve the neophytes stepping out of their earlier role and entering a kind of limbo, in which they are stripped of all the marks of status. Their earlier identity is in a sense obliterated, and they pass a period on the "threshold", undergoing trials and ordeals, before they step into the new identity. The threshold image is van Gennep's, who coined the term "liminality" for this condition. Turner sees liminality as a kind of "anti-structure", because it's a condition in which the markers of the ordinary code, with its rights, duties and status criteria, have been temporarily wiped away.

What all these situations have in common is that there is a play of structure and anti-structure, code and anti-code ; this either takes the form of the code's being momentarily suspended or transgressed ; or else, as with the relation between conquerors and autochthonous above, the code itself allows for a counter-principle to the dominant source of power ; it opens space for a complementary "power of the weak". It's as though there were a felt need to complement the structure of power with its opposite.

---

8) Arnold van Gennep, <u>Rites of Passage</u>, London : Routledge 1960.

Otherwise … what?

The basic intutions here are hard to define. I mentioned some possibilities above in connection with Carnival. One is certainly the idea that the pressure of the code needs to be relaxed from time to time ; we need to let off steam. But then the further idea often seems to be there, that the code relentlessly applied would drain us of all energy ; that the code needs to recapture some of the untamed force of the contrary principle. Commenting a paper by Evans-Pritchard on rituals which prescribe obscenity, Turner says :

> The raw energies released in overt symbolisms of sexuality and hostility between the sexes are channelled toward master symbols representative of structural order, and values and virtues on which that order depends. Every opposition is overcome or transcended in a recovered unity, a unity that, moreover, is reinforced by the very potencies which endanger it. One aspect of the ritual is shown by these rites to be a means of putting at the service of the social order the very forces of disorder that inhere in man's mammalian constitution.[9]

These explanations still sound rather "functionalist" ; the aim of the exercise seems still to be the preservation of the society. But Turner puts them in the context of the pull of "communitas", which takes us beyond this level of explanation. The sense of "communitas" is the intuition we all share that, beyond the way we relate to each other through our diversified coded roles, we also

9) The Ritual Process, p.93.

are a community of many-sided human beings, fundamentally equal, who are associated together. It is this underlying community which breaks out in moments of reversal or transgression, and which gives legitimacy to the power of the weak.

Now this account also has its "functionalist" face. When we curse and swear at the king-elect, we remind him and us that the ruler's rights and prerogatives have a further purpose which is the weal of the whole. But in Turner's view, the draw to communitas can go way beyond the boundaries of our society. It can be activated by the sense that we are all human beings, equals, that we belong together. The pull to anti-structure can come from beyond the society, and even from beyond humanity. From this point of view, it would be legitimate to see the tension that we see in Mediaeval Christendom, and indeed, in a number of other civilizations, that between ordinary flourishing and the higher, renunciative vocations, as another example of structure versus anti-structure. The structures of power, property, warrior dominance, are challenged by a life which claims to be higher, and yet which couldn't simply replace the established order. They are forced into co-existence, and hence some kind of complementarity.

This enables us to see that the play of structure and anti-structure can take place on more than one level, because it is this whole complementarity of state and church together which plays the structural pole to the anti-structure of carnival.

So the pull of communitas is potentially multi-valenced. It can not only bring to the fore our community, but that of humankind.

And in breaking us out of coded roles, it also does a number of other things besides releasing fellowship. It also sets free our spontaneity and creativity. It allows free reign to the imagination.

Seen in this perspective, the power of anti-structure comes also from the sense that all codes limit us, shut us out from something important, prevent us from seeing and feeling things of great moment. We remember that in some of the rites of passage, the elders take advantage of this liminal condition to instruct the youth in the deepest lore of the society; as if these things can't be learned except by those who have become receptive through stepping out of their normal coded roles. We recognize here the principle behind the "retreat", both religious and secular.

The general phenomenon here is thus a sense of the necessity of anti-structure. All codes need to be countervailed, sometimes even swamped in their negation, on pain of rigidity, enervation, the atrophy of social cohesion, blindness, perhaps ultimately self-destruction. Both the tension between temporal and spiritual, and the existence of carnival and other rites of reversal, show that this sense used to be very alive in Latin Christendom. What has happened to it today?

Well, as the reference above to retreats shows, it is not wholly gone. We have a sense of it in our daily lives. We still feel the need to "get away from it all", to cut out and "recharge our batteries", away, on holiday, outside our usual roles. There are certainly carnival-type moments : public holidays, football matches - here, like their predecessors, hovering on the brink, sometimes over the brink of violence. Communitas breaks out in moments of exceptional danger or bereavement, as with the crowds mourning Princess Di.

What is different is that this need for anti-structure is no longer recognized at the level of the whole society, and in relation to its official, political-jural structure. One might ask : how could it be? In all the cases mentioned above, the need for anti-structure was understood in terms of a spiritual context : the human code exists within a larger spiritual cosmos, and its opening to anti-structure is what is required to keep the society in true with the cosmos, or to draw on its forces. Seen from this point of view, the eclipse of this felt need is a simple corrolary of the "secularization" of public space.

But perhaps what looks like a simple effect also played the role of cause. That is, it might be the eclipse of this sense of necessary complementarity, of the need for anti-structure, which preceded and helped to bring about the secularization of public space. The idea that a code need leave no space for the principle that contradicts it, that there need be no limit to its enforcement, which is the spirit of totalitarianism, is not just one of the consequences of the eclipse of anti-structure in modernity. That is certainly true. But it is also the case that the temptation to put into affect a code which brooks no limit came first. Yielding to this temptation is what helped bring modern secularity, in all its senses, into being.

I will return to this shortly. For the moment I want just to complete the contrast I was making between then and now.

Certainly one consequence of the eclipse of anti-structure was this propensity to believe that the perfect code wouldn't need to be limited, that one could and should enforce it without restriction. This has been one of the driving ideas behind the various totalitarian movements and régimes of our time. Society had to be totally made over, and none of the traditional restraints on action should be allowed to hamper this enterprise. In a less dramatic way, it encourages the tunnel vision with which the various "speech codes" of political correctness are applied on certain campuses, and lends the positive ring to such slogans as "zero tolerance".

The epoch of the French Revolution is perhaps the occasion on which at one and the same moment anti-structure goes into eclipse, and the project of applying a code without moral boundaries is seriously contemplated. This emerges most clearly in the attempts of the various revolutionary governments to design festivals which would express and entrench the new society. In these attempts, they drew heavily on earlier feasts, for instance, on Carnival, on pilgrimages (the model for the Fête de la Fédération), and the processions of Corpus Christi (la Fête Dieu). But the nature of the enterprise was in a certain sense reversed.

That is because the dimension of anti-structure was totally missing. The aim of the exercise was not to open a hiatus in the now reigning code, but to give expression to its spirit, and inspire identification with it. The anti-structural elements of Carnival were sometimes borrowed, as in the decharistianization of Year II, but this destructive mockery was directed against the old religion and the ancien régime in general. It aimed to complete the destruction of the reigning code's enemies, not to suspend the code itself.[10]

As befits celebrations of the official reality these feasts were generally well ordered ; they were meant to celebrate the social bond itself, or else "nature" ; and they were rigorously egalitarian and reciprocal. They tried to meet the Rousseauian requirement that the distinction between spectators and actors be abolished. As a report on one of these feasts had it : "La fête de la liberté du 15 mai fut du moins nationale, en ce que le peuple y était tout à la fois acteur et spectateur."[11] They were determinedly anthropocentric. "La seule vraie religion est celle qui annoblit l'homme, en lui donnant une idée sublime de la dignité de son étre et des belles destinées auxquelles il est appelé par l'ordinateur humain."[12]

No wonder that they were deathly dull, and disappeared, along

---

10) Mona Ozouf, <u>La Fête Révolutionnaire</u>, Paris : , pp.102-108. See also Michel Vovelle, <u>La Mentalité Révolutionnaire</u>, Paris : Edition sociales, 1985.

11) Ozouf, op. cit. p.88. Rousseau gives the clearest statement of this principle in the <u>Lettre à M. d'Alembert</u>, where he contrasts modern theatre and the public festivals of a true republic. These latter take place in the open air. He makes it clear that the identity of spectator and performer is the key to these virtuous assemblies.

Mais quels seront les objets de ces spectacles? qu'y montrera-t-on? Rien, si l'on veut. Avec la liberté, partout où régne l'affluence, le bien-être y régne aussi. Plantez au milieu d'une place un piquet couronné de fleurs, rassemblez-y le peuple, et vous aurez une féte. Faîtes mieux encore : donnez les spectateurs en spectacle ; rendez-les acteurs eux-mêmes ; faîtes que chacun se voie et s'aime dans les autres, afin que tous en soient mieux unis. <u>See Du Contrat Social</u>, Paris : Garnier 1962, pp.224-225.

12) Quote from Cabanis in Ozouf, op. cit., pp.336-337.

with the new calendar designed to contain them, with the fall of the régime which sponsored them. They are harbingers of similar attempts at self-celebration by this century's communist régimes, which have met a similar fate. And they tell us something about what happens to traditional anti-structures in our age, as we can see with the use made of aspects of Carnival in the dechristianization of 1793. They can offer guidelines for Utopia, or for a new and totally harmonious régime. I will return to this below.

But erecting a structure without moral boundaries is a temptation of an age which has forgotten anti-structure ; it is not a fatality. It can be avoided, and generally has been. A principle of opposition can be built into our reigning political code, as with the division of powers ; and this has generally been done in the name of a principle of limitation, the negative freedom of the subject. Of course, an attempt may still be made on the intellectual plane to show how these free, self-limiting régimes flow from a single principle, as we see, for instance, with the contemporary "liberalism" of Rawls and Dworkin. This shows how deeply modernity has invested in the myth of the single, omnicompetent code.[13] But there are theorists, such as Benjamin Constant, Alexis de Tocqueville, and in our century, Isaiah Berlin, who have recognized that we have to give our allegiance to more than one principle, and that those we essentially hold to are frequently in conflict.

---

13) I have discussed this at greater length in "Iris Murdoch and Moral Philosophy."

Where in theory and in practice, liberal régimes of this pluralist kind have been developed, the consequences of the eclipse of anti-structure have been much mitigated. We might even say that anti-structure has been given a new kind of place in these societies, in the private domain. The public / private distinction, and the wide area of negative freedom, is the equivalent zone in these societies to the festivals of reversal in their predecessors. It is here, on our own, among friends and family, or in voluntary associations, that we can "drop out", throw off our coded roles, think and feel with our whole being, and find various intense forms of community. Without this zone, life in modern society would be unliveable.

This unofficial zone has developed its own public spheres, in which the imagination is nourished, and ideas and images circulate : the spheres of art, music, literature, thought, religious life, without which our personal dropping out would be radically impoverished. This modern space for anti-structure opens up unprecedented possibilities for untrammeled creation, and at the same time hitherto unexperienced dangers of isolation and loss of meaning. Both of these come from the fact that this space is "private", its public spheres sustained by purely volontary participation.[14]

The modern predicament is in this way structurally different from anything which went before. And this means that one part of the traditional play of structure and anti-structure is no longer

---

14) See Turner's discussion of liminality and art in our age, Dramas, pp.254-257 ; and The Ritual Process, pp.128-129.

available to us. In rituals of reversal, or in the rites of obscenity in African societies I alluded to earlier, we have not only the airing of opposed principles, which are allowed to emerge and engage in mock battle. The aim is frequently also to bring them to some kind of synergy ; to make the structure less self-enclosed, and at the same time to allow it to draw on the energy of anti-structure in order to renew itself.

This is something which seems beyond our capacity in the modern age. Or at least not by means of ritual. Sometimes the antagonistic forces in a society are brought together to recognize their commonalty by some common threat, or in moments of common grief. But that is a rather different thing. The fact that external danger is what so often is needed to unite us explains to some degree the continuing force of nationalism in our time.

So one of the places that anti-structure has migrated is into the private domain, and the public spheres sustained out of this. But that is not all. The call of anti-structure is still strong in our highly interdependent, technological, super-bureaucratized world. In some ways, more powerful than ever. A stream of protests, against central control, regimentation, the tyranny of instrumental reason, the forces of conformity, the rape of nature, the euthenasia of the imagination, have accompanied the development of this society over the last two centuries. They came to one climax recently, in the sixties and seventies, and we can be sure this is not their last.

At that time, many aspects of Carnival were revisited and re-edited. Think of May '68 in Paris, with its denunciation of structure (le cloisonnement), and the energy of communitas that it thought it was releasing. The "Soixante-huitards" wanted precisely to eschew the anti-structure of private space ; they wanted to make it central to public space, indeed, to abolish the distinction between the two.

But this too, is importantly different from the place of anti-structure earlier. Here the negation of the code is being drawn on as a source for utopias, and new projects, which are meant to replace the existing society, as I mentioned above. Carnival and Revolution can never coincide, no matter how close playful revolutionaries try to bring them. The aim of revolution is to replace the present order. It mines previous anti-structures to design a new code of freedom, community, radical fraternity. It is the birthplace of a new and perfect code, one that will need no moral boundaries, that will brook no anti-structure. It is the anti-structure to end all anti-structure. The dream if carried through (which fortunately it wasn't in '68) turns into a nightmare.

At this point, we become aware of a wisdom in the earlier play of code and negation that we are in danger of losing sight of. All structures need to be limited, if not suspended. Yet we can't do without structure altogether. We need to tack back and forth between codes and their limitation, seeking the better society, without ever falling into the illusion that we might leap out of this tension of opposites into pure anti-structure, which could reign alone, a purified non-code, forever.[15)

But it is extraordinary how often this dream has been generated

---

15) Victor Turner makes this point effectively, in <u>Dramas</u>, pp.268-270.

afresh in our age, even by otherwise hard-headed people, like the inventors of "scientific socialism", dreaming of a "withering away of the state". This is because the pains of structure, its rigidities, injustices, insensitivity to human aspiration and suffering, having lost their earlier social outlet, drive us back to this dream. We have probably not seen the last of it.

II

It is obvious that time in this world of reversal and anti-structure can't be the "homogeneous, empty time" which Benjamin makes central to modernity.[16] The time of carnival, for instance, is kairotic ; that is, the time line encounters kairotic knots, moments whose nature and placing calls for reversal, followed by others demanding rededication, and others still which approach Parousia : Shrove Tuesday, Lent, Easter.

Now there are kairotic knots in the stories we tell about ourselves in our time. Revolutions themselves are understood by their heirs and supporters as such kairotic moments. And nationalist historiography is full of such moments. But what has changed is that around which these moments gather. In the pre-modern era, the organizing field for ordinary time came from what I want to call higher times.

The most obvious term to introduce here would be 'eternity'. And that isn't wrong, because it is the philosophically and

---

16) Walter Benjamin, <u>Illuminations</u>, New York : Schocken Books, 1986.

theologically consecrated term for higher time. But I need the more general term, because a) there was more than one kind of eternity, and b) these didn't exhaust the higher times.

What did higher times do? One might say, they gathered, assembled, reordered, punctuated profane, ordinary time. Let me call this latter 'secular time'.

'Secular' as we all know comes from 'saeculum', a century or age. When it begins to be used as one term in an opposition, like secular / regular clergy ; or being in the saeculum, as against in religion (that is, some monastic order), the original meaning is being drawn on in a very specific way. People who are in the saeculum, are embedded in ordinary time, they are living the life of ordinary time ; as against those who have turned away from this in order to live closer to eternity. The word is thus used for ordinary as against higher time. A parallel distinction is temporal \ spiritual. One is concerned with things in ordinary time, the other with the affairs of eternity.

So it is hard to sideline the term when discussing pre-modern time-consciousness. Best to have things straight out, and use it.

"Secular" time is what to us is ordinary time, indeed, to **us** it's just time, period. One thing happens after another, and when something is past, it's past. Time placings are consistently transitive. If A is before B and B before C, then A is before C. The same goes if we quantify these relations : if A is long before B, and B long before C, then A is very long before C.

Now higher times gather and re-order secular time. They

introduce "warps" and seeming inconsistencies in profane time-ordering. Events which were far apart in profane time could nevertheless be closely linked. Benedict Anderson in a penetrating discussion of the some of the same issues I am trying to describe here,[17] quotes Auerbach on the relation prefiguring-fulfilling in which events of the old Testament were held to stand to those in the New, for instance the sacrifice of Isaac and the Crucifixion of Christ. These two events were linked through their immediate contiguous places in the divine plan. They are drawn close to identity in eternity, even though they are centuries (that is, "eons" or "saecula") apart. In God's time there is a sort of simultaneity of sacrifice and Crucifixion.

Similarly, Good Friday 1998 is closer in a way to the original day of the Crucifixion than mid-summer's day 1997. Once events are situated in relation to more than one kind of time, the issue of time-placing becomes quite transformed.

Why are higher times higher? The answer is easy for the eternity which Europe inherits from Plato and Greek philosophy. The really real, full being is outside of time, unchanging. Time is a moving image of eternity. It is imperfect, or tends to imperfection.

For Aristotle, this is very true of the sub-lunar. Nothing here can be counted on to be quite totally conformed to its nature. But there were some processes which reflected eternity without flaw : for instance, the stars in their circular courses, without beginning nor end.

---

17) In Imagined Communities, London : Verso 1983, pp.28-31.

The general tendency of this thought was to go for a sempiternal universe, that is, one which underwent change, but in which there was neither beginning nor end. True eternity was beyond this; it was fixed and unvarying.

This was the realm of Ideas. Below these lay their embodiments in the world, which begin to exhibit imperfections. These become really serious in ordinary, sub-lunar time, where everything deviates to a certain degree from its Form.

Thus what happens in time is less real than the timeless. A limit is set to this deviancy because the course of time is held in place by higher movements which are closer to eternity (like the rotation of the stars). On some versions, it is also held in place by circular "great years", huge cycles of time after which everything returns to its original state. This was a common idea borrowed from mythology. Thus for the Stoics, after each such cycle everything returns to its original undifferentiated state in a great conflagration.

Without fully abandoning this idea of eternity, Christianity developed a somewhat different one. The Bible sees the universe as made by God. It also tells a story of God's dealings with humans. This divine-human history is incompatible with the idea that there are ever-repeating cycles. It also means that what happens in time matters. God enters into the story unfolding in time. The Incarnation, the Crucifixion happened in time, and so what occurs here can no longer be seen as less than fully real.

Out of this emerges another idea of eternity. As long as it is conceived after the fashion of Plato, and after him Plotinus, our way to God lies in our rising out of time. And also God, as impassible, beyond time, can't really be a player in history. The Christian conception has to be different from this. It evolves slowly, but its best known formulation in Latin Christendom comes from Augustine. With him eternity is reconceived as gathered time.

Unlike his Greek sources, who looked at objective time, the time of processes and movement, Augustine in his famous discussion in <u>Confessions</u> XI examines lived time. His instant is not the "nun" of Aristotle, which is a limit, like a point, an extensionless boundary of time periods. Rather it is the gathering together of past into present to project a future. The past, which "objectively" exists no more, is here in my present ; it shapes this moment in which I turn to a future, which "objectively" is not yet, but which is here qua project.[18] In a sense, Augustine may be thought to have foreshadowed the 3 ekstaseis of Heidegger.[19]

This creates a kind of simultaneity between the components of an action ; my action knits together my situation as it emerges from my past with the future I project as a response to it. They make sense of each other. They cannot be dissociated, and in this way there is a certain minimum consistency in the now of action, a minimal thickness, below which time cannot be further dissected without disaggregating the coherence of action. This is the kind of coherence we find in a melody or a poem, favourite examples of Augustine.[20] There is a kind of simultaneity of the

---

18) Jean Guitton, <u>Temps et Éternité chez Plotin et Saint Augustin</u>, Paris : p.235.
19) Martin Heidegger, <u>Sein und Zeit</u>, Tübingen : Niemeyer, 1927, chap.

first note with the last, because all have to sound in the presence of the others in order for the melody to be heard. In this micro-environment, time is crucial because it gives us the order of notes which is constitutive of the melody. But it is not here playing the role of time the destroyer, which has carried my youth off to an inaccessible distance, and closed the door on byegone ages.

There is thus a kind of extended simultaneity of the moment of action or enjoyment, which we see also, for instance, in a conversation which really engages us. Your question, my reply, your rejoinder occur in this sense together, even though like the melody, their ordering in time is of the essence.

Now Augustine holds that God can and does make all time such an instant of action. So all times are present to him, and he holds them in his extended simultaneity. His now contains all time. It is a "nunc stans".

So rising to eternity is rising to participate in God's instant. Augustine sees ordinary time as dispersal, distensio, losing the unity, being cut off from our past and out of touch with our future. We get lost in our little parcel of time. But we have an irrepressible craving for eternity, and so we strive to go beyond this. Unfortunately, this all too often takes the form of our trying to invest our little parcel with eternal significance, and therefore divinising things, and therefore falling deeper into sin.[21]

The Middle Ages had therefore two models of eternity : what we might call Plato eternity, that of perfect immobility, impassivity,

---

20) 20) Guitton, op. cit., chapter 5.
21) Guitton, op. cit., pp.236-237.

which we aspire to by rising out of time ; and God's eternity, which doesn't abolish time, but gathers it into an instant. This we can only have access to by participating in God's life.

To this we have to add a third kind of higher time, which we can call following Eliade, a "time of origins".[22] Unlike the two eternities, this was not developed by philosophers and theologians, but belongs to the folk tradition of peoples, and indeed, not only in Europe, but almost everywhere.

The idea is of a Great Time, an "illud tempus", when the order of things was established, whether that of the creation of the present world, or the founding of our people with its Law. The agents in this time were on a larger scale than people today, perhaps gods, but at least heroes. In terms of secular time, this origin is in a remote past, it is "time out of mind". But it is not simply in the past, because it is also something that we can re-approach, can get closer to again. This may be by ritual only, but this ritual may also have an effect of renewing and rededicating, hence coming closer to the origin. The Great Time is thus behind us, but it is also in a sense above us. It is what happened at the beginning, but it is also the great Exemplar, which we can be closer to or farther away from as we move through history.

Now some aspects of each of these three kinds of higher time helped form the time-consciousness of our mediaeval predecessors. In each case, as well as the "horizontal" dimension of merely

22) Mircea Eliade, The Sacred and the Profane, New York : Harcourt Brace, 1959.

secular time, there is a "vertical" dimension, which can allow for the "warps" and foreshortening of time which I mentioned above. The flow of secular time occurs in a multiplex vertical context, so that everything relates to more than one kind of time.

Thus a late Mediaeval kingdom, in which the king has two "bodies", has to be conceived as existing also in Plato eternity. The body which can never die is not subject to time and change. At the same time, many of these kingdoms saw their Law as laid down since time out of mind, a notion which comes from the framework of a Time of Origins. While also, as part of Christendom, they were related through the Church to God's eternity.

Meanwhile the Church, in its liturgical year, remembers and re-enacts what happened in illo tempore when Christ was on earth. Which is why this year's Good Friday can be closer to the Crucifixion than last year's mid-summer day. And the Crucifixion itself, since Christ's action / passion here participates in God's eternity, is closer to all times than they in secular terms are to each other.

Put in other terms, on this view tracts of secular time were not homogeneous, mutually interchangeable. They were coloured by their placing in relation to higher times. I am evoking the contrast case here, Benjamin's "homogeneous, empty time", as the mark of modern consciousness. On this view, time like space has become a container, indifferent to what fills it.

I'm not sure that this take on our contemporary outlook is quite right as it stands. It's true that the shift from ancient and mediaeval "place" to modern "space" involved a dissociation of segments of space from what happens to be filling them. While a "place" is identified by what's there, Newtonian space and time were mere containers, within which objects could be moved around (and even non-objects, i.e., vacua, could fit there). But many contemporary understandings of time take it as indissociable from cosmic processes, like entropy.

However, this identification of time in cosmic terms makes it an indifferent container of the human and historical events which our species lives out on this planet. In that sense, cosmic time is (for us) homogeneous and empty.

But that is far from being true of the earlier, complex time-consciousness. If a tract of time is identified not just by its placing in secular time order, but also by its proximity to higher times, then what happens within it is no longer indifferent to its placing. A time which has fallen away from the eternal paradigms of order will exhibit more disorder. A time-place which is closer to God's eternity will be more gathered. At the pilgrimage centre on the saint's feast day, it is the time itself which is hallowed.[23] When Hamlet says that "the times are out of joint", we could take this remark literally, and not just as a metonym for "the condition of Danish society which happens to be filling this time-slice is lamentable". "Out of joint" means that things don't fit together in the proper fashion, as they do in times which are closer to the ordering paradigms of eternity. Just as we should take Marcellus'

---

23) Victor Turner also makes this point, that the pilgrim goes into a higher time ; see <u>Dramas</u>, p.207.

earlier remark literally, that ghosts and goblins don't dare walk the earth on Christmas Eve, "so hallow'd and so gracious is the time".[24]

Now homogeneity and emptiness don't tell the full story of modern time-consciousness. I want to argue later that we have forms of narrativity, gathered around notions of potential and maturation, which make different time-placings significant in a sense. But certainly, in relation to the earlier complex consciousness of higher times, our outlook enshrines homogeneity and indifference to content. We now find it very hard even to understand what Hamlet may have been getting at.

That is because, unlike our ancestors, we tend to see our lives exclusively within the horizontal flow of secular time. I don't mean, once again, that people don't believe in, say, God's eternity. Many do. But the imbrication of secular in higher times is no longer for many people today a matter of common, "naïve" experience, something not yet a candidate for belief or disbelief because it is just obviously there; as it was for pilgrims at Compostella or Canterbury in the fourteenth Century. (And as it may be today for many at Czestachowa and Guadalupe; our secular age has geographical and social as well as temporal boundaries.)

This is another of the great shifts, along with disenchantment,

---

24) "Some say, that ever 'gainst that season comes Wherein our Saviour's birth is celebrated, The bird of dawning singeth all night long : And then, they say, no spirit can walk abroad; The nights are wholesome; then no planets strike, No fairy takes, nor witch hath power to charm, So hallow'd and so gracious is the time." Hamlet, Act I, scene I; lines 158-164.

and the eclipse of anti-structure, which have helped to set the conditions for modern secular society. Obviously modern natural science has had something to do with the change. Seventeenth Century mechanistic science offered a completely different notion of the stable reality behind change. This was no longer eternity ; the stable is not something beyond time, nor is it gathered time, but just the law of changes in time. This is like ancient objective time, except now there is no deviancy. The sub-lunar obeys these laws exactly, just as the stars do. The eternity of mathematics is not beyond change, but constantly rules change. It is equidistant from all times. It is not in this sense a "higher" time.

But important as science is to our present outlook, we musn't exaggerate its causal role here, and make it the main motor of the transformation. Our encasing in secular time is also something we have brought about in the way we live and order our lives. It has been brought about by the same social and ideological changes which have wrought disenchantment. In particular, the disciplines of our modern civilized order have led us to measure and organize time as never before in human history. Time has become a precious resource, not to be "wasted". The result has been the creation of a tight, ordered time environment.[25] This has enveloped us, until it comes to seem like nature. We have constructed an environment in which we live a uniform, univocal secular time, which we try to measure and control in order to get things done. This "time frame" deserves, perhaps more than

---

25) See H. Zerubavel, Hidden Rhythms of everyday Life, Berkeley : University of California Press, 1981, chapter 2.

any other facet of modernity, Weber's famous description of a "stahlhartes Gehäuse" (iron cage).[26] It occludes all higher times, makes them even hard to conceive.

III

There are two important facets of the transition that I will mention here. The first is the "rage for order", the drive to reform and discipline, not only individual lives but whole societies, which seems to have been so powerful in the late Mediaeval and early modern periods of the West. (Is it quite dormant even today?) I am not just speaking of the important movements of religious reform, including THE Reformation, as we speak of it ; I also include the attempts by governments to re-organize and discipline the religious, social and economic lives of their subjects, in the name of civility, good order, and also military efficacy.

In fact these two kinds of enterprise often overlapped. Although the goals of civility and religious reform (whether Protestant or Catholic) can be clearly distinguished in definition, they were frequently seamlessly combined in practice. Attempts to discipline a population, and reduce it to order, almost always had a religious component, requiring people to hear sermons, or learn cathecism, for example ; and how could it be otherwise in a civilization where good conduct was inseparable from religion? At the same time,

---

26) Max Weber, <u>The Protestant Ethic and the Spirit of Capitalism</u>, London : Allen & Unwin, 1965.

religious reforms had a public order component ; and this seemed inescapable, since the fruits of religious conversion were supposed to include an ordered life, and this involved conforming to a certain social order as well. Some of the most celebrated attempts to reform people in the 16th Century, Calvin's Geneva on the Protestant side, and Charles Borromeo's Milan on the Catholic side, were all-in efforts, in which issues of religion, morality and good public order were lumped together ; and many of their measures were over-determined ; one can't neatly distinguish issues of religion from those of good civic order. St Charles attacked Carnival and dancing, and he also tried to organize and discipline the poor. All this was part of a single programme of reform.

The upshot is that in the early modern period, élites, under the combined force of these two ideals, turn more and more against popular practices along a wide range. Their tolerance for what they see as disorder, rowdiness, uncontrolled violence diminishes. What previously was accepted as normal is now seen as unacceptable, even scandalous. Already during the 16th Century, and sometimes continuing afterwards, this leads to the launching of four types of programmes.

1. The first are the new kinds of poor laws, mentioned above. These involve an important shift, even reversal, from what went before. For the Middle Ages, there was an aura of sanctity around poverty. It was not that this extremely rank-concious society did not have a healthy contempt for the destitute and powerless, at the absolute bottom of the social ladder. But precisely because

of this, the poor person offered an occasion of sanctification. Following the discourse of Matthew 25, to help a person in need was to help Christ. One of the things which the powerful of that world did to offset their pride and their trespasses was to offer distributions to the poor. Kings did this, as did monasteries, and later also rich bourgeois. Well-off people left a provision in their wills that alms should be given to a certain number of paupers at their funeral, and these should in turn pray for their soul. The prayer of Lazarus, heard in heaven, might hasten Dives to Abraham's bosom.[27]

But in the 15th Century, partly as a result of a rise in population, and crop failures, and a consequent flow of the destitute towards the towns, there is a radical change in attitude. A new series of poor laws is adopted, whose principle is to radically distinguish those who are capable of work from those who genuinely have no recourse but charity. The former are expelled or put to work, for very low pay, and often in stringent conditions. The incapable poor are to be given relief, but again in highly controlled conditions, which often ended up involving confinement in institutions which is some ways resembled prisons. Efforts were also made to rehabilitate the children of beggars, to teach them a trade, to make them useful and industrious members of society.[28]

All these operations : providing work, giving relief, training and rehabilitation, could entail confinement, both as a measure of

---

27) See Bronislaw Geremek, <u>La Potence ou la Pitié L'Europe et les Pouvres du Moyen Age a Nos Jours</u>, Paris : Gallimard, 1987.
28) B. Geremek, op. cit., pp.180ff.

economy, and as a measure of control. This begins the period of what has been called, following Michel Foucault, "le grand renfermement", which came to involve other classes of helpless people, most famously the insane.[29]

Now whatever the motives, it is clear that there is a profound shift in attitude ; one might say, in the whole register in which poverty is understood. In the Middle Ages, as Geremek points out,[30] it was voluntary poverty which was the path to holiness. The involuntary poor were not seen in general as saints. Instead of bearing their lot with patience as they ought, they could feel envy, or turn to crime. But nevertheless, the poor person was an occasion of sanctification. In giving to him, you give to Christ. The new stance set that aside and looked at the pauper in a radically different register, which was double : on the one hand he was tested for desert ; did he merit, warrant aid, or should he be working for himself? And secondly, the dealings with him were assessed instrumental-rationally. Great attention was paid to getting the most bang for the buck, or the florin or ducat or livre tournois. In 17th Century English work-houses, people are put to work producing what the economy needs. They thread wool, which is the bottleneck in the industry at the time. In this way, they pay for their keep, and they help society. Rehabilitation is pursued with the same instrumental rigour. In the Amsterdam Rasphuis, the habitually idle are put in cells where the water slowly rises as long as they are inactive. Their breaks can't be

---

29) Michel Foucault, Histoire de la Folie à l'âge classique, Paris : Gallimard.
30) Geremek, op. cit., pp.40-41.

too long, or else ···.[31]

The extreme Puritan view was even harsher than this. The judgement rendered on the beggar was stonily adverse. Beggars, for Perkins, "are as rotten legs and arms, that drop from the body."[32] There was no place for them in a well-ordered commonwealth.

It was this radical shift in orientation which gave rise to resistances. In Catholic countries, there was opposition from some of the clergy, on doctrinal grounds, particularly the mendicant orders. And in Spain, a more "backward" country in terms of economic development, the reforms were stopped altogether.[33] The break with the whole Mediaeval theology of poverty was too great. But in most of Catholic Europe, this wasn't enough to stop the advance of the new approach. It was practised in Paris, and figured in Charles Borromeo's programme for Milan.

The second source of opposition was even less capable of stopping the change. It came from the people themselves, who would sometimes demonstrate when a pauper was dragged off, or even protect or hide him.

2. National government, city governments, church authorities, or some combination of them, often came down hard on certain elements of popular culture : charivaris, carnival, feasts of "misrule", dancing in church. Here also we see a reversal. What had previously been seen as normal, which everybody had been prepared to participate in, now seems utterly condemnable, and

---

31) Geremek, op. cit., 277-278.
32) Perkins, Works, London, 1616, I, 755 ; quoted in Walzer, op. cit., p.213.
33) Geremek, op. cit., 186, 201.

also, in one sense, profondly disturbing.

Erasmus condemned the Carnival he saw in Siena in 1509 as "unchristian", and that on two grounds : first, it contains "traces of ancient paganism" ; and secondly, "the people over-indulge in licence".[34] The Elizabethan Puritan, Philip Stubbes, attacked "the horrible vice of pestiferous dancing", which led to "filthy groping and unclean handling" and so became "an introduction to whoredom, a preparative to wantonnesse, a provocative of uncleanness, and an introit to all kinds of lewdness."[35]

Now as Burke points out, churchmen had been criticizing these aspects of popular culture for centuries.[36] What is new is (a) that the religious attack is intensified, because of the new worries about the place of the sacred ; and (b) that the ideal of civility, and its norms of orderliness, polish, refinement, have alienated the leading classes from these practices.

Civility by itself would have led to what Burke calls the "withdrawal of the upper classes" from popular culture.

In 1500 ⋯ popular culture was everyone's culture ; a second culture for the educated, and the only culture for everyone else. By 1800, however, in most parts of Europe, the clergy, the nobility, the merchants, the professional men - and their wives - had abandoned popular culture to the lower classes, from whom they were now separated, as never before, by profound differences in world view.[37]

---

34) Peter Burke, <u>Popular Culture in early modern Europe</u>, p.209.
35) Burke, op. cit., p.212.
36) Burke, op. cit., p.217.
37) Burke, op. cit., p.270.

Civility meant that, in the 16th Century,

The nobles were adopting more "polished" manners, a new and more self-conscious style of behaviour, modelled on the courtesy-book, of which the most famous was Castiglione's Courtier. Noblemen were learning to exercise self-control, to behave with a studied nonchalance, to cultivate a sense of style, and to move in a dignified manner as if engaging in a formal dance. Treatises on dancing also multiplied and court dancing diverged from country dancing. Noblemen stopped eating in great dining halls with their retainers and withdrew into separate dining rooms (not to mention "drawing rooms", that is "withdrawing rooms"). They stopped wrestling with their peasants, as they used to do in Lombardy, and they stopped killing bulls in public, as they used to do in Spain. The nobleman learned to speak and write "correctly", according to formal rules, and to avoid technical terms and dialect words used by craftsmen and peasants.[38]

By itself, the ideal of civility would have been sufficient to bring about this withdrawal, which actually came in the 18th Century to distance itself as well from elements of traditional piety, as too "enthusiatic". But interwoven with religious reform it went beyond withdrawal into attempts to suppress and remake the culture of the people ; attempts like that of Maximilian of Bavaria, whose programme of reform in the early 17th Century forbade, inter alia : magic, masquerades, short dresses, mixed bathing, fortune-telling, excessive eating and drinking, and "shameful"

---

38) Burke, op. cit., p.271.

language at weddings.[39]

3. During the 17th Century, these first two kinds of action become subsumed under a third : the attempts by the developing state structures of absolutist or dirigiste bent, in France and Central Europe, to shape through ordinances the economic, educational, spiritual and material well-being of their subjects, in the interests of power, but also of improvement. The ideal of the well-ordered "Polizeistaat"[40] was uppermost in Germany from the 15th to the 18th Century. The impetus to this dirigiste activity was given by the situation in the wake of the Reformation, in which the ruler of each territory had to see to the re-organization of the Church (in Protestant territories), and enforce conformity (in all territories). But the attempts at control are extended in the next century, and encompass economic, social, educational and moral goals. These covered some of the same territory we have already explored under (1) and (2), the regulation of relief, and the suppression of some traditional festivals and practices.[41] But in the 16th Century, they branch out, try to establish schooling, to increase productivity, and to inculcate a more rational, hard-working, industrious and production-oriented outlook in their subjects. Society was to be disciplined, but with

---

39) Burke, op. cit., p.221.
40) Of course, this didn't mean "police-state" in the modern sense. 'Polizei' (another term derived from 'polis') "had the connotation of administration in the broadest sense, that is, institutional means and procedures necessary to secure peaceful and orderly existence for the population of the land …" ; Marc Raeff, The well-ordered Police State, Yale U. P. 1983, p.5.
41) Marc Raeff, The Well-Ordered Police State, Yalu U. P. 1983, p.61, 86-87, 89.

the aim of inducing self-discipline.[42)]

In short, this meant imposing some features of the ideal of civility on wider and wider strata of the population. Undoubtedly an important motive here was to create a population from which obedient and effective soldiers could be drawn, and the resources to pay them and arm them. But many of these ordinances posit improvement (as they see it) as an end in itself. As we move into the 18th Century, the ends of legislation come more and more to incorporate the ideas of the Enlightenment, putting increasing emphasis on the productive, material aspects of human activity, in the name of the benefits which would accrue to individuals and to society as a whole.[43)]

4. We see this whole development from another angle, if we look at the proliferation of modes of discipline, of "methods", of procedures. Some of these arise in the individual sphere, as methods of self-control, of intellectual or spiritual development; others are inculcated and imposed in a context of hierarchical control. Foucault notes how programmes of training based on the close analysis of physical movement, breaking it down into parts and then drilling people in a standardized form of it, multiply in the 16th Century. Their primary locus is, of course, armies, which inaugurate new modes of military training, but then some of the principles come to be applied to schools, and hospitals, and later factories.[44)]

---

42) Raeff, op. cit., p.87.
43) Raeff, op. cit., p.178.
44) Michel Foucault, Surveiller et Punir, Paris : Gallimard, 1975, Part III, chapter 1.

Now what all these programmes betoken, and what underlies this drive to make over, is an extraordinary confidence in the capacity to remodel human beings. We cannot but be struck by the sheer ambition of some Puritan projects to control sinful nature by force of law. William Stoughton declared in a 1604 treatise : "There is no crime respecting any commandment contained with either of the two tables of the holy law of God but … that hath been evermore and is now punishable by the king's regal and temporal jurisdiction." So the whole Decalogue is already to be criminalized. Stoughton goes on to discuss heresy and absence from church ; while other Puritans of the day proposed laws forbidding bear-baiting, dancing, swearing, Sunday sports, church-ales, and so on.[45]

But in another way, a comparably great ambition is evident in the ordinances of the Polizeistaat. The drive to remould subjects through the fine regulation of details of their lives bespeaks an almost unbounded confidence in the power to shape people to a new mould. As Raeff puts it, "implicit though almost never stated in so many words was … the assumption of human nature's malleability." The claim was "that human nature was essentially malleable, that it could be fashioned by will and external circumstances."[46]

Of course, by some this remodelling was just seen as a possibility in principle, without much hope that one really could get all that far with the masses ; but nevertheless, the belief was

---

45) See Walzer, op. cit., p.225, 227.
46) Raeff, op. cit., p.177.

that nothing in principle stood in the way of this social engineering.

Now there was more here than an altered view of the potential for change. It took the fading of an entire inarticulate understanding of the structure of society and its relation to evil for the new confidence to arise.

I have already mentioned some profound shifts in the way of looking a certain facets of society. For instance, the changed register in which poverty was now placed, and the alienation from and rejection of old social rituals as mere vice and disorder. What underlay the earlier stance in each case was something more than a doctrine ; it was rather a whole framework of understanding.

Perhaps we could formulate this by saying that it tended to see society as articulated into orders, hierarchically ranked, and at the same time complementary in their functioning. We are familiar with examples of explicitly held doctrine which reflect this framework ; for instance, the society of the three orders, those who pray (monks and ecclesiastics), those who fight (nobility), and those who work (peasants) ; or the various analogies between the kingdom and the human body, each estate being aligned to its own part.

The point about these articulations is that, while there are clearly differences of worth between different strata – we're dealing with a hierarchical order, after all – there cannot be any question of improving things by eliminating the lower strata, or making everybody over as monks or knights, for example. Every stratum is needed for the whole.

Now my suggestion is that something of this understanding

applied in the general consciousness also to other differentiations, even where there may not have been an explicit doctrine to this effect. Thus the stance to the poor had the sense it did partly because it was taken for granted that "the poor ye have always with you". More, this made sense, because the poor, while being succoured by the fortunate, were also an occasion of the salvation of these latter. There was a complementarity here, alongside a difference in worth. (Although the difference could tell in both directions : the lord or burgess who gave was certainly higher in worldly rank to the beggar ; but this latter might be on a higher religious plane.) Within this way of understanding, it was unthinkable that one try actually to abolish poverty.

Something similar applies, I believe, to the relation between austere sanctity and the unbuttoned release of boisterous spirits, or even the sensuous enjoyment of the things of the flesh. This is a harder case to make, of course, because there are no explicit doctrines to point to, as with the case of the poor. But something like this seems implicit in the ritual of Carnival, or the various feasts of "misrule", all those rituals in which the "world was turned upside down", after which the order of things was restored. Or at least, so I was arguing in the previous segment.

In any case, Carnival supposes, as we argued above, an understanding of time as kairotic and many-levelled.

This understanding would be in many ways pre-Christian, and in origin extra-Christian ; but not necessarily anti-Christian. There also is Gospel warrant for the idea that evil is so bound up with good that it can't just be eliminated, until we reach the end of things, in evangelical terms, that the wheat and the tares are together till the harvest.

Plainly in the modern period élites totally lose touch with this understanding. Gradually a new conception of the world and time begins to gain ground, according to which the complementarity of higher and lower, order and chaos is no longer necessary. Conceding a place to this chaos is no longer an inescapable alternation, going with the kairotic shape of time, but a gratuitous concession to that which we are trying to extirpate, a compromise with evil. And so the voices critical of these elements of popular culture become more and more frequent, and reach a deafening chorus among élites in the 16th-17th Centuries.

There's a long story here ; but very shortly put, we can see that this new understanding of world and time, orginally arising within a Christian outlook, is taken over by secular variants ; we might better say, gradually slips over more and more in a secular direction, starting perhaps with the neo-Stoicism of Justus Lipsius. Indeed, we might say that it helps to constitute the modern secular outlook, of which "homogeneous, empty time" is a crucial constituent. And along with this come new uncompromising conceptions of order : order in our lives ; and social order.

Among other things, modern versions of this latter are much less tolerant of violence and social disorder than earlier variants. The 16th Century sees the taming of the unruly military aristocracy, and its domestication in court service, court attendance, or estate management. The 18th Century begins to see the taming of the general population. Riots, peasant rebellions, social disorders begin to become rarer in Northwest Europe. Until we reach the rather high standards of non-violence which most Atlantic societies expect in their domestic life. (In this, as in other respects, the US is a curious throw-back to an earlier epoch.)

And growing through all this development, partly driving it, partly strengthened by it, is a growing sense of our **ability** to put this kind of order in our lives. This confidence is at the heart of the various programmes of discipline, both individual and social ; religious, economic and political, which begin to make us over from the 16th-17th Centuries. This confidence is consubstantial with the belief that we don't have to compromise, that we don't need complementarity, that the erecting of order doesn't need to acknowledge limits in any opposing principle of chaos. And because of this, this drive to order is both offended and rendered insecure by the traditional festivals of reversal. It cannot stomach the "world turned upside down".

Thus it becomes easier to lose the sense that there is an principle limit to the malleability of people, to the advance of the higher over the lower. Raw savage nature may resist civility, but there is no such thing as irreparable loss, as a fatal disequilibrium, as the destuction of something essential to the whole. You go as far as you can. This applies to Jesuit Utopias in Paraguay, just as much to Polizeistaate in Central Europe.

Later on, psychological theories will arise which consecrate this view. The human being is a bundle of habits, stamped in to a tabula rasa ; there is no limit to reform. But the imprudent ignoring of limits doesn't originate in these. It comes rather with a new understanding of order, one which gave an essential place to the willed constructive effort in the remaking of human life.

IV

Let me try to pull out the main thread of my discussion so far. I said at the outset that the best way to try to grasp the change in time experience was via the alterations in our understandings of order. Our forbears lived in a world of multiple times, hierarchically related. The social orders of hierarchical complementarity in which they lived only made sense within this multi-layered time. A doctrine like that of the King's Two Bodies becomes bizarre nonsense in the uniform, secular time of modernity.

In particular, the notion of complementarity or necessary alternation between elements of opposed, or at least unequal, value supposes that society is set in a cosmos in which such complementarities reign, governed by a time which is not a homogeneous container, indifferent to its content, but is multiform and kairotic.

But successive waves of modern reform, in the name of religion or "civility", have striven through organization and discipline to create a human order in which the good need make only tactical and contingent concessions to the bad or the less good. The disciplines of "civility" (for which we significantly now use the process word 'civilization') have crucially contributed to the erasure of complementarity. In so doing, they have taken us from a world in which higher times made everyday sense, to one in which the monopoly of secular time over public space is un-challenged.

We can trace this same process from another angle, if we look briefly at the development of our central modern forms of society : the public sphere, the economy, the democratic state.

Modern nation states are "imagined communities" in Benedict Anderson's celebrated phrase.[47] We might say that they have a particular kind of social imaginary, that is, socially shared ways in which social spaces are imagined. There are two important features of the modern imaginary, which I can best bring out by contrasting them in each case with what went before in European history.

First, there is the shift from hierarchical, mediated-access societies to horizontal, direct-access societies. In the earlier form, hierarchy and what I am calling mediacy of access went together. A society of ranks - "society of orders", to use Tocqueville's phrase - like seventeenth century France, for instance, was hierarchical in an obvious sense. But this also meant that one belonged to this society via belonging to some component of it. As a peasant one was linked to a lord who in turn held from the king. One was a member of a municipal corporation which had a standing in the kingdom, or exercized some function in a Parlement with its recognized status, and so on. By contrast, the modern notion of citizenship is direct. In whatever many ways I am related to the rest of society through intermediary

---

47) Benedict Anderson, Imagined Communities : Reflections on the Origin and Spread of Nationalism, London : Verso 1983 ; second edition, 1991.

organizations, I think of my citizenship as separate from all these. My fundamental way of belonging to the state is not dependent on, or mediated by any of these other belongings. I stand, alongside all my fellow citizens, in direct relationship to the state which is the object of our common allegiance.

Of course, this doesn't necessarily change the way things get done. I know someone whose brother-in-law is a judge, or an MP, and so I phone her up when I'm in a jam. We might say that what has changed is the normative picture. But underlying this, without which the new norm couldn't exist for us, is a change in the way people imagine belonging. There were certainly people in seventeenth century France, and before, for whom the very idea of direct access would have been foreign, impossible to clearly grasp. The educated had the model of the ancient republic. But for many others, the only way they could understand belonging to a larger whole, like a kingdom, or a universal church, was through the imbrication of more immediate, understandable units of belonging, parish, lord, into the greater entity. Modernity has involved, among other things, a revolution in our social imaginary, the relegation of these forms of mediacy to the margins, and the diffusions of images of direct access.

This has come about in a number of forms : the rise of a public sphere, in which people conceive themselves as participating directly in a nation-wide (sometimes even international) discussion ; the development of market economies, in which all economic agents are seen as entering into contractual relations with others on an equal footing ; and, of course, the rise of the modern citizenship state. But we can think of other ways as well in which immediacy of access takes hold of our imaginations. We see ourselves as in spaces of fashion, for instance, taking up and handing on styles. We see ourselves as part of the world-wide audience of media stars. And while these spaces are in their own sense hierarchical - they centre on quasi-legendary figures - they offer all participants an access unmediated by any of their other allegiances or belongings. Something of the same kind, along with a more substantial mode of participation, is available in the various movements, social, political, religious, which are a crucial feature of modern life, and which link people translocally and internationally into a single collective agency.

These modes of imagined direct access are linked to, indeed are just different facets of modern equality and individualism. Directness of access abolishes the heterogeneity of hierarchical belonging. It makes us uniform, and that is one way of becoming equal. (Whether it is the only way is the fateful issue at stake in much of today's struggles over multi-culturalism.) At the same time, the relegation of various mediations reduces their importance in our lives ; the individual stands more and more free of them, and hence has a growing self-consciousness as an individual. Modern individualism, as a moral idea, doesn't mean ceasing to belong at all - that's the individualism of anomie and break-down - but imagining oneself as belonging to ever wider and more impersonal entities : the state, the movement, the community of humankind.

The second important feature of the modern social imaginary

is that it no longer sees the greater trans-local entities as grounded in something other, something higher, than common action in secular time. This was not true of the pre-modern state. The hierarchical order of the kingdom was seen as based in the Great Chain of Being. The tribal unit was seen as constituted as such by its law, which went back "since time out of mind", or perhaps to some founding moment which had the status of a "time of origins" in Eliade's sense. The importance in pre-modern revolutions, up to and including the English civil war, of the backward look, of establishing an original law, comes from this sense that the political entity is in this sense action-transcendent. It cannot simply create itself by its own action. On the contrary, it can act as an entity because it is already constituted as such ; and that is why such legitimacy attaches to returning to the original constitution.

Seventeenth century social contact theory, which sees a people as coming together out of a state of nature, obviously belongs to another order of thought. But it wasn't until the late eighteenth century that this new way of conceiving things entered the social imaginary. The American Revolution is in a sense the watershed. It was undertaken in a backward-looking spirit, in the sense that the colonists were fighting for their established rights as Englishmen. Moreover they were fighting under their established colonial legislatures, associated in a Congress. But out of the whole process emerges the crucial fiction of "we, the people", into whose mouth the declaration of the new constitution is placed.

Here the idea is invoked that a people, or as it was also called at the time, a "nation", can exist prior to and independently of its political constitution. So that this people can give itself its own constitution by its own free action in secular time. Of course the epoch-making action comes rapidly to be invested with images drawn from older notions of higher time. The "Novus Ordo seclorum", just like the new French revolutionary calendar, draws heavily on Judaeo-Christian apocalyptic. The constitution-founding comes to be invested with something of the force of a "time of origins", a higher time, filled with agents of a superior kind, which we should ceaselessly try to re-approach. But nevertheless, a new way of conceiving things is abroad. Nations, people, can have a personality, can act together outside of any prior political ordering. One of the key premisses of modern nationalism is in place, because without this the demand for self-determination of nations would make no sense. This just is the right for peoples to make their own constitution, unfettered by their historical political organization.

What is immensely suggestive about Anderson's account is that it links these two features. It shows how the rise of direct-access societies was linked to changing understandings of time, and consequently of the possible ways of imaging social wholes. Anderson stresses how the new sense of belonging to a nation was prepared by a new way of grasping society under the category of simultaneity[48] : society as the whole consisting of the simultaneous happening of all the myriad events which mark

---

48) Anderson, op. cit., p.37.

the lives of its members at that moment. These events are the fillers of this segment of a kind of homogeneous time. This very clear, unambiguous concept of simultaneity belongs to an understanding of time as exclusively secular. As long as secular time is interwoven with various kinds of higher time, there is no guarantee that all events can be placed in unambiguous relations of simultaneity and succession. The high feast is in one way contemporaneous with my life and that of my fellow pilgrims, but in another way it is close to eternity, or the time of origins, or the events it prefigures.

A purely secular time-understanding allows us to imagine society "horizontally", unrelated to any "high points", where the ordinary sequence of events touches higher time, and therefore without recognizing any privileged persons or agencies – such as kings or priests – who stand and mediate at such alleged points. This radical horizontality is precisely what is implied in the direct access society, where each member is "immediate to the whole". Anderson is undoubtedly right to argue that this new understanding couldn't have arisen without social developments, like that of print capitalism, but he doesn't want to imply by this that the transformations of the social imaginary are sufficiently explained by these developments. Modern society required also transformations in the way we figure ourselves as societies. Crucial among these has been this ability to grasp society from a decentred view which is no-one's. That is, the search for a truer and more authoritative perspective than my own doesn't lead me to centre society on a king or sacred assembly, or whatever, but allows for this lateral, horizontal view, which an unsituated observer might have - society as it might be laid out in a tableau without privileged nodal points. There is a close inner link between modern direct-access societies, their self-under-standings, their refraction in categorical identities, and modern synoptic modes of representation in "the Age of the World Picture"[49] : society as simultaneous happenings, social interchange as impersonal "system", the social terrain as what is mapped, historical culture as what shows up in museums, etc.[50]

V

We are now in a better position to measure how inexorably the modern age has led us more and more to understand or imagine ourselves exclusively in secular time. This has partly come about through the multiple changes that we call collectively "disenchantment". It has been immeasurably strengthened by the legacy of the drive for order which has become part of what we understand by civilization. This has made us take a stance towards time as an instrument, or as a resource to be managed, and hence measured, cut up, regulated. The instrumental stance by its very nature homogenizes ; it defines segments for some further purpose, but recognizes no intrinsic qualitative differences.

---

49) Martin Heidegger, "Die Zeit des Weltbildes", in Holzwege, Frankfurt : Niemeyer.
50) Calhoun, op. cit., pp.234-235. I want to reiterate how much the discussion in this section owes to Calhoun's recent work.

This stance has built the rigid time frame in which we all live.

But on top of this, the pure secular time of simultaneity and succession is the medium of the different forms of the modern social imaginary. We are enveloped in both our public and private lives by a pervasive time-ordering which has no place for the higher times of earlier ages.

But this hasn't simply been a "homogeneous, empty time". It is doubtful if humans could ever live exclusively in this. Time for us continues to be marked by cycles, through which we orient ourselves. Even those who are most thoroughly immersed in the packed, measured schedules of a demanding career – perhaps especially they – can be totally at a loss if their routine is interrupted. The frame gives a sense to their lives, distinguished different moments from each other, giving each its sense, creating mini-kairoi to mark the passage of time. It's as though we humans have a need for gathered time, in one form or another.

Now, one way in which this has been met in our age is narrative, a more intense telling of our stories, as individuals and as societies. On the first level, autobiography – a genre in a sense pioneered by Augustine, and then left fallow for 14 Centuries before it is taken up by Rousseau – has become one of the most prominent fields of modern writing.

On the social level, our interest in history grows ever more intense. But not only this, on the political level, we need to make sense of our national stories.

The move to a horizontal, direct-access world, interwoven with an embedding in secular time, had to bring with it a different sense of our situation in time and space. In particular it brings different understandings of history and modes of narration.

Most prominently, the new collective subject, a people or nation that can found its own state, that has no need for a previous action-transcendent foundation, needs new ways of telling its story. In some ways, these resemble the old ones ; and I noted above how the stories of state founding may draw on the old images of larger-than-life figures in a time of origins that we cannot recapture : think of some of the treatment of Washington and other Founders in American story-telling about their origins. But for all the analogies, there is a clear difference. We are dealing with a story in purely secular time. The sense that the present, post-founding order is right has to be expressed in terms which consort with this understanding of time. We can no longer describe it as the emergence of a self-realizing order lodged in higher time. The category which is at home in secular time is rather that of growth, maturation, drawn from the organic realm. A potential within nature matures. So history can be understood, for instance, as the slow growth of a human capacity, reason, fighting against error and superstition. The founding comes when people arrive at a certain stage of rational understanding.

This new history has its nodal points, but they are organized around the stages of a maturing potential, that for reason, or for rational control, for instance. On one story, our growth entails coming to see the right moral order, the interlocking relations of mutual benefit that we are meant to realize ("We hold these truths to be self-evident …"), on one hand ; and achieving adequate self-control to put it into practice, on the other. When we are sufficiently advanced on both of these paths, we are at a nodal point, where a new and better society can be founded. Our founding heroes, for all their exceptional qualities, emerge out of a story of growth in secular time.

This can fit into the story (or myth) of progress, one of the most important modes of narration in modernity. But it can also fit into another such widely invoked matrix, that of Revolution. This is the nodal point of maturation in which people become capable of making a decisive break with age-old forms and structures which impede or distort the moral order. Suddenly, it becomes possible to carry out the demands of this order as never before. There is a heady sense that everything is possible. Which is why the idea of Revolution can easily turn into a powerful myth, that of a past nodal point whose infinite possibilities have been frustrated, betrayed, by treachery or pusillanimity. The Revolution becomes something which is yet to be completed. This was a sustaining myth of the radical French Left during the nineteenth Century and into this one.[51]

But one of the most powerful narrative modes centres around the "nation". There is something paradoxical about the people that can preside over its own political birth. What makes it that just these people belong together for purposes of self-rule? Sometimes in fact, it is the accidents of history. A "nation" is born, because the people who were hitherto ruled by a single

---

51) Bronislaw Baczko, <u>Les Imaginaires Sociaux</u>, Paris : Payot 1985, pp.117-118. I have drawn a great deal on the interesting discussions in this book.

authority decide to take this rule into their own hands (or certain élites decide that they have to be led to this end). This was the case in France in 1789, and less happily, with the early 20th Century attempts to establish an Ottoman nationality. Or else a people establishes itself out of the political choice for self-rule, as with the American Revolution. The revolutionaries separated themselves off from other Englishmen, even the Tories in their midst, by this decisive political option.

But much of what we call nationalism is based on the idea that there is some basis for the unit chosen, other than historical contingency or political choice. The people who is being led to statehood is thought to belong together - in virtue of a common language, common culture, common religion, history of common action. The point has been tirelessly made that much of this common past is frequently pure invention.[52] This is true, but it has certainly often been politically effective invention, which has been interiorized and become part of the social imaginary of the people concerned.

And here again, the underlying category is that of growth of potential. In spite of our dispersion, multiplicity of dialects, lack of consciousness, we were an sich Ukrainians, Serbs, Slovaks, or whatever. We had important things in common which made it natural and right for us to function together as a single sovereign people. Only we needed to be awoken. Then perhaps, we needed to struggle in order to realize this destiny. The idea

---

52) See Ernest Gellner, <u>Nations and nationalism</u>, Eric Hobsbawm, Nations and Nationalism since 1780.

of a maturation, a growth in consciousness, an an sich which ultimately becomes für sich, is central here.

These three modes of narrativity : progress, revolution, nation, can obviously be combined. And they can in turn be interwoven with apocalyptic and messianic modes which are drawn from religious understandings of Heilsgeschichte : for instance the idea that the maturing order must confront violent opposition, the more violent the closer it is to ultimate victory. Revolution will be attended by a titanic struggle, a secularized Armaggedon. The devastating effects of this in twentieth Century history have been all too evident.

And beyond this placing of our present in a national political history is our sense of our people's place in the whole epochal development or struggle for moral order, freedom, the right. This can be a very important part of our national self-understanding. Think of the place of a kind of universalist chauvinism in French national consciousness at the time of the French Revolution : France as the nation destined to bring freedom and the rights of man to Europe. Military glory and a universal mission are fused. This is heady stuff, as Napoleon knew. The USSR and Communist China have tried to assume this mantle at different points in our Century.

Narration is one way of gathering time. It shapes the flow of time, "de-homogeneizes" it, and marks out kairotic moments, like the times of revolution, liberation, 1789, 1989.

And so we can also gather by commemorating. The commemorating itself becomes a kind of kairotic moment in little, since we come together out of our dispersal in order to celebrate founding events in common. We have a more intense sense of the unity of our story, because we're now sharing it.

But there are other moments when we find ourselves together, without a programme, as it were. Millions of people discover, for instance, that they are not alone in feeling what they do at the death of Princess Diana. They find themselves together in the actions of mourning, and these now fuse into a vast common tribute, creating a new kairotic moment, a turning point in the stories of many individuals, and in the common understandings of society. These moments can be very powerful, even dangerously so.

But they seem to answer a deeply felt need in modern society. I spoke above about the typically modern, "horizontal" forms of social imaginary, in which people grasp themselves and great numbers of others as existing and acting simultaneously. I mentioned : the economy, the public sphere, and the sovereign people, but also the space of fashion. This is an example of a fourth structure of simultaneity. It is unlike the public sphere and the sovereign people, because these are sites of common action. In this respect, it is like the economy, where a host of individual actions concatenate. But it is different from this as well, because our actions relate in the space of fashion in a particular way. I wear my own kind of hat, but in doing so I am displaying my style to all of you, and in this, I am responding to your self-display, even as you will respond to mine. The space of fashion is one in which we sustain a language together of signs and meanings, which is constantly changing, but which at any moment is the backgound needed to give our gestures the sense they have. If my hat can express my particular kind of cocky, yet understated self-display, then this is because of how the common language of style has evolved between us up to this point. My gesture can change it, and then your responding stylistic move will take its meaning from the new contour the language takes on.

The general structure I want to draw from this example of the space of fashion is that of a horizontal, simultaneous mutual presence, which is not that of a common action, but rather of mutual display. It matters to each one of us as we act that the others are there, as witness of what we are doing, and thus as co-determiners of the meaning of our action.

Spaces of this kind become more and more important in modern urban society, where large numbers of people rub shoulders, unknown to each other, without dealings with each other, and yet affecting each other, forming the inescapable context of each other's lives. As against the everyday rush to work in the Metro, where the others can sink to the status of obstacles in my way, city life has developed other ways of being-with, for instance, as we each take our Sunday walk in the park ; or as we mingle at the summer street-festival, or in the stadium before the play-off game. Here each individual or small group acts on their own, but aware that their display says something to the others, will be responded to by them, will help build a common mood or tone which will colour everyone's actions.

Here a host of urban monads hover on the boundary between solipsism and communication. My loud remarks and gestures are overtly addressed only to my immediate companions ; my family group is sedately walking, engaged in our own Sunday outing ; but all the time we are aware of this common space that we are building, in which the messages that cross take their meaning. This strange zone between loneliness and communication fascinated many of the early observers of this phenomenon as it arose in the 19th Century. We can think of some of the paintings of Manet, or of Baudelaire's avid interest in the urban scene, in the roles of flâneur and dandy, uniting observation and display.

Of course, these 19th Century urban spaces were topical, that is all the participants were in the same place, in sight of each other. But 20th Century communications has produced meta-topical variants, when for instance, we lob a stone at the soldiers before the cameras of CNN, knowing that this act will resonate around the world. The meaning of our participation in the event is shaped by the whole vast dispersed audience we share it with.

Just because these spaces hover between solitude and togetherness, they may sometimes flip over into common action ; and indeed, the moment when they do so may be hard to pin-point. As we rise as one to cheer the crucial third-period goal, we have undoubtedly become a common agent ; and we may try to prolong this when we leave the stadium by marching and chanting, or even wreaking various forms of mayhem together. The cheering crowd at a rock festival is similarly fused. There is a heightened excitement at these moments of fusion, reminiscent of Carnival, or of some of the great collective rituals of earlier days. So that some have seen these moments as among the new forms of religion in our world.[53] And Durkheim gave an important place to these times of collective effervescence as founding moments of society and the sacred.[54] In any case, these moments seem to respond to some important felt need of today's "lonely crowd".

Some moments of this kind are, indeed, the closest analogues to the Carnival of previous centuries, as I noted in the first section. They can be powerful and moving, because they witness the birth of a new collective agent out of its formerly dispersed potential. They can be heady, exciting. But unlike Carnival, they are not enframed by any deeply entrenched if implicit common under-standing of structure and counter-structure. They are often immensely rivetting, but frequently also "wild", up for grabs, capable of being taken over by a host of different moral vectors, either utopian revolutionary, or xenophobic, or wildly destructive ; or they can chrystallize on some deeply felt, commonly cherished good, like ringing the key chains in Wenceslas Square ; or as in the case of the Di funeral, celebrating in an out-of-ordinary life the ordinary, fragile pursuit of love and happiness.

Remembering the history of the 20th Century, replete with the Nürnberg rallies and other such horrors, one has as much cause for fear as hope in these "wild" kairotic moments. But the

---

53) See Danièle Hervieu-Léger, La Religion pour Mémoire, Paris : Cerf 1993, chpter 3, esp pp.82ff.
54) Émile Durkheim, Les Formes élémentaires de la Vie religieuse, Paris : F. Alcan, 1925.

potentiality for them, and their immense appeal, is perhaps implicit in the experience of modern secular time.

VI

In the previous section, we identified two ways in which time can be given shape in our world. The first is by cycles, routines, recurring forms in our lives : the daily round, the week, the year with its seasons, times of heightened activity, vacations. The second is through narrations of change, growth, development, realization of potential. These have their once-for-all moments : of founding, revolution, liberation. Outside of these stand moments of "wild", unprogrammed, often unpredictable coming together, when mutual display turns into common action. These can be very powerful because they can have the feel of a "revolutionary" moment, when some latent common ground is first discovered, and thus perhaps a new way of being together inaugurated. They feel, at least for this moment, like nodal points, and this is part of their sometimes overwhelming appeal.

The cycle and the once-for-all are complexly related and mutually dependent. For one thing, the great nodal points are then repeatedly celebrated : the 4th July, the 14th July, the 3rd May. This celebration is essential if the narrative is to remain alive, relevant. formative. In addition, some of the "wild" nodal points are or become or arise from celebrations.

But if the once-for-all has to be repeated to remain alive, it is also true that the cycles depend on the once-for-all for their meaning and force. One could argue that something like this has always been true. Humans have virtually always marked out cycles of time : day, month, year, and longer periods like the "Great Years" of the Stoics which end in a general conflagration. But the many repeatable segments are related to the one continuing order, or transcendent principle, and it is this which gives them their significance. The Stoic Great Year represents the unfolding and then return to origin of a single principle ; the many instances for Plato are only what they are in relation to the one Idea.

In virtually all pre-modern outlooks, the meaning of the repeated cycles of time was found outside of time, or in higher time or eternity. What is peculiar to the modern world is the rise of an outlook where the single reality giving meaning to the repeatable cycles is a narrative of human self-realization, variously understood as the story of Progress, or Reason and Freedom, or Civilization or Decency or Human Rights ; or as the coming to maturity of a nation or culture. The routines of disciplined work over the years, even over lifetimes, the feats of invention, creation, innovation, nation-building, are given a larger meaning through their place in the bigger story. Let's say I am a dedicated doctor, engineer, scientist, agronomer. My life is full of disciplined routines. But through these I am helping to build and sustain a civilization in which human well-being will be served as never before in history ; and the perhaps small discoveries and innovations which I manage to make will hand on the same task to my successors at a slightly higher level of achievement. The meaning of these routines, what makes them really worth while, lies in this bigger picture, which extends across space but also across time.

An important feature of the modern world is that these narratives have come under attack. It is claim of a certain trendy "post-modernism" that the age of Grand Narratives is over, that we cannot believe in these any more.[55] But their demise is the more obviously exaggerated in that the post-modern writers themselves are making use of the same trope in declaring the reign of narrative ended : ONCE we were into grand stories, but NOW we have realized their emptiness and we proceed to the next stage. This is a familiar refrain.

So deeply has the narrative of human progress become embedded in our world that it would indeed be a frightening day in which all faith in it was lost. Its embedding is attested in much everyday vocabulary, in which some ideas are described as 'progressive', others as 'backward' ; some views are those of today, others are positively 'mediaeval' ; some thinkers are 'ahead of their time', others are still in a previous century, etc.

But although total collapse is not the issue, it is also true that the narratives of modernity have been questioned, contested, attacked, since their inception in the 18th Century. From the very beginning, there were protests about the flatness, insipidity, lack of inspiration about the goal of progress, ordinary human happiness.

---

55) See espacially, J Lyotard, La Condition post-moderne, Paris : Editions de Minuit, 1979.

For some, the very fact that all transcendent perspectives had been set aside was enough to condemn this goal as inadequate. But others who were also committed unbelievers taxed it with levelling down human life, with leaving no place for the exceptional, the heroic, the larger-than-life. Progress meant equality, the lowest common denominator, the end of greatness, sacrifice, self-overcoming. Nietzsche has been the most influential articulator of this line of attack in our culture.

Or else the disciplines of civilization were seen as confining and denying inspiration, deep feeling, the powerful emotions which gave life its meaning. They represent a prison which we have to break out of. Since the Romantic period repeated attacks have been made from this quarter.

Running through all these attacks is the spectre of meaning-lessness ; that as result of the denial of transcendence, of heroism, of deep feeling, we are left with a view of human life which is empty, cannot inspire commitment, offers nothing really worth while, cannot answer the craving for goals we can dedicate ourselves to. Human happiness only can inspire us when we have to fight against the forces which are destroying it ; but once realized, it will inspire nothing but ennui, a cosmic yawn.

This theme is indeed special to modernity. In earlier years, it would have seemed bizarre to fear an absence of meaning. When humans were posed between salvation and damnation, one might protest at the injustice and cruelty of an avenging God, but not that there were no important issues left.

So constitutive is this worry to modernity, that some thinkers have seen the essence of religion in the answers it offers to the question of meaning. Weber's theory of charisma depends on this idea : the charismatic figure commands attention, because he offers a powerful sense of meaning. In this Weber is following Nietzsche's idea that religion can become credible because it gives a meaning to suffering ; the one thing we cannot stand is senseless suffering.56) And recently, Marcel Gauchet has followed Weber's lead in his interesting book.57)

I believe, in fact, that these theories are in an important way off the track. They imply that the main point of religion is solving the human need for meaning. In taking this stance, they absolutize the modern predicament, as though the view from here were the final truth on things. In this way, they constitute in a sense offshoots from the narrative of progress. But the intuition they start from is unconstestable : that the issue about meaning is a central pre-occupation of our age, and its threatened lack fragilizes all the narratives of modernity by which we live.

But aside from this congenital fragility, the narratives of modernity encounter increasing doubt and attack in the 19th and 20th Centuries. In part, this is because the actual achievement of civilization : industrial wastelands, rampant capitalism, mass society, ecological devastation, begin to look more and more questionable. But there is also the splitting of the original Enlightenment goal into more and more different variants. These sometimes arise to respond to earlier critiques, such as versions

---

56) Nietzsche, Genealogie der Moral, III 28.
57) Marcel Gauchet, Le Désenchantement du monde, Paris : Gallimard, 1985.

of human well-being which include expressive fulfilment ; or else they respond to the problematic realizations of civilization, as the communist vision hoped to overcome the depradations of capitalism.

On top of all this, some of the earlier notions of order, which still had a lot of residual power in the Age of Enlightenment, notions like the Great Chain of Being, and of the Divine-human history of salvation, lose much of their force. Much of the poetry and art of the Romantic period can only be understood against the background of this eclipse. The older notions of order had provided a set of reference points for poetic language, a range of subjects for painting which had an understood force. Now the artistic languages which relied on these reference points and force begin to weaken. Poetry is in search of "subtler languages", built without reference to a publically accepted vision of things[58] ; art is in search of newly defined subjects.

But unsupported by a believable narrative, or by other, earlier conceptions of order, the disciplined routines of everyday life in civilization become highly problematic. On one hand, they can come to seem a prison, confining us to meaningless repetition, crushing and deadening whatever might be a source of meaning. This sense was already present in the critique of the Romantic period, but it comes to recur more insistently as we approach the contemporary age.

---

58) The term is Shelley's, but adopted by Earl Wasserman in a very interesting way. See his book, The Subtler Language, Johns Hopkins University Press ; For a further dicussion of this concept of 'subtler language', see my Sources of the Self, Harvard University Press 1989, Part V.

Or else, these routines themselves can fail to integrate our lives ; this either because we are expelled from them, or not allowed to enter them, or remain outside them – through unemployment, forced idleness, or an inability / unwillingness to take on the disciplines. But then the very shape of everyday time, the local shape of time at the present moment, is in danger of being lost. Time disintegrates, loses all meaningful connection, becomes leaden or endless.

Or else again, the routines are still there, but they fail to unite our life across their repeatable instances. They cannot give unity to the whole span of a life, much less unite our lives with those of our ancestors and successors. But this has always been an important part of the meaning of repeatable cycles. They connect us in a continuity, and thus knit together their different instances in a larger single pattern across time.

Part of what is has normally meant for the patterns and cycles in my life to have meaning and validity for me is that they are those of my forbears. These patterns are one with theirs, in the sense of qualitatively the same. But not only this, they are continuous with theirs, part of the same story. It was part of their life pattern that they handed this on to me ; it is part of my life pattern that I honour them through re-enactment, that I remember them in reliving the pattern. These different enactments are not discontinuous. They connect ; they gather into a unbroken story.

That the repeatable cycles of life connect over time, and make a continuity, is an essential condition of a life having meaning.

Just this kind of connection was assured by earlier modes of gathering in the eternal ; as it is also provided by strong modern narratives of human self-realization. But where the credibility and force of these narratives weaken, the unity comes under threat.

Now with hindsight, we can hold that this threat of disunity and meaninglessness was implicit in the orginal move to a purely secular time, to a life lived unconnected with higher times, and against the background of a cosmic time which at least as far as human affairs are concerned can be described as "homogeneous and empty". But it is clear that for a long time, the residual force of earlier views, and the power of strong narratives held this threat at a distance. It is around the middle of the 19th Century, and of course only among artistic and cultural élites, that one begins to see some awareness of a kind of crisis of time consciousness.

We can see it the three modes I have just mentioned. The sense of imprisonment in the routine is articulated by the great Weberian image of the iron cage. This is a kind of imprisonment in the banal, the "alltäglich". (Indeed, the word we translate in English as the "routinization" of charisma is "Veralltäglichung".)

The sense of the disintegration of everyday time, its hardening into a kind of leaden endlessness, was movingly articulated by Baudelaire. It is the essence of what he calls "spleen", "ennui".

Proust is the most brilliant articulator of the lost connection across time, but also the inventor of new experience -immanent ways of restoring it. Living in a world of secular time, that is, in which the older awareness of higher times has receded, has allowed, indeed, induced new senses of time and memory to grow. One of the most striking of these is created before our eyes in A la Recherche, which builds towards the creation of a "subtler language" in which it can be formulated. What Proust gives us is a sense of a higher time, built out of the sensibility of a modern living in the flow of secular time. The connections between widely spaced moments are not mediated by the order of being, or sacred history ; they are made to appear in the mundane sensual experience of the madeleine, and the rocking paving stone.

What arises through the sense of loss in these three dimensions is the need to rediscover a lived time beneath or beyond the objectified time-resource of the disciplined order of civilization. It is out of lived experience that we either find the way to break out of the Iron Cage, or to transfigure the world of ennui, or to reconnect the lost time.

While writers explore the loss and grope towards transfigurations, philosophy begins tentatively to thematize lived time, first with Bergson, and later with Heidegger.

The above are just some of the ways in which our modern time-experience responds to the recession of higher times. To enumerate them all would require a much more wide-ranging study of contemporary culture, and in particular, our stances towards death. But I hope enough has been said to open out some of the important issues in this under-examined domain.

종교와 정치
─ 종교적 갈등과 인정 투쟁의 정치

I

지난 몇 세기 동안 진행된 "라틴 기독교 문명"("서양"으로도 알려진)의 변화가 오늘 발표의 첫 주제인데, 이런 전환을 서술할 때 맨 먼저 우리가 연상하는 것은 "세속화"라는 단어다. 세속화와 함께 서로 보완 관계에 있는 다른 현상은, 집단적으로 이루어지는 의식(儀式)에 대한 강조로부터 개인적 헌신이나 신앙을 중요시하는 형태로 종교가 점차적으로 바뀌어갔다는 사실이다. 라틴 기독교 문명의 경우, 이런 변화는 다음과 같은 세 가지 사항을 함축한다. 첫째는 갈수록 예수 그리스도가 강조되었다(11세기 이후 예수 그리스도의 중심성이 갈수록 확대되어간 것이 명백하다). 둘째는, 르네상스 이후 지속적으로 신앙 생활의 내면성이 증대했다(가톨릭의 경우, 성 테레사, 로욜라, 성 프랑스와 드 살르가 그리고 개신교의 경우 청교도들과 경건파가 그 예다). 셋째로는, 성스러움이 시공간이나 인물

그리고 제례에 있다는 생각이 점차 약화되어 갔다는 것이다. 대신 내면적 헌신과 도덕적 행동의 표출, 또 (나중에는) 경건한 느낌의 배양에서 신성함이 발견된다는 시각으로 이행했다(개신교에서는 청교도들이 자기 성찰과 행위를 가장 강조했으나 루터교도 특정한 내면적 헌신을 장려했으며 가톨릭에서는 얀센파가 강력한 자기 성찰적 도덕주의를 시현했다).

그러나 기독교 문명의 이런 특징을 넘어서, 근대 세계와 더 관련 깊은 종교적 변화의 일반 양상을 추출해낼 수 있다. 첫째는, 집단적 의례에 대한 준수보다 개인의 책임과 헌신을 강조한다는 점이다. 바꿔 말하면 개인적 정체성의 의미가 더 부각되는 것이다. 라틴 기독교 문명에서 개인주의의 부상은 종교 생활의 전환에서부터 비롯된다는 추론이 가능하다.

그러나 또한 지난 수백 년 동안 발생한 상상의 혁명적 전환은 더 넓은 문화적-종교적 격변이라는 맥락 속에서 해석되어야 한다. 우리가 추적할 수 있는 한도 내에서 초기 소규모 사회의 종교 생활의 특징에 주목할 때 천 년간 발생한 전체적 변화의 규모가 좀더 분명히 드러난다. 이 시기 삶의 양상에 대해서는 추측만이 가능하지만, 모든 인류가 이런 소규모 사회에서 살았던 시기가 분명 있었을 것이다.

그러나 우리가 "초기 종교"(예컨대 로버트 벨라가 "원형적 종교"[1]라고 부른 것을 부분적으로 포함하는)를 살펴보면, 행위자가 그런 삶의 형태와 얼마나 깊이 "연결되어 있는가(embed)"를 주목하게 된다. 이제 그 모습을 세 가지 방식으로 서술해보자.

첫째, 사회적으로 구석기 시대와 일부 신석기시대 부족 사회에서 종교 생활은 사회 생활과 서로 분리할 수 없는 것이었다. 이는 물론

---

1) Robert Bellah, *Beyond Belief* (N.Y. : Harper & Row 1970)의 2장인 "Religious Revolution"을 보라.

초기 종교에만 국한된 현상은 아니다. 왜냐 하면 이 사회의 행위자들이 사용한 기초적 언어, 성스러움의 범주, 종교적 경험 형식, 의식 행위의 양태 등을 사회적으로 확립된 종교 생활에서도 찾아볼 수 있기 때문이다. 소규모 사회도 공통된 인간적 능력들을 독자적으로 형성하고 나름대로 표현해온 것으로 짐작된다. 이런 종교적 어휘가 흩어지고 교환되기도 했지만 그 어휘의 차이나 가능성의 범위는 믿을 수 없으리라만치 다양하다.

인간에게 공통된 종교적 능력이란 무엇인지, 또 이 능력이 인간의 영혼으로부터만 나오는 것인지 아니면 인간을 넘어서는 영적 실재에 대한 반응으로 간주되어야 하는지의 문제는 일단 건너뛰기로 하자. 이것이 삶의 필연적 차원인지 아니면 종국적으로 극복할 수 있는 문제인지 여부도 (비록 이 사안에 대해 내가 강한 육감을 지니고 있기는 하지만) 열어놓겠다. 그러나 다음과 같은 문제가 새로 부각된다. 첫째는, 일상 생활에서 발견되는 힘이나 동물이 아니라 무언가 고차적인 것으로 인지되는 힘, 권능, 영혼과 관련된 존재의 편재(遍在)성이며, 둘째는, 고차적 권능들이 인식되고 연결되는 방식이 다양하다는 사실이다. 이는 "이론"이나 "믿음"의 차이 이상의 문제며, 종교적 능력과 경험 그리고 종교를 체험하는 다양한 방식의 현격한 차이를 지칭한다.

따라서 신들림으로 여겨지는 황홀경에 빠지는 사람도 있고, (가끔은 동일인이) 강력한 꿈을 꾸기도 하며, 고차적 세계로 스스로 옮겨가는 경험을 하는 샤먼도 있고, 어떤 상황에서는 경이로운 치유 효과가 발생하기도 한다. 현대 문명인 대부분이 결코 이해할 수 없는 이런 현상들은 또한 종교적 능력을 삶에서 아직 획득하지 못한 고대인들에게도 불가사의한 것이었다. 그 결과, 예몽을 꾸는 자들이 신들림을 경험하지 못할 수도 있으며, 신들림을 겪는 사람들이 치유 능력을 가지 못하는 등의 경우도 발견된다.

획득 가능한 종교적 언어, 능력, 경험 양태들이 우리가 태어난 사회의 소산이라는 사실은 어떤 의미에서 모든 인간에게 해당된다. 위대한 혁신적 종교를 세운 이들도 각자의 사회에 이미 존재했던 종교적 어휘에 의존해야만 했던 것이다. 이는 인간 언어 일반에 모두 해당되는 사실이기도 하다. 즉, 인간은 자신이 성장한 언어 공동체로부터 언어를 배우며, 주어진 언어에 기댐으로써만 그것을 넘어설 수 있다는 것이다. 그러나 또한 영적 어휘들 사이의 교류가 갈수록 잦아지면서 서로 영향을 주고받으며, 어휘 선택지도 늘어나고, 떨어져 사는 관계로 극심한 편차를 보였던 사람들의 종교적 삶의 차이가 갈수록 완화되는 세계 안으로 우리가 진입해가고 있다는 사실도 명백하다.

모든 종교가 사회적 성격을 띠게 되는 두 번째의 방식이 대분리(Great Disembedding) 현상과 더 관련이 깊다. 이 방식은 집단 전체 아니면 집단을 대신하는 특별 행위자가 중요한 종교 행동, 즉 접신, 기도, 공양, 신 또는 혼을 불러냄 ; 신적 권능에 접근함, 치유 효과, 보호, 은사(恩赦) 등에서 주요 행위자 역할을 하는 경우다. 바꿔 말하면 초기 종교에서 인간은 한 무리로서 신과 교통하는 것이다.

예컨대 50년 전에 갓프레이 린하르트가 묘사했듯이 딩카 족의 희생제의에서 실례를 볼 수 있다. 한편으로 제례의 주행위자인 "고기잡이 창의 대가"는 어떤 의미에서 전체 무리를 대신하는 "직능인"이다. 또한 모두가 제례에 전념할 때까지 이 대가의 선창(先唱)을 따라함으로써 전 공동체가 한 몸이 되는 것이다. 행사가 절정에 이를 때 "참가자 모두가 완벽하게 통합된 한 무리와 일체가 된다". 주문으로 신을 불러냄으로써 함께 접신하게 되는 경험인 것이다.2)

이는 특정 공동체에서만 사건이 발생하는 방식은 아니다. 의식의

---

2) Godfrey Lienhardt, *Divinity and Experience* (Oxford Univ. Press, 1961), 233-235쪽.

효율성을 위해 집단 행동이 필수적이기 때문이다. 딩카 족 세계에서는 혼자 신을 불러내는 것이 불가능하다. "실질적이고 전통적으로 개인을 포괄하는 공동체가 행하는 통합적 행동의 중요성이야말로 딩카인이 집과 동족에서 떨어져 불운을 겪을 때 공포를 느끼는 이유다."3)

공동체가 직접 관여하거나 공동체를 대리하는 주요 행위자가 이끄는 집단적 종교 의식은 사실 거의 모든 초기 종교에서 발견되며, 어떤 점에서는 오늘날까지 지속되고 있다. 내가 탈주술화에 대해 언급하면서 지적한 것처럼, 이런 현상은 사람들이 주술화된 세계 속에서 사는 한 계속 중요성을 띠게 될 것이다. 예컨대 "마을의 경계 영역을 막대로 두드리기"라는 농촌 마을 행사는 교구 전체의 일이며 집단 행동으로서만 유효한 것이다.

종교와 사회적 의식의 상호 연결은 또 다른 특징을 동반한다. 가장 중요한 종교 행위가 집단적이고 또 성직자, 샤먼, 치료 능력자, 예언자, 족장 등의 직능자들이 종교 행위의 핵심 역할을 하기 때문에 이들의 역할을 규정하는 사회 질서가 신성한 것으로 간주되는 것이다. 급진적 계몽주의가 이 현상에 주목해 조롱의 대상으로 삼은 것은 말할 것도 없다. 신성한 사물의 구조와 직능자들을 동일하게 보는 태도가 만들어내는 불평등, 억압, 착취 형태들의 고착을 계몽주의는 백일하에 폭로하고 규탄했다. 그리고 "마지막 성직자의 창자를 이용해 마지막 왕을 목 졸라 죽이는"그 날을 고대했던 것이다. 그러나 실상 이런 동일시는 왕이나 성직자의 위계가 생겨나기 전, 즉 아주 심한 형태의 불평등이 생겨나기 전까지 소급되는 매우 오래된 현상이다.

불평등과 정의의 문제 뒤에는 초기 사회 속 인간의 "정체성"이라고 오늘날 불리는 좀더 심층적인 사안이 존재한다. 가장 중요한 행

---

3) 앞의 책, 292쪽.

위가'(족장, 샤먼, 고기잡이 창의 대가가 이끄는) 특정한 방식으로 전체 집단(종족, 부족, 아(亞)부족, 인척)의 행위에 의해 표현되는 까닭에 초기 사회 인간들은 사회적 모체로부터 절연될 가능성이 있는 자신을 상상할 수 없다. 아마도 절연에의 시도 자체가 거의 불가능했을 것이다.

초기 사회 인간들에게 절연이 어떤 의미를 지닌 것인가를 이해하기 위해 오늘날 우리들조차 쉽게 떨칠 수 없는 맥락을 생각해보자. 내가 다른 부모 밑에서 태어났다면 나는 어떤 사람이 됐을까? 이런 질문이 하나의 사유 실험으로서 제기될 수 있다(답 : 다른 부모 밑에서 태어난 사람 비슷할 것임). 내 자신의 정체성을 탐색하기 위해 실험을 계속해보자. 지금의 직장을 내가 택하지 않았거나 지금의 아내와 결혼하지 않았다면 내가 과연 어떻게 됐을까를 생각해보면 머리가 복잡해진다. 초기 사회 인간들에 대해 사회와의 절연이 갖는 뜻을 제대로 밝히기 위해 내 정체성의 형성 지평에 관해 너무 깊숙이 논의해온 것 같다. 그러나 대부분의 사람들에게 성차(性差)도 비슷한 의의를 지닌다.

여기서 나의 논점은, 초기 사회 사람들이 특정 맥락과 분리된 자아를 상상조차 할 수 없었다는 사실이 현대 사회 구성원에게도 본질적 차원에서는 계승된 측면이 있다는 것이다. 그러나 상황은 많이 변했다. 위에서 예시된 가상적 질문들을 우리가 제기할 수 있을 뿐만 아니라 절실한 실질적 논제(이민을 가야 하나? 개종을 하든지 종교를 버려야 하는가?)로 간주한다는 사실 자체가 우리가 맥락과 얼마나 분리되었는가를 시사한다. 그럴 듯하지 않은 추상적 논제들을 운위할 수 있는 현대인의 능력이 이 사실을 반영한다.

내가 사회적 연결이라고 명명한 논제는 부분적으로 정체성의 문제이기도 하다. 사회적 연결이란, 개인의 자아 의식이라는 관점에서 볼 때 사회적 모체 밖의 자아가 상상 불가능하다는 사실을 뜻한다.

그러나 사회적 연결은 또한 사회적 실재이기도 하다 ; 즉, 특정한 방식으로 구조화되어 있는 사회 전체의 행위가 가장 중요하기 때문에 사회적 연결이란 우리 스스로의 사회적 존재를 떠올리는 방식이기도 한 것이다. 우리의 자아 의식에 제한을 가하는 종류의 사회적 상상이 지배적인 곳에서는 사회적 연결이 증가하는 것을 알 수 있다.

따라서 연결되어 있다는 것은 사회와 이어져 있음을 의미한다. 사회적 연결은 우주와의 연결로 이행된다. 왜냐 하면 초기 종교에서 인간이 만나는 정령과 초자연적 힘들이 여러 방식으로 세계와 결부되어 있기 때문이다. 앞서 중세 조상들의 주술적 세계와 관련해 이를 논의한 바가 있다 : 우리 조상이 숭배한 신이 세계를 초월해 있기도 하지만 동시에 성물(聖物)이나 성소 등을 통해 선조들이 우주 안의 정령들과 교섭했고, 사물에 내재된 인과적 권능과 교류하기도 했던 것이다. 초기 종교에서는 상위의 신들도 세계의 어떤 양상과 동일시되기도 했다. "토테미즘"을 신봉했던 곳에서는, 예컨대 동물이나 식물 종 등이 무리의 정체성에 핵심적이기도 했던 것이다.[4] 지리적 지형이 종교 생활에 필수적 영향을 미치기도 했다. 예컨대 어떤 장소는 신성하며, 땅의 형상이 신성한 시간 속에 있는 원초적 사물의 배열을 알려주기도 한다. 풍경을 통해 조상과 고차적인 신성한 시간과 연결될 수 있는 것이다.[5]

사회 그리고 우주와의 연결 외에 초기 종교에서 현실과 연결되는 세 번째 형태를 발견할 수 있다. 이것이 이른바 "고등 종교"와 초기

---

4) 예컨대 린하트의 앞의 책 3장과 Roger Caillois, *L'Homme et le Sacré* (Paris : Gallimare, 1963) 3장을 보라.
5) 이는 많이 지적된 호주 원주민 종교의 특징이다. Lucien Levy-Bruhl, *L'Expérience mystique et les Symboles chez les Primitifs* (Paris : Alcan, 1937), 180쪽 ; Caillois, 앞의 책, 143-145쪽 ; W. E. H. Stanner, *On Aoriginal Religion* 등을 보라 ; 토지에 대한 이런 연관성을 영국령 콜롬비아의 오카나간 족과 관련해 분석한 책으로는 Mander & Goldsmith, *The Case against the Global Economy*의 39장 참조.

종교 사이의 가장 큰 차이다. 초기 종교에서는 사람들이 번영, 건강, 장수, 다산(多産) 등을 간구하며 병, 죽음, 기근, 불임, 급사 등을 피하게 해달라고 신에게 간청한다. 세상적 잘됨(human flourishing)에 대한 이런 갈망은 거의 직관적으로 이해할 수 있는 사항이며 어떤 의미에서 매우 "자연스러운 것"이기도 하다. 그러나 내가 제1강연에서 언급한 것처럼, 후기의 "고등" 종교는 이런 통상적 생각에 대해 급진적인 의문을 제기하면서 잘됨에의 간구를 넘어서야 한다는 주장을 편다.

물론 이는 모든 사람이 세상적 잘됨을 추구한다고 말하는 것은 아니다. 초기 종교의 신들도 인간에게 고통스러운 목표를 설정했을 수 있다. 초기 종교의 신들이 인간에게 호의적이기만 한 것은 아니라는 주장에도 일리가 있다. 가끔은 신이 우리에게 냉담하거나 인간이 피해야 하는 적개심, 질투, 분노를 표출할 수도 있다. 신에게는 원칙적으로 선의가 선차적이지만, 신의 분노나 질투가 때로는 "책략가"적 인물들의 행위나 화해를 통해 신의 뜻에 도움을 줄 수도 있는 것이다. 어쨌든 중요한 것은 보통의 세속적 잘됨이 신의 선한 의도의 징표로 받아들여졌다는 사실이다. 예언자나 샤먼처럼 보통 사람들이 획득 불가능한 능력이 존재할 수 있지만, 결국에는 이 능력도 세상적 잘됨이라는 목표에 봉사하는 것으로 간주된다.

초기 종교와는 대조적으로, 첫 강연에서 살펴본 것처럼 기독교나 불교의 경우에, 세상적 잘됨의 기준을 넘어서는 선의 개념을 발견할 수 있다. 세속적 잘됨이라는 잣대에서 전면적으로 실패하는 경우에도, 즉 바로 그런 실패를 **통해서**(젊어서 십자가에 못 박혀 죽거나) 또는 잘됨이 펼쳐지는 영역을 송두리째 떠남으로써(윤회의 순환을 끝냄으로써) 오히려 선에 이를 수 있다는 것이다. 초기 종교와 관련해서 기독교의 역설은, 기독교가 인류에 대한 신의 무조건적 사랑을 초기부터 의심의 여지없이 명백하게 설파하면서도 인간의 목적을 잘됨의 잣대를 초월해서 재규정한다는 데 있다.

이 점에서 초기 종교와 근대의 배타적 휴머니즘은 서로 통한다. 이것이 바로 근대의 수많은 계몽주의 이후 시기 인물들이 "이교 사상"에 대해 공감을 피력한 이유다. 존 스튜어트 밀에 의하면 "이교 적 자기 주장"은 "기독교적 자기 부인"보다 훨씬 우월하다(내가 나중에 논의하려고 하지만, 이런 태도와 "다신론"에 대한 공감이 서로 관련은 있지만 같은 것은 아니다). 근대 휴머니즘은 세상적 잘됨과 세상 너머의 지평이 서로 전혀 상관 관계가 없다고 주장하는 데서 그 전례가 없는 경우라 할 수 있다.

앞서 시사된 것처럼 나는 여기서 "초기 종교"를 이른바 "차축(車軸) 시대 이후"의 종교와 대조해 사용하고 있는데,6) "차축 시대"는 물론 칼 야스퍼스에 전거를 둔 말이다.7) 차축 시대란 기원전 6세기를 전후해 상이한 문명에서 각기 독립적으로 공자, 부처, 소크라테스, 유태교 선지자들 같은 창립자들에 의해 특징지워진 다양한 "고등" 종교가 출현한 놀라운 시기를 지칭한다.

초기 종교와 비교해서 차축 종교의 놀랄 만한 특징, 즉 미리 예측하기 어려웠던 특질은 사회적 질서, 우주, 인간의 선이라는 세 가지 연결 지평과 모두 단절을 개시했다는 점이다. 물론 이런 단절들이 모두 단번에 이루어졌다고 하기는 어렵다. 어떤 점에서 불교는 윤회가 곧 고통이라는 이유로 우주 질서 그 자체를 회의했고, 나아가 종교와 우주와의 연결을 혁신적으로 단절했다는 점에서 가장 급진적이었다. 이 세계가 혼란스럽기 때문에 세계 자체가 재생되어야한다고 주장한 점에서 기독교에도 유사점이 있다. 그러나 공자나 플라톤의 상이한 경우에서처럼, 어떤 차축 이후 시대 종교적 시각은

---

6) 예컨대 S. N. Eisenstadt, ed., *The Origins and Diversity of Axial Age Civilizations* (State Univ. of New York Press)와 Robert Bellah 참조.
7) Karl Jaspers, *Vom Ursprung and Ziel der Geschichte* (Zurich : Artemis, 1949).

조화로운 우주와의 관련이라는 감각을 유지하고 있다. 그러나 이 경우도 조화로운 세계와, 실제 매우 불완전한 사회적 질서 사이의 차이를 분명히 함으로써 우주와의 연결을 집단적 종교 행위를 통해 이루려는 시도에 대해서는 비판적이다.

가장 근본적인 변화는 차축 종교가 인간의 선에 대한 시각을 수정 했다는 사실이다. 정도에는 차이가 있지만 모든 차축 종교가 그때까지 자연스러운 것으로 전승되어온 세상적 잘됨의 개념에 대해 급진 적으로 회의했던 것이다. 따라서 사회 구조나 또 세속적 잘됨이 추구되는 우주의 지평 자체가 근본적으로 의심의 대상이 될 수밖에 없었다.

지금까지 논의한 차이점을 이렇게 요약해보자 : 차축 시대 이후 종교와 달리 초기 종교는 내가 지금까지 서술한 세 가지 차원에서 사물의 질서를 그대로 수용한다. 호주 원주민 종교를 다룬 뛰어난 연작 논문들에서 스태너는 원주민 종교의 정신성에 핵심적인 "동조 (同調)적 태도"에 대해 언급한다. 호주 원주민들은 차축 이후 시대 의 여러 종교적 운동에서 발원한 "삶과의 다툼"이라는 태도를 건설 하지 못했다.8) 이런 차이는 간과되기 쉽다. 왜냐 하면 원주민 신화 에 의하면 사물의 질서가 꿈의 시간(시간 밖의 원초적 시간으로서 "언제나 같은 시간"이기도 한) 동안에 만들어지는 방식이 다음과 같기 때문이다. 즉, 책략, 기만, 폭력이 파멸을 가져오고, 그 과정을 거쳐 분열되고 일그러진 형태로 인간이 삶을 보전하고 다시 꾸린다. 그 결과 삶과 고통, 통합과 분열은 뗄 수없이 이어져 있다. 이는 창세기 1장을 연상시키는 타락 설화 비슷하게 들린다. 그러나 기독

---

8) W. E. H. Stanner, "On Aboriginal Religion." 이는 *Oceania* (vols 30-33, 1959-1963)에 실린 6편의 연작이다 ; 그리고 인용된 이 표현은 논문 II(vol 30, no 4, June 1960, 276쪽)에 실려 있다. 같은 필자의 "The Dreaming", in W. Lessa & E. Z. Vogt, eds., *Reader in Comparative Religion* (Evanston : Row, Peterson, 1958), 158-167쪽도 참고하라.

교와는 대조적으로 원주민들에게는 제례 의식과 깨달음을 통해 원초적 시간 질서와의 접촉을 회복하고 꿈을 "따라간다"는 과제가, 선과 악이 뒤섞여버린 분열되고 손상된 섭리와 이어지는 것이다. 따라서 원초적 분열을 고치거나 보상한다든가 또는 원초적 상실로부터 선을 이끌어낸다는 발상 자체가 부재한 것이다. 나아가 제례에 수반된 지혜는, 지울 수 없고 "변화시킬 수도 없는 것을 기꺼이 찬미하는" 태도를 낳는다.[9] 시원적 파멸이 창세기에서처럼 인간을 신성함과 신으로부터 단절시키는 것이 아니라 우리가 "따라가려고" 노력하는 신성한 질서 형성에 오히려 도움을 준다는 것이다.[10]

초기 종교적 삶을 차축 종교가 완전히 대체한 것은 아니다. 초기 종교적 특징들은 수세기 동안 수정된 형태로 대부분의 종교 생활을 계속 규정했다. 차축 종교의 정식화뿐 아니라 위계적 조직과 국가 구조의 맹아적 발생과 함께 대규모로 분화되고 도시화된 사회의 성장이 이런 수정을 낳았다. 또한 이런 변화가 분리 과정을 촉진해 왔다고 분석되기도 했다. 왜냐 하면 국가 권력의 존재 자체가 종교 생활과, 종교 생활에 필요한 사회 구조를 규제하려는 시도를 포함함으로써 이 둘을 둘러싼 불가침적 분위기를 깨뜨리기 때문이다.[11] 이 논제는 매우 중요하며, 나중에 내가 비슷한 주제를 제시할 것이지만 지금은 차축 시대의 중요성에 전념할 필요가 있다.

상술한 변화가 사회 전체의 종교 생활을 단번에 모조리 바꾼 것은 아니지만 그 결과 탈맥락화된 종교라는 새로운 가능성이 창출된

---

9) Stanner의 논문 VI (*Oceania*, vol 33, n 4, June 1963) 269쪽.
10) 나는 로버트 벨라가 자신의 논집 *Beyond Belief* (N.Y. : Harper & Row, 1970)에 실은 "Religious Evolution"에서 서술한 종교적 발전 양상에 대한 설명으로부터 큰 도움을 받았다. 내 논의는 벨라가 시도한 구별법보다 훨씬 단순하다 : 내가 사용한 "초기"종교의 범주는 벨라의 "원시"종교와 "원형적"종교를 섞어놓은 것이다. 나는 차축 종교의 탈맥락적 효과를 선명하게 부각시키려 했다.
11) Marcel Gauchet, *Le désenchantment du monde* (Paris : Gallimard, 1985) 2장을 보라.

것은 사실이다 : 바꿔 말하면, 기존의 신성한 질서로부터 독립적인 새로운 사회성 속에서 개인들 스스로 신이나 성스러움과 관계 맺기를 시도할 수 있게 되었고, 그런 관계가 기존의 세속적 잘됨의 개념을 넘어서거나 크게 변화시켰다는 것이다. 따라서 수도사나 비구승, 탁발승 그리고 신이나 제단에 귀의하는 사람들이 능동적으로 주도권을 발휘했고, 전례 없이 새로운 사회성의 형태인 발기인 집단이나 귀의자 집단, 승가, 수도원 질서가 출현한 것이다.

사회 전체의 종교 생활과 이런 신생 질서들 사이에는 틈이나 차이 또는 결별까지도 발견된다. 물론 새 질서 자체도 다른 계층이나 계급을 포함하면서 어느 정도는 분화된 조직일 수 있고, 그 안에 새로운 종교적 관점이 자리잡을 수도 있다. 그러나 특히 "고차적인" 인간적 선의 이념을 가지고 세속적 번영의 지평과 결별한 새로운 신앙은 이 모든 것들을 무시할 수 있다.

그 결과 불가피하게 긴장이 생기지만, 상이한 종교 형태들 사이의 보완성을 회복하고 전체의 통합성을 확보하려는 시도도 자주 찾아볼 수 있다. 따라서 "고등" 종교를 전면적으로 믿는 사람들이, 한편으로는 신에게 세상적 잘됨을 비는 초기 종교 신봉자들을 비판하면서도 양자 사이에는 상호 부조의 관계가 성립했던 것이다. 속인들은 스님들을 공양함으로써 "보시"를 베풀고, 이 보시 행위가 속인들을 영적으로 좀더 "정화"시키기도 하면서 동시에 속인들이 살면서 부딪힐 재난을 감소시키고 건강, 번영, 다산을 돕기도 하는 것이다.

상기한 보완성에의 요구는 매우 강력하다. 불교, 기독교, 이슬람교 같은 "고등" 종교가 사회 전체에 전파되어 있는 경우에도 (막스 베버의 용어를 쓰자면) 종교 "대가"로 구성된 헌신적 소수와, 전승되거나 약간 바뀐 사회적 신성함을 믿는 대중 종교 사이에 차이가 있기 마련이다. 이 둘은 한편으로는 상호 긴장 관계를 구성하면서 위계적 보완 관계를 형성하기도 하는 것이다.

현대인의 시각에서 아주 투명한 평가를 내리자면, 초기 종교와 완고하게 유착되어 있던 대다수 종교 생활의 힘에 포위되어 있었기 때문에 차축 종교의 영성(灵性)이 온전한 맥락 분리 효과를 산출하지 못했던 것처럼 보인다. 차축 종교가 비록 종교적 개인주의를 생산하기는 했지만, 이는 루이 듀몽에 의하면[12] "세상 밖의 개인" 단계였다. 즉, "세상"과 불화하면서 주변부적이었던 소수 엘리트의 삶의 방식이었던 것이다. 이때 세계는 신이나 성스러움과의 관련 속에서 질서지워진 우주만을 지칭하는 것이 아니라 그것들과 연계되면서 구조화된 사회를 뜻하는 것이기도 하다. 이 "세계"는 연결의 모체로서, 그 안에 머물러 있으면서 거리를 두려하는 사람들까지를 포괄하는 불가피한 사회 생활의 틀이다.

이 모체 스스로가 차축적 영성 원리를 따라 변형되어, "세계" 자체를 개인들이 구성하는 것으로 해석되기까지는 아직 많이 기다려야 했다. 그렇게 될 경우 듀몽의 용어로 "세상 안의 개인"을 위한 단계가 전개될 것이다. 즉, 행위자가 보통의 "세상적" 삶에서 자신을 근대성의 행위 주체인 개인으로 간주하는 단계인 것이다.

이전 강연에서 내가 서술한 바 이런 전환의 과정은, 기독교적 질서의 요구에 의거해 사회를 철저히 재편하고, 주술화된 우주의 유산을 청산하며, 영적인 것과 찰나의 것, 신에 충실한 삶과 "세상"의 삶, 질서와 혼란 사이의 오래된 상보 관계를 제거하는 것과 같은 변화를 포괄한다.

이런 기획의 작동 형태와 방식은 철저히 탈맥락적이다 : 즉, 행위를 절제 있게 재생시키고 객관화와 도구적 시각을 통한 사회적 형태를 구성하는 작업이다. 그리고 그 목표도 본질적으로 분리적이다. 우주와의 연결이라는 두 번째 지평을 파괴한 탈주술화의 흐름이 이를 분명히 드러내지만 기독교적 문맥에서도 이를 찾아볼 수 있다.

---

12) Louis Dumont을 참조하라.

한편으로 기독교는 예컨대 스토아주의와 연계를 맺고 차축적 영성의 기능을 수행했다. 그러나 또한 기독교에 고유한 양태도 존재한다. 신약성서는 하나님의 왕국에 들어가기 위해서는 가족, 부족, 사회라는 안전망을 떠나거나 상대화시키라는 호소로 가득 차 있다. 모태 신앙을 인정하지 않고 개인이 주체적으로 소명에 답함으로써 비로소 진정한 신도가 될 수 있다고 주장하는 몇몇 개신교 교회들의 운영 방식에서 그 실례를 본다. 서약 위에 사회가 입각해 있기 때문에 사회도 자유로운 개인의 결정에 의해 형성된다는 관점과 서로 보완 관계에 있는 개념인 것이다.

이는 상대적으로 명백한 경우다. 내 주요 논점은 근대적인 "세계 안의 개인"을 창출하기 위해 사회를 재구성하려는 기독교적 또는 기독교–스토아주의적 시도가 엄청나게 넓고 다채로운 효과를 가져왔다는 것이다. 그것은 일차적으로 도덕적 상상, 이차적으로 사회적 상상을 근대 개인주의를 북돋는 방향으로 몰고 갔던 것이다. 앞 절에서 언급한 근대 자연법 이론에서 등장하는 새로운 도덕적 질서 이념에서 그 생생한 실례를 본다. 스토아주의가 이 이념에 큰 영향을 끼쳤고, 논란의 여지는 있지만 화란의 신스토아주의자인 유스트스 립시우스와 휴고 그로티우스가 그 창시자들이다. 의지에 입각한 인간 사회 재창조를 강조하는 점에서 이는 기독교화되고 근대화된 스토아주의인 것이다.

변화된 정체성과 종교개혁의 기획이 탈맥락화에 기여했다. 앞서 설명한 것처럼 개체의 상상력에 개념적 제한을 설정한다는 점에서 연결은 동시에 정체성의 문제이기도 하다. 또 연결은 우리가 사회 전체를 상상하거나 사유하는 방식인 사회적 상상을 제한하기도 한다. 개인적 헌신과 규율을 중시하는 변화된 정체성은 오래된 집단적 의식이나 소속감에 대해 거리를 두면서 비판적이거나 때로는 적대적인 태도를 취하기도 했다. 종교 개혁의 동력은 집단 의식이나 소속 자체를 일소하는 걸 꿈꾸기도 했다. 잘 훈련된 엘리트들은 자아관과 사회적 기획 두 영역에서 개인으로 이루어지는 사회 세계라는 개념으로 전진해갔던 것이다.

개인주의의 이런 특징들이 다른 종교적 전통으로 모두 순탄하게 "전파됐던" 것은 아니다. 예컨대 내면성에 대한 강조는 모호한 위치에 있었다. 더욱이 권리 주체인 개인이 구성하는 사회라는 개념은 더욱 선택적으로만 수용됐을 뿐이다. 이슬람교도로서의 현대적 정체성에도 개인적 헌신과 책임감의 중요성이 주요 부분을 구성했던 것으로 보인다.

따라서 코메코글루는 이슬람의 찻집들이 더 이상 의상 규약이나 공간적 분리에 의존하지 않고 지금은 내면적 형성과 자기 형성에 호소한다고 주장했다. 그가 얘기한 "데카르트적 이분법"을 나는 모든 외부적 형식으로부터 스스로를 단절시키는 개인적 책임감의 이념으로 다시 서술하고 있다.13) 내가 보기에 무싸가 프랑스 따블리 젊은 수도사들의 "계몽적 이슬람교 또는 청교도적 이슬람교"를, 그들 부모 세대의 "관습적 이슬람교 또는 전통주의적 이슬람교"와 대비시켰을 때 개인적 책임감에 대한 비슷한 전환을 가리키고 있는 것이다.14)

이런 종류의 개체화는 가끔 특정한 전통적 의식 형태나 신앙에 대해 "비이슬람적"이라고 폄하하는 결과를 낳을 수 있다. 오늘날 자주 이슬람 개혁주의자들은 이슬람 율법인 샤리아의 엄격성을 되찾고 싶어할 뿐만 아니라 "수피"(범신론적 신비주의 이슬람 교파 — 역자)라는 일반 서술 용어로 지칭되는 신앙 형태를 회의의 눈길로 본다.

그러나 또한 이런 전환이 가족, 부족, 촌락 같은 집합적 정체성으

---

13) 위의 책, 24-27쪽.
14) 위의 책, 13쪽.

로부터 사람을 자유롭게 하는 계기도 제공한다. "관습적·전통주의적 이슬람교"는 바로 이런 집합적 정체성 위에서 실천된다. 집합적 정체성으로부터의 분리는 이슬람교도, 진정한 이슬람교도 또는 매우 엄격한 실천 형태를 신봉하는 이슬람교도라는 식으로 정체성이 분명하게 범주화되는 것을 도와준다. 물론 그 전에도 이슬람교도들은 나름의 정체성을 각자 지녔으나 다음과 같은 차이점이 발견된다. 많은 경우 과거의 이슬람교도들은 자신이 속한 부족이나 마을의 집단적 실천을 **통해** 믿게 되었지만 지금은 이런 틀을 벗어나 스스로의 신앙을 실천할 수도 있게 되었다는 점이다.

스스로 헌신하면서 책임감을 갖는 범주적 정체성을 상정할 때 우리가 근대적인 공적 영역으로 진입해 들어갈 수 있다. 신의 명령에 의해 성립된 왕국, 칼리프 통치, 오래된 종족법, 성스러운 "극장 국가" 같은 전승된 행위-초월적 구조로부터 자유로운 공간을 나는 공적 영역이라 부르는데, 근대의 공적 영역은 사회 구성원들의 자기-의식적 공동 행위에 의해 비로소 창출되는 것이다. 특정한 목표에 대해 곧잘 무심하거나 적대적이기까지 한 대규모 장(場) 안에서, 자발적으로 움직이거나 동기 부여된 사람들이 그 공동 목표를 성취하기 위해 같이 모이거나 같이-행동할 때 비로소 연합체가 창설된다. 자발적 동원이나 집단 행동을 통해서 만들어져야만 특정한 장(場)이 냉담하거나 적대적인 성격을 극복할 수 있는데, 예컨대 이란의 팔레비 왕을 축출하고 설립된 이슬람 공화국이 그 같은 경우다.

이제 근대적 형태의 공적 영역에 딱 들어맞는 종교적 정체성을 갖게 됐는데 이런 정체성이 성립되기 위해서도 공적 영역이 전제되어야 한다. 공적 영역은 근대 정치의 표준적 특징인 개인적 개입과 연합체 형성을 요구한다. 공적 영역이 존속·발전되기 위해서는 다양한 대중 매체를 전면적으로 활용하는 것이 필수적이다. 에켈만은 오늘날의 이슬람 운동들이 얼마나 깊숙이 인쇄물에 의존하는지에 주목했다. 예컨대 이슬람교도들이 서구 세속주의 같은 적대적 이념과의 논쟁으로 종종 치닫기도 하는 독서 행위를 통해 자신의 신앙을 강화한다는 것이다.15) 이란 혁명의 지적 지도자 가운데 어떤 이들은 서양에서 널리 읽히는 프랑스 철학자들과의 부분적 연관 속에서 스스로의 사상을 규정하기도 했다. 호메이니의 육성 설교 테이프가 이란 혁명 성공에 얼마나 큰 역할을 했는지에 대해서는 오늘날 너무나 잘 알려져 있다.

신이 공적 영역에 임하는 경우에조차 수많은 전근대적 형태에서와는 다른 의미를 갖는다는 사실에 주목해야 한다. 전근대적 형태의 경우는 강력하고 국지적인 의미의 신성함에 의존하는데, 내가 원(源)-뒤르켕적 경향이라 명명한 실제 사례를 신이 직접 윤허했다는 프랑스 구(舊)왕정 체제에서 발견할 수 있다. 그러나 서양에서는 미합중국의 탄생처럼 신(新)-뒤르켕적인 모델도 존재한다. 신의 섭리와 계획 위에 미국이 기초하고 있다고 믿는 점에서 신이 세계에 임재해 있는 것이다. 여러 중대한 차이점에도 불구하고 미국과 오늘날의 이란 이슬람 공화국 사이에 일종의 유사성이 있는 것이다.

근대 공적 영역에서 진행되는 운동들 중의 일부가 서양에서 "근본주의"라 불리는, 좀더 순수한 초기 형태의 종교로의 귀환을 외치는 운동이라는 사실이 하나의 역설이라고 주장하는 이들이 있다. 그러나 지나치게 단순화된, 즉 상호 배치되는 전제 위에 동결된 채로 구축된 "근대성"과 "종교"의 정의를 받아들이지 않는다면 역설이 발생할 이유가 없다. 서양인에게 "근본주의"의 전형인 개신교의 성서적 문자주의조차도 최첨단 매체를 이용할 뿐만 아니라 몇몇 근대적 전제 위에서만 비로소 유의미한 것이기 때문이다. 문자 그대로 해석되어야 할 것과 비유적인 것 사이의 선명한 구분 자체가 초기 기독교 시대에는 이해될 수 없었을 근대적 가정이라는 사실에

---

15) D. Eikelman을 참조하라.

주목해야 한다.

근대성과 종교 사이에 역설이 존재하지 않았다고 해도 긴장까지 없었던 것은 아니다. 무심하거나 적대적인 공간 속에서 개인적 헌신에 의존해 움직이는 데는 일정한 책임감이 요구되고, 그 책임감이 새로운 헌신을 반영하는 행위 규칙의 특징들과 충돌할 수도 있기 때문이다. 괴엘과 다른 학자들의 연구가 시사하듯이 가장 선명한 실례로서 이슬람 운동 안에서의 여성의 경우를 들 수 있다. 다시 말하자면, 자발적 행동에 기초한 운동에서 책임 있는 역할은 대변인이라든가 하는 지도자의 자리를 필요로 할 수 있다. 이런 요구와, 공적 영역에서 눈에 띄지 않는 익명 상태로 여성이 남아 있어야 한다는 퇴행적 행위 규칙이 서로 갈등을 빚을 수 있기 때문이다. 새로운 정체성이 형성되기 위해서는 이처럼 긴장이 필연적이며, 이는 다시 갈등과 진화의 중요 원천이 되기도 한다.

II

우리는 지금까지 강한 개인적 믿음을 동반한 종교적 정체성이 공적 영역에 진입하는 방식과 그에 수반된 긴장에 대해 논의해왔다. 그러나 오늘날의 현실에서 이것과는 다른 파괴적 방식으로 종교가 부각되는 현상, 즉 종교가 갈등의 원천으로 부각되는 경우에 주목할 필요가 있다.

많은 경우에 종교로부터 초래되는 갈등은 강력한 개인적 신앙을 가진 사람들 때문에 생기는 게 아니다. 물론 증오, 갈등, 박해의 원천이 종교적 전승 속에 깊이 내재해 있는 것처럼 보일 수도 있다. 계몽주의 시대 이후 널리 퍼진 견해에 의하면, 갈등과 억압적 속성이 유태교적 일신론으로부터 비롯된 종교에서 특히 강하게 나타난다고 한다. 십자군 원정과 종교 재판이라는 끔찍한 역사를 돌아보면서 계몽주의는 특히 기독교가 대표적이라고 보지만, 이슬람교도 거의 기독교와 비슷한 죄과를 갖고 있다고 생각했다. 서양의 자유주의적·세속적 영역에서 호전적 기독교를 규탄하고, 그리고 이슬람교의 사악한 변화에 대해 강력하게 비판한다는 점에서 오늘날 이런 시각이 존속되고 있다고 할 수 있다.

일신론에 대한 비판이 단지 편견의 문제인 것만은 아니다. 고대 세계에서 사람들이 유태인과 후기 기독교인들을 "무신론자"라고 비난했던 것은 특기할 만한 사실이다. 왜냐 하면 교차-숭배와 혼성 종교로 표현되듯 타인의 신앙을 서로 관대하게 인정하는 당시의 통상적 관습을 유태인과 기독교도들이 거부했기 때문이다. 유태인과 기독교도들은 다른 신의 존재 자체를 극력 부정했고, 이방의 신들을 악마와 동일시했으며 다른 신을 경배하는 행위도 철저히 금했다. 분명한 경계선을 설정해 광신적으로 그것을 지켰던 것이다.

기독교와 이슬람교는 유태교로부터 이런 경계선을 계승한 후, 자신들의 신앙을 전 인류에 전도하는 것을 새로운 소명으로 추가했다. 이런 믿음이 특히 기독교의 역사에서 종교적 정복 전쟁이나 강제 개종을 흔히 초래하기도 했으며, 내부적으로도 이단에 대한 경계가 강화되고 배교자들이 가혹하게 처벌되었던 것이다.

따라서 집단적 갈등, 전쟁, 박해, 강제 개종의 원천으로서 특정한 종류의 종교상을 떠올릴 수 있다. 유태교·기독교 같은 종교와, 깨어 있는 이교 신앙에서 발견되는 더 관용적인 태도(에드워드 기본), 중국 문명의 지혜(계몽주의의 중요한 주제), 근래 힌두교의 열려진 경계선, 불교의 평화주의는 서로 선명하게 대조되는 것이다.

역사적으로 보건대 이런 서술에 일리가 있는 것도 사실이지만, 이런 평가가 20세기 상황에서 종교와 증오의 관련성에 대한 전모를 말해주는 것은 아니다. 인도에서는 국지적 힘을 가진 초(超)국수주의적 정치 운동의 집결지의 역할을 어떤 의미에서 힌두교가 맡고 있기 때문이다. 스리랑카에서도 불교를 내세운 끔찍한 폭력행위가 자행되어 왔다. 해당 종교의 전통을 이런 사건들이 배신하고 있다는 지적도 있지만,16) 종교와 폭력 사이의 관련성은 부인하기 어려운 것처럼 생각된다. 일신론에 내재된 폭력이라는 병균이 결국 그토록 전염성이 강한 것일까?

그러나 한 꺼풀 아래 심층을 들여다보면 다른 판단을 내리는 것이 불가피하다. 수많은 20세기적 사건이 노정하는 폭력성의 근저에 자리하고 있는 것은 종교 자체가 아니다. 바꿔 말하면, 그 자체 본질적으로는 종교와 관련 없는 메커니즘을 통해서 폭력이 발생하는 것이다. 몇몇 악명 높은 사례들이 이런 진단을 뒷받침하며, 신앙과 폭력 사이에 다른 관계가 있음을 시사한다.

예컨대 종교 재판이 자행되던 좋지 못한 시절에, 기회주의자나 세태에 영합하기 마련인 사람들이 항상 어느 정도는 존재한다는 사실을 감안하더라도, 종교 심문관들은 많은 경우에 믿음을 보위하고자하는 열망에 불타는 매우 헌신적이고 독실한 신앙인들이었다. 그러나 오늘날 북아일랜드 얼스터의 상황을 보면 패턴이 다르다는 것을 알 수 있다. 거기서 폭력을 구사하는 사람들은, 용감하게 평화를 외치는 정말로 진실한 구교/개신교 신자들과 갈수록 차별화되는 인물들이다. 성직자면서 동시에 극단주의자인 이앤 패슬리 목사 같은 경우는 갈수록 시대착오적 유산이 되어가는 것처럼 보인다. 살인자들도 나름대로 성스럽다고 확신하는 열정에 가득 차 있는 것은 사실이지만, 그 열정은 하나님의 목적에 부합되지 않는 것이다.

극단적인 힌두교 근본주의 정당인 BJP당과 그 모(母) 조직체인 RSS가 또 다른 대표적인 경우다. 도대체 어떤 의미에서 이 단체들

---

16) 특히 스리랑카의 경우, Stanley Tambiah가 지은 *Buddhism Betrayed*(Chicago : University of Chicago Press, 1992)를 보라.

이 비세속적인 종교적 목적을 갖는다고 말할 수 있을까? 간디 암살범들은 간디의 신앙심 자체를 비난한 것이 아니라(어떻게 그게 가능했겠는가?), 간디가 폭력주의를 반대하는 것과, 파키스탄에 인도의 금 소유 일부를 반환한 것을 격렬히 규탄했던 것이다. 암살범의 후예들은 인도를 핵 강국으로 만듦으로써 오래된 야심 한 가지를 실현했다. 그리고 이런 것들이 도처에 편재하는 민족주의의 목표이기도 하지만, 이런 정치적·군사적 야심이 종교, 특히 힌두교와 무슨 상관 관계가 있다는 것인가?

근래 BJP가, 라마 탄생지에 있는 이슬람교 사원을 파괴하고 그 자리에 힌두교 사원을 건립해야 한다는 운동을 펼쳐 자신들의 존재를 각인시킴으로써 집권하는 데는 어느 정도 도움이 됐을 것이다(바브리 마스지드 모스크 사원을 파괴한 행위가 다수 인도인들을 경악시킴으로써 사건 발생 이후 BJP가 당 강령 중에 이 항목에 대한 선전을 약화시켰음에도 불구하고). 따라서 현실은 복합적이다. 하지만 BJP의 핵심 조직인 RSS의 목표를 살펴보면, 세속적 권력 획득을 목표로 삼는 조직체가 대중의 열성적 신앙을 악용하고 있다는 사실에 놀라게 된다. 여하튼 북아일랜드나 인도의 경우 모두 폭력과 테러를 선동하는 데 앞장서는 자들이 반드시 가장 독실한 신앙인인 것은 아니다.

그렇다면 지금 도대체 무슨 일이 벌어지고 있는 것일까? 금세기에 종교와 연루되었다고들 하는 폭력 사태들은 많은 경우 정체성 획득 투쟁의 일환으로 표출된 것이라고 나는 생각한다. 정체성 투쟁이란 나와 남의 정체성을 어떻게 분명히 규정할 것인가의 문제를 둘러싸고 진행된다. 그리고 이런 규정성이 반드시 종교적 성질을 갖는 것은 아니다. 오히려 반대로 민족, 언어, 종족 등이 그런 규정 작업에 영향을 미친다. 여기서 내 논점은 규정 양태의 차이에도 불구하고 정체성 투쟁을 추동하는 동력이 매우 유사하다는 것이다.

정체성을 규정하는 데, 예컨대 언어보다 종교를 더 부각시켜도 달라지는 것은 별로 없다(물론 다음의 내 논의가 보여주는 것처럼 반드시 그런 것은 아니겠지만). 북아일랜드나 예전 유고슬라비아의 경우 원래의 종교적 차이들이, 경험되고 느껴진 "민족"들 사이의 증오라는 형태로 경화(硬化)되었다고 논변할 수 있다. 밀로셰비치 같은 무신론자는 "세르비아인"으로서 보스니아나 코소보 알바니아인들과 전투를 벌이는 것이다. 이런 싸움에 신이나 그리스 정교회의 종교 생활이 끼여들 여지는 없는 것이다. 여기서 중요한 것은 사람들의 역사적 정체성이어서, 성당이나 전통적 경배지 따위는 중요한 영토적 지표일 뿐이지 그 이상의 무엇이라고 할 수 없다.

바꿔 말하면, 근대 정체성 투쟁을 규정하는 데 종교가 중요한 역할을 했을 때조차 종교는 (예컨대 "우리" 민족을 규정하는 역사적 전통 같은) 일반적 서술의 하위 구성 요소에 머물렀다는 것이다. 이런 일반적 서술들은, 항상 종교적 신앙과 실천의 주요 준거였던 신, 깨달음, 해탈 등을 주요 관심사로 취급하지 않았다. 그 결과 종교를 "둘러싼" 투쟁이 아직도 중요한가라는 질문이 이 시점에서 마땅히 제기될 수 있는 것이다.

III

내 논지를 좀더 선명히 하기 위해 오늘날 세계적으로 광범위하게 확산된 정체성 투쟁 밑바탕에 놓인 핵심적인 특징에 대해 논의해보자. 매우 우려할 만하게도 근대의 정체성 투쟁은 어떤 의미에서 근대 민주주의 그 자체로부터 비롯된 것이다. 이것은 매우 역설적인 사태다. 왜냐 하면 근대 민주주의는, 노예와 여성을 배제했던 고대 아테네 민주주의보다 우월한, 인류 역사상 가장 포용적인 체제이고 또 그런 목표를 지향하기 때문이다. 그럼에도 불구하고 민주주의의 동역학은 자주 집단들 사이의 각축과 배제를 초래하는데, 바로 이것이 내가 정체성 투쟁이라고 부른 현상의 근저에 자리잡고 있다.17)

그렇다면 과연 무엇이 배제를 유발할까? 우리는 그 핵심을 이렇게 요약할 수 있다 : **모든** 국민의 통치라는 특징이 민주주의를 포용적인 것으로 만드는 동시에, 모든 국민의 **통치**라는 점에서 배제가 발생하게 되는 것이다. 스스로-통치하는 사회에서 고도의 응집성이 요구되는데, 배제는 바로 그 필요성의 부산물인 것이다. 민주 국가는 공통적 정체성 비슷한 것을 요구한다.

자기-통치와 민주 국가의 정당성의 기본 양태 속에 함축되어 있는 것이, 민주 국가는 인민 주권에 근거한다는 원리라는 사실을 감안하면 왜 민주 국가가 공통적 정체성을 필요로 하는지 이해할 수 있다. 왜냐 하면 인민이 주권자로 자처하기 위해서는 일종의 인격을 지닌 실체가 되어야 하기 때문이다.

인민 주권 체제의 물꼬를 튼 혁명은 통치 권력을 왕으로부터 "민족"이나 "인민"으로 이전시켰다. 그 과정에서 새로운 형태의 집합적 행위자가 만들어졌다. 이런 용어들은 그 전에도 있었으나 그 의미는 적어도 근대 초기 유럽의 맥락에서 이제 전혀 새로운 것이 되었다. 따라서 왕국의 전체 백성들이나 사회의 비(非)엘리트 계층도 분명히 '인민'이라 불릴 수 있으나, 혁명 이전에는 인민이라는 개념이 함께 결정하고 행동할 수 있는 **의지** 주체로서의 실체를 의미하지는 않았던 것이다.

그런데 왜 이 새로운 실체가 강력한 형태의 응집력을 필요로 하는 것일까? 인민 주권이라는 개념 자체가 자유와 권리를 존중해야 한

---

17) 나는 이를 아래 글에서 자세히 논한 바 있다. "A Tension in modern Democracies", in A. Botwinick and W. Connolly, eds., *Democracy and Vision* (Princeton Univ. Press, 2001).

다는 원칙에 의해 다소간 제어되는 다수 의지가 아니겠는가? 그러나 가장 느슨한 조직체까지를 포함해서, 모든 종류의 단체들이 다수결 결정 규칙을 손쉽게 채택할 수가 있는 것이다. 예컨대 공개 강좌가 진행되는 도중에 너무 덥다고 느낀 사람들이 창문을 열 것을 요구하고 다른 이들이 반대하는 상황을 가정해보자. 이 같은 경우, 손을 들어 용이하게 표결이 가능하고 참석한 사람들이 그 결과에 이의를 제기하지 않을 것이다. 이 경우 청중들은 서로 관심도 없고 상대방을 알지 못하면서 단지 강좌 때문에 모인 이질적 개인들의 집합일 수 있다.

이 사례가 민주 사회가 대조적으로 무엇을 필요로 하는가를 보여준다. 민주 국가는 공개 강좌의 청중이라는 우연적 집합보다 훨씬 강력한 연대를 필요로 한다는 사실을 우리는 직관적으로 투명하게 이해할 수 있다. 그러나 이 필연성을 도대체 어떻게 이해해야 할 것인가?

그 한 가지 방법은 인민 주권의 논리를 더 깊숙이 천착해보는 것이다. 인민 주권은, (제한적으로) 다수결에 궁극적으로 의존하는 결정 절차들을 권장할 뿐만 아니라 특정한 정당화를 제공하기도 한다. 예를 들자면, 인민 주권 체제 아래서는 절대 군주정이나 완고한 귀족 정체에서는 불가능한 방식으로 우리가 자유로운 것이다.

이제 이런 상황을 어떤 개인의 시각에서 본다고 가정해보자. 예를 들어, 내가 어떤 중요한 안건을 둘러싼 표결에서 져서, 나로서는 반대하는 규칙을 지킬 수밖에 없는 상황을 상정해보자. 이 경우 내 의지가 실현되지 않았는데 왜 내 스스로를 자유롭다고 봐야 하는가? 왕의 결정과는 대조적으로 내 동료 시민들의 다수결에 의해 결정됐다는 사실이 그렇게 중요한가? 왜 이 요인이 결정적이어야만 하는가? 쿠데타를 통한 집권을 호시탐탐 노리는 잠재적 군주가 이 사안에 대해서 시민 다수의 의견을 거슬러서 나와 견해를 같이하는 사태까지를 가정해볼 수 있다. 이 경우 쿠데타 이후에 내가 더 자유로운 존재가 되는 것이 아닐까? 왜냐 하면 그렇게 됨으로써 현안에 대한 나의 의지가 관철되는 것이기 때문이다.

우리는 이런 문제가 단순히 이론적 차원에 그치지는 않는다는 사실을 분명히 인식할 수 있다. 이런 상황이 개인들 차원에서 생기는 경우는 드물겠지만, 스스로 억압받고 있다고 느끼는 소수 민족 같은 아(亞)집단의 경우에는 정기적으로 발생하기 때문이다. 소수 민족들은 아마도 누가 뭐라고 하든지간에 자신들을 더 큰 주권적 인민의 일부로서 볼 수 없을 것이기 때문에 불만을 가질 수 있다. 그 결과 바로 인민주권론의 논리에 따라서 자신들에 대한 통치를 부당한 것으로 소수 민족들이 간주할 수도 있는 것이다.

공개 강좌에 참석한 청중들보다 훨씬 강력한 의미에서, 집합적 행위자 이념과 인민 주권 사이에 내적 연계가 존재한다는 사실을 우리는 여기서 이해할 수 있다. 이 집합적 행위자는 강좌 참석자의 경우와는 전혀 다르게, 우리가 그 안에 유기적으로 소속되는 것에 의해서 구성원이 될 수 있는 성격의 행위자인 것이다. 상기한 가설적 예처럼 투표에 져서 위에서 상정된 논변의 유혹을 받는 사람들에게 우리가 제공할 수 있는 답변의 성격을 생각해보면, 소속 의식의 본질이 무엇인가를 이해할 수 있다.

거창한 집합적 행위자를 끌어들임으로써 반대 투표자들로 하여금 자발적으로 복속하게 만드는 것은 터무니없는 일이기 때문에, 이 문제에 대한 타당한 해답은 존재하지 않는다고 믿는 극단적인 철학적 개인주의자들이 있다. 그러나 궁극적으로 철학적인 이 사안을 해결하지 않고서는 다음의 질문을 던질 수 없는 것이다 : 중요한 현안을 둘러싼 자신들의 의지가 관철되지 않은 경우에조차 사람들로 하여금 민주 체제 안에서 스스로 자유롭다고 기꺼이 인정하게끔 만드는 "상상된 공동체"의 특징이란 과연 무엇이란 말인가?

이 질문에 대한 답변은 다음과 같은 방식으로 제시된다. 우리와 마찬가지로 여러분들도 자유롭다. 왜냐 하면 우리를 무시하는 다른 주체가 우리를 지배하는 것이 아니라 우리 모두가 함께 우리 스스로를 통치한다는 이유 때문에 모두 자유로운 것이다. 결정을 내리는 데 우리 모두가 나름의 역할을 하고 자신의 견해를 피력할 수 있는, 즉 주권을 창출하는 데 일익을 담당하는 것이 보장되어 있다는 의미에서 우리가 자유롭다는 것이다. 우리 모두에게 자치권을 부여하는 법률 덕분에 우리가 자유를 향유하며, 이 자유를 우리는 함께 누린다. 우리들의 자유는, 특정한 의사 결정 과정에서 우리가 이기고 지는 것과 상관없이 이 법률에 의해 실현되고 보호되는 것이다. 그리고 함께 자유를 실현하고 보위하는 법이 공동체를 정의하는 것이다. 바꿔 말하면, 법에 의거해 함께 행동함으로써 자유를 지키는 집합적 행위자 또는 인민을 이 법이 정의하는 셈이다.

타당하든 그렇지 않든 간에 이것이 바로 민주 사회에서 사람들이 지금까지 수용해왔던 해결책이다. 강좌 참석자의 경우보다 훨씬 강력한 소속 의식을 민주 사회의 구성원들이 포함하고 있음을 이 해결책이 보여준다. 항상 생성 과정 중에 있는 집합적 행위자는 소속 의식을 통해 자유라는 매우 중요한 덕목을 실현하게 된다. 정체성을 형성하는 데에서 이 덕목이 필수적인 한, 개개인들도 집합적 행위자와 강력한 동일시를 경험하며 집합적 주체에 동참하는 다른 사람들에 대해서도 유대감을 느낄 수 있는 것이다. 자신의 자유를 확보한다는 미명 아래 왕(또는 장군)의 쿠데타를 지지할까 말까 좌고우면(左雇右眄)하는 것으로 위에서 가설적으로 묘사된 사람이 던지는 질문에 대답할 수 있는 유일한 방법은 이런 소속 의식에 호소하는 것이다.

누가 종국에 철학적으로 옳든지간에 핵심 논제는 다음과 같다. 즉, 이런 해결책을 사람들이 받아들여야만 인민주권론의 정당성이 사람들의 동의를 확보할 수 있으며, 또한 강력한 집합적 주체에 대한 호소를 통해서만 이 정당성 원리가 유효하게 되는 것이다. 앙앙불락(怏怏不樂)하는 무수한 소수 민족의 경우에 나타나듯 집합적 행위자와의 동일시가 부재한 곳에서는 반대자들이 보기에 정부의 지배가 정통성을 결여하게 된다. 인민의 지배라고? 그건 멋들어진 이야기다. 허나 우리는 그 인민의 일부가 아니므로 지배를 받아들일 수 없다는 논거에서다. 여기서 민주주의와 강력한 집합적 공동 주체 사이에 존재하는 내적 연관성이 드러난다. 반대자들은 민주 정체의 바탕을 흐르는 정통성 원리의 논리를 이용해 위험 부담을 스스로 진 채 정체성 형성을 거부하고 있는 셈이다.

이 마지막 사례는 인민주권론의 호소력에 중요한 변환이 발생했음을 시사한다. 바로 위에서 언급한 예는, 고대 공화정이 창도했고 미국 독립 혁명과 프랑스 대혁명에 의해 환기된 "공화주의적 자유"라고 부를 수 있는 종류의 것이었다. 그러나 바로 프랑스 혁명 직후에 인민주권론의 매력이 민족주의적인 형태를 띠기 시작했다. 프랑스 군대가 무력을 통해 프랑스 대혁명의 원리를 전파하려던 시도가 독일, 이탈리아 등에서 오히려 반작용을 초래한 것이다. 즉, 프랑스 대혁명을 추동하고 보전하던 주권적 인민의 이념이 자신들을 대변하지도 않으며, 그 속에 자신들이 포함되지도 않는다는 사실을 이들이 깨닫게 된 것이다. 따라서 주체적 행위자가 되기에 필요한 통합성을 획득하기 위해서는 주권적 인민이 사전(事前)에 존재하는 문화, 역사 그리고 (유럽의 경우 더욱 자주) 언어의 공통성을 이미 가지고 있어야만 한다는 인식이 널리 받아들여졌다. 정치적 민족이 가능하기 위해서는 그전에 이미 문화적(때로는 인종적) 민족이 성립해야만 했던 것이다.

이런 의미에서 민족주의는 민주주의가 (바람직하거나 또는 바람직하지 못한 방식으로) 성장해 표출된 것이다. 신성 동맹의 연합체인 다인종적 전제 제국에 대항하는 해방 투쟁이 전개된 19세기 초

유럽 상황에서는 민족주의와 민주주의 사이에 어떤 갈등도 없는 듯 보였다. 예컨대 마치니가 보기에 양자는 완전히 일치되는 목표였던 것이다.[18] 특정한 민족주의가 자기 주장을 내세워 인권과 민주주의를 폐기한 것은 그 후의 일이다.

그러나 이 단계에 들어서기 전에도 민족주의는 인민주권론을 조정하는 구실을 했다. 소수 민족 같은 반대자들에 대한 응답은 다음과 같이 제시된다 : 당신들의 정체성에 핵심적인 사항이 공동의 법에 의해 구현되며, 공화주의적 자유뿐만 아니라 문화적 정체성 질서도 이 핵심적 사항 가운데 하나인 것이다. 바꿔 말하면 인간으로서의 자유뿐만 아니라 공통의 문화적 정체성의 표현까지를 민족국가가 보위하고 실현한다는 것이다.

비록 실제로는 두 흐름이 자주 동행하면서 민주 사회의 수사학과 상상 속에서 서로 구별되지 않지만, 인민주권론의 호소력도 "공화주의적" 흐름과 "민족적" 흐름을 갖는다고 할 수 있다.

(사실상 최초의 "공화주의적", 전(前)-민족주의적 혁명이었던 미국 독립 혁명과 프랑스 대혁명이 산출한 사회에서도 민족주의가 출현하는 것을 볼 수 있다. 혁명가들이 내심 실제로 어떤 배제를 수용하고 선호했다고 하더라도 두 혁명의 지향점은 자유라는 보편적 선이었다. 그러나 미국과 프랑스에서 공히 혁명가들은 자유를 실현하는 **특정한 역사적 기획**에 애국적으로 헌신했던 것이다. 자신들의 공화정이 "인권"의 담지자며 "인류 최후, 최선의 희망"이라

---

18) 그리고 사실상 민주주의 추진 운동은 압도적으로 "민족적"형태를 취했다. 논리적으로는 오스트리아나 터키 같은 다민족적 권위주의 체제에 대한 민주적 도전이, 제국에 편재(遍在)하는 "인민"들이 다민족적 시민권을 추구하는 형태로 전개되는 것도 얼마든지 가능하다. 그러나 실은 이런 시도가 실패하고 민족들이 각개 약진했던 것이다. 그래서 1848년에 체코인들은 파울스키르헤에서 민주화된 제국에 소속되는 것을 거부했으며, 마찬가지로 오토만 제국의 시민권을 획득하고자 했던 신생 터키의 시도가 좌초됨으로써 맹렬한 터키 민족주의가 발생했던 것이다.

는 선언에서 드러나듯 보편주의 자체가 강력한 민족적 긍지의 원천으로서 작동했던 것이다. 이것이 바로, 적어도 프랑스의 경우에 자유가 정복의 기획으로 전화되어 위에서 언급한 것처럼 대응적 민족주의를 초래하는 치명적 결과를 낳은 이유다.)

그 결과 자신들의 자유의 실현 / 보루이자, 민족적 / 문화적 표현으로서 구성원들이 동일시하는 새로운 집합적 행위자가 출현했다. 물론 전근대 사회에서도 사람들이 체제나 신성한 왕 또는 위계 질서와 자신들을 "동일시하기도 했으며", 기꺼이 신민이 되기도 했다. 그러나 민주 시대에 사는 우리는 자유로운 행위자로서 동일시하는 것이다. 이것이 바로 정당화 이념에서 인민의 의지 개념이 핵심적 역할을 하는 이유다.19)

이는 근대 민주 국가가 시민들의 자유의 보루와 표현의 장(場)이라고 자처할 수 있는 공동의 목적과 준거점을 일반적으로 수용한다는 사실을 뜻한다. 사실상의 근거가 있든지 그렇지 않든지 간에, 정통성 있는 국가라면 시민들이 이 같은 주장을 믿어야만 한다.

그래서 대부분의 전근대 국가에서는 찾아볼 수 없는 다음과 같은 질문들이 근대 국가를 향해 제기될 수 있는 것이다 : 즉, 국가는 무엇 때문에 누구를 위해 존재하는가? 누구의 자유와 어떤 사람들의 자기 표현을 위해서 국가가 있는가? "누구를 위해?"라는 질문에 대해 합스부르크 왕조나 오토만 왕조를 지칭하면서 대답하지 않는 한, 오스트리아 제국이나 터키 제국에 대해 앞서의 질문을 던진다는 것은 무용한 일이며, 이런 답이 제국의 통치를 정당화시켜줄 가능성

---

19) 아주 초기에 이 이념의 기초를 놓았던 루소는, 민주적 주권체가 강좌 참석자 같은 "우연적 집단"이 아니라 강력한 집합적 행위자로서 "자발적 모임"이어야 한다고 생각했다. 즉, "독자적인 통합성, 공통적인 나, 생명, 의지를 갖춘 도덕적이고 집합적인 단체"여야 한다는 것이다. 여기서 의지라는 용어가 핵심적인데, 왜냐하면 이 단체에 인격을 부여하는 것이 바로 "일반 의지"이기 때문이다. Rousseau, *Contrat Social*, 1권 6장.

도 거의 없다.

근대 국가가 지닌 정치적 정체성이란, "누구와 무엇을 위해?"라는 질문에 대해 일반적으로 수용된 답변이라고 정의될 수 있는 것이다. 근대 국가 구성원들의 삶에서 무엇이 중요한 가를 규정해주는 준거점인 수많은 성원들의 다양한 정체성과 국가의 정치적 정체성은 서로 다르다. 양자 사이에 접점이 있으면 물론 더 바람직하다. 그러나 개인과 소집단의 정체성은 갈수록 다양해지고 분화되어서 서로 상이해지기 마련이다.[20]

따라서 공동의 정체성이 필요해지는 것이다. 그런데 공통적 정체성이 어떻게 배제를 만들어내게 되는 것일까? 다양한 상황들에서 예증되듯이 여러 가지 가능성이 존재한다.

이런 상황 가운데 가장 비극적이면서 선명한 경우가 바로 오늘날 우리가 "인종 청소"라 부르는 현상인데, 이때 주류 통합체에 들어가지 못하는 집단은 잔혹하게 쫓겨나게 된다.

인종 청소 같은 극단적 조치가 취해지지는 않는 경우도 있지만, 주류 정체성을 위협하는 독자적 집단을 겨누는 배제의 역학이 여기서도 마찬가지로 작동하기 마련이다. 이상하게 들릴지도 모르지만, 강제적 산입(算入)도 일종의 배제로 분류되어야 한다. 예컨대 19세기 헝가리 민족주의 운동은 슬로박 족과 루마니아인들을 강제로 통합시키려 했으며, 터키인들은 자신들의 동부 쪽 국경에 쿠르드 소수 종족이 존재한다는 사실 자체를 인정하지 않으려 한다. 소수 인종들이 보기에 이것이 배제가 아닌 것으로 생각될 수도 있으나 분명히 배제로 귀결되는 조치다. 결과적으로 주류 집단이 소수 종족들에게, '너희들의 정체성과 자아관 그대로는 우리 땅에 둘 수 없으니 우리 입맛에

---

20) 나는 이 관계를 "Les Sources de L'identité moderne", in M. Elbaz, A. Fortin, G. Laforest, eds., *Les Frontières de L'Identité : Modernité et postmodernisme au Québec* (Saint-Foy : Presses de L'Université Laval, 1996), 347-364쪽에서 분석했다.

맞게 너희들을 뜯어고쳐 놓겠다'라고 말하는 것이기 때문이다.

또 배제가 남아프리카공화국의 옛 인종차별 정책처럼 궤변의 형태를 취할 수도 있다. 이 경우 흑인은 국가 외부에 있는 "모국"의 시민에 불과하다는 이유로 수백만 흑인들의 남아프리카공화국 시민권이 거부되었던 것이다.

소수파 같은 타자들이 주류의 정치적 정체성에 위협이 된다고 생각될 때 이런 배제 조치가 시행된다. 그러나 타자들로부터의 위협이 과연 사실인가 하는 것은, 인민주권론이 우리 시대를 대변하는 정통성 이념이라는 사실에 비추어 판단되어야 할 것이다. 오토만 제국의 경우처럼 사회 성원들이 신분에 의해 확연히 우열성이 갈리는 노골적인 계급 사회를 유지하기는 쉽지 않은 일이다.

따라서 옛날의 지배자들은 자신들과 매우 상이한 방대한 숫자의 신민들과 기꺼이 공존했으며, 실상 신민의 숫자가 많으면 많을수록 바람직하게 여겼던 것이다. 오메야드 제국을 정복한 이슬람교도들은 피치자인 기독교인들의 개종을 강제하지 않았고, 오히려 개종을 말리기까지 했다. 치자와 피치자 사이의 불평등 상황이라는 기본 전제가 인정된다는 전제 아래서, 옛 제국들은 "다문화적" 관용성과 공존에 결코 인색하지 않았던 것이다. 유명한 실례를 들면, 아크바르 치하의 무갈 제국의 경우는 오늘날 그곳이나 세계 다른 곳의 현황과 비교해서도 놀라울 만큼 개명되고 인간적이었던 것이다.

유럽에 국한시켜 이야기한다고 해도 발칸 전쟁으로부터 시작해 제1차 세계대전을 거쳐 제2차 세계대전에 이르기까지 유행병처럼 확산되었고 지금도 계속되고 있는 것같이, 20세기가 인종 청소의 시대라는 것은 우연이 아니다.

국가의 정치적 정체성과 연관해 국민을 심각하게 분열시키는 새로운 현안들을 초래했다는 의미에서 민주주의의 시대는 공존을 방해하는 장애물을 산출한다. 예컨대 인도 아(亞)대륙 대부분 지역에서 힌두교도들과 이슬람신도들이 서로 종교적으로 영향을 주고받으면서 사이좋게 공존해왔는데, 후에 치열하게 서로 싸우게 되었던 것이다. 과연 무슨 일이 발생했던 것일까? 영국의 분할 통치 전략 시도 또는 어느 지역에서 누가 다수인가를 처음으로 따졌던 영국의 인구 조사 애호증 등이 그 이유라고 주장되기도 한다.

이것이 중요한 요인일 수도 있겠지만, 분명한 사실은 정치적 정체성이 현안으로 떠오르는 상황에서야 이런 요인들이 비로소 중요성을 띠게 된다는 것이다. 외부에서 부과된 다인종 제국의 꺼풀을 민족주의적 운동이 벗겨내고 민주 국가를 성립시킬 때 정치적 정체성의 문제가 현안으로 부상한다. 그렇다면 정치적 정체성이 단순히 다수결의 문제인 것일까? 예컨대 이슬람교도들은 파키스탄의 힌두 라지 산맥으로 향해야 한다(파키스탄으로의 통합 — 역자 주)는 보장을 다시 요구한다. 또 범(汎)인도적 정체성을 지향한 간디와 네루의 제안은 지나교도들을 만족시킬 수 없다. 그 결과 의심이 싹트고 독자적 정체성에 대한 요구가 생겨 분열이 시작되는 것이다.

그 결과 모든 당사자가 상대방을 정치적 정체성에 대한 위협으로 받아들이도록 인도된다. 우리가 아직 정확히 알지 못하는 기제를 통해 때때로 이 같은 두려움이 우리 집단의 삶에 대한 직접적 위협으로 전화되며, 우리에게 끔찍하게 익숙해진 것처럼 잔혹한 대응과 재대응의 악순환으로 폭발하는 것이다. 그렇다면 다수라는 것이 결정적 중요성을 획득하게 되는 민주주의 시대에서만 인구 조사가 파괴적 중요성을 갖게 된다고 정리할 수 있을 것이다.

IV

내가 국가의 정치적 정체성이라고 명명한 새로운 질문들을 인민

주권의 시대가 제기하기 때문에 정체성 투쟁의 밑바탕에는 민주주의가 놓여 있다. 예컨대 국가의 목표는 무엇이며 국가는 누구를 위해 있는가? 이 질문에 대한 답에 대해서도 또 질문이 꼬리를 물고 이어진다. 나나 우리가 이 국가와 "스스로를 동일시"할 수 있는가? 국가가 우리들을 과연 반영하는가? 우리 자신들을, 국가가 반영하거나 보호하게끔 되어 있는 국민의 일부라고 간주할 수 있는가?

개인과 구성 집단들이 자체의 삶에서 무엇이 중요한가를 정의할 수 있게 해주는 개체적 정체성이 정치적 정체성과 만나는 자리에서 위의 질문들에 대한 깊은 감수성과 강력한 이의가 체험될 수 있다. 프랑스어를 쓰는 공동체에 내가 소속된다는 사실을 만약 내 스스로 중요하게 생각한다면 영어를 공용어로 쓰는 국가는 나를 제대로 반영할 수 없다 ; 내가 이슬람교를 진정으로 믿는다면, "힌두교 근본주의"에 의해 정의되는 국가는 온전한 나의 것일 수 없는 것이다. 따라서 근대 민족주의의 한가운데 우리가 놓여 있는 것이다.

그러나 국가 의지에 반영되기를 바라는 개인적 정체성과 집단 정체성들 자체가 자주 재정의되는 과정 가운데 있기 때문에 "민족주의적" 현안이 훨씬 복잡해진다. 이런 재정의도 흔히 환경에 의해 제약되며, 굉장히 갈등 유발적이고 혼란스럽다고 할 수 있다. 근대 세계에서 연속적으로 민족주의가 부상하는 과정을 좇아가보면 이런 궤적을 둘러싸고 있는 힘들을 발견할 수 있다.

우리는 애당초 왜 민족주의가 발생하는 것인가라고 물을 수도 있다.21) 나아가, 헤겔이 선호했을 가능성이 많은 것같이 왜 독일인들은 자유로운 나폴레옹 제국의 성원이 되는 데 만족하지 않았을까? 왜 알제리인들은 험난한 독립 투쟁 대신 "알제리가 바로 프랑스다"라는 논리가 가져다주었을 명실상부한 프랑스 시민권을 요구하

---

21) 이에 대해 나는 아래 글에서 자세히 분석했다. "Nationalism and Modernity", J. Hall. ed., *The State of Nation* (Cambridge Univ. Press, 1998).

지 않았을까? 이처럼 수없이 많은 유사한 질문들이 추가로 제기될 수 있다.

그러나 민족주의 운동의 초기 단계에서는 자신들이 거부하는 식민 모국의 문화를 숙지하고 있는 엘리트들이 앞장선다. 성공적인 민족주의 운동의 경우, 그러다가 나중에 인민 대중이 동참하게 되는 것이다. 따라서 우리는 민족주의 운동의 원천에 대한 서술의 두 단계를 구별해야 한다.

첫 번째 단계를 먼저 다루어보자 : 식민 모국의 수많은 가치관을 수용했음에도 불구하고 왜 엘리트들이 식민 모국으로의 통합을 거부하는 것일까? 여기서 우리는 근대성의 전개 양상에 특유한 또 다른 특징을 관찰해야 한다.

한편으로 근대성은 파도와 같은 것으로서, 전통적 문화들을 연이어 압도하고 포위하기 마련이다. 그 중에서도 근대성을 시장-산업 경제, 관료적으로 조직된 국가 그리고 인민의 자기 지배 형태 같은 발전으로 이해한다면, 근대성은 참으로 파도처럼 전진한다. 그리고 인민의 지배까지는 몰라도 시장 경제와 관료 국가는 어떤 의미에서 돌이킬 수 없는 시대적 흐름이다. 시장 경제와 관료 국가 또는 그것과 비슷한 훌륭한 기능적 대안을 거부하는 자는 누구든지 냉혹한 세력 경쟁에서 처지게 될 것이고 종국에는 이런 변화를 겪게 되지 않을 수 없다. 이런 식으로 정의된 근대성의 전진을 추동하는 역관계에는 충분한 이유가 존재하는 것이다.

그러나 이를테면 내부로부터 체험되는 근대성은 적잖이 다른 것이다. 방금 서술된 제도적 변화는, 서양에서 맨 처음 그랬듯이 다른 곳에서도 예외 없이 전통적 변화를 흔들고 변화시켰다. 부끄럽게도 유럽 식민주의가 수없이 범한 것처럼 토착 문화가 거의 파괴되고 원주민들은 죽거나 강제로 통합되는 경우 외에, 토착민들이 새로운 관행을 수용하면서 자신들의 전통 문화에서 적절한 전거(典據)를 찾을 때 전통 문화에서 근대성으로의 성공적 전환이 성취된다. 그런 의미에서 근대성은 하나의 파도가 아니다. 세계에서 이런 제도적 변화를 수행하는 문화들이 각기 중요한 의미에서 서로 다르기 때문에, 복수(複數)의 근대성이라고 표현하는 것이 더 적절하다. 따라서 그 자체로도 매우 다양한 서양 근대성의 행로 외에도 일본의 근대성, 인도의 근대성, 이슬람 근대성 등의 다양한 변용이 운위될 수 있는 것이다.

이런 관점에서 우리는 파도로서의 근대성이 전통 문화에 위협적으로 느껴질 수 있다는 사실을 이해한다. 근대성은, 변화에 격렬히 반대하는 사람들에게는 외부적 위협으로 남을 것이다. 그러나 특정한 형태의 제도적 변화를 수용하려 하는 사람들에게서 발견되는 반응이 있다. 보수주의자들과는 달리 이들은 변화에 포위되고 압도당해버린 원주민들의 운명을 피하려하면서도 변화 자체를 거부하려 하지는 않는다. 그들이 원하는 것은, 새 관행을 성공적으로 차용할 수 있게 해주는 자신의 문화적 원천을 이용해 근대성에 창조적으로 대응하는 것이다. 요약하자면, 이들은 서양의 경험을 교사로 삼고자 하는 것이다. 그러나 그 목표를 이루기 위해서는 서양의 경험을 복사만 해서는 곤란하다는 사실도 이들은 깨닫고 있다. 전통적 전거를 활용한 창조적 변용이란, 그 말의 정의상 문화마다 다를 수밖에 없기 때문에 서양 근대성을 그대로 차용하는 것은 해법이 될 수 없다. 바꿔 말하면, 서양을 베끼는 것은 곧 서양에 함몰되는 것을 뜻하므로 다른 방안을 찾아보아야 하는 것이다.

따라서 자신들이 처한 상황에서 발견되는 객관적 요소에 대응하려는 "근대화되고 있는" 엘리트들은 "차이에의 소명"을 체험한다. 차이에의 소명이 민족주의의 한 배경이지만 이것이 전부는 아니다. 자국민의 번영을 지향하는 사람들은 누구든지 다소간에 차이에의 소명감을 느끼지만, 자기 존엄 의식을 압도적으로 중시하는 엘리트 계층이 특히 강력하게 이런 도전을 절실히 체험하게 되는 것이다.

시장 경제, 국가 체제, 민주화를 효과적으로 받아들인 사회들이 막강한 힘을 갖게 되기 때문에 서양 근대성은 정복의 문화로서 기능해왔다. 그런데 정복자들은 즐겁게 수용하지만 피정복자들은 거부하는 우열(優劣) 의식의 전제가 정복의 도정 중에 싹트게 되며, 이는 자기 존엄 의식에 대한 심각한 도전이 아닐 수 없다. 전통적 엘리트 집단이 정복 과정으로부터 격절(隔絶)되어 있는 수준에 비례해서 위기 의식을 덜 느낀다. 그러나 이미 식민지가 된 상황에서든 아니면 압도당해 위태로운 상황에 있는 나라에서든 근대화에 동참하고 있는 엘리트들은, 극복되어야 마땅한 후진성에 항시적으로 도처에서 직면하게 되는 것이다. 문제는 이들이 이 후진성을 넘어설 수 있는가 하는 것이다.

따라서 엘리트 집단이 나름의 해결책을 발견해야만 한다는 과업은 동포애의 차원을 넘어서, 자신들의 존엄성을 지켜야 한다는 절박성을 갖는다. 엘리트들이 주체성을 지키면서 제도적 변화를 이루고 창조적 변용을 수행할 수 있을 때까지는, 자문화의 열등성이라는 오명을 피할 수 없기 때문이다. 정복자들이 무차별적으로 피정복 문화에 대한 편견을 퍼트리게 되는 것은 물론이다. 그들의 힘과 성공 때문에 정복자들의 발언은 (비합리적이지만 이해할 만하게도) 무게를 갖기 마련이며, 어떤 의미에서 대화 당사자가 된 정복자들이 피정복자들을 인정할 때 그것은 심대한 의의를 갖게 된다. 자신들이 인정받지 못할 때 특히 피정복자들은 정복자들에게 인정받는 것의 중요성을 가차없이 부인하지만, 그런 과장된 어조가 부인의 진실성을 때로는 의심쩍게 만드는 것도 사실이다.

차이에 대한 요구의 인정인, 식민 모국으로 통합되는 것에 대한 엘리트 집단의 거부가 근대 민족주의적 전환의 한 원천인 것이다. 그리고 이는 바람직한 공동선을 창조해야 한다는 문제로서 뿐만 아니라 너무도 절절한 자기 존중과 존엄성의 문제로서, 하나의 실존적 도전으로서 체험되는 것이다. 민족주의가 그렇게 강력한 감성적 힘을 갖는 이유, 또 긍지와 수치의 문제와 그렇게 자주 결부되는 이유도 바로 이 때문이다.

근대적 질곡에 대한 대응이라는 면에서 민족주의는 근대의 소산이다. 그런데 이런 도전과 응전의 관계는 좀더 밀접한 것이기도 하다. 위에서 나는 종종 민족주의가 "근대화되어가는" 엘리트 집단에서 득세한다고 논한 바 있다. 존엄성에 대한 위협에의 대응이 민족주의의 한 얼굴이라는 점에서 도전 / 응전의 연관성은 단순한 우연 이상의 것이다. 그러나 동시에 근대성은 존엄성의 조건을 변화시켰다.

결과적으로 이는 위계적이고 "매개된" 사회로부터 "수평적이고" 서로 직접 접촉이 가능한 사회 방향으로의 변화가 될 수밖에 없다. 초기 사회에서 관례였던 명예의 개념은 본질적으로 위계적이었고, 몽테스키외의 용어를 빌자면 "우선권"을 전제했다.[22] 내가 명예를 갖기 위해서는, 오늘날의 명예표창장 "수상 목록"의 경우에서처럼 일부에게만 부여되는 그런 위상을 지녀야만 한다. 그런데 이와는 정반대로 모든 인간이 동등한 존엄성을 지닌다는 생각 위에 수평적 사회가 근대적인 "존엄성" 개념을 발전시켰다. 예컨대 칸트에게 존엄성은 모든 이성적 행위자에게 공통적으로 귀속된다.[23] 철학적으로 우리는 모든 인간이 다 존엄한 존재라고 믿지만, 정치적으로는 수평적 사회가 함께 제대로 작동할 때 비로소 우리가 동등한 존엄성의 느낌을 공유하게 되는 것이다.[24] 전형적으로 근대적인 문제 상황에서는, 존엄성은 공동의 범주적 정체성과 서로 연계된다. 나의 자

---

22) Montesquieu, *L'Esprit des Lois*, 5권 1장.
23) I. Kant, *Groundwork of the Metaphysics of Morals*, Berlin Academy Editions (Berlin : de Gruyter, 1968), 4권, 434쪽.
24) 이것이 꼭 정치적 사회일 필요는 없다. 그것은 종교적 고해에서거나, 인종적 무리처럼 느슨한 공동 행위자일 수도 있다.

존 의식은 내 족보나 우리 종족만으로는 도출될 수 없으며, 중요한 부분이 범주적 정체성에 의존한다.

그러나 근대 사회로 깊숙이 진입할수록 범주적 정체성 자체가 위협받거나 모멸의 대상이 될 수 있는데, 이때 존엄성의 문제가 한층 분명하게 우리 앞에 부각되는 것이다. 민족주의가 근대적 현상인 이유는, 근대화의 물결이 대변하는 위협에 대응하는 전형적으로 근대적인 응전 방식이기 때문이다. 전통 사회의 엘리트층은 정복자의 힘 앞에서 존엄성이 결정적으로 감소하는 것을 언제나 체험하게 된다. 이에 대처하는 한 가지 방식은, 전통적 정체성이나 명예 의식에 의존해 정복자들에 대항하거나 타협하는 방법이다. 또 수립해야만 하는 존엄성의 담지자로서 새로운 범주적 정체성을 형성해내는 방법이 있는데 바로 이 대응 방식의 한 종류가 민족주의인 것이다. 따라서 민족주의는 본질적으로 근대의 소산이다. 부분적으로, 1857년에 발생한 인도의 대반란은 끊임없이 되풀이되는 존엄성의 상실을 (무갈 제국의 부흥이라는 — 역자) 전근대적 맥락에 의존해 극복해보려는 시도였기 때문에 후의 인도독립의회 같은 민족주의적 운동이 아니었던 것이다.

민족주의의 근대적 문맥은 또한 존엄성에 대한 추구를 외부적으로 하게 만든다. 어떤 인간적 정체성도 순전히 내면적으로만 형성되는 것은 아니며, 타자가 일정한 역할을 하게 마련이다. 그러나 좋은 의미에서든 나쁜 의미에서든 타자의 역할이 우리가 갖고 있지 않은 그 무엇을 대조적으로 정의하는 데 그칠 수도 있다. 새로 "발견된" 대륙의 원주민들이 콜럼버스 이후의 유럽인들을 그런 방식으로 보았다. 유럽인들도 한편 긍정적인 방식으로(자축하는 의미에서 스스로를 "문명인"이라고 규정하는 식으로), 또 동시에 자기 비판적 방식으로("순수한 야만인"과 대조되는 타락한 유럽인으로) 문명의 타자인 "야만인"을 상정했다. 타자에 대한 이런 방식의 준거는 상호 작용을 필요로 하지 않는다. 만약 서로 교류가 늘어나면 이런 판에 박힌 시각이 더 이상 유지될 수 없기 때문에 상호 작용이 없을수록 더 좋다고 생각할 수도 있다.

그러나 근대 세계에서의 정체성은 갈수록 우리가 타자와 직접 만나는 인정의 공간에서 형성된다는 사실을 강조하고 싶다. 여기서 인정의 정치학에 대한 일반 이론을 개진할 수는 없으나,[25] 근대 민족주의의 경우 이는 분명한 사실이라고 생각된다. 근대 민족주의 정치는 인정의 정치며 참으로 그 원형적인 범례라 할 수 있다 : 민족적 투쟁은 페미니즘, 소수 문화자 운동, 동성애 운동 등에 적용될 수 있는 모델이 창출되는 지평이다. 반식민 투쟁의 문맥에서 쓰여진 프란츠 파농[26] 같은 사람의 저작의 주제들이 다른 맥락에서 활용되는 사실이 이런 연관성을 예증한다. 엘리트층에서의 강력한 민족적 감정은 흔히 정체성의 가치가 위협받을 때 발생하는 것이다.

정복 사회의 구성원들의 입장에서 처음에는 피식민지의 정체성이 비(非)인정에 취약한 것으로 여겨진다. 허나 나중에는 세계적인 공적 지평이 생겨나 그 안에서 주체적으로 당당하게 서 있다고 자처하는 민족들이 그 지평 위에서 평가되고 있음을 스스로 보고 또한 그런 평가가 중요하다고 생각하게 된다. 세계 차원의 공적 지평은, 차별성을 부드럽게 표현하기 위해서 주기적으로 신조어를 발명해야 될 정도로 상대 평가의 어휘에 의해 지배당하고 있다. 예컨대 제2차 세계대전 후에 "저-발전국"이라는 용어가 그때까지 널리 사용되던 "후진국"이라는 표현을 대체했는데, 이제 그 말도 세련되지 못하다는 이유로 선진국 / 개발도상국이라는 지금의 구분법을 쓰고 있는 것이다. 선진국을 따라잡아야 한다는 근대 민족주의의 배경이

---

25) "The Politics of Recognition", in A. Gutman, ed., *Multiculturalism and "the Politics of Recognition"* (Princeton Univ. Press, 1992) 참조.
26) 특히 *Les Damnés de la Terre* (Paris : Maspéro)를 보라.

이런 공통 용어들 안에 녹아 있거니와 이 용어 자체가 세계 공적 영역을 활성화시키기도 하는 것이다.

정복이나 정복의 위협이 우리들의 자존 의식에 건강하게 작용했던 적은 한 번도 없었으며, 근대 민족주의도 아주 오래된 어떤 울림을 갖는 것이 사실이다. 그러나 (제도적) 근대화의 연속적 물결, 차이에의 도전, 범주적 정체성의 성장 그리고 인정의 공간으로서 세계 공적 지평의 창출이라는, 민족주의를 만들어낸 전체 맥락은 본질적으로 근대적인 것이다. 따라서 원시적 정체성이나 격세 유전적 대응으로부터 오늘날 우리는 매우 먼 거리에 놓여 있는 것이다.

V

지금까지 우리는 근대의 정체성 투쟁의 배경에 대해 논의해왔다. 이는 근대 국가 안에서 피할 수 없는 장(場)을 창출하는데, 그 장에서는 정체(政體)의 본질이 무엇이며 누구를 위한 것인가 하는 정치적 정체성을 둘러싼 질문과, 나/우리가 그 안에서 자리를 확보하고 있는가 하는 파생적 질문이 제기된다. 이런 논제가 전통적 생활 방식을 필연적으로 재규정하는 작업이 수행될 수 있는 바로 그 지점이기 때문에 논의가 그만큼 특별히 뜨거운 것이 된다. 독립 국가의 국민인 "우리"에 대한 요구 자체 또는 우리를 배제하는 현존하는 국가 안에서 우리의 의지가 반영되어야 한다는 요청, 근대적 의미에서의 국민됨을 향한 이런 움직임 자체가 "우리"가 과연 누구인가라는 질문의 재정의를 포함하기도 한다. 따라서 이전에 주류였던 "캐나다적-프랑스적 국가"에 대한 보수적, 교권적 규정에서는 이런 규정이 정치적 제도를 통해서가 아니라 가톨릭 교회가 주된 역할을 하는 삶의 방식들의 대화 속에서 주로 실현되어야 한다고 주장했던 것이다. 경제 성장을 강조하고 특히 교육과 보건 의료 등의 사회 문제들을 다루는 데 국가의 역할을 강화시키려는 경향을 가졌던 영어-개신교 문화적인 북미 사회를 강력하게 견제하는 것이 그 당시의 정치적 전술이었다. 이는 지방 경제를 강하게 엄호하는 태도와 함께, 중앙 정부를 배제해왔던 영역에 지방 정부가 직접 개입하는 것을 삼가는 지방 정부 차원에서의 자기 절제를 요구했다. 오늘날 독립 국가의 성립을 바라는 일부 "퀘벡 분리주의자들"의 정체성 밑바닥에 놓여 있는 자기 규정과는 현격한 차이를 보이는 태도가 아닐 수 없다.

물론 이런 움직임은 종교적 자기 규정으로부터 거리를 두는 것을 포함한다. 지난 50년 동안 퀘벡 사회는 급격히 세속화되었다. 아일랜드적 교권 전통과의 격렬하고 오래된 싸움이 예시하듯이 민족주의의 초기 유형은 개신교도들이 다수인 캐나다와 북미 대륙에서 가톨릭 공동체의 성원이 된다는 것이 무엇을 의미하는가에 대한 논쟁적 태도를 동반했다.

여기서 핵심 문제는 다음과 같다. 어떤 종류의 국가를 만들 것인가? 선택은 가능한가? 독립 국가를 건설할 수 있겠는가? 아니면 통합을 선택해야 하는가 하는 정치적 정체성의 논제를 해결하는 과업은 개인적-집단적 정체성과 관련된 주요 문제를 해결하는 작업과 분리할 수 없다. 후자는, 정녕 우리가 누구인가? 무엇이 우리에게 중요한가? 현재에 대한 가치 판단이 과거에 우리에게 중요했던 것을 정의하는 것과 어떤 관련이 있는가? 우리를 우리로 만드는 과거와의 의미심장한 연계성이란 무엇인가?(예컨대 4세기 동안 프랑스어를 썼다는 사실이 핵심인가, 아니면 가톨릭 신자라는 사실이 중요한가?)

이런 재(再)주장 또는 재규정을 특히 어렵게 만드는 요인에는 두 가지가 있다. 먼저 이런 재정의 작업이 매우 고통스러워서 정체성이 상실됐다거나 배신당했다고 여기는 지점에 이를 수 있다. 또한 존엄성이 화두인 상황 속에서 살고 있으므로 우리가 얻게 될 정체성이 우리를 열등하게 각인시켜 남보다 못한 존재, 그래서 남의 그늘에 가려서 지배받아야 할 존재로 낙인찍히는 것이 아닌가 하는 두려움이 있다. 강력한 타자가 우리를 실제로 열등하게 여길 수도 있다. 그러나 더 중요한 문제는 우리가 어떻게 이런 상황에 대처할 것이며, 과연 특정한 방향(경제 "근대화", 사회적 관행의 개혁, 독립이나 자치의 획득)으로 변화함으로써만 남이 가하는 경멸적 판단을 거부하고 국가들 사이에서 당당하게 설 수 있겠는가의 여부다. 한 사람이 진실로 변화해 존엄성을 회복한 것이 다른 이들에게는 전면적 배신이 된다는 사실이 우리가 처해 있는 질곡을 더 가중시킨다.

이제 재정의를 통한 정체성 투쟁 과정과 종교가 연루되게 된다. 그 결과는 때로 부정적이어서 쟈코뱅 민족주의의 정체성이나 좌파적 정체성의 경우에서처럼 옛 신앙이 배제되거나 주변화된다. 그러나 때로는 옛 신앙이 다시 활성화되는 경우도 있다. 예컨대 브라모 사마쥐처럼(1828년에 인도에서 창립된 종교로서 전능하고 자비로운 유일신을 신봉하며, 모든 존재에 대한 사랑에서 신앙이 증명된다고 믿고, 세계의 모든 종교와 경전들을 존중한다. 노벨 문학상 수상자 타고르도 그 주요 신봉자 중의 하나였다 — 역자), 옛 종교 전통의 "개혁판"이 출현해 근대성의 좋은 점을 껴안고, 소홀히 취급된 자체 전통 안에서 그런 좋은 점들을 재발견하기까지 한다. 또는 이와 반대로, 본질적인 부분을 이른바 개혁이 방기했기 때문에 근원으로 새로 더 엄격하게 돌아가야 한다는 반론도 제기되었다. 그러나 이런 경우조차도 매스컴 기술을 십분 활용하면서 근대의 소산인 권력, 국가, 경제적-군사적 합리성의 요구에 부응하려는 노력을 통해 근대적 문맥에서 진행된 것이다. 따라서 표면적으로 주장하는 것보다는 덜 순수한 근원으로의 복귀인 경우가 많다. "근본주의"의 열정은 항상 일종의 잡종이기 마련이다. 오늘날의 개신교 성서 "근본주의"도 모든 것을 계시로 생각한 중세 가톨릭 교회의 상징적 우주 속에서는 생겨날 수 없었을 것이다. 왜냐 하면 근본주의 운동 자체가 근대 과학의 시대에 특유한 엄밀성에 대한 반작용으로서 나왔기 때문이다. 초기 기독교의 시대에서는 세속적 시간이, 다양한 고차적 시간 질서와 다채로운 영원의 지평과 섞여 있었다. 이런 시간 의식 속에서는, 창세기에서 서술된 "하루"가 "문자 그대로" 일출과 일몰 사이 24시간을 의미하느냐라는 논제의 초점을 설명하는 것이 쉽지 않았을 것이다. 나아가서 그 따위 질문에 관심을 가져야 할 이유 자체를 납득시킬 수 없었을 것이다.

또 다른 예를 들자면, 이란 혁명과 그 후 들어선 정권들은 근대적 매스컴 기술, 대중 동원 방식, 국가 형태(일종의 의회적 신정 체제)에 깊숙이 의존했다.

다른 관점에서 보자면, 이런 운동들은 현대적 상황에서 전통 신앙을 최대로 살려내려는 시도로 간주될 수 있다. 예컨대, 비록 적응의 시도가 생경하게 여겨진다고 해도 전통의 역사 — 이슬람교의 경우, 코란과 율법에 기초해 알라신께 경배하는 삶을 살아가는 — 를 가로지르는 시도로 간주될 그 무엇을 확보하는 것이 궁극적 목표였다. 그러나 재정의 / 재주장을 위한 투쟁이 정체성 투쟁과 깊이 연루될수록 균열이 발생한다. 특정한 "인민"의 존엄성과 권력을 획득해야 한다는 두 가지 목표 / 논제가 서로 충돌할 때, 개혁의 과업이 종교적 전통의 궤적에서 벗어나게 된다. 역사적으로 실천됐던 신앙뿐만 아니라 오늘날 정당화될 수 있는 신앙으로부터도 거리가 먼 목표가 부과될 수 있기 때문이다.

특히 대량 살상 무기를 통해 자신의 의지를 실현할 능력을 지닌 주류 인민을 만들어내는 것이 진정한 힌두교 신앙으로부터 나오는 요구였던 적은 결코 없었다. 간디가 증명하듯이, 또 현재의 인도

집권당인 BJP의 정신적 조상들이 범한 잔인한 간디 암살이 반면교사로 예증하듯이, 힌두교 신앙으로부터는 오히려 정반대로 전면적 평화에의 요구를 도출하기가 더 쉬웠을 것이다. 마찬가지로 역사상 기독교 신앙이 최악의 형태로 왜곡되었을 때조차도, 대량 학살이 기독교 신앙의 목표로 여겨진 적도 없었다.

"종교적" 원천을 갖는 것처럼 보이는 현대의 아주 심한 폭력 사태는 사실상 종교와 관련이 거의 없으며, 종교와는 아주 다른 요인에 의해 촉발된다. "인민"에 의해 구성되면서 그 인민을 구성하기도 하는 정체성 투쟁으로부터 폭력이 생긴다. 스스로를 정의하고 정치적 정체성을 획득하려 싸우는 자기 규정적 집단들이 폭력의 원천인데, 이때 신앙심이 거의 실종되거나 불구화되면서 종교는 단지 역사적 표지의 기능을 할 뿐이다. "세르비아" 극단주의자들, IRA와 오렌지 테러리스트(IRA 분파 — 역자), 그리고 BJP당 지도부 대부분이 이에 해당된다.

전체 BJP 운동을 어떻게 평가해야 하는가는 그리 분명하지 않은데, 왜냐 하면 아요댜에 있는 라마 사원을 둘러싼 소요의 경우처럼 부인할 수 없이 강력한 대중적 지지가 정치적 주도권 획득 투쟁과 연관되어 있기 때문이다. 현대의 다양한 전투적 이슬람 운동의 경우는 사태가 더 복잡하다. 많은 이슬람 운동들이 독실한 신앙심에 의해 추동된다는 것은 명백한 사실이지만, 그렇다고 해서 이슬람 운동의 형태나 궤적이 정체성 투쟁의 맥락에 의해 깊이 영향을 받지 않는다고 말할 수도 없다. 이슬람 통합주의는 복합적이고 다면적이며 중층 결정된 실재이기 때문에 한 가지 설명법으로 그것을 포착하려는 것은 어리석은 일이다. 그럼에도 불구하고 이슬람 통합주의의 다양한 특징들이 내가 위에서 서술한 것과 많은 부분에서 서로 부합된다고 나는 생각한다. 정체성을 위협하는 문맥인 세계의 공적 지평에서 활동하고 있다는 의식이, 적대감과 무관심으로 가득 찬 항의에도 불구하고 이슬람 문명 안에 분명히 존재한다. 서양(특히 서양의 핵심인 "거대한 악마" 미국)에 대한 너무나 지나친 거부감과, 미국으로부터의 비판에 대한 아주 예민한 반응이 이를 예증한다. 제한 없이 전파되어야 마땅한 최종적 계시라는 자화상을 이슬람교가 갖고 있는 까닭에, 강대국의 영향이 자신들의 자존심을 위협하는 사태에 대해 이슬람 사회가 더 못 견뎌하는 것처럼 생각된다. 기독교적 표현을 사용해서 좀 그렇기는 하지만, 이슬람교의 섭리는 정복자들의 위상과 당당히 맞서 싸울 수 있는 것을 의미하는데, 실제로는 그들에게 무력하게 정복당해왔다는 사실 때문에 이슬람 섭리관이 혼돈에 빠졌던 것이다.

이슬람의 근원을 충실히 지키고 있다는 모든 항변에도 불구하고, 이슬람 통합주의는 위에서 해명된 것처럼 어떤 측면에서 아주 근대적인 현상이다. 이슬람 통합주의는 수평적이고 직접 접촉이 이루어지는 운동인 근대적 방식을 사용해 국민을 동원하기 때문에, 선출된 의회, 관료 국가, 군대라는 "근대의" 제도적 기구를 능란하게 활용한다. 인민주권론을 거부하고 일종의 신정 체제를 구축한 이슬람 통합주의는 또한 전통적 지배 계층을 불법화시키기도 했다. 예컨대 이란 혁명은 팔레비 왕에 대항해서 실행되었다. 또 이슬람 신정 국가의 성격과 목표를 감안해 "합리적으로" 그럴 만한 가치가 있는 사람들, 즉 율법 전문가들만이 특별한 권위를 누린다. 살만 루시디를 죽이라는 명령을 내리는 데에서 이슬람교적 사법 체제를 매체 지향적으로 남용한 호메이니의 예를 구태여 들 필요도 없을 것이다. 또한 살만 루시디가 "신성 모독적인" 풍자시를 영어로 써서 서양 독자들을 대상으로 출판했다는 사실이 그의 끔찍한 "죄악상"을 얼마나 증가시켰던가를 상기해야 한다.

또한 우리는 현대 이슬람 개혁 운동이, 여성의 의상과 행동의 중요성을 왜 그렇게 강조하는지 충분히 이해하고 있지 못한지도 모른다. 아프가니스탄 탈레반 정권의 경우에서처럼 여성의 옷과 행동거지에 대한 엄격한 제한은 코란과 전통을 전면적으로 복원하려는 시도였다. "근대주의"와 이슬람 통합주의 모두에게, 여성이 뚜렷한 "지표" 역할을 했던 궤적을 추적할 수 있는 것이다. 무스타파 케말 (현대 터키의 國父 — 역자)은 여성이 서양식 옷을 입고 거리를 활보하며 사회적 모임에 참석하고 남자와 춤까지 추도록 강제적 개혁 조치를 폈다. 전통 복식은 "시대에 뒤떨어진 것으로" 낙인찍혔다. 오늘날 많은 이슬람교 사회에서 여성에게 부과되는 옷과 행동에 대한 이례적 강조는 또 다른 극단일 것이다. 이슬람 세계에서 여성의 복식과 행동거지의 문제가 각자의 입장, 발언의 방식 그리고 서양 근대성의 거부 여부를 측정하는 국제적으로 공인된 지표가 된 것이다. 율법의 무게나 신성화된 신앙 형태보다는 국제적인 공적 영역에서의 투쟁이 이슬람 세계에서 일어나는 일을 더 많이 규정하고 있는지도 모른다.[27]

아마도 가장 선명한 예는 2001년 9월 11일, 온 세계를 경악하게 한 세계무역센터 자살 공격의 경우일 것이다. 오사마 빈 라덴이 이끄는 알 카에다 그룹은 몇몇 이슬람 "테러리스트" 운동에 분명히 존재하던 경향을 더 극단으로 밀어붙였다 : 그들은 전통적으로 허용되어온 경계를 넘어서는 형태의 행위를 정당화하는 성전과 순교의 개념을 구사했던 것이다. 바꿔 말하자면 알 카에다는 전투원과 무고한 민간인의 구별을 무시하고 자살 공격을 옹호했다는 두 가지 점에서 한계를 넘어섰다. 그 중 하나만이라도 문제가 심각하지만, 알 카에다는 둘을 합침으로써 이슬람교의 원리들을 분명히 위배했다. 이슬람교 일부 학자들은 적군을 살해하기 위해서가 아니라 무고한

---

27) 터키와, 더 광범위한 이슬람 세계적 맥락 둘 다를 포함한 이런 전체 주제에 대한 N. Göle의 흥미로운 분석으로부터 나는 큰 도움을 받았다. *Musulmanes et Modernes* (Paris : Le Découverte, 1993) 참조.

민간인들을 죽이기 위해 자살을 범하는 자는 순교자의 명칭을 얻을 자격이 없음을 분명히 해왔다.

그러나 놀라운 것은 이런 원리가 수많은 이슬람 사회에 거의 영향을 끼치지 못한다는 사실이다. 디스코에서 춤추는 10대 소년 소녀들만을 희생시킬 수도 있는 자살 테러 공격자들을, 팔레스타인 젊은이들이 "순교자들"이라 부르는 데서 나타나는 것처럼 이런 원칙은 현장에서 완전히 무시된다. 나아가 이렇게 "뜨거운" 사회의 수많은 종교적 권위자들이 최선의 사법적 판단에 의존하기보다는 대중에 영합하고 있다. 도대체 여기서 무슨 일이 일어나고 있는 것일까? "그들"이 "우리"를 멸시하고 학대한다는 의식이 "이슬람적인" 행동을 추동하는 것이 혹시 아닐까? 그리하여 이런 행동이 잘 알려진 민족주의적 반응과 이 점에서 매우 유사한 것이 혹 아닐까? 기독교 세계의 예를 들어보면, 제1차 세계대전 때 모든 전쟁 당사국의 성직자들은, 극히 드문 존경할 만한 몇몇을 제외하고는 조국의 군대에 신의 은총을 베풀었다. 조금만 거리를 두고 보면, 그 성직자들이 기독교의 원리를 위반했다는 사실이 고통스러울 만큼 명백하게 드러난다.

더욱이 민족주의, 프롤레타리아 국제주의 그리고 종교적 근본주의를 동일한 맥락에서 바라보는 관점이 이 삼자가 아주 자주 사실상 같은 공간을 획득하기 위해 투쟁한다는 사실인, 그들 사이의 상호 교류를 이해하는 데 도움을 줄 수 있다. 소비에트 마르크스주의의 종말이 극심한 민족주의의 발흥으로 인도됐던 것처럼 아랍 민족주의가 이슬람 통합주의를 낳았던 것이다.[28] 범주적 정합성의 추구, 차이의 소명에 대한 응답 그리고 마땅히 발견되어야 할 존엄성의 담지자여야 한다는 갈망은 다양한 형태를 취할 수 있다. 이 가운데

---

28) M. Kramer, "Arab Nationalism : Mistaken Identity", in *Daedalus*, 122권, 3호, 1993년 여름, 171-206쪽.

어떤 꿈이 설득력 없는 것으로 화할 때 왜 다른 갈망이 오히려 강해지는가를 이제 우리는 이해할 수 있다.

이러한 논의는 다소 복합적인 결과를 낳는다. 그것은 "종교"를 단일한 내적 역학에 단순히 대응하는, 명확히 파악될 수 있는 현상으로 취급하지 말라는 경고를 발한다. 그 결과 오늘날 종교와 관련된 하나 이상의 역학이 엄존한다는 사실이 이제 분명해졌다. 흔히 종교적 차이와 결부된 것으로 여겨지는 폭력 사태를 극복하기 위해 무슨 조치를 취하려면 특히 이 점을 명심해야 한다.

"종교적" 증오와 폭력으로 귀결될 수도 있지만 헌신적 공격성이라는 면에서 종교와는 다소 낯선, 특히 근대적인 역학이 존재한다는 사실에 주목해야 한다. 종교와 무관한 성격이 선명히 드러나는 경우도 있지만, 여러 요인이 혼재되어 있는 경우도 물론 존재한다. 과거 또는 신앙에의 충성, 사회적 규율과 질서 회복에의 요구, 권력과 "인민"의 존엄성에 대한 요구 등의 다양한 요인들이 종교적 운동을 색깔 짓기 때문에 이런 경우 단일한 역학이 작동한다고 할 수 없다.

이를 구별하는 작업은 쉽지는 않으나 중요한 정책적 결과를 초래한다. 정체성 투쟁이 중요한 역할을 하는 곳에서는 폭력의 근원을 종교적 교리에서 찾는 것은 무망한 일이기 때문이다. 대신 극단적인 정체성 갈등에 대처할 수 있는 고전적 방법이 동원되어야 할 것이다. 즉, 대치 상황을 완화시키거나 완충 역할을 할 수 있는 복합적 정체성 또는 "혼성적" 정체성의 여지를 확장시켜야 한다는 것이다. "힌두 근본주의"를 내세운 BJP 운동에 대한 큰 도전은, 그런 범(汎)카스트적 통합의 기치를 당연히 매우 수상쩍은 것으로 보는 인도의 하층 카스트와 불가촉 천민으로부터 제기된다. BJP 식의 배제 운동을 중화시켜줄 수 있는 새로운 연대가 이런 도전으로부터 출현할 수도 있을 것이다.

세속화된 자유주의자들이 흔히 생각하는 것과는 아주 달리, 위와 같은 경우 종교적 신앙이나 경건성을 감소시키는 것이 문제를 푸는 데 전혀 도움이 안 될 공산이 크다. 그렇게 될 경우 기대와는 정반대로 최소한의 양심까지 저버린 냉혈적인 살인자들이 더 설칠 가능성도 있다. 그러나 빈 라덴의 변태적 광신 같은 경우에는, 부분적으로 이슬람의 영적 근원에 대한 진정한 복귀를 통해 제어되어야만 한다.

궁극적인 것에 대한 집착, 즉 근원으로 돌아가고자 하는 개인적 헌신의 형태로 쉽게 전화될 수 있다는 점에서 이런 모든 형태의 종교에 위험성이 내재하는 것도 사실이다. 많은 이란 사람들에게 나타나는 것처럼, 스스로에 대한 존중과 존엄성, 즉 인정 투쟁에 전념하는 집합적 정체성과, 개인적 헌신의 대상인 종교가 동행할 수도 있다. 특히 인정 투쟁은 자부심, 존엄성, 자존심을 매우 강조하고 폭력을 손쉽게 정당화할 수 있기 때문에, 아주 절박한 상태에 놓인 종교가 이런 상황에서 잠재적으로 극히 위험한 타락상을 시현할 가능성도 존재한다. 공동의 정체성이라는 미명을 가지고 공동 정체성에 동의하지 않는 사람들에 대한 억압을 정당화하는 경우는 말할 필요도 없지만, 이른바 "이슬람적인" 폭력 사태도 이에 해당된다.

간디 대(對) BJP당, 멜레비(영혼의 각성과 만물에 대한 사랑을 기반으로 하는 신비주의적 명상과 실천을 내세우는 이슬람 교파 ― 역자) 대 공식적 이슬람주의 운동, 북아일랜드 기독교 등의 부조화도 존재한다. 따라서 진정한 신앙심이야말로 세속적 목표를 달성하기 위해 종교를 악용하는 데 대한 최선의 처방책일 수도 있다.

[Lecture 2]

Religion and the modern Social Imaginary

Charles Taylor

I

The first point I want to make in this talk is about the drift in "Latin Christendom" (aka "the West") in the last few centuries. When we think of this development, we respond first of all with the word "secularization". But along with this, and in some kind of relation of mutual sustenance with it, has been another development, a steady move from religious forms which mainly stress collectively enacted ritual to those which involve personal commitment, belief and / or devotion. In the particular case of Latin Christendom, this meant a) a more Christocentric religion (increasing Christocentrism is evident from the last turn of millenium on – I mean 1000) ; b) greater inwardness of devotional life, as is evident from the Renaissance on (Sta Teresa, Loyola,

St François de Sales, on the Catholic side, Puritans, Pietists on the Protestant side) ; and c) greater disenchantment, or a distancing from the sacred as located in place, time, person or gesture, in favour of inner devotion, external moralized action, or (later) the cultivation of pious feeling (Puritans go farthest on the Protestant side in the direction of self-examination and action ; certain forms of inner devotion flourish in the Lutheran realm ; while Jansenists parallel the severe self-examining moralism in the Catholic world).

But beyond these peculiarities of Christendom, one can extract certain general features of this move, which I think are of more general relevance to the modern world. First, there is the emphasis on personal responsibility and commitment, as against just going along with collective ritual action. This in turn means a heightened sense of one's identity as an individual. Indeed, one might argue that the rise of what we think of as modern individualism comes primarily in Latin Christendom from this shift in religious life.

But first, I want to place the revolution in our imaginary of the last few centuries in the broader sweep of cultural-religious development, as this has generally come to be understood. The full scale of this millenial change comes clearer if we focus first on some features of the religious life of earlier, smaller-scale societies, in so far as we can trace this. There must have been a phase in which all humans lived in such small-scale societies, even though much of the life of this epoch can only be guessed at.

But if we focus on what I will call "early religion" (which covers partly what Robert Bellah, for instance calls "achaic religion",[1] we note how profoundly these forms of life "embed" the agent. And that in three crucial ways.

First, socially : in paleolithic, and even certain neolithic, tribal societies, religious life is inseparably linked with social life. Of course, there is a sense in which this is true which is not particular to early religion. This consists in the obvious fact that the very basic language, categories of the sacred, the forms of religious experience, modes of ritual action, etc. available to agents in these societies, is found in their socially established religious life. It is as though each such small-scale society has shaped, articulated, some common human capacity in its own original fashion. There have been diffusions and borrowings, but the differences of vocabulary, and the gamut of possibilities remain extraordinarily various.

What this common human religious capacity is ; whether ontically it is to be placed exhaustively within the psyches of human beings, or whether they must be seen as responding differently to some human-transcending spiritual reality, we can leave unresolved. Whether something like this is an inescapable dimension of human life, or whether humans can eventually quite put it behind them, we can also leave open (although obviously the present writer has strong hunches on both these issues). What stands out however, is first, the ubiquity of something like a relation to spirits, or forces, or powers, which are recognized as being in some sense higher, not the ordinary forces and

---

1) See his "Religious Evolution", chap 2 of <u>Beyond Belief</u>, New York : Harper & Row 1970.

animals of everyday ; and second, how differently these forces and powers are conceived and related to. This is more than just a difference of "theory", or "belief" ; it is reflected in a striking difference of capacities and experience ; in the repertory of ways of living religion.

Thus among some peoples, agents fall into trance-like conditions which are understood as possession ; among others (sometimes the same ones), powerful portentous dreams occur to certain people, among others, shamans feel themselves to have been transported to a higher world, with others again, surprising cures are effected in certain conditions ; and so on. All of these are beyond the range of most people in our modern civilization, as each of them is beyond the range of other earlier peoples in whose life this capacity doesn't figure. Thus for some people, portentous dreams may be possible, but not possession ; for others possession, but not certain kinds of cure, and so on.

Now this fact, that the religious language, capacities, modes of experience, which is available to each of us comes from the society in which we are born, remains true in a sense of all human beings. Even great innovative religious founders have to draw on a pre-existing vocabulary available in their society. This in the end shades into the obvious point about human language in general, that we all acquire it from the language-groups we grow up in, and can only transcend what we are given by leaning on it. But it is clear that we have moved into a world where spiritual vocabularies have more and more travelled, in which more than one is available to each person, where each vocabulary has already been influenced by many others ; where, in short, the rather abrupt difference between the religious lives of people living far from each other are being eroded.

More relevant to the Great Disembedding is a second way in which early religion was social, that the primary agency of important religious action : invoking, praying to, sacrificing to, or propitiating Gods or spirits ; coming close to these powers, getting healing, protection from them, divining under their guidance, etc. – this primary agency was the social group as a whole, or some more specialized agency recognized as acting for the group. In early religion, we primarily relate to God as a society.

We see both aspects of this in, for example, ritual sacrifices among the Dinka, as they were described a half century ago by Godfrey Lienhardt. On one hand, the major agents of the sacrifice, the "masters of the fishing spear", are in a sense "functionaries", acting for the whole society ; while on the other, the whole community becomes involved, repeat the invocations of the masters, until everyone's attention is focussed and concentrated on the single ritual action. It is at the climax "that those attending the ceremony are most palpably members of a single undifferentiated body". This participation often takes the form of possession by the Divinity being invoked.[2]

Nor is this just the way things happen to be in a certain community. This collective action is essential for the efficacy of the ritual. You can't mount a powerful invocation of the Divinities

---

2) Godfrey Lienhardt, <u>Divinity and Experience</u>, Oxford University Press 1961, pp.233-235.

like this on your own in the Dinka world. This "importance of corporate action by a community of which the individual is really and traditionally a member is the reason for the fear which individual Dinka feel when they suffer misfortune away from home and kin."[3]

This kind of collective ritual action, where the principal agents are acting on behalf of a community, which also in its own way becomes involved in the action, seems to figure virtually everywhere in early religion, and continues in some ways up till our day. Certainly it goes on occupying an important place as long as people live in an enchanted world, as I remarked earlier in the discussion of disenchantment. The ceremony of "beating the bounds" of the agricultural village, for instance, involved the whole parish, and could only be effective as a collective act of this whole.

This embedding in social ritual usually carries with it another feature. Just because the most important religious action was that of the collective, and because it often required that certain functionaries - priests, shamans, medicine men, diviners, chiefs, etc. - fill crucial roles in the action, the social order in which these roles were defined tended to be sacrosanct. This is, of course, the aspect of religious life which was most centrally identified and pilloried by the radical Enlightenment. The crime laid bare here was the entrenchment of forms of inequality, domination and exploitation through their identification with the unouchable, sacred structure of things. Hence the longing to see the day "when the last king had been strangled in the entrails

---

3) Ibid, p.292.

of the last priest". But this identification is in fact very old, and goes back to a time when many of the later, more egregious and vicious forms of inequality had not yet been developed, before there were kings and hierarchies of priests.

Behind the issue of inequality and justice lies something deeper, which touches what we would call today the "identity" of the human beings in those earlier societies. Just because their most important actions were the doings of whole groups (tribe, clan, sub-tribe, lineage), articulated in a certain way (the actions were led by chiefs, shamans, masters of the fishing-spear), they couldn't conceive themselves as potentially disconnected from this social matrix. It would probably never even occur to them to try.

To get a sense of what this means, we can think of contexts that even for us can't easily be thought away. What would I be like if I had been born to different parents? As an abstract exercise, this question can be addressed (answer : like the people who were in fact born to those other parents). But if I try to get a grip on this, probing my own sense of identity, on the analogy with : what would I be like if I hadn't taken that job? married that woman? and the like, then my head begins to swim. I am getting too deep into the very formative horizon of my identity to be able to make sense of the question. For most people, something like this is also true of their gender.

The point I am trying to make here is that in earlier societies this inability to imagine the self outside of a particular context extended to membership of our society in its essential order. That this is no longer so with us, that many of these "what would it be like if I were ···?" questions are not only conceivable but arise as burning practical issues (should I emigrate? should I convert to another religion / no religion?), is the measure of our disembedding. And another fruit of this is our ability to entertain the abstract question, even where we cannot make it imaginatively real.

What I'm calling social embeddedness is thus partly an identity thing. From the standpoint of the individual's sense of self, it means the inability to imagine oneself outside a certain matrix. But it also can be understood as a social reality ; and here it refers to the way we together imagine our social existence, for instance, that our most important actions are those of the whole society, which must be structured in a certain way to carry them out. And we can see that it is growing up in a world where this kind of social imaginary reigns which sets the limits to our sense of self.

Embedding thus in society. But this also brings with it an embedding in the cosmos. For in early religion, the spirits and forces with whom we are dealing are in numerous ways intricated in the world. We saw some of these in the discussion earlier of the enchanted world of our medieval ancestors : for all that the God they worshipped transcended the world, they nevertheless also had to do with intra-cosmic spirits, and they dealt with causal powers which were embedded in things : relics, sacred places, and the like. In early religion, even the high gods are often identified with certain features of the world ; and where the phenomenon which has come to be called "totemism" exists, we can even say that some feature of the world, an animal or plant species, for instance, is central to the identity of a group.[4] It may even be that a particular geographical terrain is essential to our religious life. Certain places are sacred. Or the lay-out of the land speaks to us of the original disposition of things in sacred time. We relate to the ancestors and to this higher time through this landscape.[5]

Besides this relation to society and the cosmos, there is a third form of embedding in existing reality which we can see in early religion. This is what makes the most striking contrast with what we tend to think of as the "higher" religions. What the people ask for when they invoke or placate divinities and powers is prosperity, health, long life, fertility ; what they ask to be preserved from is disease, dearth, sterility, premature death. There is a certain understanding of human flourishing here which we can immediately understand, and which, however much we might want to add to it, seems to us quite "natural". What there isn't, and what seems central to the later "higher" religions, as I mentioned in Chapter 1, is the idea that we have to question radically this ordinary understanding, that we are called in some way to go beyond it.

This is not to say that human flourishing is the end sought by all things. The Divine may also have other purposes, some

---

4) See, e.g., Lienhardt, op. cit. Chapter 3 ; Roger Caillois, L'Homme et le Sacré, Paris : Gallimard 1963, ch 3.

5) This is a much commented feature of aboriginal religion in Australia ; see Lucien Lévy-Bruhl, L'Expérience mystique et les Symboles chez les Primitifs, Paris : Alcan 1937, pp.180 and ff ; Caillois, op. cit. pp.143-145 ; W. E. H. Stanner, On Aboriginal Religion ; the same connection to the land has been noted with the Okanagan in British Columbia, see Mander & Goldsmith, The Case against the Global Economy, ch 39.

of which impact harmfully on us. There is a sense in which, for early religions, the Divine is always more than just well-disposed towards us ; it may also be in some ways indifferent ; or there may also be hostility, or jealousy, or anger, which we have to deflect. Although benevolence, in principle, may have the upper hand, this process may have to be helped along, by propitiation, or even by the action of "trickster" figures. But through all this, what remains true is that Divinity's benign purposes are defined in terms of ordinary human flourishing. Again, there may be capacities which some people can attain, which go way beyond the ordinary human ones, which say, prophets or shamans have. But these in the end subserve well-being as ordinarily understood.

By contrast, with Christianity or Buddhism, for instance, as we saw in the first chapter, there is a notion of our good which goes beyond human flourishing, which we may gain even while failing utterly on the scales of human flourishing, even **through** such a failing (like dying young on a cross) ; or which involves leaving the field of flourishing altogether (ending the cycle of rebirth). The paradox of Christianity, in relation to early religion, is that on one hand, it seems to assert the unconditional benevolence of God towards humans ; there is none of the ambivalence of early Divinity in this respect ; and yet it redefines our ends so as to take us beyond flourishing.

In this respect, early religion has something in common with modern exclusive humanism ; and this has been felt, and expressed in the sympathy of many modern post-Enlightenment people for "paganism" ; "pagan self-assertion", thought John

Stuart Mill, was much superior to "Christian self-denial". (This is related to, but not quite the same as the sympathy felt for "polytheism", which I want to discuss later.) What makes modern humanism unprecedented, of course, is the idea that this flourishing involves no relation to anything higher.

Now, as earlier mentions suggest, I have been speaking of "early religion" to contrast with what many people have called "post-axial" religions.[6] The reference is to what Karl Jaspers called the "axial age",[7] the extraordinary period in the last millenium B. C. E., when various "higher" forms of religion appeared seemingly independently in different civilizations, marked by such founding figures as Confucius, Gautama, Socrates, the Hebrew prophets.

The surprising feature of the axial religions, compared with what went before, what would in other words have made them hard to predict beforehand, is that they initiate a break in all three dimensions of embeddedness : social order, cosmos, human good. Not in all cases and all at once : perhaps in some ways Buddhism is the most far-reaching, because it radically undercuts the second dimension : the order of the world itself is called into question, because the wheel of rebirth means suffering. In Christianity, there is something analogous : our world is disordered and must be made anew. But some post-axial outlooks keep the sense of relation to an ordered cosmos, as we see in very different ways with Confucius and Plato ; however, they mark a distinction

---

6) See for instance, S. N. Eisenstadt, ed., The Origins and Diversity of Axial Age Civilizations, State University of New York Press ; see also Rober Bellah.
7) Karl Jaspers, Vom Ursprung und Ziel der Geschichte, Zrich : Artemis 1949.

between this and the actual, highly imperfect social order, so that the close link to the cosmos through collective religious life is made problematic.

Perhaps most fundamental of all is the revisionary stance towards the human good in axial religions. More or less radically, they all call into question the received, seemingly unquestionable understandings of human flourishing, and hence inevitably also the structures of society and the features of the cosmos through which this flourishing was supposedly achieved.

We might try to put the contrast in this way : unlike post-Axial religion, early religion involved an acceptance of the order of things, in the three dimensions I have been discussing. In a remarkable series of articles on Australian aboriginal religion, W.E.H. Stanner speaks of "the mood of assent" which is central to this spirituality. Aboriginals had not set up the "kind of quarrel with life" which springs from the various post-Axial religious initiatives.[8] The contrast is in some ways easy to miss, because aboriginal mythology, in relating the way in which the order of things came to be in the Dream Time – the original time out of time, which is also "everywhen" – contains a number of stories of catastrophe, brought on by trickery, deceit and violence, from which human life recouped and re-emerged, but in an impaired and divided fashion, so that there remains the intrinsic connection

---

8) W. E. H. Stanner, "On Aboriginal Religion", a series of six articles in *Oceania*, vols 30-33, 1959-1963 ; the expression quoted figures in article II, vol 30, no 4, June 1960, p.276. See also by the same author "The Dreaming", in W. Lessa & E. Z. Vogt, eds., Reader in Comparative Religion, Evanston : Row, Peterson 1958, pp.158-167.

between life and suffering, and unity is inseparable from division. Now this may seem reminiscent of other stories of a Fall, including that related in Genesis I. But in contrast with what Christianity has made of this last, for the Aboriginals the imperative to "follow up" the Dreaming, to recover through ritual and insight their contact with the order of the original time, relates to this riven and impaired dispensation, in which good and evil are interwoven. There is no question of reparation of the original rift, or of a compensation, or making good of the original loss. More, ritual and the wisdom that goes with it can even bring them to accept the inexorable, and "celebrate joyously what could not be changed."[9] The original Catastrophe doesn't separate or alienate us from the sacred or Higher, as in the Genesis story ; it rather contributes to shaping the sacred order we are trying to "follow up".[10]

Now axial religion didn't do away with early religious life. In many ways, features of this continued in modified form to define majority religious life for centuries. Modifications arose, of course, not just from the axial formulations, but also from the growth of large-scale, more differentiated, often urban-centred societies, with more hierarchical organization and embryonic state structures. Indeed, it has been argued that these too, played

---

9) Article VI, Oceania vol 33, n 4, June 1963, p.269.
10) I have been greatly helped here by the much richer account of religious development in Robert Bellah's "Religious Evolution", in his collection Beyond Belief, New York : Harper & Row 1970. My contrast is much simpler than the series of stages which Bellah identifies ; the "primitive" and the "archaic" are fused in my category of "early" religion. My point is to bring into sharp relief the disembedding thrust of the Axial formulations.

a part in the process of disembedding, because the very existence of state power entails some attempt to control and shape religious life and the social structures it requires, and hence undercuts the sense of intangibility surrounding this life and these structures.[11] I think there is a lot to this thesis, and indeed, I invoke something like it later on, but for the moment I want to focus on the significance of the axial period.

This doesn't at once totally change the religious life of whole societies. But it does open new possibilities of disembedded religion : seeking a relation to the Divine or the Higher, which severely revises the going notions of flourishing, or even goes beyond them, and can be carried through by individuals on their own, and / or in new kinds of sociality, unlinked to the established sacred order. So monks, bhikhus, sanyassi, devotees of some avatar or God, strike out on their own ; and from this springs unprecedented modes of sociality : initiation groups, sects of devotees, the sangha, monastic orders, and so on.

In all these cases, there is some kind of hiatus, difference, or even break in relation to the religious life of the whole larger society. This may itself be to some extent differentiated, with different strata or castes or classes, and a new religious outlook may lodge in one of them. But very often a new devotion may cut across all of these, particularly where there is a break in the third dimension, with a "higher" idea of the human good.

There is inevitably a tension here, but there often is also an

---

11) See Marcel Gauchet, Le désenchantement du monde, Paris : Gallimard 1985, ch 2.

attempt to secure the unity of the whole, to recover some sense of complementarity between the different religious forms. So that those who are fully dedicated to the "higher" forms, while on one hand they can be seen as a standing reproach to those who remain in the earlier forms, supplicating the Powers for human flourishing, nevertheless can also be seen as in a relationship of mutual help with them. The laity feed the monks, and by this they earn "merit", which can be understood as taking them a little farther along the "higher" road, but also serves to protect them against the dangers of life, and increases their health, prosperity, fertility.

So strong is the pull towards complementarity that even in those cases where a "higher" religion took over the whole society, as we see with Buddhism, Christianity, and Islam, and there is nothing supposedly left to contrast with, the difference between dedicated minorities of religious "virtuosi" (to use Max Weber's term), and the mass religion of the social sacred, still largely oriented to flourishing, survived or reconstituted itself, with the same combination of strain on one hand, and hierarchical complementarity on the other.

From our modern perspective, with 20 / 20 hindsight, it appears as though the axial spiritualities were prevented from producing their full disembedding effect because they were so to speak hemmed in by the force of the majority religious life which remained firmly in the old mould. They did bring about a certain form of religious individualism, but this was what Louis Dumont[12)]

---

12) See Louis Dumont.

called the charter for "l'individu hors du monde", that is, it was the way of life of elite minorities, and it was in some ways marginal to, or in some tension with the "world", where this means not just the cosmos which is ordered in relation to the Higher or the Sacred, but also the society which is ordered in relation to both cosmos and sacred. This "world" was still a matrix of embeddedness, and it still provided the inescapable framework for social life, including that of the individuals who tried to turn their backs on it, insofar as they remained in some sense within its reach.

What had yet to happen was for this matrix to be itself transformed, to be made over according to some of the principles of axial spirituality, so that the "world" itself would come to be seen as constituted by individuals. This would be the charter for "l'individu dans le monde" in Dumont's terms, the agent who in his ordinary "worldly" life sees himself as primordially an individual, that is, the human agent of modernity.

But this project of transformation is the one I have been describing in the previous chapters, the attempt to make over society in a thoroughgoing way according to the demands of a Christian order, while purging it of its connection to an enchanted cosmos, and removing all vestiges of the old complementarities, between spiritual and temporal, between life devoted to God and life in the "world", between order and the chaos on which it draws.

This project was thoroughly disembedding just by virtue of its form or mode of operation : the disciplined remaking of behaviour and social forms through objecification and an instrumental stance. But its ends were also intrinsically concerned to disembed. This is clear with the drive to disenchantment, which destroys the second dimension of embeddedness ; but we can also see it in the Christian context. In one way, Christianity here operates like any axial spirituality ; indeed, it operates in conjunction with another such, namely Stoicism. But there also were specifically Christian modes. The New Testament is full of calls to leave or relativize solidarities of family, clan, society, and be part of the Kingdom. We see this seriously reflected in the way of operating of certain Protestant churches, where one was not simply a member in virtue of birth, but where one had to join by answering a personal call. This in turn helped to give force to a conception of society as founded on covenant, and hence as ultimately constituted by the decision of free individuals.

This is a relatively obvious filiation. But my thesis is that the effect of the Christian, or Christian-Stoic attempt to remake society in bringing about the modern "individual in the world" was much more pervasive, and multitracked. It helped to nudge first the moral, then the social imaginary in the direction of modern individualism. This becomes evident in the new conception of moral order which we see emerging in modern Natural Law theory, and which I mentioned in the previous section. This was heavily endebted to Stoicism, and its originators were arguably the Netherlands neo-Stoics, Justus Lipsius and Hugo Grotius. But this was a Christianized Stoicism, and a modern one, in the sense that it gave a crucial place to a willed remaking of human society.

We could say that both the buffered identity and the project of Reform contributed to the disembedding. Embeddedness, as I said above, is both a matter of identity – the contextual limits to the imagination of the self – and of the social imaginary : the ways we are able to think or imagine the whole of society. But the new buffered identity, with its insistence on personal devotion and discipline, increased the distance, the disidentification, even the hostility to the older forms of collective ritual and belonging ; while the drive to Reform came to envisage their abolition. Both in their sense of self, and in their project for society, the disciplined élites moved towards a conception of the social world as constituted by individuals.

Now not all features of this individualism have "travelled", as it were, into other religious traditions. The stress on inwardness, for instance may not have straddled the gap. And clearly, the conception of society as made up of rights-bearing individuals has not been everywhere accepted. But the importance of personal commitment and responsibility does seem to have been become an important part of some contemporary ways of being Islamic.

Thus Kömeçoğlu asserts that the Islamic coffeehouse no longer relies on dress codes and spatial separation, but now has to appeal to inner conviction and self-formation. The "Cartesian dichotomy" of which he speaks is what I am redescribing as this idea of personal responsibility, which can separate itself from all external forms.[13] When Moussa contrasts the "Islam éclairé et puritain" of the young preachers of the Tabligh in France to the "Islam

---

13) See pp.24-27.

routinier et traditionaliste" of their parents, he is pointing, I believe, to a similiar shift to individual responsibility.[14]

This kind of individuation can sometimes have the effect of devaluing certain traditional forms of ritual or devotion as "un-Islamic" ; Islamic reformers have frequently in our day not only wanted to return to the full rigours of the Shari'a, but also looked askance at various forms of devotion, which have gone under the general descriptive term of "Sufi".

But the shift can also have the effect of breaking people loose from network identities of various kinds, families, clans, villages precisely the loci in which an "Islam routinier et traditionaliste" is often practised. The break with the network identity means the ascendancy of a categorial identity, as Muslims, or real Muslims, and / or Muslims of a certain strict form of practice. Of course, this identity was also in some sense theirs beforehand. The difference is that in many milieux Islam was something one belonged to **through** the collective practice of one's clan or village, whereas now one may be living one's religion against the grain of all this.

Now this assumption of a categorial identity through one's own responsible commitment pitches one out into a kind of public space of a modern kind. By that I mean a space which is not defined by some pre-existing action-transcendent structure, like a divinely established kingdom or Caliphate, or a tribal law since time out of mind, or a sacred "theatre state", or whatever ; modern public space is rather self-consciously founded by the common

14) p.13.

action of those who appear in it. An association is formed by people becoming mobilized, or mobilizing themselves, coming together for certain purposes, and inter-acting with a larger space which may easily be indifferent or hostile to this common purpose. Indeed, if it is not to be indifferent or hostile, this is something which must itself be produced by mobilization and collective action, as with the rebelion which overturned the Shah, and the creation of an Islamic Republic in Iran.

So we have a religious identity which fits clearly within modern-type public space, and presupposes a space of this kind. It requires individual commitment, and thus often mobilization into associations, which is a standard feature of modern polities. It thus often proceeds through and makes heavy use of mass media of various kinds to sustain itself and grow. Eikelman has noted how much contemporary Islamic movements rely on the printed word, on their members acquiring conviction and commitment through reading, often becoming in this way inducted into polemics with what are defined as hostile ideas : e.g., those of Western secularism.[15] Some of the intellectual leaders of the Iranian Revolution defined their thought partly in relation to various French philosophers, whose thought is also widely read in the West. And everyone is aware of how much Ayatollah Khomeini's revolution depended on cassette recordings of his sermons.

Note that God can figure in public space, and very obtrusively, but this has a different meaning from many pre-modern forms.

---

15) See D. Eikelman.

These were based on the sacred in a strong, localizable sense ; what I have called the paleo-Durkheimian dispensation ; like the divinely-endorsed kingship of, say Ancien Régime France. But there is also the neo-Durkheimian model, best illustrated in the West by the new American Republic. God was present here, because the Republic was seen as based on a Providential design. There are analogies between this and today's Islamic Republic, in spite of all the differences.

People often claim to see a paradox here, in that some of the movements which operate in modern public space themselves claim to be returning to a purer, early form of religion, the movements which tend to be called "fundamentalist" in the West. Of course, there is only a paradox if we accept some over-simple definitions of "modernity" and "religion" as frozen constellations based on opposing premisses. Even the paradigm case of "funda-mentalism" for Westerner, Protestant Biblical literalism, not only makes use of the latest and most sophisticated media, but in many ways only makes sense within modern assumptions, such as a clear and exhaustive distinction of literal versus figurative, which would have been difficult to grasp in earlier Christian centuries.

But although there is no paradox, there can be strains. To be mobilized through an appeal to individual commitment, in what is often an indifferent or even hostile public space, requires a degree of responsibility which may clash with certain features of the code of conduct which reflects the new commitment. This is perhaps clearest in the case of women in Islamic movements, as much of the research of Nilüfer Göle and others has shown.

For intance, responsible commitment, in a movement based on mobilization, may require one to take leaderhip positions, act as spokesperson, and the like. And this may conflict with the recessive role the code ascribes to women, who are meant to be anonymous or invisible in public space. The new identity is thus liable to strains, which are an important source of conflict and evolution.

II

I have been talking about the way a religious identity involving strong personal commitment can enter public space, and some of the strains that this occasions. But we must note that religion notoriously figures in contemporary affairs in a rather different fashion. This is particularly evident if we focus on religion as a source of conflict.

Looking at some of these conflicts we can see that they are not sustained by people with strong personal commitments to the faith in question. From one standpoint, the sources of hate, conflict, persecution seem to lie deep in our religious heritage. According to a view of things which has been widespread since the Enlightenment, this penchant towards conflict and repression was particularly strong in the religions which had issued from Jewish monotheism. The Enlightenment, with the terrible history of the Crusades and the Inquisition in mind, saw Christianity as particularly culpable, although they often also saw Islam as equally bad if not worse. In many ways this outlook lingers on in liberal, secular circles in the West, in that there is deep suspicion of militant Christianity, and practically a demonization of Islam.

Blaming monotheism is not just a matter of prejudice. It is remarkable how, in the ancient world, Jews and later Christians were condemned by their neighbours as "atheioi", because they broke with the usual mores of mutual recognition of each other's divinities, fading into cross-worship and syncretism. They denied the very existence of other Gods, or identified them with demons, and they strictly forbade their adherents from offering worship to them. They set up a clear boundary, and guarded it zealously.

Christianity and Islam inherited this boundary from Judaism, but then added to it a vocation to proselytize, to extend their faith to the whole of mankind. This certainly was the source of religious wars of conquest, often of forced conversions, particularly in Christian history ; while the boundary was also defended internally against deviancy, and apostasy was sternly punished.

We can build up a picture of a certain kind of religion as the source of group conflict, war, persecution and enforced conformity. To this, the contrast was often remarked with, for instance, the more tolerant attitude of enlightened paganism (Gibbon), or with the wisdom of Chinese civilization (an important Enlightenment topos), or in recent centuries, with the loose boundaries of Hinduism, and the pacifism of Buddhism.

There is some truth in all this historically, but it's certainly not the whole truth about religion and hate in the 20th Century. Hinduism, in some sense, seems to be the rallying point of a super-chauvinist political movement which has won partial power in India. Terrible violence has been committed in Sri Lanka in the name of Buddhism. Many people have seen in these events a betrayal of the religious traditions concerned,[16] but the implication of religion in violence sems undeniable. Is the persecutory virus of monotheism finally contagious?

I want to argue that things are not quite as they appear. In one sense, it is not exactly religion which is at the root of violence in many 20th Century cases. Or to put it differently, it gets involved through a quite different mechanism, which itself is not intrinsically tied to religion. Already certain notorious cases should alert us to this. They point to a different relation between devotion and violence.

In the bad old days of the Inquisition, for instance, allowing for the usual quota of time-servers and opportunists, the persecutors were often among the most devout and dedicated ; they were fired by a holy zeal for the faith. But if one looks at Ulster these days, this is not the pattern one observes. The men of violence are more and more distinct from the really devout Catholics and Protestants, who are more frequently heard as brave voices for peace. The Reverend Ian Paisley, an extremist who is a man of the cloth, seems more and more an anachronistic survival. The killers are certainly full of some kind of zeal, to them no doubt holy, but not to the service of God.

Another striking case is that of the BJP, and its parent organization the RSS. In what sense, if at all, is this body defined

---

16) See especially for the Sri Lankan case, Stanley Tambiah's Buddhism Betrayed, Chicago : University of Chicago Press, 1992.

by religious as against secular goals? The assassins of Gandhi didn't reproach him for his devotion to God (how could they?), but for returning its share of the gold stock to Pakistan, and for opposing militarism. Their successors have now realized one of their long-standing ambitions, and made India into a full-dress nuclear power. These are the goals of a certain kind of nationalism everywhere ; what do they have to do with religion, and specifically Hinduism?

It is true that the BJP has in recent years, signalled itself by a campaign to destroy a mosque in the birthplace of Rama, and erect a temple on the site ; and the mobilization to this end has probably helped, on balance, its recent rise to power (although the destruction of the Babri Masjid also frightened a lot of Indians, and the party has played down this part of its programme since). So the reality is complex. But when one looks at the goals of the core organization, the RSS, what strikes one is rather the exploitation, by an organization whose goals lie in the domain of secular power, of currents of popular devotion. In any case, it is clear here, as in Northern Ireland, that the most active in stirring this agitation are not necessarily among the most devout.

So what is happening here? I want to argue that much of the implication of religion in violence in our century is to be understood as the working out of what can be called identity struggles. These have to crystallize around definitions of one's own and the other's identities. But these definitions are not necessarily religious. On the contrary, they frequently turn on perceived nationality, language, tribe, or whatever. The point I want to make is that what drives these struggles is frequently very similar across the different modes of definition. That religion figures in the definition, as against language, say, often changes very little. (Not always, of course, as I will discuss below.) In cases like Northern Ireland, or the former Yugoslavija, one is tempted to say that originally religious differences have now hardened into an enmity between "nations", felt and lived as such. Atheists like Milosevic will combat the Bosnians or Kossovo Albanians as a "Serb". God or the devotional life of the Orthodox Church don't figure in this conflict. What matters is the historical identity of the people, and here some monasteries and traditional sites of devotion are important markers of territory, but little more.

In other words, even when religion is a major source of definition in modern identity struggles, it tends to figure under a description (e.g., the historic tradition which defines "our" people) which displaces the centre of attention from what has always been seen as the main point of religious devotion and practice : God, moksha, Nirvana. Which is what raises the legitimate question : is the struggle "about" religion any more.

III

In order to understand this a little better, I'd like to outline what I think underlies the modes of identity struggle which have become widespread in our world. In a sense, their source lies, frighteningly enough, in the nature of modern democracy itself.

There is a certain paradox here, in that modern democracy is and aims to be the most inclusive mode of régime in human history, surpassing ancient democracy which still excluded slaves and women. Nevertheless, the dynamics of democracy also frequently push towards inter-group rivalry and exclusion, and it is this fact which underlies what I have been calling identity struggles.[17]

What makes the thrust to exclusion? We might put it this way : what makes democracy inclusive is that it is the government of **all** the people ; what makes for exclusion is that it is the **government** of all the people. The exclusion is a by-product of something else : the need, in self-governing societies, of a high degree of cohesion. Democratic states need something like a common identity.

We can see why as soon as we ponder what is involved in self-government, what is implied in the basic mode of legitimation of these states, that they are founded on popular sovereignty. Now for the people to be sovereign, it needs to form an entity and have a personality.

The revolutions which ushered in régimes of popular sovereignty transferred the ruling power from a king onto a "nation", or a "people". In the process, they invent a new kind of collective agency. These terms existed before, but the thing they now indicate, this new kind of agency, was something unprecedented,

---

17) I have discussed this question at greater length in "A Tension in modern Democracies", in Aryeh Botwinick and William Connolly, eds., Democracy and Vision, Princeton University Press, 2001.

at least in the immediate context of early modern Europe. Thus the notion 'people' could certainly be applied to the ensemble of subjects of the kingdom, or to the non-élite strata of society, but prior to the turn-over it hadn't indicated an entity which could decide and act together, to whom one could attribute a **will**.

Why does this new kind of entity need a strong form of cohesion? Isn't the notion of popular sovereignty simply that of majority will, more or less restrained by the respect of liberty and rights? But this kind of decision rule can be adopted by all sorts of bodies, even those which are the loosest aggregations. Supposing during a public lecture, some people feel the heat oppressive and ask that the windows be opened ; others demur. One might easily decide this by a show of hands, and those present would accept this as legitimate. And yet the audience of the lecture might be the most disparate congeries of individuals, unknown to one another, without mutual concern, just brought together by that event.

This example shows by contrast what democratic societies need. It seems at once intuitively clear that they have to be bonded more powerfully than this chance grouping. But how can we understand this necessity?

One way to see it is to push a bit farther the logic of popular sovereignty. It not only recommends a certain class of decision procedures – those which are grounded ultimately on the majority (with restrictions) – but it also offers a particular justification. Under a régime of popular sovereignty we are free, in a way we are not under an absolute monarch, or an entrenched aristocracy, for instance.

Now supposing we see this from the standpoint of some individual. Let's say I am outvoted on some important issue. I am forced to abide by a rule I am opposed to. My will is not being done. Why should I consider myself free? Does it matter that I am over-ridden by the majority of my fellow citizens, as against the decisions of a monarch? Why should that be decisive? We can even imagine that a potential monarch, waiting to return to power in a coup, agrees with me on this question, against the majority. Wouldn't I then be freer after the counter-revolution? After all, my will on this matter would then be put into effect.

We can recognize that this kind of question is not a merely theoretical one. It is rarely put on behalf of individuals, but it regularly arises on behalf of sub-groups, e.g., national minorities, who see themselves as oppressed. Perhaps no answer can satisfy them. Whatever one says, they cannot see themselves as part of this larger sovereign people. And therefore they see its rule over them as illegitimate, and this according to the logic of popular sovereignty itself.

We see here the inner link between popular sovereignty and the idea of the people as a collective agency, in some stronger sense than our lecture audience above. This agency is something you can be included by without really belonging to, which makes no sense for a member of the audience. We can see the nature of this belonging if we ask what is the answer we can give to those who are outvoted and are tempted by the argument above.

Of course, some extreme philosophical individualists believe that there is no valid answer, that appeals to some greater collective is just so much humbug to get contrary voters to accept voluntary servitude. But without deciding this ultimate philosophical issue, we can ask : what is the feature of our "imagined communities" by which people very often do readily accept that they are free under a democratic régime, even where their will is over-ridden on important issues?

The answer they accept runs something like this : You, like the rest of us, are free just in virtue of the fact that we are ruling ourselves in common, and not being ruled by some agency which need take no account of us. Your freedom consists in your having a guaranteed voice in the sovereign, that you can be heard, and have some part in making the decision. You enjoy this freedom in virtue of a law which enfranchises all of us, and so we enjoy this together. Your freedom is realized and defended by this law, and this whether or not you win or lose in any particular decision. This law defines a community, of those whose freedom it realizes / defends together. It defines a collective agency, a people, whose acting together by the law preserves their freedom.

Such is the answer, valid or not, that people have come to accept in democratic societies. We can see right away that it involves their accepting a kind of belonging much stronger than the people in the lecture hall. It is an ongoing collective agency, one the membership in which realizes something very important, a kind of freedom. Insofar as this good is crucial to their identity, they thus identify strongly with this agency, and hence also feel a bond with their co-participants in this agency. It is only an appeal to this kind of membership which can answer the challenge of our imagined individual above, who is pondering whether to support the monarch's (or general's) coup in the name of his freedom.

The crucial point here is that, whoever is ultimately right philosophically, it is only insofar as people accept some such answer that the legitimacy principle of popular sovereignty can work to secure their consent. The principle only is effective via this appeal to a strong collective agency. If the identification with this is rejected, the rule of this government seems illegitimate in the eyes of the rejecters, as we see in countless cases with disaffected national minorities. Rule by the people, all right ; but we can't accept rule by this lot, because we aren't part of their people. This is the inner link between democracy and strong common agency. It follows the logic of the legitimacy principle which underlies democratic régimes. They fail to generate this identity at their peril.

This last example points to an important modulation of the appeal to popular sovereignty. In the version I just gave above the appeal was to what we might call "republican freedom". It is the one inspired by ancient republics, and which was invoked in the American and French Revolutions. But very soon after, the same appeal began to take on a nationalist form. The attempts to spread the principles of the French Revolution through the force of French arms created a reaction in Germany, Italy and elsewhere, the sense of not being part of, represented by that sovereign people in the name of which the Revolution was being made and defended. It came to be accepted in many circles that a sovereign people, in order to have the unity needed for collective agency, had already to have an antecedent unity, of culture, history or (more often in Europe) language. And so behind the political nation, there had to stand a pre-existing cultural (sometimes ethnic) nation.

Nationalism, in this sense, was born out of democracy, as a (benign or malign) growth. In early nineteenth century Europe, as peoples struggled for emancipation from multi-national despotic empires, joined in the Holy Alliance, there seemed to be no opposition between the two. For a Mazzini, they were perfectly converging goals.[18] Only later on do certain forms of nationalism throw off the allegiance to human rights and democracy, in the name of self-assertion.

But even before this stage, nationalism gives another modulation to popular sovereignty. The answer to the objector above : something essential to your identity is bound up in our common laws, now refers not just to republican freedom, but also to something of the order of cultural identity. What is defended and realized in the national state is not just your freedom as a human being, but this state also guarantees the expression of

---

18) And in fact, the drive to democracy took a predominately "national" form. Logically, it is perfectly possible that the democratic challenge to a multi-national authoritarian régime, e.g., Austria, Turkey, should take the form of a multi-national citizenship in a pan-imperial "people". But in fact, attempts at this usually fail, and the peoples take their own road into freedom. So the Czechs declined being part of a democratized Empire in the Paulskirche in 1848 ; and the Young Turk attempt at an Ottoman citizenship foundered, and made way for a fierce Turkish nationalism.

a common cultural identity.

We can speak therefore of a "republican" variant and a "national" variant of the appeal to popular sovereignty, though in practice the two often run together, and often lie undistinguished in the rhetoric and imaginary of democratic societies.

(And in fact, even the original "republican" pre-nationalist revolutions, the American and the French, have seen a kind of nationalism develop in the societies which issued from them. The point of these revolutions was the universal good of freedom, whatever the mental exclusions which the revolutionaries in fact accepted, even cherished. But their patriotic allegiance was to the **particular historical project** of realizing freedom, in America, in France. The very universalism became the basis of a fierce national pride, in the "last, best hope for mankind", in the republic which was bearer of "the rights of man". That's why freedom, at least in the French case, could become a project of conquest, with the fateful results in reactive nationalism elsewhere that I mentioned above.)

And so we have a new kind of collective agency, with which its members identify as the realization / bulwark of their freedom, and / or the locus of their national / cultural expression. Of course, in pre-modern societies, too, people often "identified" with the régime, with sacred kings, or hierarchical orders. They were often willing subjects. But in the democratic age we identify as free agents. That is why the notion of popular will plays a crucial role in the legitimating idea.[19]

---

19) Rousseau, who laid bare very early the logic of this idea, saw that a

This means that the modern democratic state has generally accepted common purposes, or reference points, the features whereby it can lay claim to being the bulwark of freedom and locus of expression of its citizens. Whether or not these claims are actually founded, the state must be so imagined by its citizens if it is to be legitimate.

So a question can arise for the modern state for which there is no analogue in most pre-modern forms : what / whom is this state for? whose freedom? whose expression? The question seems to make no sense applied to, say, the Austrian or Turkish Empires – unless one answered the "whom for?" question by referring to the Habsburg or Ottoman dynasties ; and this would hardly give you their legitimating ideas.

This is the sense in which a modern state has what I want to call a political identity, defined as the generally accepted answer to the "what / whom for?" question. This is distinct from the identities of its members, that is the reference points, many and varied, which for each of these defines what is important in their lives. There better be some overlap, of course, if these members are to feel strongly identified with the state ; but the identities of individuals and constituent groups will generally be richer and more complex, as well as being often quite different from each other.[20]

---

democratic sovereign couldn't just be an "aggregation", as with our lecture audience above ; it has to be an "association", that is, a strong collective agency, a "corps moral et collectif" with "son unité, son **moi** commun, sa vie et sa volont". This last term is the key one, because what gives this body its personality is a "volonté générale". Contrat Social, Book I, chapter 6.

So there is a need for common identity. How does this generate exclusion? In a host of possible ways, which we can see illustrated in different circumstances.

The most tragic of these circumstances is also the most obvious, where a group which can't be assimilated to the reigning cohesion is brutally extruded ; what we have come today to call "ethnic cleansing".

But there are other cases where it doesn't come to such drastic expedients, but where exclusion works all the same against those whose difference threatens the dominant identity. I want to class forced inclusion as a kind of exclusion, which might seem a logical sleight of hand. Thus the Hungarian national movement in the nineteenth Century tried forcefully to assimilate Slovaks and Romanians ; the Turks are reluctant to concede that there is a Kurdish minority in their Eastern borderlands. This may not seem to constitute exclusion to the minority, but in another clear sense, it amounts to this. It is saying in effect : as you are, or consider yourselves to be, you have no place here ; that's why we are going to make you over.

Or exclusion may take the form of chicanery, as in the old apartheid South Africa, where millions of Blacks were denied citizenship, on the grounds that they were really citizens of "homelands", external to the state.

All these modes of exclusion are motivated by the threat that

---

20) I have discussed this relation in "Les Sources de l'identité moderne", in Mikhaël Elbaz, Andrée Fortin, and Guy Laforest, eds., Les Frontières de l'Identité : Modernité et postmodernisme au Québec, Sainte-Foy : Presses de l'Université Laval, 1996, pp.347-364.

others represent to the dominant political identity. But this threat depends on the fact that popular sovereignty is the regnant legitimacy idea of our time. It is hard to sustain a frankly hierarchical society, in which groups are ranked in tiers, with some overtly marked as inferior or subject, as with the millet system of the Ottoman Empire.

Hence the paradox that earlier conquering people were quite happy to coexist with vast numbers of subjects which were very different from them. The more the better. The early Muslim conquerors of the Ommeyad empire didn't press for conversion of their Christian subjects, even mildly discouraged it. Within the bounds of this unequal disposition, earlier empires very often had a very good record of "multi-cultural" tolerance and co-existence. Famous cases come down to us, like that of the Mughals under Akbar, which seem strikingly enlightened and humane, compared to much of what goes on today in that part of the world and elsewhere.

It is no accident that the twentieth Century is the age of ethnic cleansing, starting with the Balkan Wars, extending in that area through the aftermath of the First World War, and then reaching epic proportions in the Second World War, and still continuing – to speak only of Europe.

The democratic age poses new obstacles to coexistence, because it opens a new set of issues which may deeply divide people, those concerning the political identity of the state. In many parts of the Indian sub-continent, for instance, Hindus and Muslims coexisted in conditions of civility, even with a certain degree of syncretism, where later they would fight bitterly. What happened? The explanations often given include the British attempt to divide and rule, or even the British mania for census figures, which first made an issue of who was a majority where.

These factors may have their importance, but clearly what makes them vital is the surrounding situation, in which political identity becomes an issue. As the movement grows to throw off the alien, multi-national Empire and to set up a democratic state, the question arises of its political identity. Will it simply be that of the majority? Are we heading for Hindu Raj? Muslims ask for re-assurance. Gandhi's and Nehru's proposals for a pan-Indian identity don't satisfy Jinnah. Suspicion grows, demands for guarantees, ultimately separation.

Each side is mobilized to see the other as a political identity threat. This fear can then sometimes be transposed, through mechanisms we have yet to understand, into a threat to life ; to which the response is savagery and counter-savagery, and we descend the spiral which has become terribly familiar. Census figures can then be charged with ominous significance, but only because in the age of democracy, being in the majority has decisive importance.

IV

Democracy thus underlies identity struggles, because the age of popular sovereignty opens a new kind of question, which I've been calling that of the political identity of the state. What / whom is the state for? And for any given answer, the question can arise for me / us, can I / we "identify with" this state? Do we see ourselves as reflected there? Can we see ourselves as part of the people which this state is meant to reflect / promote?

These questions can be deeply felt, strongly contested, because they arise at the juncture point between political identity and personal identity, meaning by the latter the reference points by which individuals and component groups define what is important in their lives. If it is important to me that I belong to a French-speaking community, then a state defined by its official language as English will hardly reflect me ; if I am more than a pro forma Muslim, then a state defined by "Hindutva" cannot fully be mine ; and so on. We are in the very heartland of modern nationalism.

But these "nationalist" issues are the more deeply fraught, because the personal and group identities which vie for reflection are often themselves in the course of redefinition. This redefinition is often forced by the circumstances, and at the same time, extremely conflictual and unsettling. We can see the forces surrounding this process if we follow the serial rise of nationalisms in the modern world.

We might ask ourselves the question : Why does nationalism arise in the first place?[21] Why couldn't the Germans just be happy to be part of Napoleon's liberalizing empire, as Hegel would have liked? Why didn't the Algerians demand the full French

---

21) I have discussed this at greater length in "Nationalism and Modernity", in John Hall, ed., The State of the Nation, Cambridge University Press 1998.

citizenship to which they would have been entitled according to the logic of "l'Algérie, c'est la France", instead of going for independence? And so on, through an immense range of similar questions.

First, it's important to see that in very many situations, the initial refusal is that of certain élites, generally the ones who are most acquainted with the culture of the metropolis they're refusing. Later, in a successful nationalist movement, the mass of the people is somehow induced to come on board. This indicates that an account of the sources of such a movement ought to distinguish two stages.

So let me try to tackle the first phase : why do the élites refuse metropolitan incorporation, even, perhaps especially when they have accepted many of the values of the metropolis? Here we have to look at another facet of the unfolding process of modernity.

From one point of view, modernity is like a wave, flowing over and engulfing one traditional culture after another. If we understand by modernity, inter alia, developments like : the emergence of a market-industrial economy, of a bureaucratically-organized state, of modes of popular rule, then its progress is, indeed, wave-like. The first two changes, if not the third, are in a sense irresistible. Whoever fails to take them on, or some good functional equivalent, will fall so far behind in the power stakes as to be taken over, and forced to undergo these changes anyway. There are good reasons in the relations of force for the onward march of modernity so defined.

But modernity as lived from the inside, as it were, is something different. The institutional changes just described always shake up and alter traditional culture. They did this in the original development in the West, and they have done this elsewhere. But outside of those cases where the original culture is quite destroyed, and the people either die or are forcibly assimilated – and European colonialism has a number of such cases to its discredit – a successful transition involves a people finding resources in their traditional culture to take on the new practices. In this sense, modernity is not a single wave. It would be better to speak of multiple modernities, as the cultures which emerge in the world to carry the institutional changes turn out to differ in important ways from each other. Thus a Japanese modernity, an Indian modernity, various modulations of Islamic modernity will probably enter alongside the gamut of Western societies, which are also far from being totally uniform.

Seen in this perspective, we can see that modernity – the wave – can be felt as a threat to a traditional culture. It will remain an external threat to those deeply committed against change. But there is another reaction, among those who want to take on some version of the institutional changes. Unlike the conservatives, they don't want to refuse the changes. They want of course to avoid the fate of those aboriginal people who have just been engulfed and made over by the changes. What they are looking for is a creative adaptation, drawing on the cultural resources of their tradition which would enable them to take on the new practices successfully. In short they want to do what has already been done in the West. But they see, or sense, that that cannot consist in just copying the West's adaptations. The creative adaptation using traditional resources has by definition to be different from culture to culture. Just taking over Western modernity couldn't be the answer. Or otherwise out, this answer comes too close to engulfment. They have to invent their own.

There is thus a "call to difference" felt by "modernizing" élites which corresponds to something objective in their situation. This is part of the background to nationalism. But there is more. The call to difference could be felt by anyone concerned for the well-being of the people concerned. But the challenge is lived by the élites concerned overwhelmingly in a certain register, that of dignity.

Western modernity has been a conquering culture, because the changes described above confer tremendous power on the societies adopting them. In the relation of conquest, there grow presumptions of superiority and inferiority which the conqueror blithely accepts, and the conquered resist. This is the challenge to dignity. To the extent that traditional élites can remain insulated from the relationship, they feel the challenge less. But those involved in modernization, whether it be in a colony, or a country overshadowed and threatened, have before them constantly what they also see as a state of backwardness which they are concerned to make up. The issue is whether they can.

Thus the urge on the part of élites to find their own path is more than a matter of concern for their compatriots. It is also a matter of their own dignity. Until they can find their own creative adaptation, and take on the institutional changes while remaining themselves, the imputation of inferiority against the culture they identify with remains unrefuted. And of course, the imputation is liberally made by members of the dominant societies. Their word tends (irrationally but understandably) to have weight, just because of their success and power. They become in a sense important interlocutors, whose recognition would count for a lot if they gave it. In the face of non-recognition, this importance will frequently be denied, but sometimes with a vehemence which makes it suspect.

I am trying to identify the source of the modern nationalist turn, the refusal – at first among élites – of incorporation by the metropolitain culture, as a recognition of the need for difference, but felt existentially as a challenge not just as a matter of valuable common good to be created, but also viscerally as a matter of dignity, in which one's self-worth is engaged. This is what gives nationalism its emotive power. This is what places it so frequently in the register of pride and humiliation.

So nationalism can be said to be modern, because it's a response to a modern predicament. But the link is also more intimate. I said above that nationalism usually arises among "modernizing" élites. The link can be understood as more than accidental. One facet of nationalism, I have been arguing, is a response to a threat to dignity. But modernity has also transformed the conditions of dignity.

These in effect could not but change in the move from hierarchical, "mediated" societies to "horizontal", direct-access ones. The concept of honour, which was in place in the earlier forms, was intrinsically hierarchical. It supposed "preferences", in Montesquieu's terms.[22] For me to have honour, I had to have a status that not everyone shares, as is still the case with an "honours list" of awards today. Equal direct-access societies have developed the modern notion of "dignity". This is based on the opposite supposition, that all humans enjoy this equally. For instance, the term as used by Kant designates what is supposed to be the apanage of all rational agents.[23] Philosophically, we may want to attribute this status to all; but politically, the sense of equal dignity is really shared by people who belong to a functioning direct-access society together.[24] In this typically modern predicament, their dignity passes through their common categorical identity. My sense of my own worth can no longer be based mainly on my lineage, my clan. A goodly part of it will usually be invested in some other categorical identity.

But categorical identities can also be threatened, even humiliated. The more we are inducted into modern society, the more this is the form in which the question of dignity will pose itself for us. Nationalism is modern, because it is a typically modern way of responding to the threat represented by the advancing wave of modernization. Élites have always been able to experience a dramatic loss of dignity in face of conquering power. One way

---

22) Montesquieu, L'Esprit des Lois, Book V, Chapter 1.
23) Immanuel Kant, Groundwork of the Metaphysics of Morals, Berlin Academy Edition, Berlin : de Gruyter 1968. Vgol IV, p.434.
24) This doesn't have to be a political society. It can be a dispersed common agency, like a religious confession, or an ethnic group.

of responding is to fight back or come to terms with the conquerors out of the same traditional identity and sense of honour. Another is to force a new categorical identity to be the bearer of the sought-for dignity. It is (a sub-species of) this second reaction that we call nationalist. But it is essentially modern. The 1857 Rebellion in India was in part an attempt to expunge this perennially available loss of dignity in a pre-modern context. In this sense, it was not a nationalist movement, as the later Congress was.

The modern context of nationalism is also what turns its search for dignity outward. No human identity is purely inwardly formed. The other always plays some role. But it can be just as a foil, a contrast, a way of defining what we're not, for better or for worse. So the aboriginals of the newly "discovered" world figured for post-Columbian Europeans. The "savage", the other of civilization, a way Europeans defined themselves, both favourably (applying "civilized" to themselves in self-congratulation), and sometimes unfavourably (Europeans as corrupted in contrast to the "noble savage"). This kind of other-reference requires no interaction. Indeed, the less interaction the better, else the stereotype may be unable to resist.

But the other can also play a role directly, where I need his/her recognition to be confident of my identity. This has been standard for our relation to our intimates, but it wasn't that important in relation to outsiders in the pre-modern period. Identities were defined by reference to the other, but not out of the other's reactions. Where this latter becomes so, of course, the way we interact is crucial. Perhaps we should correct : the way the interaction is seen by the parties, because of the big part played by illusion here. But the crucial point is that the interaction is understood to be crucial by the identity-bearers themselves.

I would like to argue that identities in the modern world are more and more formed in this direct relation to others, in a space of recognition. I can't argue the general case here,[25] but I hope that this is evident for modern nationalism. Modern nationalist politics is a species of identity politics. Indeed, the original species : national struggles are the site from which the model comes to be applied to feminism, to the struggles of cultural minorities, to the gay movement, etc. The work of someone like Frantz Fanon,[26] written in the context of the anti-colonial struggle, but whose themes have been recuperated in the other contexts, illustrates the connections. Strong national sentiment among élites usually arises in the first phase because an identity is threatened in its worth.

This identity is vulnerable to non-recognition, at first on the part of the members of the dominant societies ; but later, there has developed a world public scene, on which peoples see themselves as standing, on which they see themselves as rated, which rating matters to them. This world scene is dominated by a vocabulary of relative advance, even to the point of having to discover periodic neologisms in order to euphemise the distinctions.

---

25) See "The Politics of Recognition", in Amy Gutman, ed., Multiculturalism and "the Politics of Recognition", Princeton University Press, 1992.
26) Especially, Les Damnés de la Terre, Paris : Maspéro, 19.

Hence what used to be called the "backward" societies began to be called "under-developed" after the war ; and then even this came to be seen as indelicate, and so we have the present partition : developed / developing. The backdrop of modern nationalism, that there is something to be caught up with, each society in its own way, is inscribed in this common language, which in turn animates the world public sphere.

Modern nationalism thus taps into something perennial. Conquest, or the threat of conquest has never been good for one's sense of worth. But the whole context in which this nationalism arises, that of successive waves of (institutional) modernization, and the resultant challenge to difference, that of the growth of categorical identities, as well as the creation of a world public sphere as a space of recognition, this is quintessentially modern. We are very far from atavistic reactions and primal identities.

V

I have been attempting to give some of the background of modern identity struggles. These have a locus, which is frequently inescapable, in the modern state, which poses the question of political identity : what / whom is this polity for? and the derivative questions : do I / we have a place here? These issues can be particularly charged, because they are the point at which the necessary redefinition of a traditional way of life may be carried out. Indeed, the very staking of a claim for "us" as a people demanding our own state, or calling for reflection in an existing state whose definition excludes us, this very move to peoplehood in the modern sense, will often involve a redefinition of what "we" are. Thus on the erstwhile dominant, conservative and clerical, definition of "la nation canadienne-française", this was not meant to realize itself primarily in political institutions, but rather in the conservation of a way of life in which the Church played the major rôle. The political strategy was to hold North American Anglophone-Protestant society at bay, both in its concentration on economic growth, and in its tendency to enlarge the state's rôle in the management of certain social affairs, especially education and health matters. This required the jealous guarding of provincial autonomy, but also the self-denial of the provincial government which refrained from itself entering the domains from which it was excluding the federal government. Quite a different self-definition underlies the present identity as "Québécois", which for some people at any rate motivates the demand for separate statehood.

Of course, this move involved a shift away from a religious self-definition. The last 50 years have seen a rapid laicization of Quebec society. But the earlier variant of nationalism also involved a controversial stance on what it meant to be a Catholic community in majority Protestant Canada and North America, as the long and bitter quarrel with Irish clergy testifies.

The point is that the resolution of issues of political identity : what kind of state will one settle for? Do we have a real choice? Can we strike out on our own? Should we accept to assimilate?

goes along with the settling of the major issues of personal or group identity : who are we really? What really matters to us? How does this relate to how we used to define what matters? What is the important continuity with our past which makes us = us? (e.g., is it just speaking French on this territory for four centuries ; or is it also being Catholic?)

These re-assertions or redefinitions are particularly fraught, not just because they are anguishing, the point at which people may feel that there has been a loss of identity or a betrayal ; but also because they are often lived in the register of dignity : the issue of whether the identity we end up with somehow will brand us as inferior, not up to the rest, as a group destined to be dominated, cast in the shade by others. This may indeed be how we are seen by powerful others, but the issue is how much this gets to us, how much we feel that only by changing ourselves in some direction ("modernizing" our economy, reforming some of our social practices, attaining statehood or autonomy) could we really refute this disparaging judgement, and hold our heads high among the nations. And our plight is not made easier by the fact that one person's essential reform, by which dignity is recovered, is another person's utter betrayal.

Now religion gets caught up in this process of struggle through redefinition. Sometimes the result is negative : the old faith is extruded or marginalized, as for instance in Jacobin-nationalist or Leftist identities. But sometimes it seems to be revalorized. "Reformed" versions of an old religious tradition come forward as the way to embrace what is good in modernity, even rediscover these good things in a neglected part of our tradition (Brahmo Samaj, for instance). Or against these, the counter-claim is made that they have abandoned what is essential, and new, more rigorous returns to the origins are proposed. But these latter efforts take place in a modern context, and very often while attempting to meet the demands of power, statehood, economic and military viability, with full use of communications technology, which belong to this age. And so they are frequently less of a pure return to origins than they claim on the surface to be. The pathos of "fundamentalisms" is always a certain hybridity. Present-day Protestant Biblical "fundamentalism" would have been unthinkable in the symbolic universe of mediaeval Catholicism, where everything was a sign ; it presupposes the literal-mindedness of the modern scientific age. Earlier Christian centuries lived in a world in which secular time was interwoven with various orders of higher time, various dimensions of eternity. From within this time sense, it may be hard to explain just what is at stake in the issue whether 'day' in Genesis means "literally" the 24 hours between sunset and sunset, let alone get them to see why they should be concerned about it.

Or to take another example, the Iranian revolution and subsequent régime has been deeply marked by modern communications, modes of mass mobilization, and forms of state (a sort of attempt at a Parliamentary theocracy).

Now looked at from a certain angle, these movements can be seen as attempts to live the traditional faith to the full in contemporary conditions. The ultimate goal in each case is something which would be recognized as such across the history of the tradition in question – e.g., in the Muslim case, living the life of submission to God in the light of Qu'ran and hadith – even if some of the forms might seem strange and new. But to the extent that the struggle for re-assertion / redefinition becomes entangled in identity struggles, a displacement comes about. Two other goals or issues begin to impinge, which may draw the enterprise out of the orbit of the religious tradition. These are the twin goals / issues of the power and the dignity of a certain "people". These may impose objectives which are more or less alien from the faith, not only as lived historically, but even in terms of what can be justified today.

Constituting a dominant people, especially one with the power to impose its will through weapons of mass destruction, has never been seen as a demand of Hindu piety. A case to the diametrically opposite effect would be easier to make, as Gandhi showed, and as his brutal elimination by the spiritual ancestors of the government in Delhi underlines. Nor has genocide been seen as a goal of Orthodox Christianity, even allowing for the worst modes of perversion of the faith historically.

In many of its most flagrant cases, the contemporary violence which seems "religious" in origin is quite alien to it. It is powered by something quite different. It arises in identity struggles which are constituted by and help constitute "peoples", self-defining groups struggling to define themselves and to attain political identity, where religion serves as a historical marker, while the demands of piety have utterly disappeared or atrophied : the

"Serb" militants, the IRA and Orange killers, much of the leadership of the BJP.

A less clear case is the BJP movement as a whole, in which undeniably powerful popular devotion is harnessed to a campaign for political domination, as with the agitation around the Rama temple in Ayodhya.

Even more mixed are various of the militant Muslim movements of our day. May of these are undoubtedly powered by deeply-felt conceptions of piety. But this doesn't mean that their form and course may not be deeply influenced by the context of identity struggle. It would be absurd to reduce Islamic integrism to a single mode of explanation ; we are dealing with a complex, many-sided, over-determined, reality. I nevertheless would like to argue that its various manifestations have some features of the profile I have been outlining above. The sense of operating on a world scene, in the register of threatened dignity, is very much present ; as is the over-vehement rejection of the West (or its quintessence, America, the "great Satan"), and the tremendous sensitivity to criticism from this quarter, for all the protestations of hostility and indifference. Islamic societies are perhaps if anything more vulnerable to a threat to their self-esteem from the impact of superior power, in that Islam's self-image was of the definitive revelation, destined to spread outward without check. The Islamic sense of Providence, if I may use this Christian expression, can cope with the status of conquerors, but tends to be bewildered by the experience of powerlessness and conquest.

Again, for all their protestations of faithfulness to the origins, this integrism is in some respects very modern, as I argued above. It mobilizes people in a modern fashion, in horizontal, direct-access movements ; it thus has no problem using the "modern" institutional apparatus of elected legislatures, bureaucratic states, armies. While it would reject the doctrine of popular sovereignty in favour of a species of theocracy, it has also delegitimated all the traditional ruling strata. The Iranian revolution was carried out against the Shah. Those enjoying special authority are exclusively those who "rationally" merit this, granted the nature and goals of the state, viz., the experts in God's law. Not to speak of the Ayatollah Khomeini's media-oriented abuse of the Islamic judicial forms in issuing his fatwa against Salman Rushdie. And to what extent was the heinousness of Rushdie's "crime" greatly increased by the fact that he published his "blasphemies" in English and for a Western audience?

Again, we do not understand as fully as we might the tremendous emphasis laid on the dress and comportment of women in contemporary Islamic reform movements. Very often the demands seem to spin out of all relation to Qu'ran and tradition, as with the Taliban in Afghanistan. But we can trace the way in which women have become the "markers" for "modernism" and integrism. Atatürk insisted that women dress in Western fashion, that they walk in the streets and attend social functions, even dance with men. The traditional modes were stigmatized as "backward". Perhaps this has something to do with the extraordinary stress on rigorism in dress and contact imposed on women in many places today. These matters have become internationally-recognized symbols of where one stands, ways of making a statement, of declaring one's rejection of Western modernity. The struggle in international public space may be dictating what happens here more than the weight of the shariat, or hallowed modes of piety.[27]

Perhaps the most striking case is that which has come to world prominence with the attack on the World Trade Centre of September 11, 2001. The network known as Al-Qaida, headed by Ossama bin Laden, has pushed even farther a development already evident in certain Islamist "terrorist" movements; this involves using the concept of jihad, and the status of shahid, to legitimate a form of action which seems to lie outside traditionally permitted limits. And this in two respects: first, in its disregard for the distinction between combatants and uninvolved civilians; and secondly, in its recourse to suicide attacks. Either of these alone is problematic, but the combination seems to violate clear precepts of Islam. And some mullahs have made clear that someone who kills himself, with the aim of taking with him not even enemy soldiers but defenseless civilians, cannot claim the title of shahid.

But the striking fact is how little impact these rulings have had in many Muslim societies. They not only are totally ignored in the street, as it were, where young Palestinians still refer to

---

27) I owe a lot here to the interesting discussion by Nilfer Göle about this whole topic, both in the Turkish and in the broader Islamic context. See Musulmanes et Modernes, Paris : La Découverte, 1993.

suicide bombers, whose only victims may be teen-agers at a disco, as "shahidin" ; but many of the religious authorities in these "hot" societies, go along with their publics rather than endorsing the best jurisprudence. What is happening here? May it not be that "Islamic" action is being driven here by the sense that "we" are being despised and mishandled by "them", that it is in this respect very similar to nationalist reactions that have become very familiar to us. To take an example from Christendom : the clergy of all the combatants in the First World War, with very few honourable exceptions, bestowed God's blessing on their nation's armies. With a certain distance, the betrayal of their Christian commitment is only too painfully obvious.

Moreover, seeing nationalism, proletarian internationalism and religious fundamentalisms in the same register may help us to understand their interaction, that they are so often, in fact, fighting for the same space. Arab nationalism gives way to Islamic integrism,[28] just as the demise of Soviet Marxism opens the way for virulent nationalisms. The search for a categorical identity, to answer the call to difference, and be the bearer of the sought-for dignity, can take many forms. It is understandable why the discrediting of some must strengthen the appeal of others.

This discussion yields a rather mixed picture. It cautions us

---

28) See Martin Kramer, "Arab Nationalism : Mistaken Identity", in <u>Daedalus</u>, vol 122, no 3, Summer 1993, pp.171-206.

against taking "religion" as a clearly identifiable phenomenon, once and for all, responding to a single inner dynamic. It ought to be clear that there is more than one dynamic going on today in connection with religion. We have to be particularly aware of this if we want to do something to overcome the violence which is often associated with religious differences.

I have argued here that there is a particularly modern dynamic which can issue in "religious" hatred and violence, but which is in some ways rather alien to religion in its devotional thrust. There are clear cases, where this alien nature stands out ; but there are also very mixed cases, where religious movements are traversed by a number of different demands, of fidelity to the past, piety, of recovering social discipline and order, as well as of the power and dignity of "peoples". In these cases, there is no single dynamic at work.

This may be hard to sort out in practice, but it has important policy consequences. Where the dynamic of identity struggles has an important rôle to play, there is no point seeking the source in theology. What may need to be done is the classic coping kit for extreme identity strife : try to give more space to complex, or "hybrid" identities which can diffuse and buffer the stand-off. Thus one of the big threats to the BJP's mobilization behind "Hindutva" comes from the scheduled castes and OBCs in India, for whom this kind of pan-caste solidarity is, understandably, very dubious. From this, it is to be hoped, new kinds of alliances can be made which will blunt this drive to exclusion.

It may also be true in such cases, quite unlike what is

commonly believed among secular Liberals, that a reduction in religious belief or piety may do no good at all. On the contrary, it may leave the field all the freer for hardened killers who have cast off the last barriers to conscience. Whereas in other cases, the burning but perverted piety of a bin Laden must be opposed in part with a genuine return to spiritual sources.

There is a danger for religion in all this, considered as a commitment to the ultimate, the kind of thing which can easily be taken up in a faith of personal commitment, trying to return to sources. The two : collective identity caught in a struggle for recognition, for self-respect and dignity, and personally committed religion, may line up, as they seem to do for many in Iran, say. But then a more exigent religious faith may find this a potential source of very dangerous corruption. In particular, because the struggle for recognition gives a prominent place to pride, dignity, self-respect ; and because it can very easily justify violence. "Islamic" violence. Not to speak of the way a common identity may be the justification of coercion of those who don't think the same way.

So there may also be dissonance : Gandhi versus the BJP ; Mehlevi versus official Islamist movement ; Christians in Northern Ireland, and so on. Real faith may be the best antidote to this corrupting capture of religion for very worldly ends.

계몽의 두 얼굴 : 내재적 역계몽

I

'계몽(Enlightenment)'과 '역계몽(Counter-Enlightenment)'은 둘 다 정의하기 힘든 개념들이다. 그것을 기술하려는 모든 시도는 아마도 편향적일 것이다. 나의 기술 또한 예외라고 주장할 수는 없다. 내가 하고 싶은 것은 현대 문화, 즉 계몽에 영향을 받은 문화의 특징이라고 생각하는 것을 드러내는 일이다. [나는 계몽의 흔적을 좇는다는 의미에서 '탈계몽(post-Enlightenment)'이라는 말을 사용할 수도 있었지만 또 다른 편향된 함의, 즉 계몽은 아무튼 과거의 것으로 끝난 것이라는 함의를 피하기 위해 그 말을 사용하지 않는다.]

계몽은 그것이 비판했던 '전통적' 삶과 사회 형태의 옹호자들로부터 반동을 불러일으켰다. 이것이 우리가 흔히 역계몽이라고 부르는 것, 즉 밖으로부터의 반작용이다. 그러나 계몽은 또한 시간이 흐르면서 하나의 내재적 반작용, 즉 '내부로부터' 그것이 가장 신봉했던 이상들에 대한 공격을 자극했다. 물론 내가 방금 따옴표로 표시했던 두 단어의 사용과 더불어 하나의 중요한 해석적 도약이 이루어지고 있다. 오늘날 계몽의 가치들에 대한 푸코(M. Foucault)나 데리다(J. Derrida)와 같은 사람들의 공격, 또 한 세기 전의 니체(F. Nietzsche)의 공격을 모두 내부로부터의 공격이라고 부를 수 있는 이유는 무엇일까? 그 이유는 이 사상가들은 계몽 사상의 지배적 조류와 중요한 것 — 간단히 말해서 초월성(transcendence)에 대한 거부라고 부를 수 있는 것 — 을 공유하고 있기 때문이다. 이러한 관점에서 본다면 내가 여기에서 논의하는 반동은 하나의 내재적 반발이라고 할 수 있다. 그것도 내부로부터의 반발이라는 의미, 그리고 내재성 자체의 한계들에 대한 반역이라는 두 가지 의미에서.

II

나는 여기에서 매우 난해하고도 모호한 내재 / 초월이라는 구분을 도입했다. 나는 먼저 그것들을 통해 내가 의미하는 것에 관해 좀더 이야기함으로써 가능한 애매성을 부분적으로 줄이려고 한다. 나아가 이러한 의미에서 계몽 사상 — 그리고 실제로는 탈계몽 문화 — 의 지배적 조류가 초월성에 대한 거부를 지향하고 있음을 드러내 보일 것이다.

여기에서 초월성을 거부한다는 것은 인간 삶이 삶 자체를 넘어선 어떤 지점의 추구를 거부한다는 것을 의미한다. 그 이상의 무엇이 있으며, 또한 인간 삶이 그 자체를 넘어서려고 한다는 강한 의미 — 인류사를 통해 지속적으로 나타났던 — 는 하나의 환상으로 낙인 찍힌다. 또한 비참하고 비인도적 귀결을 조장하는 위험한 환상으로 판정된다. 그것을 부정하는 것은 우리가 배타적 인본주의(exclusive humanism)라고 부를 수 있는 것, 즉 오로지 인간적 번영이라는 관념 — 이것을 넘어서는 어떤 타당한 목적도 인정하지 않는 — 에만 바탕을 둔 인도주의를 불러온다.

이렇게 말해지는 초월적인 것의 결정적 특징은 그것이 '삶을 넘어선' 삶의 지점과 관련된다는 점이다. 초월성은 다른 차원들, 예를 들면 자연과 세계를 초월하는 어떤 것에 대한 믿음과 같은 차원들을 가질 수도 있다. 이것들 또한 마찬가지로 매우 흔히 등장한다. 그러나 계몽이 제기하는 결정적인 문제로 여기에서 내가 초점을 맞추고 있는 것은, 삶의 핵심에 눈을 돌린, 적극적이고 실제적인 물음이다.

이렇게 함으로써 나는 기독교뿐만 아니라, 예를 들면 불교와 같은 다른 수많은 신앙들의 본질을 이루고 있는 어떤 것을 다루려고 한다. 하나의 기본적인 생각이 이러한 신앙들에 매우 다른 형태로 유입되어 있는데, 우리는 그 생각을 삶이 전부가 아니라는 주장을 통해 파악할 수 있을 것이다.

이러한 생각의 표현을 받아들이는 하나의 방법은 그것을 다음과 같은 의미로 받아들이는 것이다. 즉, 삶은 죽음 이후에도 계속되고 지속성이 있으며, 따라서 우리의 삶은 우리의 죽음과 함께 완전히 끝나지는 않는다. 나는 이러한 읽기를 통해 긍정되는 것을 부정하려는 것이 아니라 그 생각을 약간 다른 의미(분명히 관련되어 있기는 하지만)에서 받아들이려고 한다.

내가 의미하는 것은 오히려 다음과 같다. 사태의 핵심은 삶에, 삶의 충만성에, 심지어 삶의 좋음에 국한되지 않는다는 것이다. 이것은 단순히 내 삶의 충만성(또한 아마도 내가 사랑하는 사람들의 삶의 충만성)만이 나의 관심사가 되어야 한다는 이기주의의 거부를 의미하는 것은 아니다. 충만한 삶은 인류의 이익을 위한 투쟁을 포함해야 한다는 밀(J. S. Mill)에 동의하기로 하자. 그렇다면 초월적인 것의 인정은 그것을 넘어선 지점을 이해하는 것이다.

이것의 한 유형은 우리가 고통과 죽음에서 단순히 부정성, 즉 삶의 충만성의 퇴락만을 발견하는 것이 아니라 삶을 넘어서서 문제시되는 어떤 것을 긍정하는 하나의 장소 — 삶 자체가 본래 비롯되는 — 를 발견할 수 있다는 통찰이다. 마지막 구절은 우리를 다시 삶에 대한 관심으로 되돌아가게 하는 것처럼 보인다. 배타적 인본주의의 조망 안에서조차도 어떻게 다른 사람의 삶을 위해서 우리가 고통과 죽음을 받아들일 수 있는지를 쉽게 설명할 수 있을 것이다. 어떤 견해에 따르면 그것 또한 마찬가지로 삶의 충만성의 일부다. 초월적인 것을 인정한다는 것은 그 이상을 포함한다. 삶을 넘어서서 문제시되는 것은 그것이 단지 삶을 유지시켜주기 때문에 문제시되는 것은 아니다. 만약 그렇지 않다면 그것은 행위라는 의미에서 '삶을 넘어서'가 아닐 것이다. [기독교인에게 신의 의지는 인간의 번영을 원하지만 '하느님의 뜻이 이루어지리라(Thy will be done)'가 '인간이 번영하리라'로 환원되는 것은 아니다.]

이것은 오늘날 서구 문명의 성격에 가장 크게 대립되는 방식으로 말하는 것이다. 그것을 틀 짓는 다른 방식들이 있다. 초기 기독교로 되돌아간다는 것은 내가 '삶을 넘어서'라고 부르는 것을 포괄할 수 있도록 '삶'을 재정의하는 것이다. 예를 들면, 신약성서에서 '영생'의 환기 그리고 요한복음 10장 10절의 유명한 구절이 그것이다.

또는 그것을 세 번째 방식으로 말할 수 있다. 즉, 초월적인 것을 인정하는 것은 정체성의 변화를 요구받는 것을 뜻한다. 불교는 우리에게 이렇게 말하는 명백한 이유를 제시한다. 여기에서 변화란 자아에서 '무아(no-self ; anatta)'로의 매우 급진적 변화다. 그러나 기독교 신앙도 동일한 방식으로 이해될 수 있다. 즉, 신과의 관계 속에서 자아를 철저하게 탈중심화시키려는 요구로 이해될 수 있는 것이다. ("하느님의 뜻이 이루어지리라.") 우리는 17세기 프랑스의 영성에 관한 방대한 연구에서 브레몽(A. H. Bremond)이 사용했던 언어로

'신중심주의(theocentrism)'를 이야기할 수 있다.[1] 이렇게 해석하는 것은 나의 첫 번째 해석 방식과 유사성이 있다. 왜냐 하면 번영하는 삶이라는 대부분의 관념들은 안정된 정체성, 즉 번영에 대한 정의의 대상으로서의 자아를 가정하기 때문이다.

따라서 초월적인 것을 인정하는 것은 삶을 넘어선 추구 또는 정체성의 변화에 자신을 여는 것을 의미한다. 그러나 만약 그렇게 된다면 우리는 인간적 번영이라는 측면에서 어디 쯤에 서 있게 되는가? 이에 관해서는 많은 갈래와 혼동과 불확실성이 있다. 역사적으로 비중 있는 종교들은 사실상 일상적 실천을 통해 번영과 초월에 대한 관심을 결합시켜 왔다. 삶을 넘어섰던 사람들의 최고의 성취들이 장벽의 이편에 남아 있는 사람들의 삶의 충만성을 뒷받침해왔다는 사실은 심지어 하나의 기정 사실이 되었다. 따라서 순교자들의 무덤에서의 기도는 신실한 기독교인들에게 장수와 건강 그리고 수많은 좋은 것들을 기원한다. 또한 이슬람 세계의 몇몇 성자들의 묘지에서도 그것은 마찬가지다. 반면에 예를 들면, 상좌부(上座部 ; Theravada)♠ 불교에서는 수도승의 헌신은 축복이나 부적과 같은 것을 통해 보통 사람들의 번영과 관련된 일상적 목적들을 겨냥한다.

이에 반대해서 모든 종교에는 탈속과 번영 사이의 이러한 공생적이고 보완적인 관계를 하나의 위장으로 간주하는 '개혁가들'이 있었다. 그들은 종교가 '순수성'으로 회귀해야 한다고 주장하고, 탈속 자체를 번영의 추구로부터 벗어난 모두를 위한 목표로 설정한다. 그 일부는 번영의 추구를 전반적으로 폄하하며, 중요하지 않은 것으

---

1) Henri Bremond, *Histoire littéraire du sentiment religieux en France depuis la fin des guerres de religion jusqu'à nos jours*, Paris : A. Colin, 1967-1968.
♠ [역주] 석가모니 사후 100년경, 교단의 규칙에 대한 해석 등을 둘러싸고 의견이 대립하여 교단은 보수적인 상좌부와 진보적인 대중부(大衆部)로 분열된다. 현재 상좌부는 스리랑카, 미얀마 등 남아시아 지역에 전승되고 있으며, 대중부의 전통을 계승한 대승불교에서는 이들을 소승불교라 멸칭한다.

332♥ 【다산 기념 철학 강좌 6】 세속화와 현대 문명

로 또는 신성에 대한 장애라고 단언한다.

그러나 이러한 극단적 태도는 어떤 종교에서는 핵심적 본지에 어긋난다. 여기에서 내가 생각하는 사례는 기독교와 불교다. 탈속, 즉 초월적 삶의 추구는 우리를 멀리 떠나게 할 뿐만 아니라 다시 번영으로 회귀시킨다. 기독교적 용어로 만약 탈속이 신과의 관계 안에서 우리를 탈중심화시키는 것이라면 신의 의지는 인간의 번영을 원하며, 따라서 우리는 다시 이 번영의 긍정으로 회귀하게 되는데, 그것은 성서적으로 아가페(agapê)라고 불린다. 불교적 용어로 계몽(깨달음)은 우리를 세속으로부터 벗어나게 할 뿐만 아니라 자(慈. metta ; loving kindness)와 비(悲. karuna ; compassion)의 수문을 열어준다.♠ 자신의 구제에만 관심을 갖는 벽지불(辟支佛 ; Paccekabuddha)♠♠의 상좌부 개념이 있다. 그러나 그는 모든 존재의 해방을 위해 수행하는 최고의 붓다보다는 낮게 평가된다.

따라서 탈속과 번영의 보완적 공생을 받아들이는 태도의 밖에, 그리고 순수성이라는 태도의 너머에 제3의 길이 있는데, 그것을 아가페 / 카루나의 태도라고 부를 수 있을 것이다.

♠ [역주] metta는 자(慈)로 한역되며, 원래 타자에게 이익이나 안락을 주려는 연민, 우애 등을 의미한다. karuna는 비(悲)로 한역되며, 타자의 불이익이나 괴로움을 동정하고 그것을 제거하려는 마음을 의미한다. 慈와 悲는 단독으로 사용되기도 하나 慈悲라는 개념으로 일반화된다. 대승불교의 비판과는 달리 慈悲는 상좌부 등 부파불교에서도 설해지며, 대승불교에서는 이것이 좀더 강조될 뿐이다. 대승불교에서는 자비에 의한 이타행(利他行)이 수행자 모두에게 요구되어, 대승불교 이념의 실천자인 보살의 삶의 방식에서는 자신의 깨달음보다 타자의 구제가 우선시된다.

♠♠ [역주] Paccekabuddha는 스승이 없이 혼자서 진리를 깨달은 자라는 의미에서 독각(獨覺)이라고 한역되기도 하고, 연기(緣起) 혹은 다른 계기(外緣)들을 통해 깨달은 자라는 의미에서 연각(緣覺)이라고 한역하기도 한다. 그는 깨달음의 내용을 다른 사람에게 설하지 않고 혼자 즐기는 자라 하여 대승불교에서는 이 입장을 자기 중심적인 것으로 폄하한다.

Ⅲ

계몽을 뒤따라온 현대의 문화와 초월적인 것 사이의 갈등에 관해서는 충분한 논의가 이루어졌다. 사실상 삶의 긍정 속에는 현대의 서구적 정신성의 강력한 구성적 흐름이 개입되어 있다. 그것은 삶을 유지하고, 번영을 이루고, 고통을 줄이려는 오늘날의 범세계적인 관심 속에 명백해보이는데, 내 생각으로 그것은 역사를 통해 선례가 없는 일이다.

이것은 역사적으로는 내가 다른 곳에서 '일상적 삶의 긍정'이라고 불렀던 것으로부터 비롯된다.[2] 내가 이 말을 통해 표현하려고 했던 것은 현대 초기의 문화적 혁명인데, 그것은 사색이라는 소위 더 고상한 활동과 상류 문화를 전복시키고, 좋음의 중심을 일상적 삶, 생산 그리고 가족 안에 설정했다. 그것은 우리의 일차적 관심사가 삶을 증진시키고, 고통을 줄이며, 번영을 촉진하는 것이어야 한다는 이러한 정신적 전망에 속하는 것이다. 무엇보다도 '좋은 삶'에 대한 관심은 자존심과 자기 침잠의 냄새를 풍긴다. 더욱이 그것은 본래적으로 불평등주의적이다. 왜냐 하면 일상적 삶을 바르게 유지하는 것이 모두에게 열려 있었던 반면, 소위 '고상한' 활동은 소수의 엘리트만이 수행할 수 있었기 때문이다. 이러한 도덕적 성향의 관점에서는 우리의 주된 관심사가 정의와 박애 안에서 타인들과의 관계가 되어야 한다는 것이 명백해보인다. 또한 이러한 관계는 평등의 차원에 있어야 한다.

우리의 현대적인 윤리적 전망의 주된 요소를 구성하고 있는 이러한 확신은 본래 기독교적 경건성이라는 양식에 의해 고무되었다. 그것은 실천적인 아가페를 고취시켰으며, '고상한' 활동 또는 영성

---

2) Charles Taylor, *Sources of the Self*, Cambridge, Mass. : Harvard University Press, 1989, chapter 13 참조.

의 존재를 믿는 사람들의 자긍심, 엘리트주의, 말하자면 자기 침잠을 극렬하게 반대했다.

소위 수도자적 삶의 '고상한' 소명에 대한 개혁주의자들의 비판을 생각해보자. 이것은 우월한 헌신을 추구하는 엘리트의 길을 특징짓기 위한 것이었다. 그러나 그것은 사실상 자긍심과 자기 기만을 향한 일탈이었다. 기독교인에게 참으로 신성한 삶은 일상적 삶 자체 안에, 즉 일과 가사에서 기독교적이고 신앙심 있는 방식으로 살아가는 삶 안에 있다.

현세적인, 말하자면 소위 '고상한' 현실에 대한 세속적 비판 — 후일에 변형되어 기독교 그리고 사실상 종교 일반에 대한 세속적 비판으로 사용되었던 — 이 있었다. 세속주의자들은 개혁가들이 수도사와 수녀들에 대항해서 수용했던 것과 동일한 수사적 태도를 기독교 신앙 자체에 대항해서 취한다. 흔히 알려지기로 기독교 신앙은 순수하게 가상적인 고상한 목표를 위해 현실적이고 감각적이며 현세적인 인간적 선을 비웃는데, 그러한 목표를 추구하는 것은 우리를 현실적인 것, 현세적인 좋음의 좌절 그리고 고통, 굴욕, 억압 등으로 이끌어갈 뿐이라는 것이다. 따라서 이 '고상한' 길을 옹호하는 사람들의 동기는 사실상 의심스러운 것이다. 자긍심, 엘리트주의, 그리고 지배 욕구는 마찬가지로 공포나 소심함(초기 개혁가들의 이야기에 나타나지만 덜 드러나는)과 함께 이 이야기에서 하나의 역할을 한다.

물론 이 비판에서 종교는 앞에서 두 번째의 순수주의적 태도와 동일시되며, 그렇지 않으면 이것과 첫 번째의 '공생적'(대개 '미신적'으로 간주되는) 태도와의 결합과 동일시된다. 여기에서 세 번째인 아가페 / 카루나의 태도는 드러나지 않게 된다. 그 이유는 그것의 변형된 변이가 세속주의적 비판자들에 의해 사실상 가정되어 있기 때문이다.

IV

앞에서 나는 현대 문화와 세속주의에 관해 이야기했다. 그러나 이것들을 모두 계몽의 탓으로만 돌릴 수 있을까? 많은 사람들에게 이 물음은 하나의 사소한 말재간에 불과하다. 그들에게서 현대의 세속적 문화를 산출한 것이 계몽이라는 사실은 너무나 명백하다. 그러나 실제로 상황은 훨씬 더 복잡하다. 계몽은 훨씬 더 다층적인 사건이었으며 또한 사건이다.

나는 계몽에 핵심적인 것이 서로 관련된 두 가지 중심 이념이라고 주장하고 싶다. 첫 번째는 우리가 직면한 우리의 숙명, 역사와 사회를 우리가 [칸트가 「계몽이란 무엇인가?(Was ist Aufklärung?)」[3]에서 표현했던 것처럼, 우리의 조건을 사소한 것으로서 극복함으로써] 과거와 다른 방식으로 받아들일 수 있으며, 또 그래야 한다는 것이다. 두 번째는 우리에게 그렇게 할 수 있는 능력이 주어져 있다는 점이다. 왜냐 하면 우리는 우리의 조건을 새로우면서도 더 명료한 방식으로 이해할 수 있으며, 그것에 관해 과거에 우리가 갖고 있지 않았던 지식을 갖거나 획득할 수도 있기 때문이다. 이러한 두 가지 생각은 칸트가 「계몽이란 무엇인가?」에서 택했던 구호 안에 함께 제시되어 있다. "감히 알고자 하라(Sapere aude)." 사소한 위상에서 자기 책임으로의 이행은 우리로 하여금 지식을 획득하고 우리의 삶을 영위하는 데 필요한 진리들을 수용할 준비를 하도록 요구한다. 이것은 과거에 우리를 지식으로부터 단절시켰던, 모든 나태하고 맹목적인 습관, 미지에 대한 불안, 그릇된 권위에 대한 신뢰와 결별할 수 있는 용기를 요구한다. 따라서 용기와 지식은 불가분 묶여 있다.

---

3) In *Kants Werke*, Akademie Textausgabe, Berlin : Walter Gruyter, 1968, Vol. VIII, pp.33-42.

용기와 지식의 복합체를 벗어날 수 없으며, 사실상 그것에 보완적인 하나의 개념은 동기화된 환상(the motivated illusion)이라는 개념이다. 우리는 그 모든 무지와 불안의 힘에 사로잡혀 있었기 때문에 알려고 하지 않았다. 우리는 우리 자신의 조건에 관한 환상 속에 있었다. 그러나 이것은 단순히 중립적인 사실적 오류가 아니다. 그것은 불안, 나태, 충성, 경외 등과 같은 강력한 정서들에 의해 묶여 있다. 그래서 단절을 위해서는 용기가 필요했으며 또 필요하다.

내 생각으로는 이러한 것이 계몽에 대한 서사적 자기 이해에 필수적이다. 물론 엄격하게 동기화된 환상이라고 정의될 수 있는 것은 다양하게 변화할 수 있다. 전투적인 세속주의적인 해석에서는 동기화된 환상은 항상 종교와 동일시되지만 그것은 사태를 지나치게 단순화한 것이다. 비록 동기화된 환상이 그처럼 종교와 동일시되지는 않지만 내 생각으로는 계몽 서사의 주요 흐름은, 우리에게 전해오는 것처럼 내가 여기에서 정의하는 것으로서의 초월성 — 즉, 삶을 넘어선 삶의 핵심을 설정하는 것 — 을 환상이라는 지대의 중심에 있는 것으로 본다.

따라서 일반적으로 계몽에 영향을 받은 현대 문화는 그처럼 반종교적이지는 않다. 종교에 대한 적대감은 있지만 우리 사회에서 이 전망은 보편적인 것과는 거리가 멀다. 이것을 물론 특히 종교적 믿음과 실천의 비율이 높은 미국에서 분명하다. 그렇지만 나는 초월성의 부정이 단순히 전형적인 시골 무신론자 스타일의 세속주의보다는 훨씬 더 깊고 넓게 침투해 있으며, 스스로를 신앙인이라고 생각하는 많은 사람들의 전망을 형성한다고 본다.

이 영역은 명료하고 잘 검증된 확신을 수립하기가 어려운 영역이다. 나는 사람들이 명시적으로 믿는 것에 관해서만 이야기하고 있는 것이 아니라 사고의 기류와 가정들의 지평에 관해 이야기하고 있다. 우리는 초월적인 것을 부정하는 새로운 이론에 관해서라기보다는 초월적인 것의 쇠락에 관해서 이야기하는 편이 더 나을 것이다. 우리 시대의 많은 사람들, 특히 젊은이들은 내가 여기에서 사용하고 있는 의미에서 초월적인 것을 마치 자신들의 영역에서 완전히 벗어난 것처럼 생각한다. 폭넓은 영적 갈증이 존재하지만 그것은 인간적인 활동의 다양한 변형들과 마찬가지로 흔히 배타적 인본주의 영역 안에 있는 형식들에 눈을 돌림으로써 충족된다. 그렇지 않으면 영적 갈증은 내재적인 것과 초월적인 것 사이의 경계를 철저히 흐리는 방식을 통해서 충족된다. 마치 모든 위대한 종교적 전통에 매우 핵심적이었던 이 문제 자체가 더 이상 대부분의 사람들에게 문제시되지 않는 것처럼.

오늘날 많은 사람들이 경험하는 형태의 이 쇠락은 지난 반세기 동안에 드러난 비교적 최근의 문제다. 그것은 자아의 고양된 의미, 즉 내가 '진정성(authenticity)'의 윤리학[4]이라고 서술하려고 했던 하나의 윤리적 전환을 수반했다. 내 생각으로 우리는 현대 문화에서의 이러한 대규모적 변화를 여전히 매우 부적절하게 이해하고 있다. 그것이 계몽으로 이어지는 뿌리를 갖는다는 것, 또한 초월성에 대한 초기의 논란적인 거부가 어떤 방식으로든 지금 내가 쇠락이라고 부르는 것을 초래했다는 것은 분명하다. 그러나 이 쇠락이 초월성에 대한 공격적 거부를 감소시켰다는 것 또한 사실이다. 그 구분이 흐려짐으로써 성직자들과 세속주의자들 사이의 오랜 전투에 참가하고 있는 모든 사람들이 마치 다른 시대 사람처럼 낯설게 보일 수 있다. 그 전환은 초기 갈등의 심각성 때문에 특히 프랑스에서 눈에 띈다.[5]

---

4) Charles Taylor, *The Malaise of Modernity*, Toronto : Anansi Press, 1991 참조.
5) Émile poulat, *L'ère postchrétienne*, Paris : Flammarion, 1994의 흥미로운 논의 참조.

V

여기에서 내가 초월성에 대한 명시적 거부가 아니라 쇠락을 하나의 이론이라기보다는 견해들의 기류로서 다루고 있기 때문에 이 기류를 일련의 명제들로 서술하는 데에는 항상 어떤 왜곡이 있게 될 것이다. 그럼에도 불구하고 나는 그렇게 하려고 한다. 왜냐 하면 나는 이 기류가 우리의 곤경에 대한 어떤 이해를 담고 있으며, 또한 내가 이것을 표현하는 다른 어떤 방법도 알고 있지 않기 때문이다. 만약 그것이 명제로 기술된다면 그것은 다음과 비슷한 어떤 것이 될 것이다. (a) 우리에게 삶, 번영, 죽음과 고통의 퇴치는 최고의 가치가 있다. (b) 이것은 항상 그렇지는 않았다. 그것은 우리의 선조들 그리고 다른 초기 문명들에서는 그렇지 않았다. (c) 과거에 그렇지 않도록 가로막았던 것 중의 하나는 종교가 가르쳤던 것으로서 '더 고상한' 목표들이 존재한다는 생각이었다. (d) 우리는 (이러한 종류의) 종교를 비판하고 극복함으로써 (a)에 도달했다.

우리는 혁명 후(post-revolutionary) 기류와 유사한 것 안에서 살고 있다. 혁명들은 스스로가 위대한 승리를 거두었다는 생각을 산출했으며, 과거의 체제 안에서 그 적을 찾았다. 혁명 후 기류는 구제도(ancien régime) 냄새가 나는 모든 것에 극도로 민감하며, 심지어 일반화된 인간의 선호를 비교적 순수하게 인정하는 행위 속에서도 일종의 퇴행을 본다. 따라서 신교도들은 모든 의식(rituals)에서 가톨릭의 복귀를 보았으며, 볼셰비키주의자들은 일상적 호칭인 '씨'를 버리고 강제적으로 사람들을 '동지'라고 불렀다.

나는 이러한 종류의 기류에 대한 더 온건하지만 일반화된 해석이 우리 문화 안에 널리 퍼져 있다고 주장하고 싶다. 초월적 삶의 추구에 관해 이야기하는 것은 우리의 인본주의적으로 '개명된' 세계의 삶에 대한 최우선적 관심을 잠식하는 것으로 보이게 될 것이다. 그것은 혁명을 역전시키고, 우선성에 관한 과거의 나쁜 질서 — 여기에서 삶과 행복은 탈속의 제단 위에 희생될 수 있다 — 를 복구하려고 시도하는 것이다. 그렇게 해서 심지어 신앙인들마저도 종종 삶의 우선성에 도전하지 않는 방식으로 그들의 신앙을 재정의하도록 권유받는다.

내 주장은 이러한 기류가 종종 근거에 대한 어떠한 정형화된 인식도 없이 우리 문화에 널리 퍼져 있다는 것이다. 예를 들면, 그것은 고통과 죽음에 대해 피하고 싸워야 할 위험과 적이라는 것 외에 어떠한 인간적 의미도 부여할 수 없는 널리 확산된 무능력으로부터 생겨난다. 이 무능력은 단순히 특정한 개인들의 결함이 아니다. 그것은 예를 들면, 그 자체의 한계를 이해하거나 인간 삶의 어떤 자연적 조건을 인식하는 데 큰 어려움을 갖고 있는 의료 행위 등과 같은 제도와 실천 속에 고착되어 있다.[6]

항상 그렇듯이 이러한 혁명 후 기류 안에서는 결정적인 뉘앙스가 상실된다. 삶의 우선성에 대한 도전은 두 가지를 의미할 수 있다. 그것은 삶의 중심적 관심사로서 생명 유지와 고통 회피의 위상을 바꾸려는 시도를 의미할 수 있다. 또는 그것은 삶 이상의 중요한 것이 있다는 주장을 하거나 적어도 그러한 통찰에 대한 가능성을 여는 것을 의미할 수도 있다. 이 두 가지는 분명히 동일하지 않다. 더욱이, 사람들은 그럴 듯하다고 생각할지도 모르지만, 후자의 도전이 '우리를 유연하게 만들고' 전자의 도전을 용이하게 만든다는 의미에서 그것들이 인과적으로 연결되어 있다는 것은 사실이 아니다. 사실상 나는 [『자아의 원천(Sources of the Self)』의 마지막 장에서 그랬던 것처럼] 그 반대가 참이라고 주장하고 싶다. 즉, 두 번째(이것을 '형이상학적'이라고 부르기로 하자) 의미에서의 삶의 우선성에 집착하는 것은 첫 번째 (또는 실제적인) 의미에서 삶의 우선성을

---

6) Daniel Callaghan 참조.

진지하게 긍정하는 것을 어렵게 만든다.

그러나 지금 당장 이 주장을 다루지는 않을 것이다. 내가 여기에서 제시하고 있는 논제는 서구의 현대성이 초월적인 것에 대해 매우 비우호적이게 된 이유가 '혁명 후 기류' 때문이라는 것이다. 물론 이것은 과학의 발달로 인해 종교의 신뢰성이 감소되었다는 주류의 계몽 이야기에 반하는 것이다. 물론 이 주장에는 무엇인가 있기는 하지만 그것은 내 생각으로는 결코 주된 이야기가 아니다. 나아가 그것이 어느 정도까지 사실인 이유는, 말하자면 사람들이 과학과 종교를 대립적으로 해석하는 이유는, 흔히 도덕적 수준에서 미리 감지되는 양립 불가능성 때문이다. 내가 여기에서 탐색해온 것은 이러한 심층적 수준이다.

달리 말해, 또다시 단순화해보면 서구의 현대성에 대한 믿음의 장애물들은 인식적이라기보다는 근본적으로 도덕적이고 정신적인 것이다. 나는 여기에서 논증에서 회의의 정당화에서 말해지는 내용에 관해서가 아니라 그 추동력에 관해서 이야기하고 있다.

VI

그러나 나는 내 주장의 주된 노선에서 벗어날 우려가 있다. 나는 배타적 인본주의가 항상 그렇듯이 안으로부터의 반발을 자극시켰다고 주장하기 위해서 우리 시대의 자화상을 그렸다. 그 반발은 사람들이 삶의 세속적 종교라고 부를 수 있는 것 — 현대 사회의 가장 두드러진 특징의 하나인 — 에 대한 반발이었다.

인류사에 비추어볼 때 우리는 기근, 홍수, 지진, 질병 또는 전쟁을 통한 고통과 죽음이 범세계적인 동정심과 실천적 연대성을 일깨울 수 있다는 이례적인 도덕 문화 속에서 살고 있다. 물론 이것이 잉여 생산은 물론 현대의 매체와 교통의 유형들에 의해 가능해졌다는 사실을 인정한다면. 그러나 이것들이 문화적·도덕적 변화의 중요성에 대한 우리의 눈을 가려서는 안 된다. 동일한 매체와 교통 수단이 어디에서나 동일한 반응을 불러오는 것은 아니다. 즉, 그것은 구라틴(ex-Latin) 기독교국에서 불균형적으로 강하게 나타난다.

매체 광고와 매체 수요자들의 근시안적 관심에 의해 산출되는 왜곡들 그리고 종종 더 시급한 사건들을 CNN의 카메라만이 접근할 수 있는 방치된 영역으로 몰아넣으면서 극적인 화면들이 매우 강력한 반응을 불러일으키는 방식들을 인정하기로 하자. 그럼에도 불구하고 실상은 주목할 만한 것이다. 히로시마와 아우슈비츠의 시대는 또한 국제사면위원회와 국경 없는 의사회(Médicins sans Frontiéres)를 탄생시켰다.

물론 이 모든 것의 기독교적 뿌리는 깊다. 먼저 후일 프로테스탄트 교회에 의해 수용되었던 반개혁 교회의 이례적인 선교 노력을 들 수 있다. 나아가 주로 복음주의자들에 의해 고취되고 주도되었던 대중 조직 운동이나 19세기 초 영국에서의 반노예 운동이 있었다. 또한 미국에서 그에 상응하는 노예 제도 폐지 운동 또한 주로 기독교적으로 고무된 것이었다. 나아가 범세계적인 부정의의 완화와 고통의 제거를 위한 조직화의 관행은 우리 정치 문화의 일부가 되었다. 비록 오늘날의 운동에서 독실한 기독교 신앙을 가진 사람들이 여전히 중요한 역할을 하기는 하지만, 그 과정의 어디에서부터인가 이 문화는 더 이상 단순히 기독교적 고무의 산물이 아니게 되었다. 더욱이 그것은 기독교 자체의 한계를 넘어서기 위한 연대성의 추동을 위해 기독교 문화와의 단절을 필요로 했을 것이다.

이것이 내가 여기에서 서술하려는 계몽의 복합적 유산이다. 그것은 삶의 유지와 고양 그리고 죽음과 고통의 회피의 중요성을 긍정하는 강력한 인본주의를 포괄하며, 이러한 인본주의를 하나의 배타적 견해로 만드는 경향이 있는 초월성의 쇠락 / 거부를 포괄하며, 나아가 이것들 중 전자가 후자를 통해서 그리고 후자에 의존하고 있다는 희미한 역사적 의식을 포괄한다.

이러한 과정을 통해 전개된 계몽의 정신은 두 세기 반 전에 시작될 때부터 저항에 직면해왔다. 계몽 정신은 영향력이 매우 큰 공리주의적 변형을 통해 인간 삶을 '일차원적'으로 해석하고 평면화시키는 것으로 간주되었으며, 그 결과로 사용된 표현은 후일에 널리 통용되었다. 도스토예프스키의 『지하로부터의 노트(*Notes from Underground*)』의 주인공의 표현을 빌면 '수정 궁궐(Crystal Palace)' 안의 삶은 숨막히고, 퇴행적이고, 소멸적이며, 파괴적인 것으로 받아들여진다. 이 반응에는 적어도 두 가지 중요한 원천 — 때로 (쉽지 않게) 결합될 수는 있는 — 이 있다.

그 하나는 초월적인 것에 대한 지속적인 영적 관심인데, 그것은 번영하는 인간 삶이 전부라는 사실을 받아들일 수 없었으며, 그러한 환원을 경멸했다. 다른 하나는 낡은 귀족주의적 기풍으로부터 비롯되는데, 평등과 박애의 문화가 불러올 파괴적 결과에 저항했다. 그것은 인간 삶의 영웅적 차원의 상실 그리고 그 결과로 인간을 부르주아, 즉 공리주의적 인간으로 전락시키는 것을 우려했다. 우리는 이러한 관심이 반동적 집단들을 넘어서서 유지되고 있다는 사실을 토크빌(A. de Tocqueville)을 통해서 볼 수 있는데, 그는 민주주의 시대에 살고 있는 우리를 위협하는 이러한 종류의 인간성의 환원에 대해 크게 우려했다. 그는 사람들이 '사소하고 비속한 쾌락(petits et vulgares plaisirs)'에만 빠져들게 되고, 자유에 대한 사랑을 상실하게 되는 세상을 두려워했다.[7]

---

7) Alexis de Tocqueville, *La Démocrtie en Amérique*, Vol. II,

VII

이 저항들은 오래된 전통들, 즉 한편으로는 초월적인 것의 전통들 그리고 다른 한편으로는 명예와 탁월성에 관한 오래된 기준들에 의해 조장되었다. 내가 내재적 반발이라고 부르는 것은 삶의 우선성에 대한 저항이지만, 그것은 이러한 전통적 원천들을 포기했다. 그 것은 초월성에 근거하고 있는 것도 아니며, 사회적 위계 질서에 대해 역사적으로 수용된 이해에 근거하고 있는 것도 아니다. 그것은 니체에게서 볼 수 있듯이 전사 윤리(warrior ethics)의 초기 해석들에 의해 고무된 것일 수는 있다.

항상 그렇듯이 그것은 삶의 우선성에 대한 불신의 내부로부터 비롯된 반발이다. 그것은 이제 초월적인 어떤 것의 이름 아래서가 아니라 실제로는 삶의 우선성을 인정함으로써 우리가 제한되고 소멸해간다는 생각으로부터 비롯된다.

계몽이 환상의 영역으로 전락시켰던 전통들에 의해 조장되었던 외재적 역계몽이 그랬듯이, 내재적 역계몽은 과거에 대한 이러한 거부를 공유하며 때로는 강화시키면서 자라났다. 그러나 세속적인 계몽의 인본주의가 초기 기독교, 즉 아가페에 의해 고무된 일상적 삶의 긍정으로부터 자라났듯이 내재적 역계몽도 그것의 외부적 선례로부터 자라났다.

이것이 일차적으로 발생했던 것은 낭만주의와 그 후계자들로부터 자라났던 문학·예술 영역이다. 낭만주의 운동은 전부는 아니지만 역계몽의 중요한 소재지의 하나다. 의미가 박탈된 평면화된 세계에 대한 저항은 낭만주의 작가들과 예술가들의 반복적 주제였다. 그리고 이것은 반드시 그래야 할 이유는 없었지만 역계몽에 대한 믿음과 병행할 수 있었다. 적어도 그것은 계몽적 세속주의의 투박한 변형인 공리주의에 동조할 수 없도록 만들었다.

내재적 역계몽은 서구 문화의 이 영역 안에서 시작되었다. 처음부터 그것은 미학적인 것의 우선성과 결합되었다. 그 우선성을 거부하고 '미학적 환상'[폴 드만(Paul de Man)처럼]에 관해 이야기할 때조차도 내재적 역계몽은 핵심적으로는 예술, 특히 현대적인 포스트낭만주의 예술과 관련되어 있었다. 현대의 학계에서 그 대규모적 집단은 문학 학과에서 찾아볼 있다.

이러한 미학적 전환의 전형적인 인물은 말라르메(Mallarmé)다. 고답파의 선도자들처럼 그는 이상의 추구, 미의 추구를 삶으로부터 멀어지는 것과 동일시했다.

> 이렇듯, 굳은 영혼을 한 인간에 대한 환멸에 사로잡혀
> 그의 욕망들만이 뒤덮고 있는 행복 안에서
> 뒹굴면서…
>
> 나는 피하여 모든 십자형 유리창틀에 매달리네.
> 거기서 사람은 삶에 등을 돌리고
> 무한의 성스러운 아침이 금빛으로 물들이는
> 영원의 이슬로 씻겨진 유리 안에서 축복받은 채.
>
> 나는 나를 비춰보고 내게서 천사를 보네. 그리하여 나는 죽고 그리고
> 창유리가 예술 또는 신비이기를.
> 나는 왕관으로 장식한 나의 꿈을 품고서
> 절대의 미가 꽃피는 전생의 하늘에 다시 태어나고 싶네.
> (『창』 21-32)

이 초기 시에서 우리는 벌거벗은 삶에 대한 불만의 종교적 원천을 찾아볼 수 있다. 다양한 형태로 반복적으로 연상되는 창(窓)의 이미지는 세계를 더 높은 것과 더 낮은 것으로 갈라놓는다. 더 낮은 것은

병원에 비유되며 삶은 일종의 부패다. 그러나 위에 그리고 너머에 있는 것은 강, 하늘이며 이것을 연상시키는 이미지들, 즉 무한(Infini), 천사(ange), 신비(mysticité)는 여전히 종교적 전통의 반향들로 물들어 있다.

그러나 후일 자신의 위기 이후에 말라르메는 유물론적 세계관과 유사한 어떤 것을 제시한다. 모든 것의 아래에서 우리가 볼 수 있는 것은 부질없는 것(le Rien), 무(le Néant)다. 그러나 시인의 소명은 여전히 중대한 것이다. 그는 본래적이고 완전한 언어라는 낭만주의 전통으로부터 빌려온 용어들로 시인에 관해 이야기한다. (시는 '대지에 관한 오르페우스적 해석'에 관한 것이다.)

말라르메는 믿음의 관점에서 계몽에 동조했으며, 심지어 계몽에 대한 극단적인 유물론적 해석에도 동조했다. 그러나 인간 실존의 핵심이라는 관점에서 본다면 그는 계몽으로부터 극단적으로 멀어졌다. 삶의 우선성은 결정적으로 거부되며 급진적 반동을 통해 다루어진다. 그렇게 해서 드러나는 것은 역으로 죽음의 우선성 같은 것이다.

말라르메에게서 시적 소명의 실현, 즉 정화된 언어의 성취는 필수적으로 시인의 죽음과 같은 어떤 것을 포함한다. 그것은 물론 모든 개별성의 극복을 말한다. 그러나 그 과정은 실제적인 죽음 안에서만 도달된다. "시인의 내부에서 마침내 영원이 시인을 바꾸어놓는 것처럼."

그 여파로 그 긴 고통의 시간 동안 나의 존재가 겪었던 모든 일은 다 이야기할 수 없는 것이다. 그러나 다행스럽게도 나는 완벽하게 죽었고 나의 지고의 정신이 모험할 수도 있을 가장 불순한 지대가, 시간의 반영조차도 더 이상 흐리게 할 수 없는 영원성, 나의 정신, 나의 정신의 순수성 그 자체에 익숙한 고독자다.[8]

---

8) Letter of March 1866 to Henri Cazalis, reproduced in *Propos sur la Poésie*,

말라르메는 엘리어트와 셀란 등으로 이어지는 조류에서 최초의 위대한 현대의 부재의 시인("소리나는 무의 파괴된 보잘것없는 물건들")이 된다. 분명히 부재는 대상의 부재("비어 있는 살롱의 식기대 위에서 : 어떤 죽음의 강도 아닌")이다. 그러나 이것은 오직 죽음이라는 의미에서 주체("왜냐 하면 스승은 무가 자랑으로 여기는 유일한 물건을 가지고 죽음의 강에 눈물을 긷기 위해 갔다.")의 부재를 통해서만 획득될 수 있는 어떤 것이다. 초기의 종교적 전통을 수반하는 특이한 유사물이 설정되지만 그것은 부정된 초월성의 틀 안에서다.

죽음 그리고 죽음의 순간은 종교적 전통 안에 뿌리깊은 자리를 차지한다. 기독교 안에서 모든 것의 포기, 자아의 포기로서의 죽음이 그것이다. 결정적 순간으로서의 죽음의 시간이 그것이며, 따라서 "이제 우리의 죽음의 시간에 우리를 위해서 기도해 주소서"라고 기도한다. 그러한 위상은 대부분의 불교적 전통에서도 마찬가지다. 기독교적으로 말하자면 모든 것을 내놓는 곳으로서 죽음의 자리는 신과 가장 가깝게 만나는 곳이다. 따라서 역설적으로 가장 풍요로운 삶의 원천이다.

새로운 포스트말라르메적 관점에서 죽음의 자리는 새로운 원형적 위상을 갖게 된다. 기독교적 역설은 탈락된다. 즉, 죽음은 더 이상 삶의 원천이 아니다. 그러나 이제 새로운 역설이 생긴다. 내가 여기에서 사용하는 의미에서, 즉 삶을 넘어선 삶의 핵심이라는 의미에서의 초월성에 대한 새로운 긍정이 생기게 되는 것으로 보인다. 그러나 동시에 이 핵심이 실재의 본성 안에 어떤 근거도 갖지 못한다는 점에서 이것은 부정된다. 실재 안에서 이 핵심을 추구하는 것은 단지 무(無)에 직면한다는 것이다.

내재적 초월성이라고 부를 수 있는 이러한 역설적 관념은 내재적 역계몽의 일차적 주제의 하나다. 죽음은 어떤 의미에서 특권적 관

---

p.66.

점, 즉 삶의 원형적인 회합 지점을 제공한다. 이러한 생각은 반드시 말라르메로부터 비롯되는 것은 아니지만 우리 문화 안에서 반복적으로 나타난다. 하이데거의 죽음을 향한 존재(Sein-zum-Tode)는 잘 알려진 예다. 그러나 그 주제는 사르트르(J.-P. Sartre), 카뮈(A. Camus), 푸코(M. Foucault)에게서는 다소 다른 형태로 나타나며, '인간의 죽음(the death of man)'이라는 유행 등에 반영되어 있다. 또한 '주체의 죽음(the death of the subject)'을 이야기하는 변형 안에서는 특정한 종교적 전망 ─ 특히 불교와의 유사성이 가장 뚜렷한 ─ 과의 역설적 유사성이 명백히 드러난다.

VIII

이에 수반되면서, 동시에 이와 밀접하게 연관되어 있는, 삶의 우선성에 대한 또 다른 유형의 반발이 있는데, 그것은 주로 외재적 역계몽 안에서의 다른 저항의 원천에 의해 고무되었다. 그것은 위대하고 예외적이고 영웅적인 것의 이름으로 행해지는, 평면화에 대한 저항이다.

이러한 종류의 견해의 가장 영향력 있는 옹호자는 의심할 나위없이 니체다. 또한 우리 시대에 가장 중요한 반인본주의적 사상가들, 예를 들면 푸코, 데리다 그리고 이후의 바타이유(G. Bataille) 등이 모두 니체에 크게 의존하고 있다는 것은 중요한 사실이다.

물론 니체는 우리의 최고의 목표가 삶을 유지하고 증진시키며 고통을 줄이는 것이라는 생각에 반대했다. 니체는 이 주장을 형이상학적으로 뿐만 아니라 실천적으로도 거부했다. 그는 이러한 일상적 삶의 전반적 긍정의 기저에 있는 평등주의에 반대했다. 그러나 그의 반동은 어떤 의미에서 마찬가지로 내재적이다. 삶은 그 자체로 잔인성, 지배, 배제를 지향할 수 있으며, 사실상 가장 풍성한·긍정의 순간 들에 그렇게 한다.

따라서 어떤 의미에서 이러한 방향은 삶의 현대적 긍정 안에 남아 있다. 삶의 운동 자체(힘에의 의지)보다도 더 고귀한 것은 없다. 그 러나 그것은 박애, 보편주의 그리고 조화와 질서에 분개한다. 그것 은 삶의 긍정의 일부로서 파괴와 혼돈, 고통과 착취를 부과하려고 한다. 적절하게 이해된 삶은 마찬가지로 죽음과 파괴를 긍정한다. 다른 형태로 가장하는 것은 그것을 제한하고 길들이고 가두고, 그것 의 최고의 발현을 가로막는 것이며, 우리가 '예'라고 대답할 수 있는 어떤 것으로 만드는 것이다.

죽음에의 직면과 고통의 부과를 박탈하는 삶의 종교는 제한적이 며 저열한 것이다. 니체는 자신이 플라톤 이전과 기독교 이전의 전 사 윤리, 즉 용기, 위대성, 엘리트적 탁월성의 고취라는 유산의 일부 를 이어받고 있다고 생각했다. 그리고 그 핵심에는 항상 죽음의 원 형적 자리가 있다. 죽음에 직면하려는 의지, 삶을 명예와 명성보다 낮은 것으로 설정할 수 있는 능력은 항상 전사의 징표, 그의 우월성 주장의 징표였다.9) 현대 안에서 삶을 긍정하는 인본주의는 무기력 을 낳았다. 이러한 비난은 흔히 역계몽의 문화에서 반복적으로 나타 난다.

물론 이러한 반문화의 귀결의 하나는 파시즘 — 니체를 원형적 나 치주의자로 간주하는 단순한 신화에 대한 카우프만(W. Kaufmann) 의 반박이 얼마나 옳고 타당한 것이든 그에 대한 니체의 영향이 전적으로 낯선 것은 아니다 — 이다. 그러나 이러한 사실에도 불구

---

9) 헤겔은 전통적인 명예 윤리학의 이러한 특성을 자신의 주인／노예 변증법의 핵심 으로 만들고 있다. 전사들간의 원초적인 인정 투쟁에서 각각은 자신이 자신의 생명을 위험에 내맡김으로써 인정의 자격이 있다는 것을 드러낸다. 이 존엄성의 핵심은 이와 같은 '모험의 감행(Daransetzen)'이다. G. W. F. Hegel, *Phänomenologie des Geistes*, 4장.

하고 죽음과 폭력에 대한 매혹은 예를 들면 바타이유 그리고 데리다
와 푸코 등이 공유하는 관심 속에 반복적으로 나타난다. 푸코에 대
한 밀러(J. Miller)의 책은 '인본주의'에 대한 이러한 반발을 우리가
깨부숴야 할 숨막히고 억압적인 공간으로 보여준다.10)

　여기에서 나의 논점은 신니체주의를 파시즘으로 통하는 대기실
로서 논파하려는 것이 아니다. 마치 우리 문명의 모든 주요한 정신
적 경향이 파시즘에 대한 책임으로부터 전적으로 자유로운 것처럼.
핵심적 논점은 삶, 폭력의 포기, 평등의 부과 등에 대한 엄격한 관심
에 대해 날카롭게 저항하는 반인본주의가 존재한다는 것을 인정할
수 있게 하는 것이다.

　그 자체를 충분히 긍정할 수 있는 고양된 삶에 대한 니체적 이해
또한 어떤 의미에서 우리를 초월적 삶으로 이끌어간다. 그리고 이
점에서 그것은 (신약성서에서의 '영생'처럼) 고양된 삶에 대한 다른
종교적 관념들과 유사하다. 그러나 그것은 죽음과 고통을 수반하는
삶의 부정에 대한 매혹을 끌어들임으로써 우리를 초월로 이끌어간
다. 그것은 모종의 최고선인 초월적 삶을 인정하지는 않으며, 그러
한 의미에서 그 자체를 종교에 전적으로 대립적인 것으로 간주한다.
'초월성'은 또다시 중요한 의미에서 역설적이게도 내재적이다.

IX

　따라서 내가 내재적 역계몽이라고 불렀던 것은 심지어 죽음 그리
고 때로는 폭력의 매혹에 대한 새로운 척도를 포함한다. 그것은 현
대 문화를 지배하는 배타적 인본주의에 반발한다. 그러나 그것은
또한 초월성에 대해 존재적으로 근거를 둔 과거의 모든 이해들을

---

10) James Miller, *The Passion of Michel Foucault*, Simon & Schuster, 1993.

거부한다. 만약 우리가 이에 대한 해명을 받아들인다면 우리는 아마도 현대 문화에 대한 우리의 구도를 바꿀 수 있을지도 모른다. 그것을 양편으로 갈라진 전장, 즉 '전통', 특히 종교적 전통과 세속적 인본주의 사이의 전장으로 보는 대신에 우리는 일종의 모두에게 열린, 삼각 구도의, 그리고 아마도 궁극적으로 사각 구도의 전장으로 볼 수도 있을 것이다.

세속적 인본주의자들이 있으며, 신니체주의자들이 있으며, 또한 삶을 넘어선 어떤 좋음을 인정하는 사람들이 있다. 중요한 문제에서 어느 두 쪽도 나머지 제3의 입장에 대항하여 결합할 수 있다. 신니체주의와 세속적 인본주의자들은 모두 종교를 비난하며 모든 좋은 초월적 삶을 거부한다. 그러나 신니체주의자들과 초월성을 인정하는 사람들은 세속적 인본주의의 지속적 실패에 대해 놀라지 않는다는 점에서 입장을 공유하며, 또한 그 삶의 비전이 한 차원을 결여하고 있다는 생각을 공유한다. 세 번째 조합에서는 세속적 인본주의자들과 신앙인들은 니체의 후예들의 반인본주의에 반대하여 인간적 선이라는 관념을 옹호하는 데 동조한다.

초월성을 인정하는 사람들이 나누어진다는 설명을 받아들인다면 네 번째 조합이 여기에 도입될 수 있다. 어떤 사람들은 세속적 인본주의를 향한 모든 방향이 철회되어야 할 잘못이라고 생각한다. 우리는 사태에 대한 초기의 견해로 되돌아갈 필요가 있다. 다른 사람들은(나를 포함해서) 삶의 실천적 우선성이 인류에 크게 기여했으며, 그래서 '혁명적' 이야기에는 모종의 진리가 있다고 생각한다. 이러한 기여는 사실상 기존의 종교와의 단절이 없이는 주어질 것 같지 않다. (우리는 심지어 현대가 갖는 불신이 신의 뜻이라고 말하고 싶어질 수도 있지만 그것은 지나치게 자극적인 표현이 될 것이다.) 그럼에도 불구하고 우리는 삶의 형이상학적 우선성이 잘못되고 답답한 것이라고 생각하며, 나아가 그것의 지속적 지배는 실천적인 우선성을 위험에 빠뜨린다고 생각한다.

나는 지금까지 주제를 다소간 복잡하게 만들었다. 그럼에도 불구하고 앞서 제시했던 간명한 주장들은 여전히 분명하게 드러난다고 생각한다. 세속적 인본주의자들과 반인본주의자들은 '혁명적' 이야기에 동의한다. 말하자면 그들은 우리가 좋은 초월적 삶이라는 환상으로부터 해방되었으며, 따라서 우리 자신을 긍정할 수 있을 것으로 본다. 이것은 박애와 정의에 대한 계몽의 보증이라는 형식을 취할 수 있다. 또는 그것은 힘에의 의지 — 또는 '기표의 자유로운 놀이' 또는 자아의 미학 등 오늘날의 모든 해석 — 에 대한 완전한 긍정을 위한 헌장이 될 수도 있다. 그러나 그것은 동일한 혁명 후 기류 안에 머물러 있다. 전적으로 이 기류 안에 있는 사람들에게 초월성은 거의 드러나지 않는다.

물론 우리는 오늘날의 반인본주의가 더 이상 중요치 않은 운동이라는 점을 들어 이러한 삼각 구도를 거부할 수도 있다. 만약 우리가 비교 문학의 인기 있는 교수들에게만 초점을 맞춘다면 이것은 그럴듯하게 보일 수도 있다. 그러나 내 생각으로는 우리 문화와 현대사 안에서 이 세 번째 조류의 영향력은 매우 강력한 것이었다. 특히 우리가 파시즘은 물론 볼셰비키주의처럼(물론 이것이 그러한 유일한 사례는 아니다) 계몽에 고취된 운동들에까지도 영향을 미쳤던 폭력의 매혹을 감안해본다면 더욱 그렇다. 또한 과연 우리가 심지어 '진보적인' 민주주의적 민족주의의 유혈의 역사를 제외할 수 있을까?

X

그렇지만 우리가 삼각 구도를 받아들인다면 매우 흥미로운 물음들이 제기된다. 각각의 물음을 설명하게 되면 다른 것들이 도전을 받게 된다. 특히 반인본주의는 계몽의 관점에서 설명하기가 쉽지 않다. 종교와 전통으로부터 '해방된' 사람들의 입장에서 왜 이러한 역전이 이루어지는가?

종교적 관점에서 문제는 정반대다. 너무나 성급하고 너무나 멋진 설명이 눈앞에 있다. 즉, 초월성의 거부는 모든 도덕적 기준의 붕괴와 궁극적인 와해에 이르게 되어 있다는 것이다. 먼저 세속적 인본주의가, 그리고 그 다음에 궁극적으로 그것의 경건성과 가치들이 도전을 받게 된다. 그리고 마지막으로 허무주의가 있다.

나는 이러한 해명이 아무런 통찰도 담고 있지 않다고 말하는 것이 아니다. 그러나 그것은 너무나 많은 것을 미해결로 남겨둔다. 반인본주의는 단지 블랙홀, 즉 가치의 부재만이 아니라 죽음 그리고 때때로 폭력에 대한 하나의 새로운 평가다. 나아가 그것이 죽음과 폭력에 관해 재서술하는 매혹은 많은 전통적인 종교 현상을 떠올리게 만든다. 이 매혹이 반인본주의의 경계들을 넘어서 확장된다는 것은 분명하다. 내가 방금 말했던 것처럼 우리는 그것을 계몽의 계승자들에게서도 볼 수 있다. 그러나 종교적 전통에서도 반복적으로 나타난다는 것 또한 분명하다. 굴라그(Gulag)와 종교 재판은 그러한 영속화된 힘을 증언해준다.

그러나 지나치게 방종적인 종교적 설명에 대한 이러한 강한 거부는 배타적 인본주의에 대해 새로운 문제를 제기한다. 만약 항구적이고 반복적인 어떤 것이 있다면 그것은 어디에서 오는가? 사회생물학으로부터 죽음 원리에 관한 프로이트(S. Freud)의 고찰에 이르기까지 우리에게는 악을 향한 인간의 성향을 보여주는 충분한 내재적 이론들이 있다. 그러나 그것들은 자체적인 역계몽의 동력을 갖고 있다. 즉, 그것들은 개선에 대한 희망에 가혹한 한계를 설정하고 있다. 그것들은 우리가 우리의 운명을 책임지고 있다는 계몽의 핵심적 발상에 회의적인 경향이 있다.

동시에 초월성의 관점에서 다음과 같은 몇 가지 고찰들은 명백해 보인다.

배타적 인본주의는 마치 우리 너머에 아무것도 없는 것처럼 초월적인 창문을 닫는다. 더욱이 마치 그 창문을 열고, 먼저 바라보고, 그 다음에 넘어서는 것이 인간 심성의 억제할 수 없는 요구가 아닌 것처럼. 마치 이러한 요구를 느끼는 것이 하나의 실수, 잘못된 세계관, 나쁜 적응, 나아가 모종의 병리의 결과인 것처럼. 그것은 인간의 조건에 관한 근원적으로 다른 관점들이다. 누가 옳은가?

자, 우리 모두가 살아가는 삶에 관해 누가 더 나은 설명을 할 수 있는가? 이러한 각도에서 보면 현대의 반인본주의의 존재 자체가 배타적 인본주의에 반하는 것처럼 보인다. 만약 초월적 견해가 옳다면 인간은 삶을 넘어선 어떤 것에 부응하려는 뿌리깊은 성향을 갖는다. 그것을 거부하는 것은 답답한 일이다. 그러나 그렇다면 삶의 형이상학적 우선성을 받아들이는 사람들에게조차 이러한 전망은 그 자체로 억압적인 것으로 보이게 된다. 자기 과시적이고 자기 만족적인 시각에서가 아니라 바로 이러한 의미에서 불신은 스스로를 붕괴시켜야 하며, 또한 종교적 전망은 반인본주의를 놀랍지 않은 것으로 받아들이게 된다.

이러한 전망에서 볼 때 우리는 사색을 좀더 밀고 나아가, 죽음과 폭력에 매료되는 항구적인 인간의 감수성이 그 바탕에서 종교적 인간(homo religiosus)으로서 우리의 본성의 한 표현이라고 제안하고 싶어진다. 초월성을 인정하는 사람의 관점에서 본다면 그것은 열망이 우리를 초월성에 이르게 하는 데 실패했을 때 그 열망이 가장 손쉽게 초월해나가는 지점의 하나다. 이것은 종교와 폭력이 단순히 선택지라는 것을 의미하지는 않는다. 반대로 그것은 대부분의 역사적 종교들이 인간 제물로부터 공동체간 학살에 이르기까지 폭력에 깊숙이 연루되어 있다는 것을 의미한다. 대부분의 역사적 종교는 초월적인 것에 대해 매우 불완전하게 지향되어 있을 뿐이기 때문이다. 다양한 형태의 폭력 숭배의 유사성은 사실상 명백하다.

그렇지만 그것이 의미할 수 있는 것은 폭력을 향한 성향을 완전히 벗어나는 유일한 길은 초월성으로의 전환과 같은 어떤 것, 말하자면 삶을 넘어선 어떤 좋음에 대한 진지한 사랑을 통해서 가능하다는 것이다. 이러한 유형의 주장은 르네 지라르(René Girard)에 의해 제시되었는데, 나는 희생양 현상에 중심성을 두는 데는 동의하지 않지만 그의 작품에 크게 공감한다.[11]

그러나 우리가 어떤 설명적 견해를 받아들이든 나는 나의 논의가 오늘날 계몽을 이해하려는 어떠한 진지한 시도도 내재적인 역계몽에 대한 깊은 탐색 없이는 불가능하다는 생각을 뒷받침하는 것이 되었기를 바란다. 양편의 투쟁이라는 고전적 시나리오는 이 세 번째 경쟁자 — 그들이 그들 사이에서 만들어낸 — 와의 차이와 유사성을 통해 주된 두 편의 옹호자들에 관해서 우리가 배울 수 있는 모든 것을 어둠으로 가린다.

---

11) René Girard, *La Violence et le Sacré*, Paris : Grasset, 1972 ; *Le Bouc Émissaire*, Paris : Grasset, 1982.

[Lecture 3]

The Immanent Counter-Enlightenment

Charles Taylor

1. Enlightenment and Counter-Enlightenment. Two very difficult terms to define. Every attempted description is perhaps tendentious. And mine doesn't claim to be an exception. What I want to do is bring out what I think is a striking fact of our modern culture, that is, Enlightenment-influenced culture. (I might have said "post-Enlightenment", in the sense of in the wake of the Enlightenment, but I refrain from this to avoid the other, tendentious implication : that the Enlightenment is somehow over, behind us.)

The Enlightenment awakened a reaction from defenders of the "traditional" forms of life and society it criticized. This is what we usually call the counter-Enlightenment., the reaction from outside. But it also has provoked over time an immanent reaction, an attack on its most cherished ideals "from within". Of course, an important interpretive leap is being made with the use of these two words I've just put in inverted commas. In what way can the attack on Enlightenment values in our day by someone like Foucault or Derrida, or a century ago by Nietzsche, be called an attack from within? Because these writers share something important with a dominant strand of Enlightenment thought, something which we might call for short, the denial of transcendence. Seen in this perspective, the reaction I'm discussing here can be said to be an immanent revolt ; and that in two senses : both a revolt from within, and a rebellion against the limits of immanence itself.

2. I've introduced an immanence / transcendence distinction here : two notoriously difficult and slippery terms. I'm going to try first to reduce some of the potential slippage by saying a bit more what I mean by them ; and then try to show that in this sense the dominant trend of Enlightenment thought – and indeed, post-Enlightenment culture – has been towards the denial of transcendence.

Denying transcendence here means denying that human life finds any point beyond itself. The strong sense which has continually arisen in human history, that there is something more, that human life aims beyond itself, is stamped as an illusion ; and judged to be a dangerous illusion, one that always threatens to breed disastrous, anti-human consequences. The denial gives rise to what we might call an exclusive humanism, that is, one based exclusively on a notion of human flourishing, which recognizes no valid aim beyond this.

The crucial feature of the transcendent in this use, is that it relates to a point of life which is "beyond life". Transcendence may also have other dimensions, e.g., the belief in something which transcends nature and the world. These very often come into play as well. But what I am focussing on here as the crucial issue raised by the Enlightenment is the active, practical question, turning on the point of life.

In doing this, I am trying to get at something which is not only essential in Christianity, but in a number of other faiths, for instance, in Buddhism. A fundamental idea enters these faiths in very different form, but which one might try to grasp in the claim that life isn't the whole story.

There is one way to take this expression, which is as meaning something like : life goes on after death, there is a continuation, our life doesn't totally end in our deaths. I don't mean to deny what is affirmed on this reading, but I want to take the expression here in a somewhat different (though undoubtedly related) sense.

What I mean is something more like : the point of things isn't exhausted by life, the fulness of life, even the goodness of life. This is not meant to be just a repudiation of egoism, the idea that the fulness of my life (and perhaps those of people I love) should be my concern. Let us agree with John Stuart Mill that a full life must involve striving for the benefit of human kind. Then acknowledging the transcendent means seeing a point beyond that.

One form of this is the insight that we can find in suffering and death not merely negation, the undoing of fulness and life, but also a place to affirm something which matters beyond life, on which life itself originally draws. The last clause seems to bring us back into the focus on life. It may be readily understandable even within the purview of an exclusive humanism how one could accept suffering and death in order to give life to others. On a certain view, that too, has been part of the fulness of life. Acknowledging the transcendent involves something more. What matters beyond life doesn't matter just because it sustains life; otherwise it wouldn't be "beyond life" in the meaning of the act. (For Christians, God wills human flourishing, but "thy will be done" doesn't reduce to "let human beings flourish".)

This is the way of putting it which goes most against the grain of contemporary Western civilization. There are other ways of framing it. One which goes back to the very beginning of Christianity is a redefinition of the term "life" to incorporate what I'm calling "beyond life" : for instance, the New Testament evocations of "eternal life", and the famous line in the Gospel of John 10.10.

Or we could put it in a third way : acknowledging the transcendent means being called to a change of identity. Buddhism gives us an obvious reason to talk this way. The change here is quite radical, from self to "no-self" (anatta). But Christian faith can be seen in the same terms : as calling for a radical decentring of the self, in relation with God. ("Thy will be done".) In the language of Abbé Henri Bremond in his magnificent study of French 17th Century spiritualities,[1] we can speak of "theocentrism".

---

1) Henri Bremond, Histoire littéraire du sentiment religieux en France depuis

This way of putting it brings out a similar point to my first way, since most conceptions of a flourishing life assume a stable identity, the self for whom flourishing can be defined.

So acknowledging the transcendent means aiming beyond life, or opening yourself to a change in identity. But if you do this, where do you stand to human flourishing? There is much division, confusion, uncertainty about this. Historic religions have in fact combined concern for flourishing and transcendence in their normal practice. It has even been the rule that the supreme achievements of those who went beyond life have served to nourish the fulness of life of those who remain on this side of the barrier. Thus prayers at the tombs of martyrs brought long life, health and a whole host of good things for the Christian faithful ; and something of the same is true for the tombs of certain saints in Muslim lands ; while in Theravada Buddhism, for example, the dedication of monks is turned, through blessings, amulets, etc., to all the ordinary purposes of flourishing among the laity.

Over against this, there have recurrently been "reformers" in all religions who have considered this symbiotic, complementary relation between renunciation and flourishing to be a travesty. They insist on returning religion to its "purity", and posit the goals of renunciation on their own, as goals for everyone, and disintricated from the pursuit of flourishing. Some are even moved to denigrate the latter pursuit altogether, to declare it unimportant, or an obstacle to sanctity.

la fin des guerres de religion jusqu'à nos jours, Paris : A. Colin, 1967-1968.

But this extreme stance runs athwart a very central thrust in some religions. Christanity and Buddhism will be my examples here. Renouncing, aiming beyond life, not only takes you away, but also brings you back to flourishing. In Christian terms, if renunciation decentres you in relation with God, God's will is that humans flourish, and so you are taken back to an affirmation of this flourishing, which is biblically called agapê. In Buddhist terms, Enlightenment doesn't just turn you from the world, but also opens the flood-gates of metta (loving kindness) and karuna (compassion). There is the Theravada concept of the Pacceka-buddha, concerned only for his own salvation, but he is ranked below the highest Buddha, who acts for the liberation of all beings.

Thus outside of the stance which accepts the complementary symbiosis of renunciation and flourishing, and beyond the stance of purity, there is a third one, which I could call the stance of agapê / karuna.

3. Enough has been said to bring out the conflict between modern culture in the wake of the Enlightenment, and the transcendent. In fact, a powerful constitutive strand of modern western spirituality is involved in an affirmation of life. It is perhaps evident in the contemporary concern to preserve life, to bring prosperity, to reduce suffering, world-wide, which is I believe without precedent in history.

This arises historically out of what I have called elsewhere[2]

---

2) Charles Taylor, See <u>Sources of the Self</u>, Harvard University Press, 1989,

"the affirmation of ordinary life". What I was trying to gesture at with this term is the cultural revolution of the early modern period, which dethroned the supposedly higher activities of contemplation and the citizen life, and put the centre of gravity of goodness in ordinary living, production and the family. It belongs to this spiritual outlook that our first concern ought to be to increase life, relieve suffering, foster prosperity. Concern above all for the "good life" smacked of pride, of self-absorption. And beyond that, it was inherently inegalitarian, since the alleged "higher" activities could only be carried out by an élite minority, whereas leading rightly one's ordinary life was open to everyone. This is a moral temper to which it seems obvious that our major concern must be our dealings with others, in justice and benevolence ; and these dealings must be on a level of equality.

This affirmation, which constitutes a major component of our modern ethical outlook, was originally inspired by a mode of Christian piety. It exalted practical agapê, and was polemically directed against the pride, élitism, one might say, self-absorption of those who believed in "higher" activities or spiritualities.

Consider the Reformers attack on the supposedly "higher" vocations of the monastic life. These were meant to mark out élite paths of superior dedication, but were in fact deviations into pride and self-delusion. The really holy life for the Christian was within ordinary life itself, living in work and household in a Christian and worshipful manner.

There was an earthly, one might say, earthy critique of the

---

chapter 13.

allegedly "higher" here which was then transposed, and used as a secular critique of Christianity, and indeed, religion in general. Something of the same rhetorical stance adopted by Reformers against monks and nuns is taken up by secularists and unbelievers against Christian faith itself. This allegedly scorns the real, sensual, earthly human good for some purely imaginary higher end, the pursuit of which can only lead to the frustration of the real, earthly good, to suffering, mortification, repression, etc. The motivations of those who espouse this "higher" path are thus, indeed, suspect. Pride, élitism, the desire to dominate play a part in this story too, along with fear and timidity (also present in the earlier Reformers' story, but less prominent).

In this critique, of course, religion is identified with the second, purist stance above ; or else with a combination of this and the first "symbiotic" (usually labelled "superstitious") stance. The third, the stance of agapê / karuna, becomes invisible. That is because a transformed variant of it has in fact been assumed by the secularist critic.

4. In the last paragraphs, I have been talking about modern culture, and secularism. But can these be laid at the door of the Enlightenment? For many people, this question expresses a minor quibble. It is just obvious to them that it is the Enlightenment which has produced modern secular culture. In fact, things are much more complicated. The Enlightenment was, and is, a much more many-stranded affair.

Central to the Enlightenment, I would argue, are two related idées-forces. The first is that we can and should take our own fate, history, society in hand, as we have never done before (overcoming our condition as minors, as Kant put in in "Was ist Aufklärung?"[3]) ; and the second is that we are enabled to do so because we see our condition in a new, clearer light, and possess or are capable of acquiring knowledge about it which we never have had before. These two ideas come together in the slogan Kant takes up in his "Aufklärung" essay : "Sapere aude", dare to know. The move from minor status to self-reponsibility requires that we be ready to acquire the knowledge and accept the truths that we need to run our lives. This demands the courage to break with all the forces of sloth, blind habit, fear of the unknown, and misplaced trust in authority, which kept us from knowledge before. Daring and knowledge are thus inseparably linked.

A concept which is inescapable in this complex of ideas, which is indeed, complementary to it, is that of the motivated illusion. We didn't dare to know before, because we were held back by all those forces of ignorance and fear. We were under an illusion about our own condition. But this wasn't just a neutral factual error. It was held in place by powerful emotions : fear, sloth, loyalty, awe. Hence it took and takes courage to make the break.

Something like this, I think, is essential to the narrative self-understanding of Enlightenment. What can vary, of course, is what exactly ends up being defined as the motivated illusion.

---

3) In <u>Kants Werke</u>, Akademie Textausgabe, Berlin : Walter Gruyter, 1968. vol VIII, pp.33-42.

It is just too simple to say that it is always identified as religion, as it undoubtedly is in the militantly secularist version. But although it is not identified with religion as such, my sense is that the major drift of the Enlightenment narrative, as it has come down to us, sees the transcendent as I am defining it here, that is, the positing of a point to life beyond life, as in the very centre of the zone of illusion.

Thus, in general, modern Enlightenment-influenced culture is not anti-religious as such. There is hostility to religion, but this outlook is far from being universal in our society. This is, of course, particularly true in the US, with its high rates of religious belief and practice. And yet, I believe that a denial of transcendence has penetrated far deeper and wider than simply card-carrying, village-atheist style secularists, that it also shapes the outlook of many people who see themselves as believers.

This is a difficult area in which to make clear, well-attested affirmations. I'm talking not (necessarily) about what people explicitly believe, but about a climate of thought, a horizon of assumptions. We might better speak of an eclipse of the transcendent, rather than the spread of a new doctrine negating it. For many of our contemporaries, particularly the younger ones, it is as though the transcendent, in the sense I'm using it here, were off their maps altogether. There is a widespread spiritual hunger, but it is often met by turning to forms which lie within the reach of an exclusive humanism, as with many variants of the human potential movement ; or else in ways which thoroughly blur the boundary between immanent and transcendent ; as if this whole issue, so central to all the great religious traditions, were no longer visible to many people.

This eclipse, in the form many people live it today, is relatively recent, a matter of the last half-century. It has accompanied a heightened sense of self, an ethical turn which I have tried to describe as an ethic of "authenticity".[4] This massive change in modern culture is something which we still, I believe, very inadequately understand. It is clear that it has roots which go back to the Enlightenment, that in some ways an earlier polemical denial of transcendence has helped to bring about what I'm calling its eclipse today. But it also true that this latter has undercut the militant denial as well. With the blurring of the distinction, both parties to the old battles of secularists against clericals can begin to appear strange, as coming from another age. The shift is perhaps particularly visible in France, just because of the virulence of the earlier conflict.[5]

5. Now just because I am dealing here with an eclipse rather an explicit denial of transcendence, with a climate of opinion rather than a doctrine, there will always be some distortion involved in the attempt to lay this climate out in a set of propositions. But I'm going to do that anyway, because I believe that this climate encapsulates a certain understanding of our predicament, and I don't know any other way of articulating this.

---

4) Charles Taylor, See <u>The Malaise of Modernity</u>, Toronto : Anansi Press, 1991.
5) See the interesting discussion in Émile poulat, <u>L'ére postchrétienne</u>, Paris : Flammarion, 1994.

If it were spelled out in propositions, it would read something like this : (a) that for us life, flourishing, driving back the frontiers of death and suffering are of supreme value, (b) that this wasn't always so ; it wasn't so for our ancestors, and for people in other earlier civilizations ; (c) that one of things which stopped it being so in the past was precisely a sense, inculcated by religion, that there were "higher" goals ; (d) that we have arrived at (a) by a critique and overcoming of (this kind of) religion.

We live in something analogous to a post-revolutionary climate. Revolutions generate the sense that they have won a great victory, and identify the adversary in the previous régime. A post-revolutionary climate is one which is extremely sensitive to anything which smacks of the ancien régime, and sees back-sliding even in relatively innocent concessions to generalized human preferences. Thus Puritans who saw the return of Popery in any rituals, or Bolsheviks who compulsively addressed people as "Comrade", proscribing the ordinary appelation "Mister".

I would argue that a milder, but very pervasive version of this kind of climate is widespread in our culture. To speak of aiming beyond life is to appear to undermine the supreme concern with life of our humanitarian, "civilized" world. It is to try to reverse the revolution, and bring back the bad old order of priorities, in which life and happiness could be sacrificed on the altars of renunciation. Hence even believers are often induced to redefine their faith in such a way as not to challenge the primacy of life.

My claim is that this climate, often unaccompanied by any formulated awareness of the underlying reasons, pervades our culture. It emerges, for instance, in the widespread inability to give any human meaning to suffering and death, other than as dangers and enemies to be avoided or combatted. This inability is not just the failing of certain individuals ; it is entrenched in many of our institutions and practices, for instance the practice of medicine, which has great trouble understanding its own limits, or conceiving some natural term to human life.[6]

What gets lost, as always, in this post-revolutionary climate is the crucial nuance. Challenging the primacy can mean two things. It can mean trying to displace the saving of life and the avoidance of suffering from their rank as central concerns of policy. Or it can also mean making the claim, or at least opening the way for the insight, that more than life matters. These two are evidently not the same. It is not even true, as people might plausibly believe, that they are causally linked, in the sense that making the second challenge "softens us up", and makes the first challenge easier. Indeed, I want to claim (and did in the concluding chapter of *Sources of the Self*) that the reverse is the case : that clinging to the primacy of life in the second (let's call this the "metaphysical") sense is making it harder for us to affirm it wholeheartedly in the first (or practical sense).

But I don't want to pursue this claim right now. The thesis I'm presenting here is that it is in virtue of its "post-revolutionary climate" that western modernity is very inhospitable to the transcendent. This, of course, runs contrary to the mainline Enlightenment story, according to which religion has become less

---

6) Cf. Daniel Callaghan.

credible thanks to the advance of science. There is, of course, something in this, but it isn't in my view the main story. More, to the extent that it is true, that is, that people interpret science and religion as at loggerheads, it is often because of an already felt incompatibility at the moral level. It is this deeper level that I have been trying to explore here.

In other words, to oversimplify again, the obstacles to belief in Western modernity are primarily moral and spiritual, rather than epistemic. I am talking about the driving force here, rather than what is said in justification of unbelief in arguments.

6. But I am in danger of wandering from the main line of my argument. I have been painting a portrait of our age in order to be able to suggest that exclusive humanism has provoked, as it were, a revolt from within. The revolt has been against what one could call a secular religion of life, which is one of the most striking features of the modern world.

We live in an extraordinary moral culture, measured against the norm of human history, in which suffering and death, through famine, flood, earthquake, pestilence or war, can awaken world-wide movements of sympathy and practical solidarity. Granted, of course, that this is made possible by modern media and modes of transportation, not to speak of surpluses. These shouldn't blind us to the importance of the cultural-moral change. The same media and means of transport don't awaken the same reponse everywhere ; it is disproportionately strong in ex-Latin Christendom.

Let us grant also the distortions produced by media hype and the media-gazer's short attention span, the way dramatic pictures produce the strongest response, often relegating even more needy cases to a zone of neglect from which only the cameras of CNN can rescue them. Nevertheless, the phenomenon is remarkable. The age of Hiroshima and Auschwitz has also produced Amnesty International and Médecins sans Frontières.

Of course, the Christian roots of all this run deep. First, there is the extraordinary missionary effort of the Counter-Reformation Church, taken up later by the Protestant denominations. Then there were the mass-mobilization campaigns or the early nineteenth Century - the anti-slavery movement in England, largely inspired and led by Evangelicals ; the parallel abolitionist movement in the United States, also largely Christian inspired. Then this habit of mobilizing for the redress of injustice and the relief of suffering world-wide becomes part of our political culture. Somewhere along the road, this culture ceases to be simply Christian-inspired - although people of deep Christian faith continue to be important in today's movements. Moreover, it probably needed this breach with the culture of Christendom for the impulse of solidarity to transcend the frontier of Christendom itself.

This is the complex legacy of the Enlightenment which I am trying to describe here. It incorporates a powerful humanism, affirming the importance of preserving and enhancing life, of avoiding death and suffering, an eclipse / denial of transcendence which tends to make this humanism an exclusive one, and a dim historical sense that the first of these came about through and depends on the second.

From its beginnings two and a half centuries ago, this developing ethos encountered resistance. In its very influential Utilitarian variant, it was seen as a kind of flattening of human life, rendering it "one-dimensional", to use an expression which has gained wide currency later. Life in the "Chrystal Palace", to quote Dostoyevsky's protagonist in <u>Notes from Underground</u>, was felt as stifling, as diminishing, as deadening, or as levelling. There were clearly at least two important sources of this reaction, though they could sometimes be (uneasily) combined.

One was the continuing spiritual concern with the trans-cendent, which could never accept that flourishing human life was all there is, and bridled at the reduction. The other sprang from the older aristocratic ethos, and protested against the levelling effects of the culture of equality and benevolence. It apprehended a loss of the heroic dimension of human life, and a consequent levelling down of human beings to the bourgeois, utilitarian mean. That this concern went well beyond reactionary circles, we can see from the case of Tocqueville, who was very worried by this kind of reduction of humanity which threatens us in a democratic age. He feared a world in which people would end up being occupied exclusively with their "petits et vulgaires plaisirs", and would lose the love of freedom.[7]

7. Now these resistances were nourished by long-standing traditions, those of the transcendent on one hand, and certain

---

7) Alexis de Tocqueville, <u>La Démocratie en Amérique</u>, vol II.

long-existing standards of honour and excellence on the other. What I am calling the immanent revolt is a resistance against the primacy of life, but which has abandoned these traditional sources. It is neither grounded in transcendence, nor based on the historically received understandings of social hierarchy – though it may be inspired by earlier versions of the warrior ethic, as we see with Nietzsche.

It is the revolt from within unbelief, as it were, against the primacy of life. Not now in the name of something beyond, but really more just from a sense of being confined, diminished by the acknowledgement of this primacy.

So as well as an external counter-Enlightenment, nourished by the traditions that the Enlightenment relegated to the zone of illusion, there has grown an immanent counter-Enlightenment, which shares in, even sometimes intensifies this rejection of the past. But just as the secular Enlightenment humanism grew out of the earlier Christian, agapê-inspired affirmation of ordinary life, so the immanent counter-Enlightenment grew out of its external predecessor.

Where this primarily happened was in the literary and artistic domains that grew out of Romanticism and its successors. The Romantic movement was one of the important loci of the Counter-Enlightenment, even if it was also always much more than this. Protest against a flattened world, one which had been denuded of meaning, was a recurring theme of Romantic writers and artists, and this could go together with counter-Enlightenment commitments, although it didn't have to. At least it made it impossible to align oneself with the crasser variants of Enlightenment secularism, such as Utilitarianism.

The immanent counter-Enlightenment comes to existence within this domain of Western culture. From the beginning, it has been linked with a primacy of the aesthetic. Even where it rejects the category, and speaks of an "aesthetic illusion" (as with Paul de Man), it remains centrally concerned with art, and especially modern, post-Romantic art. Its big batallions within the modern academy are found in literature departments.

A paradigm figure of this transition is Mallarmé. Like his Parnassan predecessors, he identifies the search for the Ideal, for Beauty, with a turning away from life:

> Ainsi, pris du dégoût de l'homme à l'âme dure
> Vautré dans le bonheur, où ses seuls appétits
> Mangent. ···
> Je fuis et je m'accroche à toutes les croisées
> D'où l'on tourne le dos à la vie, et béni,
> Dans leur verre, lavé d'éternelles rosées,
> Que dore la matin chase de l'Infini
>
> Je me mire et me vois ange! et je meurs, et j'aime
> – Que la vitre soit l'art, soit la mysticité –
> A renaître, portant mon rêve en diadème,
> Au ciel antérieur où fleurit la Beauté!
> (*Les Fenêtres*, 21-32)

In this early poem, you can still see the earlier religious sources of this dissatisfaction with bare life. The image of the window, invoked repeatedly in different forms, divides the universe into a lower and higher. The lower is likened to a hospital, life is a kind of putrefaction ; but above and beyond is the river, the sky, and the images which invoke this are still saturated with the resonances of the religious tradition : Infini, ange, mysticité.

But later, after his crisis, Mallarmé emerges with something like a materialist view of the universe. Underneath everything we see is le Rien, le Néant. But the poet's vocation is none the less imperious. He will even speak of it in terms which borrow from the Romantic tradition of an original, perfect language. (Poetry is concerned with "l'explication orphique de la Terre".)

In terms of belief, Mallarmé has joined the Enlightenment, and even a rather extreme, materialist version of it. But in terms of the point of human existence, he couldn't be farther removed from it. The primacy of life is decisively rejected, treated with revulsion. What emerges is something like a counter-primacy of death.

It is clear that for Mallarmé the realization of the poetic vocation, achieving the purified language, essentially involves something like the death of the poet ; certainly the overcoming of all particularity, but this process, it seems, is consummated only in actual death : "Tel qu'en Lui-méme enfin l'éternité le change".

"Tout ce que, par contre coup, mon être a souffert, pendant cette longue agonie, est inénarrable, mais heureusement je suis parfaitement mort, et la région la plus impure où mon Esprit puisse s'aventurer est l'éternité, mon esprit, ce Solitaire habituel de sa propre Pureté, que n'obscurcit plus même le reflet du Temps."[8]

Mallarmé becomes the first great modern poet of absence ("aboli bibelot d'inanité sonore"), followed in that by others, including Eliot and Celan. The absence, clearly, of the object "Sur les crédences, au salon vide : nul ptyx"), but this is something which can only be attained via the absence, in a sense the death, of the subject ["(Car le Maître est allé puiser des pleurs au Styx / Avec ce seul objet dont le Néant s'honore)"]. A strange parallel is set up with the earlier religious tradition, but within the framework of denied transcendence.

Death and the moment of death have an ineradicable place in the religious traditions : death as the giving up of everything, of one's very self, in Christianity ; the hour of death as a crucial moment, therefore ("pray for us now and at the hour of our death") ; a status it has as well in most Buddhist traditions. In Christian terms : the locus of death, as the place where one has given everything, is the place of maximum union with God ; and therefore, paradoxically, the source of most abundant life.

In this new post-Mallarmé perspective, the locus of death takes on a new paradigm status. The Christian paradox drops away : death is no longer the source of life. But there is a new paradox : there seems to be a renewed affirmation of transcendence, in the sense

8) Letter of March 1866 to Henri Cazalis, reproduced in Propos sur la Poésie, page 66.

I'm using it here, that is, of a point to life beyond life. But at the same time, this is denied, in the sense that this point has absolutely no ancrage in the nature of reality. To search for this point in reality is to encounter only le Néant.

This paradoxical idea, which we could call immanent trans-cendence, is one of the principal themes of the immanent counter-Enlightenment. Death offers in some sense the privileged perspective, the paradigm gathering point for life. This idea recurs again and again in our culture - not necessarily derived from Mallarmé. Heidegger's Sein-zum-Tode is a famous example, but the theme is taken up in rather different forms in Sartre, Camus, and Foucault, was echoed in "the death of man" fad, and so on. And in the variant which spoke of "the death of the subject", the paradoxical affinities with certain religious outlooks - perhaps most obviously Buddhism - were patent.

8. Alongside that, and interwoven with it, is another kind of revolt against the primacy of life, inspired mainly by the other source of resistance in the external counter-Enlightenment, the resistance against levelling, in the name of the great, the exceptional, the heroic.

The most influential proponent of this kind of view has undoubtedly been Nietzsche. And it is significant that the most important anti-humanist thinkers of our time : e.g., Foucault, Derrida, behind them, Bataille, all draw heavily on Nietzsche.

Nietzsche, of course, rebelled against the idea that our highest goal is to preserve and increase life, to prevent suffering. He rejects this both metaphysically and practically. He rejects the egalitarianism underlying this whole affirmation of ordinary life. But his rebellion is in a sense also internal. Life itself can push to cruelty, to domination, to exclusion, and indeed does so in its moments of most exuberant affirmation.

So this move remains within the modern affirmation of life in a sense. There is nothing higher than the movement of life itself (the Will to Power). But it chafes at the benevolence, the universalism, the harmony, the order. It wants to rehabilitate destruction and chaos, the infliction of suffering and exploitation, as part of the life to be affirmed. Life properly understood also affirms death and destruction. To pretend otherwise is to try to restrict it, tame it, hem it in, deprive it of its highest manifestations, what makes it something you can say "yes" to.

A religion of life which would proscribe death-dealing, the infliction of suffering, is confining and demeaning. Nietzsche thinks of himself as having taken up some of the legacy of pre-Platonic and pre-Christian warrior ethics, their exaltation of courage, greatness, élite excellence. And central to that has always been a paradigm place for death. The willingness to face death, the ability to set life lower than honour and reputation, has always been the mark of the warrior, his claim to superiority.9) Modern life-affirming humanism breeds pusillanimity. This

---

9) Hegel makes this feature of the traditional honour ethics central to his dialectic of the master and the slave. In the original struggle for recognition between warriors, each shows that he is worthy of such recognition precisely by setting his life at hazard. The key to dignity is this "Daransetzen". Phänomenologie des Geistes, Chapter IV.

accusation frequently recurs in the culture of counter-Enlightenment.

Of course, one of the fruits of this counter-culture was Fascism - to which Nietzsche's influence was not entirely foreign, however true and valid is Walter Kaufman's refutation of the simple myth of Nietzsche as a proto-Nazi. But in spite of this, the fascination with death and violence recurs, e.g., in the interest in Bataille, shared by Derrida and Foucault. James Miller's book on Foucault shows the depths of this rebellion against "humanism", as a stifling, confining space one has to break out of.[10]

My point here is not to score off neo-Nietzscheanism, as some kind of antechamber to Fascism. As though any of the main spiritual tendencies of our civilization was totally free of responsibility for fascism. The point is to allow us to recognize that there is an anti-humanism which rebels precisely against the unrelenting concern with life, the proscription of violence, the imposition of equality.

The Nietzschean understanding of enhanced life, which can fully affirm itself, also in a sense takes us beyond life ; and in this it is analogous with other, religious notions of enhanced life (like the New Testament's "eternal life"). But it takes us beyond by incorporating a fascination with the negation of life, with death and suffering. It doesn't acknowledge some supreme good beyond life, and in that sense sees itself rightly as utterly antithetical to religion. The "transcendence" is, once again in an important sense and paradoxically, immanent.

---

10) James Miller, <u>The Passion of Michel Foucault</u>, Simon & Schuster, 1993.

9. What I have been calling the immanent counter-Enlightenment thus involves a new valorization of, even fascination with death and sometimes violence. It rebels against the exclusive humanism that dominates modern culture. But it also rejects all previous, ontically-grounded understandings of transcendence. If we took account of this, we might perhaps change our picture of modern culture. Instead of seeing it as the scene of a two-sided battles, between "tradition", especially religious tradition, and secular humanism, we might rather see it as a kind of free-for-all, the scene of a three-cornered – perhaps ultimately, a four-cornered – battle.

There are secular humanists, there are neo-Nietzscheans, and there are those who acknowledge some good beyond life. Any pair can gang up against the third on some important issue. Neo-Nietzscheans and secular humanists together condemn religion and reject any good beyond life. But neo-Nietzscheans and acknowledgers of transcendence are together in their absence of surprise at the continued disappointments of secular humanism, together also in the sense that its vision of life lacks a dimension. In a third line-up, secular humanists and believers come together in defending an idea of the human good, against the anti-humanism of Nietzsche's heirs.

A fourth party can be introduced to this field if we take account of the fact that the acknowledgers of transcendence are divided. Some think that the whole move to secular humanism was just a mistake, which needs to be undone. We need to return to an earlier view of things. Others, in which I place myself, think that the practical primacy of life has been a great gain for human kind, and that there is some truth in the "revolutionary" story : this gain was in fact unlikely to come about without some breach with established religion. (We might even be tempted to say that modern unbelief is providential, but that might be too provocative a way of putting it.) But we nevertheless think that the metaphysical primacy of life is wrong, and stifing, and that its continued dominance puts in danger the practical primacy.

I have rather complicated the scene in the last paragraph. Nevertheless, the simple lines sketched earlier still stand out, I believe. Both secular humanists and anti-humanists concur in the "revolutionary" story ; that is, they see us as having been liberated from the illusion of a good beyond life, and thus enabled to affirm ourselves. This may take the form of an Enlightenment endorsement of benevolence and justice ; or it may be the charter for the full affirmation of the will to power - or "the free play of the signifier", or the aesthetics of the self, or whatever the current version is. But it remains within the same post-revolutionary climate. For those fully within this climate, transcendence becomes all but invisible.

Of course, we might want to set aside this three-cornered picture, on the grounds that contemporary anti-humanism isn't a significant enough movement. If one just focusses one's attention on certain fashionable professors of comparative literature, this might seem plausible. But my sense is that the impact of this third stream in our culture and contemporary history has been very powerful, particularly if we take account of Fascism, as well as of the fascination with violence which has come to infect even Enlightenment-inspired movements, such as Bolshevism (and this is far from being the only such case). And can we exempt the gory history of even "progressive", democratic nationalism?

10. If we do adopt the three-cornered picture, however, some interesting questions arise. Explaining each is somewhat of a challenge for the others. In particular, anti-humanism is not easy to explain from the Enlightenment perspective. Why this throwback, on the part of people who are "liberated" from religion and tradition?

From the religious perspective, the problem is the opposite. There is a too quick and too slick explanation right to hand : The denial of transcendence is bound to lead to a crumbling and evantual break-down of all moral standards. First, secular humanism, and then eventually its pieties and values come under challenge. And in the end nihilism.

I am not saying that there is no insight at all in this account. But it leaves too much unexplained. Anti-humanism is not just a black hole, an absence of values, but also a new valorization of death, and sometimes violence. And some of the fascination it re-articulates for death and violence reminds us forcefully of many of the phenomena of traditional religion. It is clear that this fascination extends well beyond the borders of anti-humanism. As I just mentioned, we can see it also in the heirs of the

Enlightenment ; but also unmistakably recurring again and again in the religious tradition. Gulag and the Inquisition stand testimony to its perennial force.

But this sharp rebuttal to a too self-indulgent religious explanation poses renewed the problem to an exclusive humanism. If there is something perennial, recurring, here, whence comes it? We don't lack for immanent theories of a human propensity to evil, all the way from sociobiology to Freudian speculations on a death principle. But these have their own counter-Enlightenment thrust : they put a severe limit on any hopes for improvement. They tend to cast doubt on the central Enlightenment idea that we are in charge of our fate.

At the same time, from the perspective of transcendence, some considerations seem obvious :

Exclusive humanism closes the transcendent window, as though there were nothing beyond. More, as though it weren't an irrepressible need of the human heart to open that window, and first look, then go beyond. As though feeling this need were the result of a mistake, an erroneous world-view, bad conditioning, or worse, some pathology. Two radically different perspectives on the human condition. Who is right?

Well, who can make more sense of the life all of us are living? Seen from this angle, the very existence of modern anti-humanism seems to tell against exclusive humanism. If the transcendental view is right, then human beings have an ineradicable bent to respond to something beyond life. Denying this stifles. But then, even for those who accept the metaphysical primacy of life, this outlook can itself come to seem imprisoning. It is in this sense, rather than in the rather smug, self-satisfied view that unbelief must destroy itself, that the religious outlook finds anti-humanism unsurprising.

From within this outlook, we might be tempted to speculate further, and to suggest that the perennial human susceptibility to be fascinated by death and violence, is at base a manifestation of our nature as homo religiosus. From the point of view of someone who acknowledges transcendence, it is one of the places this aspiration beyond most easily goes when it fails to take us there. This doesn't mean that religion and violence are simply alternatives. On the contrary, it has meant that most historical religion has been deeply intricated with violence, from human sacrifice down to inter-communal massacres. Because most historical religion remains only very imperfectly oriented to the beyond. The religious affinities of the cult of violence in its different forms are indeed palpable.

What it might mean, however, is that the only way fully to escape the draw towards violence lies somewhere in the turn to transcendence, that is, through the full-hearted love of some good beyond life. A thesis of this kind has been put forward by René Girard, for whose work I have a great deal of sympathy, although I don't agree on the centrality he gives to the scapegoat phenomenon.[11]

But whatever explanatory view we adopt, I hope I have said something to accredit the notion that no serious attempt to

---

11) See René Girard, La Violence et le Sacré, Paris : Grasset, 1972 ; and Le Bouc Émissaire, Paris : Grasset, 1982.

understand the Enlightenment today can do without a deeper study of the immanent counter-Enlightenment. The classical scenarios of the two-sided struggle keeps in the shade everything we can learn about these two major protagonists through their differences from and afinities to this third contestant that they have somehow conjured in their midst.

[제4강연]

다원주의와 종교

우리들이 세속 시대에 살고 있다고 하는 말을 오늘날 서구에서 종종 듣게 된다. 이 말의 정확한 의미는 무엇인가? 그 의미를 나타내는 여러 방법이 있는데, 예컨대 공적 생활과 종교의 분리, 종교적 신앙과 활동의 쇠퇴라는 말이 있다. 이 두 묘사는 모두 옳다. 그러나 나는 이러한 발전 과정을 다른 관점에서 살펴보려고 한다. 지금까지, 특히 최근 수십 년간에는 사회 생활 가운데 종교의 상황에서 중대한 변화가 일어났는데, 이는 기독교 문명(Christendom)의 점진적 종언이라고 부를 수 있겠다.

기독교 문명의 종언이 기독교의 종언을 의미하는 것은 아니다. 이는 기독교의 새로운 시작을 의미할 수도 있다. 아무튼 콘스탄티누스 대제(AD 313년에 밀라노 칙령을 통해 기독교를 로마의 국교로 공인한 황제 — 역주) 통치 전 3세기 동안 기독교 신앙은 전파되었다. 기독교 문명이란 사회나 문화 전체가 기독교 신앙과 행위로 고취된 상태, 사회와 문화가 일정한 형태의 기독교 신앙을 중심으로 결합된 상태를 말한다. 여기서 사회에의 귀속은 교회에의 귀속과 연결되어 있었다. 이는 역사상 실재한 종교들에서 일반적인 일이다. 기독교나 불교처럼, 이러한 연결 관계에서 벗어난 곳에서 발생했던 종교들도 결국 이러한 형태의 관계를 형성하게 되었다.

우리의 상황도 이와 전적으로 다르지 않다. 내가 추적하려는 발전 과정은 서구 어디에서나 모두 동일하게 강도를 가졌던 것은 아니다. 우리의 정체성은 과거와 연관되어 있기도 하다. 그러나 아마도 우리는 후기 로마 제국 이래로 가졌던 우리의 상황과는 달라진 새로운 움직임을 식별하기 시작할 수 있을 것이다.

새로운 상황을 기술하는 한 방법은 종교적 귀속과 정치적 귀속 사이의 연관성이 점차로 줄어드는 상황이라는 것이다. 또 다른 표현 방법은, 주위 환경으로부터 오는 최소한의 도전을 받으며 신자나 비신자가 될 수 있는 편안한 구석 자리로부터 점점 더 많은 사람들이 쫓겨나는 세계 속에 우리가 살고 있다는 것, 따라서 점점 더 많은 사람들이 자신의 종교적 생활 모습에 대해 개인적인 결정을 내리도록 내몰리고 있다는 것이다. 이 세계는 다음과 같은 두 가지 특징을 가지고 있다. (1) 이 세계는 공적 생활에서 더욱 세속적이고 중립적이 될 것이다. 즉, 이런저런 입장을 반성하는 가운데 이러한 사적 결정들을 내릴 수 있는 사회적 틀을 허용할 가능성은 점점 더 줄어들 것이다. 또한 (2) 이 모든 개인적 결정들로 형성된 종교의 모습은 다른 형태의 집단적 정체성과, 그것이 정치적이든 사회적이든 또는 부족적이든 상관없이 점차 적은 연결성을 가질 것이다.

(1) 공적 영역의 세속화. 우리는 신의 존재로부터 벗어날 수 없는 사회에서 살았었다. 권위 자체는 종교적 의식과 결부되어 있었고, 신에 대한 여러 호소들은 공적 생활과 분리될 수 없었다. 그러나 우리의 과거에는 이러한 일이 이루어지는 형태는 한 가지 이상이 존재했었다. 16세기에서 19세기에 이르기는 동안, 우리는 중세기에

그리고 수많은 비서구적 문화권에서 존재했던 원래적 모형에서 그와는 아주 다른 모형으로 움직여 갔다.

이전 모형은 "주술적 세계"라는 것과 관련되었다. 이 말은 사실 막스 베버에게서 온 것인데, 그 반의어는 "탈주술적"이라는 말이다. 주술적 세계에는 종교적 의식(즉, 聖)과 속(俗) 사이에 강한 대립이 존재한다. 성(聖)이란 말은 교회와 같은 어떤 장소, 종교 축일과 같은 어떤 시기, 미사와 같은 어떤 행위를 의미하는데, 여기에는 거룩하고 신성한 것이 현존한다. 이러한 것들에 반하여 다른 장소와 시간, 행위는 세속적인 것으로 여겨진다.

주술적 세계에는 신이 사회 안에 현존하는, 즉 종교적인 것이 작용하는 분명한 방식이 있다. 그리고 정치 사회는 이러한 것들과 밀접히 연결될 수 있고, 또 그 자체로서 더 높은 지평에서 존재한다고 생각될 수 있다. 에른스트 칸토로비츠는 유럽 역사에서 '신비한 몸'이라는 말의 최초의 용례 가운데 하나가 프랑스 왕국을 가리키는 것이라고 한다.[1] 왕은 불멸적 불사적 지체들을 의미하는 땅들을 잇는 연결물 가운데 하나였다.

혹은 조금 다른 말로 하면, 이러한 과거의 사회들에서는 왕국은 강한 이행의 규칙이 지배하는 일상적, 세속적 시간 속에 존재할 뿐 아니라, 더 고차적 시간들(higher times) 속에 존재하기도 한다. 물론 또 다른 종류의 고차적 시간들도 있는데, 예를 들면 변화를 전적으로 초월해서 우리가 머무는 지평이 존재하는 플라톤적 영원이나, 기독교적 전통 속에서 이해된 일종의 시간의 총 집합과 같은 신의 영원성 그리고 엘리아데가 말한 의미에서의 기원(origins)을 나타내는 여러 시간들이 그것이다.

특히 프로테스탄트 사회에서 탈주술화의 등장과 더불어 우주와 정치체를 모두 연관짓는 또 다른 모델이 형성되었다. 여기에서 설계

---

1) Ernst Kantorowicz, *The King's Two Bodies*, Princeton University Press, 1997.

(Design) 개념이 중요하다. 우주를 예로 들면, 주술적 세계로부터 후기-뉴턴적 과학과 일치하여 이해된 우주로의 전환이 이루어졌다. 후자의 우주에서는 우리 주변의 우주에서 **표현되는** 더 높은 의미에 대한 물음은 전적으로 존재하지 않는다. 그러나 여전히 뉴턴과 같은 사람들에게도 우주는 신의 영광을 선포한다는 강한 생각이 있었다. 이는 그의 설계에서, 그 아름다움에서, 그 규칙성에서 명백하기도 하지만 동시에 신의 피조물, 특히 우리 자신들, 우주 전체를 사용하는 탁월한 피조물의 복지를 위해 도움이 되도록 그것이 명백히 만들어졌다는 점에서이기도 하였다. 이제 신의 현존은 더 이상 종교적 의식 속에 있지 않은데, 왜냐 하면 신성 범주는 탈주술적 세계에서는 사라져버리기 때문이다. 그런데 신은 그의 설계를 통하여 동일하게 강력히 현존하는 것으로 생각될 수 있다.

　신이 우주에 현존한다는 것은 다른 관념, 즉 정치체에서의 신의 현존 관념과 조화를 이룬다. 여기에서도 유사한 변화가 발생한다. 땅위에 발을 딛고 서 있는 왕에게는 거룩함이 없다고 생각하게 되었다. 그런데 우리가 신의 설계를 분명히 따르는 사회를 건설하는 한에서는 거룩함이 있을 수 있다. 예컨대 모든 인간은 평등하게 창조되었고, 창조주에 의해 불가침의 권리를 부여받았다고 하는 미국의 독립선언서에서 선포된 것과 같은 방식으로, 신에 의해 수립된 것으로 간주되는 도덕 질서 관념 안에 거룩함의 현존이 존립할 수 있다.

　이 선언서에 표현된 그리고 그 후로 우리의 세계에서 지배적이 된 도덕 질서 관념은 그에 선행하는 질서들과는 확연히 다르다. 왜냐 하면 그것은 개인에서 출발하며, 개인들을 위계 질서 안에 선험적으로 고정된 것으로 간주하지 않기 때문이다. 이 새로운 도덕 질서를 벗어난다면 개인들은 온전한 인간 행위자로 간주되지 않을 것이다. 그의 구성원은 우주를 반영하고 그와 연결된 사회에 본질적으로 거주하는 행위자가 아니라, 그로부터 벗어나 있는 개인들로서 서로 연합을 이룬다. 이 연합에 잠재된 설계는, 각자가 자신의 생의 목적을 추구할 때 서로에 대해 상호 이익을 주도록 행위하게 된다는 것이다. 이는 상호 이익을 위해 조직화된 사회를 요구하는데, 여기서 각자는 타인의 권리를 존중하고 그들에게 어떤 종류의 상호 도움을 제공한다. 이러한 생각을 정식화한 가장 영향력 있는 초기 사상가는 존 로크였다. 그러한 상호 봉사의 질서라는 기본 개념은 일련의 변형들을 거쳐서 우리에게 전해져 왔는데, 여기에는 루소와 마르크스에 의한 근본적 변형과 같은 것이 포함된다.

그런데 그러한 계획이 신적인 것으로 이해되고 질서는 신의 법과 동일한 자연법으로 간주되었던 과거에는, 이러한 요구 사항을 만족시킨 사회를 건설하는 것은 신의 설계를 충족시키는 것으로 간주되었다. 그러한 사회에서 사는 것은 신이 현존하는 사회에서 사는 것이라고 할 수 있는데, 이는 주술적 세계에 속했던 방식, 즉 종교적 의식을 통해서가 아니라 우리가 신의 계획을 따라가기 때문이다. 신은 우리가 사는 방식을 설계한 자로서 현존한다. 유명한 구절을 인용하자면, 우리는 우리 자신을 "신 아래 한 백성"으로 여길 수 있다.

이러한 새로운 질서 관념의 범형으로 미국을 이처럼 논하는 가운데, 나는 로버트 벨라의 "시민적 종교"라는 아주 유익한 개념을 따른다. 물론 이러한 종교의 상황들이 지금 도전을 받고 있기 때문에 그 개념의 타당성이 오늘날 당연히 그리고 정당하게 논쟁의 대상이 되고 있기는 하지만, 벨라가 초기 및 이후 두 세기에 걸친 미국 사회의 어떤 본질적인 요소를 포착했음은 의심의 여지가 없다.

벨라가 예를 들어 인용한 케네디의 취임 연설과 링컨의 두 번째 취임 연설의 구절들을 오늘날의 미국의 수많은 비신자들에게는 이상하게도 들리고 위협적으로 보이기도 하는 것들인데, 이러한 것을 유일하게 이해할 수 있도록 해주는 근본 관념, 즉 미국은 우리의 신의 목적을 수행하려는 소명을 가지고 있다는 생각은, 권리를 지닌 자유로운 개인들의 질서라는 개념과 연관해서 이해되어야 한다. 이것이 바로 "자연 및 자연의 신의 법"에 호소하는 독립선언문에서 선포된 것이었다. 이러한 법의 타당성은 이신론자와 유신론자 모두에게서 그들이 신의 계획의 일부가 되어 있다는 데 근거한다. 여기에다 미국의 혁명가들의 적극적 행동주의가 추가한 것은, 역사란 이러한 계획이 점진적으로 실현되는 무대라는 관점과, 그들 자신의 사회가 바로 이러한 실현이 완수될 장소라는, 즉 링컨이 후에 "지상에서 최후의, 최상의 희망"이라고 부른 곳으로 간주하는 관점이다. 성서에 바탕을 둔 개신교 미국의 문화와 더불어, 초기의 미국의 공식적 어법 가운데 종종 반복된 고대 이스라엘과의 유비를 쉽게 만들어내었던 것도, 이처럼 자신을 신의 목적을 완수하는 자들로 간주한 견해 때문이었다.[2]

오늘날의 혼란스러운 상황은 이러한 전통과의 연속성과 불연속성이 함께 존재하기 때문에 발생한다. 어떤 형태의 근대적 도덕 질서 관념의 중요성은 계속 유지되고 있다. 미국인들이 국가 설립자들이 가졌던 것과 동일한 원리들에 따라 아직도 움직이고 있다는 사실을 이해 가능하게 하는 것은 바로 이것이다. 틈이 벌어진 부분은, 이러한 질서가 정당한 것으로 간주되는 이유가, 모두는 아니라도 수많은 사람들에게는 더 이상 신의 은총이 아니라는 사실이다. 질서의 근거는 자연 속에서, 어떤 문명 개념 속에서 또는 종종 칸트에 의해 고무된 주장인, 도전될 수 없는 선험적 원리에서 뿐이다. 그래서 어떤 미국인들은 독립선언서를 신으로부터 구출하려는가 하면,

---

2) See Robert Bellah "Civil Religion in America", in *Beyond Belief : Essays on Religion in a Post-Traditional World*, New York : Harper & Row, 1970, chapter 9.

다른 사람들은 더 깊은 역사적 뿌리에 입각하여 그러한 일이 독립선언서를 왜곡하는 것으로 간주한다. 그래서 오늘날의 미국의 문화투쟁이 있게 된다.

그런데 근대성으로 가는 미국의 노선은 비록 많은 미국인들이 전형적인 것으로 여기기는 하지만 사실상 다소 예외적인 것이다. 공적 영역의 세속화가 다른 곳에서는 다소 상이한 방식으로 발생했기 때문이다.

즉, 가톨릭 사회들에서는 [종교적] 현존의 옛 모델이 훨씬 더 오래 지속되었다. 사실상 그 모델은 탈주술화에 영향을 받았고, 위계 질서가 어떤 의미로 불가침의 것으로, 왕은 신성하게 간주되는 식으로 점점 더 타협의 형태를 이루어갔는데, 여기에는 또한 기능적 정당화의 요소들이 슬며시 들어오기 시작해서, 예컨대 군주의 통치는 질서를 위해 필수불가결한 것으로 주장되기도 했다. 우리는 이러한 것은 "바로크[대체로 16세기 말과 17세기를 지칭함 — 역주] 식의" 타협으로 간주할 수 있다.

우리가 살고 있는 오늘날까지의 삶으로의 행로는, 사회에서의 이러한 두 가지 형식의 종교적 현존으로부터 내가 아래에서 정의를 내리게 되는 다른 형태로 옮겨진 것이다. 가톨릭적인 "바로크" 시대에서 나오는 길은 파국적인 혁명적 전복을 통해 만들어졌다. 그런데 "개신교식"의 길은 더욱 순탄하였으므로, 어떤 점에서는 추적하기가 더욱 어렵다.

데이빗 마틴(David Martin)은 자신의 통찰력이 풍부한 많은 저술[3])에서 "개신교 식의", 특히 "영어권"에서 있었던 길에 대한 흥미 있는 설명을 제시했다. 이 일은 사회적 상상력의 지배 형식이 점점

---

3) E.g., *Tongues of Fire*, Oxford : Blackwell 1990, and *A General Theory of Secularization*, Oxford : Blackwell 1978.

더 상호 이익의 질서를 중심으로 이루어지는 사회에서 발생했는데, 여기서 "바로크 식" 질서는 소원하고 다소 혐오스럽게 느껴졌다. 이는 간단히 말해 "교황절대주의(Papist. 다소 경멸적 표현 — 역주)"로 간주되었다.

이러한 견지에서는, 이 같은 문화권에서는 종교에 대한 타당한 집착이란 오직 자발적으로만 가능하게 된다는 것이 점차 명백해지게 된다. 종교를 강요하는 것은 점점 덜 적법한 것이 된다. 그래서 엘리트 중심의 종교에서 대중이 소외되어 과거의 교회의 경우와는 상당히 다른, 새로운 자발적 연합의 형식을 가질 수 있게 되었다. 이러한 현상의 원형이 웨슬리의 감리교인데, 이 같은 자유로운 교회의 진정한 팽창은 18세기 말 미국에서 발생했고, 이것이 미국의 종교의 면모를 바꾸어놓았다.

감리교인들와 더불어 우리는 새로운 현상, 즉 교회나 분파가 아니라 오늘날 우리가 "교파(denomination)"라고 부르는 것의 원형을 갖게 된다. 트뢸취적인 의미의 이 같은 "교회"는 모든 사회 구성원들을 교회 안으로 모을 것을 요구한다. 가톨릭 교회와 마찬가지로 이 교회는 모든 사람을 위한 교회가 되는 것을 자신의 소명으로 여긴다. 일부의 주요 개혁 교회들도 이와 동일한 염원을 갖고 있는데, 예컨대 독일과 스칸디나비아 그리고 먼저는 영국에서도 그랬던 것처럼, 자신의 교회를 사회 전체와 대립적 관계에 놓기도 했다.

그런데 우리가 트뢸취를 따라 "분파(sects)"라고 부르는 것, 즉 진정으로 그의 구성원이 될 자격이 있는 "구원받은 자들"에 집중하는 집단도 어떤 의미에서는 당황한 교회들이었다고 할 수 있다. 그들은 영국 장로교인들과 마찬가지로 유일한 국가 교회가 되려는 열망을 품었다. 또는 일부 재침례교도처럼 더 큰 집단을 형성하기를 단념하고 그 때문에 사회에 대한 접촉을 최소화하려고 한 사람들도 있었다. 그래도 그들은 여전히 종교적 삶이라고 정의하는 영역을 한정하려 했다.

감리교 운동은 그 태동기에는 독자적 교회가 되려고 애쓰지 않았고, 단지 영국 국교 내의 한 흐름이 되려고 하였을 뿐이다. 감리교인들은 자신들의 영성을 실천하였지만, 이는 다른 사람들을 포괄하는 더욱 큰 범위 안에서였다. 그들이 바란 지위는 가톨릭 교회의 종교적 교단[프란시스코 교단과 같은 — 역주]의 지위와 유사한 것이었다. 이와 같은 적법한 한에서의 차이라는 생각은 그들이 추방되었을 때도 유지되었으며, 교파라는 특징을 이루는 표준적 모습을 이루게 되었는데, 이는 미국에서 지배적인 현상이 되었다.

교파란 동호인 단체와 흡사하다. 이 그룹은 (적어도 어떤) 다른 그룹을 구원과 저주의 문제로 차별화하지 않는다. 자신의 방식이 자신들에게는 더 낮고, 더 나은 신앙생활을 위한 것으로 간주될 수 있지만, 자신을 다른 인정된 교파들과 분리하지는 않는다. 따라서 그들은 "교회들(churches)"을 위한 공간 안에 존재함으로써 또 다른 더욱 일반적 의미에서 이들 전체 그룹은 "유일한 교회(the church)"를 형성한다. 당신이 선택한 교회에서의 예배를 금지하는 것은 이러한 더 넓은 의미에서의 "교회"에 속하는 것을 금지하는 것인데, 이는 허용된 선택 범위에 제한을 두는 것이다.

과거 미국에서는 가톨릭은 이러한 제한 외부에 있었는데, 오늘날에도 많은 사람들에게는 그렇다. 그런데 다른 사람들에게는 그 제한이 넓어져 유태인들을 유대-기독교 일신론의 공통적 전통의 일부로 포함한다.

이처럼 어떤 사람의 교회가 모든 신자들을 다 포함하지는 않기 때문에, 모든 신자를 포괄하는 더 넓은 그리고 좀더 덜 조직적인 전체에 대한 귀속감이 존재한다는 것이 교파주의의 특징이다. 그런데 국가에 대해서 적어도 이러한 것의 부분적 표현을 발견할 수 있다. 상호 인정하는 교파들의 구성원들은 "신 아래의" 민족을 형성할 수 있는데, 이는 마치 위에서 언급한 미국의 "시민 종교"의 경우처럼, 그들의 국가를 형성하고 유지하라는 신의 요구에 따라 행동한다는 의미에서다. 사실상 신의 설계가 자유를 포함하는 한에서는, 이러한 것은 복수의 교파들에 대한 개방 요구로 해석될 수 있다.

신의 정치적 소명이라는 이러한 생각은 미국의 개신교도들 사이에는 매우 강하게 유지되어 왔고 오늘날까지도 남아 있다. 그런데 이와 유사한 발전이 영국에서도 이루어졌다. 린다 콜리(Linda Colley)의 주장에 따르면, 일종의 영국적 민족주의가 18세기에 발전되었는데, 이 가운데 일부는 공통적 프로테스탄티즘을 중심으로 형성되었으며, 이는 실제의 신앙 고백에서는 폭넓은 차이점을 드러낸다.[4] 이는 국가 안전에 대한 주요 위협이 거대한 "교황 절대주의적" 권력으로부터 왔던 세상에서, 영국인들이 개신교 주장을 자신의 입장과 동일시했던 바탕 위에서 형성된 것이었다.

그래서 어떤 점에서는 교파적 정체성에는 종교를 국가로부터 분리하려는 경향이 있다. 한 교파가 국가 교회가 될 수 없고, 그 구성원들은 국가 교회가 되려는 어떠한 주장도 받아들이거나 그에 동조할 수 없다. 교파주의는 교회란 모두 동일한 선택 사항일 뿐이라는 생각을 함축하고 있으며, 비록 법적으로는 아니라도 실질적으로 국가와 교회의 분리 체제 하에서 가장 잘 번성한다. 그런데 다른 차원에서 보면, 정치체는 더욱 폭넓은 포괄적인 "교회"와 동일시될 수 있고, 이것이 교회의 애국심의 결정적 요소가 될 수 있다.

이는 물론 "뒤르켕적" 상황과는 아주 다른 상황을 우리에게 제시한다. "뒤르켕적" 상황이란 일부 가톨릭 국가들에서 현저하게 나타났던 것으로, 여기서는 사회적 종교성이 교회에 의해 정의되고 또 실천되었다. 한편, 탈주술화된 개신교적 상황에서는 특정한 장소, 시간, 사람, 행위가 세속적인 것과 구별된다고 하는 이전의 의미와

---

4) Linda Colley, *Britons*, Yale U.P. 1992.

같은 종교성은 더 이상 존재하지 않는다. 다른 한편으로 어떠한 하나의 교회도 정치 사회와 신의 섭리의 연관성을 독자적으로 규정하고 공표할 수는 없다.

물론 여기서 내가 논하고 있는 것은 이 점에서 미국에서 완전한 형태로 실현된 이상적 형태에 관한 것이다. 영국 상황은 국가 교회들의 지속적 존재로 인해 혼란스러운데, 여기서는 한 교회(영국 국교회)가 제의적 역할을 지속적으로 담당하고 있으며, 그의 의식 유형과 의식적 세부 사항에서 가톨릭적 중세의 유산을 유지하고 있다. 그런데 대중이 이러한 의식에 참여하는 것과 이 교회에 대해 인정하는 것은 서로 무관한 것이라고 오랫동안 생각되었다.

나는 종교와 국가 간의 이러한 연관을 "신(新)-뒤르켕적" 양식이라고 부를 것이다. 이는 한편으로는 "바로크적" 가톨릭 사회의 "원(原)-뒤르켕적"인 양식과 구별되며, 또 다른 한편으로는 실존의 종교적 차원과 정치적 차원이 상당히 분리된 더욱 최근의 형식과 대비되는 것이다. "원(原)래의" 단계는 신과 고차원적 시간에 대한 존재적 차원의 의존의 의미가 여전히 살아 있는 상황에 상응하는 것인데, 그것은 탈주술화와 도구적 정신에 의해 약화될 수 있는 것이다. 반면 "새로운(新)" 사회에서 신은 사회적 조직의 중심이 되는 신의 설계로 인해 존재한다. 우리가 우리의 사회를 규정하여 함께 인정하는 공통적 묘사, 즉 우리가 "정치적 정체성"이라고 부르는 것이 바로 이것이다.

이제 우리가 이 "영어권"의 궤적을 살펴본다면, 교회가 거의 불가피하게 반대 세력을 산출했던 "바로크"시대와는 달리, 이 시기는 높은 수준의 종교적 신앙과 예식을 유지할 수 있음을 알게 된다. 엘리트들이 가진 권력에 대한 분개와 그들의 종교적 스타일로부터의 이반은 또 다른 형식의 기독교적 생활과 예배 의식 안에서 표현된다. 대중 집단은 자신의 종교적 스타일을 발견하고 그에 따라 살아가는데, "열렬한" 감리교인들이 18세기의 영국에서, 또 침례교도들이 미국의 변방 지역에서, 복음주의자들과 사순절파가 오늘날 라틴아메리카와 아프리카와 아시아에서 그렇게 하고 있다. 점잖은 에피스코팔(감독주의)과 장로교인들이 점령하다시피 한 동북부 지역으로부터의 소외된 때문에, 미국의 남부와 서부 지역은 열정적인 거듭남의 복음주의 형태를 취할 수 있게 되었다.

동시에, 신앙은 국가와의 "신-뒤르켕적" 동일화를 통해 유지된다. 오랜 기간에 걸쳐 수많은 영국인들에게는 특정 개신교적으로 다양화된 기독교가 특정 도덕적 기준들을 가진 것으로 확인이 되었는데, 종종 "품위(decency)"라는 말로 요약되었다.[5] 영국은 이러한 다양성을 세계 무대로 전달한 탁월한 전달자로 여겨졌다. 이것이 우리가 "성취된 종합"이라고 불렀던 것이다. 영국의 애국주의는 많은 사람들에게는 이 같은 신앙과 규범의 복합체를 중심으로 형성되었다. 수많은 개신교 미국인과 최근의 일부 가톨릭 미국인은 미국이 다른 세계 인류에게 자유 민주주의를 전파할 신적 소명을 가지고 있다고 생각해왔다.

여기서 우리의 논점은 일반화될 수 있을 것이다. 근대사의 과정에서 신앙적 동맹은 특정한 인종적, 민족적, 계급적 또는 지역적 그룹들의 정체감을 형성하는 것과 결부되어 왔다. 영국과 미국은 강한 독립 국가다. 그러나 이러한 정치성의 확인이 변방의 억압받는 사람들에게서도 종종 일어났다. 폴란드와 에이레의 가톨릭적 정체성은 이런 점에서 널리 알려진 것이다. 과거의 프랑스령 캐나다의 경우는 별개의 문제다.

여기서의 집단과 신앙 고백의 연결은 비록 그것이 동일한 가톨릭 교회가 연관되기는 했어도 "바로크 식"의 위계 질서를 가진 원-뒤

---

5) 영국에서 기독교가 품위 개념과 관련된 것을 데이빗 마틴이 포착하였다. *Dilemmas of contemporary Religion*, Oxford : Blckwell 1978, p.122.

르켕적인 연결은 아니다. 권좌와 제단은 동맹을 맺지 않는데, 이는 루터교나 영국 국교 또는 정교에서 뿐만 아니라 (비엔나의) 가톨릭의 경우에도 권좌는 이질적인 것으로 간주되기 때문이다. 엘리트들에 대한 분노는 이 엘리트들이 권력과 특권을 상실한 만큼 주변적인 문제로 되었다. 그런데 민족의 지배와 억압에 대한 감각, 고난과 투쟁 가운데서의 도덕감은 종교적 신념과 충성에 깊이 결부되어, 폴란드를 "열방 가운데 십자가에 달린 그리스도"로 묘사하는 것과 같은 과도한 수사법에까지 이르렀다. 그 결과를 나는 "신-뒤르켕적" 효과라고 부르고자 하는데, 여기서는 집단에 대한 귀속감과 신앙 고백에 대한 귀속감은 합치되고 집단의 역사에 대한 도덕적 문제는 종교적 범주로 표현되어 있다. (억압받는 민족의 대표적 언어는 프랑스 혁명의 언어였다. 이 언어는 여기서 언급된 다른 국가들에게 그 계기를 주었다. 연합 에이레, 1837년의 파피노의 반역, 다브로스키 군대 등이 그것이다. 그런데 각각의 경우 가톨릭적 표현이 나중에는 더욱 우세해졌다.)

이러한 효과가 나타난 곳에서는 신앙과 예식의 잠재적 쇠퇴가 지체되거나 또는 나타나지 않았다. 이것은 다소 "세속적" 정신 상태를 지닌 현대의 사회학 분위기에서 쉽게 오해를 불러일으켰다. 어떤 이들은 이러한 상황과 앞서 언급한 영어권 국가들에 대해서, 종교는 "통합적 기능을" 수행한다고 말하도록 유혹을 받았다. 이러한 실수는, 종교적 신앙은 여기서 의존적 변항이며 그의 통합적 기능은 설명에 도움을 주는 요인이라는 주장으로 쉽게 이어졌다.

그런데 내 생각에는, 사람들이 자신의 강한 도덕적 정치적 경험을, 압제에 대한 것이건 특정 도덕적 원리를 중심으로 한 성공적 국가 건설에 대한 것이든, 암호화하는 것을 유의미하다고 생각하는 언어가 종교적 언어라고 말하는 것이 덜 왜곡적이다. 한편으로는 폴란드나 에이레의 농민이나 노동자들, 다른 한편으로는 스페인과 프랑스의 농민이나 노동자들 서로 다른 난점을 여기서 인용하는 이유는, 전자의 경우는 가톨릭 언어로의 암호화를 권하거나 이에 대한 저항이 거의 없었던 반면, 후자의 경우는 "바로크적"인 체제에서의 삶으로 인해 그런 암호화에 강하게 반대하게 되는 경험을 산출한다는 것을 지적하기 위해서다.

(2) 새로운 개인주의. 여기에는 흥미 있는 주제들이 있지만, 현대의 곤경에 대한 연구로 바로 넘어가도록 하겠다. 이는 지난 반세기 동안 혹은 그보다 더 짧은 시기에 어떤 일이 일어났는데, 이 일은 우리 사회의 신앙 상태를 심각하게 바꾸어놓았기 때문이다. 우리는 지금 다소 새로운 종교 생활의 시기에 있으며 이는 윌리엄 제임스가 이미 묘사했던 것이다.

많은 다른 사람들과 마찬가지로 나는 우리 북대서양 지역의 문명이 최근 수십 년간 문화적 혁명을 경험하고 있다고 생각한다. 아마도 1960년대는 상징적으로 말해 경첩과 같은 순간을 제공했다고 하겠다. 이는 한편으로는 개인화 혁명이라고 할 수 있는데, 이 말은 이상하게 들릴 수 있다. 우리의 현대는 이미 어떤 개인주의에 기초하고 있기 때문이다. 그런데 이 개인주의는 새로운 중심 축으로 전환되었는데, 그렇다고 해서 다른 축들을 버린 것은 아니다. 도덕적 / 정신적 그리고 도구적 개인주의와 더불어 우리는 이제 널리 확산된 "표현적" 개인주의를 가지고 있다. 물론 이것이 전적으로 새로운 것은 아니다. 표현주의는 18세기 말엽의 낭만주의 시대의 산물이었다. 지적, 예술적 엘리트들은 19세기 전체에 걸쳐 자신을 표현하고 살아가는 진정한 방식을 찾았다. 새로운 현상이란 이러한 종류의 자기 정향이 대중적 현상이 된 것이다.

여기에 대한 가장 명백한 외적 현상이 소비자 혁명이었다. 전후의 풍요와 더불어 과거에는 사치품으로 여겼던 것들이 확산되면서 사적 공간과 그 공간을 채우기 위한 수단들에 대한 새로운 관심 집중이 이루어 졌는데, 이는 이전의 꽉 짜여진 노동 계급[6]과 농업 공동체[7] 그리고 심지어는 대가족제의 관계들을 이완시키기 시작했다. 상호 도움을 주는 양상은 감소했지만, 이는 부분적으로는 그에 대한 긴급한 필요가 줄어들었기 때문이다. 사람들은 자신만의 삶을 중심으로 살아갔는데 이것이 핵가족 생활이다. 그들은 신도시나 교외로 이사를 갔고, 더욱더 자신만의 삶에 집중했으며, 세탁기에서 패키지 휴가 상품에 이르기까지, 판매를 위해 내놓은 전 영역에 걸친 계속적으로 증가하는 상품과 서비스를 통해 생활하고, 이러한 것들에 의해 형성되는 더욱 자유로운 개인주의적 삶을 살아간다. 쉽게 입수할 수 있는 수단들이 점차 폭넓게 증가함에 따라 "행복의 추구"는 새로운, 더욱 직접적인 의미를 갖게 되었다. 그리고 이렇게 새롭게 개별화된 공간에서 소비자는 더욱더 자신의 취향을 표현하고 자신의 공간을 자신만의 필요와 선호에 따라 꾸며가도록 고무되었는데, 이러한 일들은 이전 시대에는 오직 부자들만 할 수 있는 일이었다.

이러한 새로운 소비자 문화의 한 가지 중요한 측면은 의류에서 레코드에 이르기까지 홍수처럼 쏟아지는 새로운 물건들로 이루어진 젊은이들을 위한 특별한 시장이 만들어진 것인데, 이 시장은 소년과 청년기에 이르는 연령층을 겨냥한 것이었다. 청년 문화가 발달하는 것과 더불어 이러한 물건들을 팔기 위해 전시되는 광고들은 아동기와 책임을 지는 성년기 사이에 위치하는 청년기를 인생의 한 단계로서 생각하는 새로운 종류의 자기 의식을 창조하는 데 기여하였다. 물론 이러한 것이 전례가 없었던 일은 아니었다. 과거의 많은 사회에서 인생에서 그 시기를 구별하여 그들만의 특별한 모임들과 풍속을 만들어주기도 하였다. 그리고 상류층의 청년들은 학창

---

6) Cf Richard Hoggart, *The Uses of Literacy*, London : Chatto & Windus 1957.
7) Yves Lambert, *Dieu Change en Bretagne*, Paris : Cerf 1985.

시절을 즐기기도 했고 (때로는) 친목 단체를 만들어 즐기기도 했다. 민족 문화의 통합과 도시 생활의 확장과 더불어 19세기의 말엽에 이르러 중상류의 청년들은 자신들을 사회적 실체로서 자각하기 시작했다. 심지어 청년들은 정치적 첨병, 즉 정치적 동원의 바탕이 되기도 했는데, 이러한 것을 독일의 청년 운동(Jugendbewegung)과 파시스트의 유명한 행진곡에 나오는 "젊음(Giovinezza)"에 대한 호소에서 볼 수 있다. 이와 같은 청년기의 자기 구별은 19세기와 20세기 초의 노동 계급의 문화에는 없던 것인데, 노동 계급에서는 생활의 필요 때문에 소년기 이후와 진지한 소득 활동기 이전에 위치하는 그와 같은 공백기는 배제되는 것으로 보이기 때문이다.

요즈음의 청년 문화는 그들에게 던져지는 광고의 방식에서도 그렇고 상당 정도로 스스로 그렇게 보듯, 표현주의적이라고 정의를 내릴 수 있다. 수천, 심지어 수백만의 다른 사람들과 보조를 맞출 수 있는 폭넓은 패션의 공간에서, 사람들이 선택하는 의상 스타일과 그들이 듣는 음악의 종류는 자신의 개성을 표현하고 또 선택하는 이들의 기호를 표현한다.

잠시 이러한 패션 공간에 관해 말해보겠다. 우리가 전후의 소비자 문화에 대한 이와 같은 외적 사실들에 대한 논의에서 그에 수반되는 자기 인식에 대한 논의로 넘어갈 때 우리는 내가 "진정성(authenticity)"의 문화라고 부른 것이 지속적으로 확산되어 있음을 알게 될 것이다.[8] 18세기 말엽의 낭만주의적 표현주의와 더불어 등장한 삶에 대한 이해란, 우리들 각자는 우리의 인간성을 실현하는 자신만의 방식을 가지고 있다는 것이며, 또한 사회나 이전 세대 또는 종교적이거나 정치적인 권위에 의해 외부로부터 우리에게 부과된 모델에 일치하도록 순응하기를 거부하고 자기 자신의 삶을 발견하고 살아내는 것이 중요하다는 것이다.

---

8) See *The Malaise of Modernity*, Toronto : Anansi 1991.

이는 19세기와 20세기 초의 많은 지식인들과 지성인들의 관점이었다. 이 시기 전체에 걸쳐 일부 문화 엘리트들 가운데에서 이러한 사조가 강화되는 모습이나 또는 심지어 극단화되는 모습, 예를 들면 권리 또는 의무에 대한 점증하는 의식이나 "부르주아"적이거나 기존의 규칙과 기준들에 대한 저항, 그들이 창조적이거나 생명력이 있다고 느끼는 생활 방식과 예술에 대한 공개적인 천명 등을 추적할 수 있다. 블룸스베리 그룹(Bloomsbury milieu. 런던의 블룸스베리 지역에 살던 버지니아 울프를 중심으로 모인 예술지상주의적 예술가 집단 — 역주)이 자신의 특질을 정의한 것은 20세기 초 영국에서의 이러한 노선에서 중요한 단계였다. 이 획기적 변화에 대한 감각은 "1910년에 또는 그 언저리에 인간 본질은 변화되었다"라는 버지니아 울프의 유명한 문구에 반영된다.9) 욕망과 도덕성, 고결감이 함께 나타난 조치였던, 앙드레 지드가 1920년대에 동성애자임을 고백한 사건에서도 이와 유사한 계기가 나타난다. 그것은 지드가 더 이상 거짓된 태도를 유지할 필요를 느끼지 않았기 때문만은 아니다. 오랜 갈등 속에서 그는 이를 숨기는 태도가 자기 자신에게 그리고 자기와 유사하게 애써 가식된 태도를 취하는 다른 사람들에게 가하는 잘못된 일이라고 간주했기 때문이다.10)

그런데 이러한 진정성의 윤리가 사회 전반에 걸쳐 모습을 드러내기 시작한 것은 제2차 세계대전 이후의 시기에서였다. "네 일이나 신경 써"와 같은 표현들이 유행하게 되었다. 1970년대 초의 맥주 광고는 우리에게 "오늘의 세상에서 네 자신이 되도록 하라"고 말한다. 단순화된 표현주의가 어느 곳에나 침투되어 있다. 당신으로 하여금 당신 자신을 찾고, 자신을 실현하며, 자기의 진정한 자아를

9) Samuel Hynes : *The Edwardian Turn of Mind*, Princeton University Press 1968, p.325.
10) Michel Winock, *Le Siècle des Intellectuels*, Paris : Seuil 1997, chap 17.

나타내도록 돕는 치료법들이 양산되고 있다.

새로운 표현주의적 자기 각성은 다른 종류의 사회적 상상력을 전면에 등장시킨다. 사회적 상상력의 전형적인, 근대적 "수평적" 형태에 관하여는 이미 다른 곳에서 말한 바 있는데,[11] 이 형태에 따르면 인간은 자신과 수많은 다른 사람들이 동시에 존재하고 활동하고 있는 것으로 파악한다. 이러한 형태들 가운데 폭넓게 인지되고 있는 이러한 세 가지는 경제, 공적 영역 그리고 주권을 가진 민족이다. 그런데 위에서 언급된 패션의 영역은 동시성의 네 번째 구조의 예다. 공적 영역과 주권적 민족은 공동 행위의 영역이기 때문에 패션의 영역과는 다르다. 이런 점에서 패션은 수많은 개인적 행위들이 집중되어 있는 경제와 유사하다. 그러나 경제와도 다른 이유는 우리의 행위가 패션의 영역에서는 독특한 방식으로 관계를 맺기 때문이다. 나는 내가 원하는 모자를 쓰면서 나의 스타일을 당신 모두에게 현시한다. 그리고 이런 방식으로 나는 당신들의 자기 현시에 대해 응답하는데, 이는 마치 당신이 나의 자기 현시에 대해 응답하는 것이나 마찬가지다. 패션의 공간은 기호와 의미를 동시에 가진 언어를 유지하는 공간이다. 이러한 기호와 의미는 항상 변화하는 것이지만, 이는 또한 언제나 그것이 가지고 있는 의미를 우리의 몸짓에 옮겨 담을 때 필요한 배경이 된다. 만일 내 모자를 통해 내가 나만의 특유한 멋쟁이의 모습과 그 배경에 깔린 자기 현시를 표현할 수 있다면, 이것은 그 스타일이 가진 공통 언어가 그 정도로 우리들 사이에서 진화했기 때문이다. 내 몸짓을 통해 나의 자기 현시 내용을 바꾸면, 또한 나의 몸짓의 언어의 의미를 새로운 지평에서 취하여 당신이 스타일 있는 움직임으로 응답하게 될 것이다.

이러한 패션 공간의 예에서 내가 도출하려는 일반적 구조는 수평적, 동시적 상호 현존의 구조인데, 이는 공동 행위의 구조가 아니라

---

11) See "Modern Social Imaginaries".

상호 현시의 구조다. 우리들이 행위할 때 타인들이 거기서 우리 행위의 증인으로, 따라서 우리 행위의 의미의 공동 결정자로 존재한다는 것은 우리 각자에게 중요하다.

내가 첫째 강의에서 언급하였듯 이런 종류의 공간들은 수많은 사람들이 서로를 알지 못하는 가운데 어깨를 부딪히며, 서로 관계를 맺지 않으면서도 서로 영향을 주며 서로의 삶에 대해 불가피한 배경(context)을 형성해가면서 살아가는 현대 도시 사회에서 점점 더 중요하게 된다. 매일 아침 시내의 직장으로 몰려가면서 다른 사람들을 내 길의 장애물 신세로 전락시키기도 했지만, 도시 생활은 일요일에 공원에서 산보하고 여름 거리 축제나 경기장에서의 플레이오프 경기를 즐기기 위해 몰려드는 것과 같은 더불어 삶의 다른 방식들을 발전해왔다. 여기서 각각의 개인이나 작은 집단들은 자기 나름대로의 행위를 하지만, 그러나 그들의 현시는 타인들에게 무엇인가를 말하고 있으며, 그들에 의해 응답될 것이고, 모든 사람의 행위를 채색할 공통의 분위기나 음조를 형성하는 데 이바지하리라는 것을 알고 있다.

여기서 다수의 도시에 사는 단자들은 유아론(唯我論)과 소통의 경계에서 떠다니고 있다. 나의 큰 말소리나 몸짓은 단지 나의 밀접한 동료들에게만 과도하게 표출될 뿐, 나의 가족은 조용히 산보를 하고, 우리 자신의 일요일 외출에만 신경을 쓰지만, 그러나 항상 우리는 우리를 형성하는 이 공동의 공간에 대해 의식한다. 오가는 메시지들은 이 공간에서 그 의미를 갖게 된다. 고독과 소통 사이의 이러한 이상한 영역이 19세기에 나타났을 때 이 현상은 수많은 관찰자들에게 강한 인상을 주었다. 예로서 마네의 그림에서나, 도시의 풍경에 매료된 보들레르의 경우를 들 수 있는데, 여기서의 한량과 멋쟁이의 역할에서 관찰과 현시를 결합하고 있는 것을 볼 수 있다.

그래서 이 새로운, 더욱 개인화 된 행복의 추구, 과거에 형성된 특정 관계와 공동 생활 방식의 이완, 표현적 개인주의와 진정성 문화의 확산, 이러한 상호 현시 공간의 점증하는 중요성, 이 모든 것은 사회 안에서 공존하는 새로운 방식을 가리키는 것 같다. 전후에 계속 증가해온 이러한 표현적 개인주의는 특정 환경, 즉 노인 세대들보다는 젊은 세대들에서 더욱 강하고, 1960년대와 1970년대에 형성된 환경에서 더욱 강하다고 할 수 있는데, 그러나 전반적으로는 지속적으로 진보해가는 것으로 보인다.

이것은 우리의 사회적 상상력을 어떻게 변경시키는가? 여기서는 하나의 이상적 유형에 대해 개괄적인 묘사만 할 수 있을 뿐인데, 이는 우리가 새로운 것이 옛것과 공존하는 점진적 과정을 다루고 있기 때문이다.

주권 국민으로서의 우리의 자기 이해는 이러한 새로운 개인주의로 대체되지는 않았다. 그리고 상호 이익이라는 근대적 도덕 질서에 대해서 보면 새로운 개인주의는 강화되어 왔다. 다른 말로 하자면 이것은 다소 다른 형식을 취했다고 할 수 있다. 공정성의 이상과, 서로의 자유에 대한 상호 존중의 이상은 과거 어느 때보다 젊은이들 사이에 가장 강하다. 사실 엄격히 말하면, 각자는 자기 일만 하고 다른 사람의 "가치"를 비판해서는 안 된다는 부드러운 상대주의가 진정성의 윤리에 수반된 것 같아 보인다. 이러한 상대주의는 진성성의 윤리에 의해 요구되는 확고한 윤리적 기초에 따라 선언된다. 사람들은 다른 사람들의 가치를 비판해서는 안 된다. 왜냐 하면 그들도 당신처럼 자신의 고유한 삶을 살 권리를 가지고 있기 때문이다. 관용될 수 없는 죄는 불관용이다. 이러한 명령은 자유의 윤리와 상호 이익의 윤리로부터 명백히 등장한다.[12)]

---

12) 슐레겔(Jean-Louis Schlegel)은 오늘날의 젊은이들의 연구에 항상 등장하는 가치들을 다음과 같이 지적한다 : "droits de l'homme, tolérance, respect des convictions d'autrui, libertés, amitié, amour, solidarité, fraternité, justice, respect de la nature, intervention humanitaire", *Esprit*, no 233, Juin 1997, p.29. 데네플

"상대주의"에 명백한 새로운 변형이 등장하는 곳은, 이러한 명령이 다른 사람들에 의해 둘러싸이고 또 자제되는 곳에서만 존립한다는 사실이다. 로크에 따르면 자연의 법은 강한 훈련을 통해 사람들에게 가르쳐질 필요가 있다고 했다. 그래서 비록 개인적 자유가 그 목표라 하더라도, 일반적으로 강요된 강한 인격적 미덕의 필요와 개인적 자유 사이에는 어떠한 양립 불가능성이 느껴지지는 않았다. 오히려 이러한 것들이 없다면 상호 존중의 체제는 살아남을 수 없었을 것이다. "해악의 원리"라고 불린 것, 즉 어느 누구도 내가 좋은 것을 추구하는 것을 방해할 권리를 가지고 있지 않으며 단지 타인을 해롭게 하는 것을 막을 권리만 있다는 원리를 밀(John Stuart Mill)이 선언하기까지는 오랜 시간이 흘렀다. 그의 시대에는 이러한 것이 거의 일반적으로 받아들여지지 않았는데, 이는 그것이 자유방임주의(libertinism)로 가는 행로로 보였기 때문이다.

그런데 오늘날 해악의 원리는 폭넓게 수용되고 있으며, 지배적인 표현적 개인주의가 요구하는 공식처럼 보인다. (밀의 논지가 훔볼트에게 나타난 표현주의적 원천들에 의존하는 것은 아마도 우연이 아닐 것이다.)

사실상 "(개인적) 행복의 추구"는 전후의 시기에 새로운 의미를 갖게 된다. 물론 이 권리는 세 가지 기본권 가운데 하나로 모셨던 미국 혁명 이래로 자유주의의 필수적 요소가 되었다. 그런데 공화국으로서의 미국의 제1세기에 그것은 당연한 것으로 간주되는 것들의 목록 가운데 등록되었다. 우선 미국에는 미국인들이 따라 산다고 생각되었던 자기 규율이라는 선을 중심으로 한 시민 윤리가 있었다. 그런데 이것을 넘어 성적 도덕의 요구와, 이후에 "가족의 가치(family values)"라고 불렸던 것의 요구 그리고 열심히 일하는

(Sylvette Denèfle)도 프랑스의 불신자들로 이루어진 자신의 샘플의 입장에 동의한다. 관용은 그들에게서 핵심적 덕목인 것이다(pp.166ff).

것과 생산성이라는 가치 또한 존재하였는데, 이러한 것은 개인적 선의 추구에 어떤 틀을 부여하였다. 이러한 틀 밖에서 움직이는 것은 자신의 행복 추구라기보다는 파멸로 향하는 것이었다. 따라서 그러한 규범들을 가르치려고 노력하는 사회에서는, 심지어 그 규범들을 강요하는 어떤 경우들을(예를 들어 성적 도덕)에서는 독립선언서에 모셔진 세 가지 기본권들에 상반되는 것은 없어보인다. 다양한 양태의 사회적 일치를 강요하는 점에서 유럽 사회들이 아마도 미국 사회보다 약하다고 하겠지만, 그들의 규약은 훨씬 더 제약적이다.

개인적 성취에 대한 이러한 제약들이 침식당하는 것은 어떤 경우에서는 점진적이었고 또 오락가락하기도 했지만, 장기적으로는 분명한 일반적 경향이었다. 샌들(Michael Sandel)은 시민 윤리에 대한 관심이 미국 역사 제1세기에 얼마나 더 두드러졌는지에 대하여 주목하였다. 브렌디스(Brandeis)는 그 세기의 초기에 있었던 독점 방지 판결은 부분적으로는 대규모의 결합이 "노동자들로 하여금 자신이 시민이라고 생각하도록 해주는 도덕적 사회적 자격 요건을 침식한다"는 이유에서 이루어졌다고 주장하였다.13) 그런데 20세기가 지나가면서 그와 같은 고려점들은 점차 뒤로 물러섰다. 법정은 점차로 개인의 "프라이버시"를 옹호하게 되었다. 개인의 행복 추구에 대한 제한, 특히 성적 문제와 다른 영역에서의 제한이 가장 명백히 제한되었던 것은 제2차 세계대전 이후였다. 프라이버시를 강조하면서 형법의 영역을 제한하는 미 대법원의 결정이 그의 명백한 예다. 이와 유사한 일이 트루도(Trudeau)에 의한 캐나다 형법의 수정에서도 일어났는데, 그 원리는 "국가가 국민의 침실에서 일어나는 일에 관여하지 않는다"는 것이었다. 위녹(Michel Winock)은 1970년대에 프랑스에서 일어난 "정신 세계"에서의 변화에 대해 다음과 같이 언급하였다 : "검열의 폐지, 풍속의 자유화는 …" 낙태의

---

13) Michael Sandel, *Democracy's Discontent*, Harvard 1996, pp.209-210.

합법화, 이혼 제도의 개혁, 포르노 영화의 인정 등과 같은 "법과 관계를 맺게 될 것이다."14) 이러한 진화가 대서양권의 실제 모든 사회에서 발생한다.

사실상 인격 훈련의 필요는 한층 더 뒤로 물러섰는데, 이는 상호 존중의 도덕이 진정한 자아 성취 자체의 이상 가운데 묻혀진 것 같아보인다. 이 이상은 분명 수많은 젊은이들이 오늘날 경험하고 있는 것인데, 이들은 파시즘과 극단적 민족주의가 표현주의적 원천에 얼마나 심취해 있었는지를 망각하고 있는 듯하다.

이 모든 것은, 이러한 권리에 대한 상호 존중의 원리들이 대서양권 세계의 우리 문화 속에 둘러싸여 있음을 반영하는데, 이는 권리 회복과 비차별을 위한 우리의 정치적 법적 절차가 비록 세세한 적용에서는 우리의 격렬한 논박을 당하기는 해도 전체적으로는 적법적인 것으로 보는 배경을 형성하게 된다. 그런데 이는 특정한 정치 공동체에 대한 귀속감과 권리 의식이 느슨하게 연결되어 있음을 반영하는데, 여기에는 긍정적인 측면과 부정적인 측면이 있다.

여기서 나는 가장 넓은 의미에서의 종교적 예식의 가상적 장소에 대한 기술이라는 이 글의 목적에 집중하기 위해서, 앞서 언급한 문제에 대한 찬반 논쟁에는 상관하지 않겠다. 표현적 개인주의라는 새로운 사회적 상상물의 이상적 형태를 그려볼 때 우리는 그것이 아주 비-뒤르켕적이라고 말할 수 있다.

원-뒤르켕적 체제 하에서는 내가 종교적 예식과 관계를 맺는 것은 원칙적으로 사회와의 공존하고 있는 교회에 대한 나의 귀속을 의미한다. 실제로 관용 대상인 국외자들과 훈련되지 않은 이교도들이 있기는 할 것이지만 말이다. 신-뒤르켕적 체제에서는 내가 선택한 교파로 들어가겠지만 그것은 다시 내가 더 넓은, 그리고 더 분명하게 포착하기 어려운 "교회", 그리고 더 중요한 것으로 신적 역할

---

14) Michel Winock, *Le siècle des intellectuels*, Paris : Seuil 1997, p.582.

을 담당하는 정치체와 연결된다. 이 두 경우 모두에는 신에게 의지하는 것과 국가에 귀속하는 것 사이에는 어떤 연결성이 있다. 따라서 내가 이들을 "뒤르켕적"이라고 이름한 것이다.

신-뒤르켕적 형태는 개인과 선택의 자유를 향한 중요한 진일보를 포함하고 있다. 어떤 사람이 교파에 들어가는 것은 그것이 네게 맞는 것 같기 때문이다. 그리고 사실상 그와 같은 선택을 통하지 않고서는 "교회"에 속할 방법이 없는 것처럼 보인다. 원-뒤르켕적 규칙 아래서는 사람들은 강력하게 통합을 이루고 또 자신의 의지를 거슬려 신과의 올바른 관계를 맺을 것을 요구할 수 있 — 고 실제로 그러했 — 는데, 이러한 것은 이제는 이해할 수 없는 일이 된다. 강요는 그릇된 것일 뿐만 아니라 어리석은 것이고 또 지긋지긋한 일이다. 낭트 칙령의 취소에 대한 교육받은 유럽인들의 반응 속에서 이러한 의식의 발전에서 중요한 전환점을 볼 수 있다. 교황조차도 그러한 것이 오류였다고 생각했다.

그런데 표현주의적 시각은 이것을 한 단계 더 끌고 간다. 내가 참여하는 종교적 삶이나 행위들은 내가 선택한 것이어야만 할 뿐 아니라 나에게 확증적이어야 하며, 그것은 내가 이해하는 나의 영적 발전 단계를 중심을 이해되어야만 한다. 이것을 우리를 한층 더 멀리 이끌고 간다. 교파의 선택은 고정된 틀, 말하자면 사도신경이나 더 큰 "교회"에 대한 신앙의 틀 안에서 이루어진 것으로 이해된다. 이러한 신앙의 틀 안에서 나는 내가 가장 편안하게 느끼는 교회를 선택한다. 그런데 초점이 나의 영적인 길에, 따라서 내가 유의미하다고 보는 더 미묘한 언어들 속에서 내게로 오는 모든 통찰들로 기울어지게 된다면, 이와 같은 또는 다른 틀을 유지하는 것은 점차로 더 어렵게 된다.

그런데 더 넓은 "교회" 속에 내 자신을 위치시키는 것이 나에게 그렇게 적절하지 않을 수도 있고, 또 이와 더불어 "신 아래의 민족"

속에 또는 신적 역할을 가진 그러한 정치 조직체 안에 내 자신을 위치시키는 것이 그다지 적절하지 않을 수도 있다. 새로운 표현주의적 체제 안에서는, 종교적 예식에 우리가 관여하는 것을 "교회"든 국가든 어느 특정한 넓은 틀 안에 포함시킬 필요가 없다.

이것이 바로 최근 수십 년간 프랑스에서 과거의 "guerre franco-française[1954년경 프랑스에서 일어난 정치적 전쟁을 일컫는 말 — 역주]"의 양편 모두를 불안정하게 만들어버린 이유가 된다. 교회의 추종자들의 숫자가 급격히 줄어들었을 뿐 아니라, 젊은이들은 교회 추종자들과 라이벌 관계에 있었던 쟈코뱅적 또는(and / or) 공산주의적 세계관을 던져버리기 시작했다. 역동적인 바로크적 원-뒤르켕적 성직권주의와의 갈등 속에서 일종의 휴머니즘이 등장하게 되었다. 이는 나름의 방식으로 일종의 민족 "교회", 일종의 공화국의 원리가 되었는데, 이 틀 안에서 사람들은 서로 다른 형이상학적이고 또 (이러한 표현을 고집한다면) 종교적인 견해를 갖게 된 것이다. 공화제는 성직자의 군주제주의라는 원-뒤르켕적 체제에 대립하는 일종의 신-뒤르켕주의적 체제를 보여준다. 이 전통은 심지어 "신성한 것"이라는 용어를 자신의 입장을 위해 인수하기도 했다. ("신성한 타결"[이념을 초월하여 단결하자는 의미 — 역주]이나 마라 등을 죽인 "신성 모독의 손"이라는 표현에 대해 생각해보라) 이러한 표현적 개인주의의 새로운 탈-뒤르켕적 체제에서 가톨릭주의와, 이상과 같은 종류의 공화주의가 심각한 변화를 경험하는 것은 놀랄 일이 아니다.

이러한 것은 질서의 이상들이 신앙과 비신앙 간의 논쟁과 뒤섞여 형성되는 방식을 전적으로 변경시켰다. 이러한 변화를 통해 믿을 수 없게 되어버린 것은 우리가 도덕적 이상에 대한 폭넓은 합의를 이룩했다는 것뿐만 아니다. 탈-뒤르켕적 체제에서는 종교적인 의미든 "세속적(laïque)" 의미든 간에 "종교적 예식"이 정치적 충성에서 벗어나기도 했던 것이다. "guerre franco-française"를 가동시켰던 것은 그와 같은 두 개의 전면적 충성 경쟁이었다. 1914년에 많은 사람들을 자신의 조국을 위하여 싸우도록 참호 속으로 보내고, 4년이 넘도록 도망가거나 폭동을 일으키는 일이 거의 없이 그들을 거기에 잡아놓을 수 있었던 것도 이러한 오래된 체제였다.15)

내가 여기에 대해 말할 때 과거 시제를 사용했는데, 이는 이 전쟁의 주요 교전국이었던 국가들 중 많은 나라에서는 새로운 체제 때문에 그러한 일들을 더 이상 불가능하게 되었을 것이기 때문이다. 그러나 그렇게 되어버린 지역도 제한적 영역에 불과하다는 것도 분명하다. 그 아래 발칸 지역만 하더라도 1911년에 발발한 전쟁 이후에 그다지 변한 것이 없다. 그리고 심지어 중심적인 북대서양 사회들에서도 그 변화가 돌이킬 수 없는 것이라고 너무 자신만만하게 믿어서도 안 된다.

원-, 신-, 탈-뒤르켕적이란 말은 이상적 형태를 묘사하는 말이다. 나의 주장은 이 말들이 총체적 묘사를 제공한다는 것이 아니라, 우리의 역사가 이러한 체제들을 통과하여 움직여 왔다는 것과 우리의 시대는 점점 더 뒤쪽으로 채색되고 있다는 것이다.

새로운 체제가 전체적인 이야기를 제공하지 않는다는 것은 이미 작금의 사회에서 벌어지는 갈등에서도 명백하다. 어떤 의미에서는 미국에서 "도덕적 다수(the Moral Majority)"라는 그룹의 활동을 움직이고 또 "기독교 우파(Christian Right)" 운동을 일으킨 부분적인 원인은, 과거에 국가에 대한 정의를 이끌어낸 신-뒤르켕적 이해의 파편화된 모습에서 다시 회복하려는 열망이라고 할 수 있다. 이러한 열망에 따르면 미국인이 된다는 것은 또다시 유일 신관, 즉 "신 아래 한 민족"이라는 생각과 연관을 갖는 것이거나 또는 적어도

---

15) François Furet, *Le Passé d'une Illusion*, Paris : Gallimard 1996. 이 책은 그러한 충성심과 이를 유지시키는 귀속감이 얼마나 대단한지를 보여준다.

이러한 것과 뒤얽힌 윤리와 연관을 맺는 것이다. 이와 유사하게, 바티칸에 의해 움직이는 가톨릭 교회의 리더십의 많은 부분은 영성에 대한 새로운 표현주의적 이해에 함축된, 획일적인 권위에 대한 도전에 저항하려는 것이다. 그리고 미국의 가톨릭 교회는 과거에 신-뒤르켕적 종교적 기초 수립을 가능케 했던 과거와 같은 도덕적 합의를 다시 이룩하려는 시도 가운데 기독교적 권리 운동과 공동 보조를 취하고 있다.16)

이러한 시도들이 가진 아주 전투적인 본성은 우리가 과거의 체제에서 얼마나 벗어나 있는지를 보여준다. 이러한 전환은 우리 시대의 신앙 상태를 설명하는 데 큰 도움이 된다.

그런데 이 점을 검토하기에 앞서 나는 이러한 전환이 근대의 주관화의 논리 및 우리가 "완화된 자아"라고 부르는 것과 얼마나 밀접히 연관되어 있는지를 드러내보이겠다. 우리는 이미 18세기에, 앞의 첫 번째 강의에서 언급했던 중요한 "분기점들" 중 하나에서, 완화된 정체성을 가진 냉정하고 엄격한 종교에 대한 한 반응이 감정, 정서를 강조하는, 우리를 감동시키는 생동감 있는 신앙이었음을 보았다. 우리는 이러한 것을 경건주의와 감리교에서 보게 된다. 이는 신학적 정확성보다도 더 중요한 것이다.

---

16) José Casanova, *Public Religions in the Modern World*, University of Chicago Press 1994. 이 탁월한 저서는 우리의 종교적 난점이 얼마나 다양한지를 보여주고 있다. 만일 우리가 탈-뒤르켕적 이해에 의해 전적으로 규정된 상태 가운데 살게 된다면, 공적 영역에는 종교를 위한 공간이 더 이상 존재하지 않게 될 것이다. 종교 생활은 전적으로 사적으로 되었는데, 이는 오늘날 아주 널리 퍼진 특정 절차적 자유주의와 보조를 같이 한다. 그런데 카사노바는 종교의 "탈사적 노력(deprivatization)", 즉 자신이 속한 사회의 종교적 삶에 다시 개입하려는 교회와 종교 단체의 시도를 추적하려 한다. 이러한 예로는 지금 언급한 기독교 권리 운동과 가톨릭 주교들의 서한 등이 있다. 이러한 일들이 중지될 것 같지(도 않고 또 중지되는 것이 바람직하지도) 않다. 그러나 이러한 개입이 발생하는 상황은 계속적인 뒤르켕적 체제의 목적과, 점점 더 많은 사람들이 탈-뒤르켕적 이해를 수용하는 사실을 통해 정의된다.

물론 이러한 운동은 정통적 신앙의 권위 내에 남기를 희망하지만, 머지 않아 그 강조점이 점점 더 그들의 대상의 본질보다는 감정의 힘과 진실성으로 옮겨가게 될 것이다. 금세기 후반쯤이면 『에밀』의 독자들은 무엇보다도 성격에서 깊은 진정한 감정을 동경하게 될 것이다.

여기에는 어떤 논리가 존재한다. 이전에 열정적 신앙이 있었던 곳에서 지극히 중요한 문제들은 교리적 문제들이었다. 그런데 이제는 순전한 지적인 정통 신앙의 냉정한 거리 두는 태도에는 종교의 핵심이 상실된다는 느낌이 널리 퍼지게 되었다. 인간은 정열을 통해서만 신과 연관을 맺을 수 있다. 이러한 것을 느끼는 사람들에게서 정열의 강도는, 신학적 정식화에서 정확성을 다소 결여되는 것을 감내할 가치가 있을 정도로 주요한 덕목이 되었다. 타인과의 연관에서 이탈한 이성에 의해 지배되는 시대에는 이러한 덕목은 더욱더 중요한 것으로 여겨지게 될 것이다.

낭만주의 시대까지는 이와 동일한 문제가 다소 입장이 바뀐 채 있었다. 오늘날에는 [차갑게 고립된] 이성은 어느 형태의 궁극적 진리에도 도달할 수 없는 것처럼 많은 사람들에게 보인다. 요구되는 것은 좀더 상위의 것 또는 신성한 것을 나타낼 수 있는 미묘한 언어다. 그런데 이러한 언어가 힘을 얻기 위해서는 그것이 작가와 독자 사이의 공명이 필요하다. 어떤 외적인 정식화가 동의를 얻는다는 것이 주요 문제가 아니라, 더 높은 실재에 대한 감동적 통찰력을 산출해낼 수 있는가가 중요한 것이다. 깊이 느껴진 개인적 통찰이 이제는 우리의 가장 소중한 종교적 자원이다. 슐라이어마허에게서 중요한 탐구 대상은 더 위대한 것에 대한 강력한 의존감이다. 이러한 것이 사람들 속에서 지배하게 되고 또 말로 표현하게 하는 것이 올바른 공식을 획득하는 것보다 더 결정적이다.

현재의 표현주의의 형태는 어떤 일반적 형태로 우리 문화 속으로 깊이 침투한 그와 같은 전환에서 발생한다고 나는 생각한다. 슐라이어마허의 표현으로 "유식한 종교 경멸자"가 지배하는 시대에서 진정으로 가치가 있는 것은 영적 통찰 / 감정이다. 이러한 통찰 / 감정은 불가피하게 그것을 소유한 사람들에게서 잘 공명되는 언어에 의존하게 된다. 따라서 모든 사람으로 하여금 자기 자신의 영적 영감의 길을 따르도록 하라는 명령이 주어진다. 당신의 주장이 정통적 교리에 맞지 않는다고 하는 주장 때문에 당신의 영감을 저버리지 않도록 하라.

원래의 원-뒤르켕적 체제 속에서 사람들은 정통 신앙과 다른, 자기 자신의 종교적 본능이 이단적이거나 또는 적어도 열등하다는 이유에서 그것을 버리라는 명령에 복종해야 했다. 신-뒤르켕적 세계에 사는 사람들은 그들의 선택이 "교회" 또는 자신이 선호하는 국가의 전반적 틀에 일치해야 한다고 느끼기 때문에 심지어 유일교파[삼위일체설을 부인하고 유일 신격을 인정하여 그리스도의 신성을 부인하는 기독교의 이단적 일파— 역주]나 윤리 단체(ethical societies)들도 일요일마다 예배를 드리고 설교를 듣는 교파의 모습으로 자신을 드러내었다. 탈-뒤르켕적 시대에는 많은 사람들은 일치의 요구를 잘 이해하지 못하게 된다. 신-뒤르켕적 세계에서 자신이 믿지 않는 교회에 참여하는 것이 단지 잘못된 것일 뿐 아니라 어리석고 또 모순된 일이었던 것처럼, 탈-뒤르켕적 시대에는 당신에게 감동과 영감을 주는 입장이 아닌 영성에 집착한다는 생각이 모순적이다. 오늘날 많은 사람들에게는, 어떤 외적 권위에 부합하기 위해 자신의 노선을 버린다는 것은 영적 생활의 한 형태로 이해될 수 없다.[17] 뉴에이지 축제의 한 연사의 말로 나타내자면 그 명령은

---

17) Luc Ferry, *L'Homme-Dieu ou le sens de la vie*, Paris : Grasset 1996, chapter 1. 이 책에서 페리는 이 현상을 "le refus de l'Autorité"라는 제목으로 다루었다. 그가 말한 것에 나는 대체로 동의하지만, 그는 이러한 반응의 표현주의적 근원을 살펴보는 대신에 그것을 바로 데카르트와 연결함으로써 지나치게 주지주의화했

"당신 자신의 내적 자아에 비추어 옳게 들리는 것만을 취하라"는 것이다.[18]

물론 영성의 지위와 본질에 대한 이와 같은 이해는 그 속에 다원주의를 내장하고 있는데, 이 다원주의는 어떤 교리적 틀 안에서만 아니라 무제한적으로 그러한 성격을 갖는다. 다른 말로 하면, 제한을 가한다는 것은 또 다른 질서를 의미하는데, 그것은 어떤 의미로는 정치적인 것이고, 또한 자유와 상호 이익이라는 도덕 질서에서 흘러나온 것이다. 나의 종교적 노선은 다른 사람의 노선을 존중해야 한다. 그것은 해악의 원리를 준수해야만 한다. 이러한 제약과 더불어 한 사람의 노선은 어떤 공동체 또는 심지어 민족 공동체나 자칭의 국가 교회들조차 수용하도록 요구되는 제약들을 넘나들며 만들어질 수 있는데, 그뿐 아니라 가장 느슨한 사교 그룹들이나 자문이나 문헌을 제공하는 단순한 어떤 봉사 단체라도 따라야 하는 제약들도 넘어서 만들어질 수 있다.

원-뒤르켕적 입장이나 신-뒤르켕적 입장에서 종교적 탐색에 대한 타당한 대답이 되기 위해서 반드시 충족시켜야 하는 선험적 원리들은 새로운 체제에서는 방기된다. 종교적인 것 그 자체는 이제 더 이상 본질적으로 사회와 연관되지 않는다.

완화된 정체성에 대한 표현주의적 응답의 논리도 같은 것이 적용

다고 생각한다.

18) Paul Heelas, *The New Age Movement*, Oxford : Blackwell's 1996, p. 21에 인용된 정신과 육체, 영혼에 대한 Sir George Trevelyan의 축제 강연에서. 이 명령은 뉴에이지 입장만을 대표한다고 말할 수도 있다. 그러나 이런 점에서 다양한 뉴에이지 운동은 더욱 광범위하게 주장된 태도를 가속화한다고 할 수 있다. 이 점은 Heelas가 Chapter 6에서 주장한 것이다. 예컨대 1978년에 한 갤럽 조사에서 미국인들의 80퍼센트가 "개인은 교회나 회당에서 독립하여 자기 자신만의 종교적 신념에 도달해야 한다"는 점에 동의를 했다고 한다. Heelas, p. 164. 이는 Robert Bellah et al, *Habits of the Heart*, Berkeley : Univ of California Press 1985, p.228에도 인용됨.

된다. 그러나 물론 이러한 것이 지금까지 해왔던 것처럼 애써서 성취해야 할 필요는 없다. 적어도 어떤 사회에서 최근 수십 년간 그렇게 된 주요 촉매는 전후의 풍요에 의해 형성된 새로운 개인주의적 소비자 문화였던 것 같다. 불변적 필수 요건으로 보였던 것에 사로잡힌 마음에서 바라본 시대, 즉 가장 낙관적인 전망이란 적절히 충분한 만큼 가지고 재난을 피하는 정도를 유지하는 것으로 생각했던 시대에 살아온 사람들에게 이러한 것은 엄청난 호소력을 가졌던 것 같다. 이브 랑베르(Yves Lambert)는 이러한 새로운 문화가 어떻게 [프랑스의] 브르타뉴 교구의 밀접한 공동체적 삶을 즉시 이완시켜서 사람들로 하여금 그들의 집중된 공동체 집단적 생활에서 개인의 번영을 활발히 추구하는 삶으로 바꾸어놓았는지를 보여주었다. 그의 정보 제공자가 말한 것처럼, "더 이상 종교를 걱정할 시대가 아니다. 많은 일들이 있다. 돈이 필요하고 안락함도 필요하고, 그 모든 것이 필요한 것이다. 모든 사람들은 바로 그 속에 던져져 있고 거기에 머물러 있는 것이다!"[19]

이러한 것은 서로 연관된 움직임들이다. 새로운 풍요는 더 나은 소통과 더불어 등장하는데, 이것이 지평을 열어주었다. 그러나 그 때문에 새로운 행복의 추구에 사람들이 너무나 강력하게 이끌려, 그들은 물질적 종교적 세계를 지나오면서 살아남았던 공동체와 그의 공동의 노력 주변으로 형성되었던 오래된 의식(儀式)적 삶을 버리기 시작했다. 이러한 의식적 삶은 이제 그 자체가 축소되기 시작했고 일부는 사라지기 시작했다. 그리고 그 안에 남아 있기를 바라는 사람들을 잡아놓을 수 있는 것도 점차 줄어들었다.[20]

---

19) Yves Lambert, *Dieu Change en Bretagne*, Paris : Cerf 1985, p.373.
20) 종교사회학자들은 이미 프랑스의 어떤 지역에서는 고도의 종교 행위가 교구 내에서의 생활과 결부되었다는 것을 인지하였다. 도시로의 이주는 일반적으로 엄청난 파괴적 효과를 가졌다. 가브리엘 르 브라(Gabriel Le Bras)가 말했던 것처럼, "Je suis convaincu que sur cent ruraux qui s'établissent à Paris, il y en

이것은 마치 더 강력한 마법에 대해 호응하여 "개종"하는 것과 마찬가지다. 과거의 개종은 그러했었다. 이는 리머첼 마을 사람들이 종교를 통해 경제적 생존과 재난 구호에만 관심을 가졌기 때문이 아니라, 그들의 신앙은 구원에 대한 관심과 복지에 대한 관심에 너무나 밀접하게 결부되어, 번영으로 향한 새로운 개인적 노선의 입증된 인상적 전망이 그들의 과거의 모습 전체를 뒤바꾸어놓았기 때문이다. 또 다른 정보 제공자가 말하기를, "이웃은 나만큼 잘 살거나 또는 나보다 더 잘 살아서 나에게로 오지도 않는데, 내가 왜 사람들과 함께 이야기를 주고받아야 하는 미사에 나가겠는가. 다시 말해 내 가까이에 있는 이웃에게로 왜 가겠는가."[21]

다른 말로 하면 과거의 시각은 현세와 내세에 대한 관심과 복합적으로 얽혀 있는데, 그것이 이제는 아주 결정적으로 분리되었다. 이것은 다시 재결합할 수 없으며, 랑베르가 말한 것처럼 신앙은 오직 진화를 통해 그것을 신봉하는 사람들 사이에서만 살아남게 될 것이다.[22] 이와 유사한 일이 비록 훨씬 더욱 도시화된 사회이기는 하지만 1960년대의 퀘벡에서 일어났다. 거기서 그 효과는 민족적 정체성과 가톨릭 주의가 신뒤르켕적 결합을 하여 지체되었지만, 그러나 이러한 연결이 풀어졌을 때 그 붕괴는 당황스러울 정도의 속도로 일어났었다. 이러한 경과는 아마도 현재 에이레에서 일어나고 있는 일과 폴란드에서 나타나기 시작한 일과 유사성이 있는 것 같다.

다른 개신교 사회들, 특히 영어권의 사회에서 일어나는 이에 상응한 몰락은 더욱 점진적이며 덜 극적인데, 이는 아마도 새로운 소비자 문화가 더욱 긴 시간에 걸쳐 더욱 천천히 성장했기 때문이라고

---

a à peu près 90 qui, au sortir de la gare Montparnasse, cessent d'être des pratiquants." Quoted in Danièle Hervieu-Léger, *Vers un nouveau Christianisme?*, Paris : Seuil 1986, p.37.
21) loc. cit.
22) op. cit, pp. 385ff.

하겠다. 그런데 영국과 미국 모두에서 1960년대의 표현주의적 혁명은 사태를 가속화했던 것으로 보인다.

공적 영역에 있는 종교의 지위에서의 이러한 전체적 전환의 충격을 어떻게 이해할 것인가? 다음과 같은 방식으로 이해해보자. 18세기의 배타적 휴머니즘의 창안은 새로운 다원주의적 상황을 만들었는데, 이 문화는 종교와 비종교를 분리시켰다(1단계). 이러한 휴머니즘에 대한 반응뿐만 아니라 거기서 발생한 관계망(완화된 정체성, 도덕 질서)에 대한 반응도 모든 방향으로 선택의 폭을 증폭시켰다(2단계). 그러나 이러한 다원주의는 오랫동안 대체로 특정한 엘리트 그룹, 지식인, 예술가들 사이에서 작용하였고 또 그의 선택 사양을 만들어내었다.

일찍부터 특히 가톨릭 국가들에서는 불신앙을 대중들에게 전달하려는 전투적 휴머니즘에 바탕을 둔 정치 운동이 일어났는데, 다소 미약한 성공만을 거두었을 뿐이다. 그리고 종교적 소외도 일정 계층의 일반인들을 별 대안을 제시하지 않고서 교회로부터 분리하였다. 다른 한편으로 많은 사람들은 이러한 다원적이고 파편화된 문화 바깥에서 보류 상태로 있었다. 또는 그 문화의 언저리에서 다른 뒤르켕적 체제를 통해 신앙적인 선택의 길에 확고히 머물러 있다 해도, 거기서 주어진 종교적 선택이란 자신의 사회에 대한 유착과 밀접하게 결부되어 있다. 이러한 것은 원형의 것이라 할 수 있는데, 이러한 것은 비록 전체 사회적 차원에서는 급속히 약화되기 시작한다 해도 랑베르가 본 리머첼 마을과 같은 지방 공동체의 수준의 지역에서는 잘 작용할 수 있다. 혹은 그것은 민족적 섭리라는 개선가적 의미에서처럼, (최근의 폴란드의 경우처럼 무신론을 포함한) 다른 종교적 특성을 가진 권력에 대항하여 위험에 처해 있는 정체성을 옹호하는 억압된 집단 사이에서처럼 또는 이민자 집단에서처럼 새로운(新) 유형으로 볼 수도 있다.

나의 가설은 전후에 탈-뒤르켕적 시대로 우리의 사회적 상상력이 점점 더 쏠려가는 것은 다양한 뒤르켕적 체제를 불안정하게 만들고 기초를 약화시킨다는 점이다. 이것은 사람들을 점차로 이완시켜 파편화된 문화로 몰아가거나, 또는 새로운 소비자 문화가 과거의 시각을 상당히 움직여 사람들로 하여금 이러한 파편화된 세계 속으로 폭발적으로 몰아내버리게 된다는 것이다.

측정 가능한 외적 결과로 우리는 다름과 같이 예측할 수 있겠다. 첫째, 자신을 무신론자, 불가지론자 또는 종교를 갖지 않는 자라고 주장하는 수많은 사람들이 영국과 프랑스, 미국, 호주 등과 같은 많은 나라들에서 나올 것이다.23) 그러나 이를 넘어서, 전 영역에서 중간적 입장이 아주 확장될 것이다. 수많은 사람들은 자신이 어떤 신앙 고백 공동체에 속하고 신을 믿는다고 선언하기는 하지만 활동적 참여를 하지 않을 것이다. 또 다른 차원에서 보면, 초월적인 것에 대한 신앙의 범위가 확대될 것이며, 인격적 신에 대한 신앙에 대한 선언은 줄어드는 반면, 비인격적 힘과 같은 것에 더 많은 사람들이 집착하게 될 것이다.24) 다른 말로 하면, 많은 영역의 사람들이 정통 기독교 바깥에서 움직이는 종교적 신앙을 표현하게 된다. 특히 동양에 근원을 둔 비기독교적 종교들의 성장과 뉴에이지적인 형태의 실천, 인본주의 / 영적 영역을 잇는 견해들, 영성과 치료를 결합하는 의식 등의 확산은 바로 이러한 방향으로 따르는 것이다. 게다가 더욱더 많은 사람들은 이전에는 받아들일 수 없다고 보았던 입장들,

---

23) See Steve Bruce, *Religion in the Modern World*, Oxford University Press 1996, p.33, 137ff ; Sylvie Denèfle, *Sociologie de la Sécularisation*, Paris : L'Harmatan 1997.
24) 예컨대 *Gallup Political & Economic Index* (394, June 1993)에 따르면 영국인들의 40퍼센트가 "어떤 종류의 영 또는 생명의 힘(lifeforce)"을 믿고 있는 반면 "인격적 신"을 믿는 사람은 30퍼센트라고 한다. Paul Heelas, op. cit., p.166에서 인용.

예컨대 많은 사람들이 핵심적 교리를 받아들이지 않고서도 자신을 가톨릭 교도라고 한다든지 기독교를 불교와 결합한다든지 또는 사람들이 자기가 확실하게 믿지 않는 존재를 향해 기도를 올리는 등과 같은 일들을 하고 있다. 이러한 것이, 사람들이 과거에는 이와 같은 입장을 갖고 있지 않았다는 것을 말하는 것은 아니다. 단지 이제는 그와 같은 것을 마주치기가 더욱 쉬워졌다는 것을 말하려는 것이다. 이러한 모든 것에 대응하여 기독교 신앙은 다양한 방식을 재정의하고 재구성하는 과정 가운데 있는데, 이는 바티칸 II의 형태에서 은사주의적(카리스마적) 운동으로 나아간다. 이러한 모든 것은 표현주의 문화가 우리 시대에 준 충격의 결과를 대표한다. 이것은 아주 새로운 문제를 만든다.25)

이러한 상황과 경향의 배후에는 무엇이 놓여 있는가? 우리가 현재의 상황을 하나의 이성적 유형으로 이해할 수는 없지만, 만일 우리 자신이 신-뒤르켕주의적 시대에서 진정성(authenticity)의 시대로 더욱더 움직여간다는 것을 이해한다면, 우리는 이 전체를 어떤 의미에서는 기독교 문명의 퇴보라고 이해할 수 있을 것이다. 기독교 문명이란, 사회와 문화가 기독교 신앙에 깊이 입각한 문명으로 이해할 수 있다.

이제 서구에 있는 우리 사회는 역사적으로 영원히 기독교에 입각

---

25) 내가 "탈-뒤르켕적" 체제라고 부른 것으로 수많은 서구 사회들이 움직이는 것은 분명 "다문화주의"로의 변화를 용이하게 했다. 동시에 인구의 점점 더 다양해짐에 따라 이는 더욱 긴급한 문제가 되었다. 그런데 다문화주의도 또한 긴장 상태를 산출했는데, 이러한 긴장 상태는 이러 저러한 "뒤르켕적" 이해를 구별된 사회 구성원들이 갖게 됨으로써 종종 악화되게 된다. 미국에서는 보수적 기독교인들이 만연된 표현주의 때문에 초조한 상태에 있다. 그리고 많은 프랑스인들은 자신의 국가가 이슬람적 요소를 갖게 되는 것을 참기 어려워한다. 왜냐 하면 아주 오랫동안 그들은 자신의 국가가 본질적으로 가톨릭 국가라고 여겨왔거나 또는 가톨릭주의와 "비종교성(laîcité)" 간의 갈등으로 구성된 것으로 생각해왔다.

한 채 남아 있게 될 것이다. 나는 이러한 것의 중요성 몇 가지를 나중에 다시 다룰 것이다. 그런데 내가 기독교 문명의 퇴보라고 한 뜻은, 어떤 강한 정치적 또는 집단적 정체성에 의해 혹은 그들이 사회적으로 본질적인 하나의 윤리를 유지한다는 의미에서 같은 신앙 안으로 사람들이 이끌리거나 그 신앙을 유지하기가 점차로 일반적이 되지 않는다는 것이다. 물론 이 두 가지 모두를 유지하는 곳도 여전히 있다. 적어도 집단 정체성은 이민자들, 특히 최근의 이민자들 — 그리고 비기독교권, 즉 기존의 다수자의 종교와 차이를 느끼는 무슬림이나 힌두교들은 더욱더 — 에게는 중요한 것이다. 그리고 분명히 여러 나라에는 크든 작든 (미국에는 크게, 스웨덴에는 작게) 교회에는 핵심적인 교인들과 정기적인 예배 참석자들이 남아 있게 될 것이다.

신-뒤르켕적 정체성의 지속적 중요성을 확신하는 다른 이유도 있다. 어떤 사회에서는 탈-뒤르켕적 분위기에 대해 분투적 관계와 같은 것을 맺는 경우도 있다. 예컨대 미국의 경우나 기독교 권리 운동의 요구, 예컨대 학교에서의 공중 기도와 같은 것을 생각해보라. 그런데 이러한 정체성은 억압받고 위협받는 집단들 속에 훨씬 더 명백히 존재하며, 특정한 인종적 역사적 정체성을 가진 민족은 집회를 가질 때 종종 어떤 종교적 기념물을 추구하기도 한다. 그 예로 폴란드인들과 에이레인들을 언급했었다. 이들은 근대적 정치 형식으로 던져졌던 민족들인데, 왜냐 하면 이들은 외부에 의해 통치되고 때때로는 아주 심각하게 억압을 받았던 맥락에서 자신의 통합을 이룩하거나 독립을 획득하려고 동원되었기 때문이다. 따라서 그들은 정치체에 대한 근대적 언어와 근대적 개념들을 갖게 되었다. 그들은 근대적 의미에서의 민족이다. 그리고 역사에서의 행위자가 되는 집단으로서의 근대적 민족은 자신이 관여하는 일, 즉 내가 정치적 정체성이라고 부른 것에 대한 어떤 이해를 필요로 한다. 앞서 언급한 두 경우에서 가톨릭이 된다는 것은 그러한 정체성의 중요한 부분이었다.

이러한 현상은 현대 세계에서 중요하게 남아 있다. 비록 신앙의 관점에서 보면 사람들은 그것에 대해 양극단으로 나뉘겠지만 말이다. 깊이 인식된 종교적 충성심에서부터, 종교적 기념물이 사람들을 동원하기 위해 냉소적으로 조작되는 상황에까지 이르는 전 영역에 해당하는 예가 존재한다. 밀로셰비치나 BJP[인도의 힌두교 민족주의 정당 — 역주]에 대해 생각해보라. 그러나 자신의 윤리적 판단이 무엇이든간에 이러한 것은 오늘의 세계에서 강력한 현실이며 사라질 것 같지 않은 현실이다.

그런데 우리는 일반적으로, 윤리적-신앙적 차이들에 의해 분리되지 않은 근대 사회에서는 (북에이레에 대하여 말하는 것이 아니다) 신-뒤르켕적 시대에 들어 최근에 지배적으로 된 형식들이 그들의 구성원들을 지배하지 않게 될 것이다.

종교에 대한 인간의 열망이 저하될 것이라는 견해를 우리나 내가 받아들이지 않는다 해도, 종교에 대한 더 깊은 침잠과 종교적 실천에 대한 접근은 어디에 놓여 있다고 보아야 하는가? 그 대답은 각자가 자기 자신의 종교적 생활에서 이끌리는 영적 실천의 여러 형태다. 이러한 것들이 명상이나 어떤 자선 행위, 공부 그룹, 성지 순례, 어떤 특별한 형태의 기도 또는 이러한 일들이 함께 하는 것 등을 포함할 수 있다.

이러한 형식의 영역은, 일상적인 교회 행위에 이미 그리고 주로 몰두하는 사람들에게는 소위 다른 선택 대상으로서 항상 존재해왔던 것이다. 그런데 이제는 종종 그 반대의 일이 일어난다. 먼저 사람들은 성지 순례나 세계 청년의 날 행사, 명상 그룹 또는 기도 모임으로 이끌린다. 그러고나서 만일 사람들이 적절한 방향으로 움직인다면 그들은 자신이 일상적 [종교적] 실천 속에 휩싸여 있음을 알게 될 것이다.

그리고 그러한 형태의 [종교적] 실천 사이에 또 신앙 집단들 사이에 많은 운동이 있게 될 것이다.

이러한 것은 탈-뒤르켕적 체제를, 평범하게 되고 또 전적으로 사적으로 되어 버린 영성과 혼돈하여 생겨난 오류를 보여준다. 물론 양자가 함께 있는 많은 경우도 있을 것이다. 우리의 현재의 난점에 따라 붙은 위험들도 있다. 탈-뒤르켕적 세계란 앞서 말한 것처럼, 종교적인 것에 대한 우리의 관계가 우리의 정치 사회에 대한 우리의 관계에서 점점 더 벗어나게 되어진다는 것을 의미한다. 그런데 그러한 것은 그 자체로는 종교적인 것에 대한 우리의 관계가 집단적 연결(collective connections)에 의해 과연 매개되는지 또는 어떻게 매개되는지에 대하여 아무것도 말해주지 않는다. 전적으로 탈-뒤르켕적 사회에서는 우리의 종교적 귀속이 우리의 민족적 정체성과 연관되지 않게 되는 사회일 것이다. 그러한 사회는 그러한 종교적 충성의 영역이 폭넓고 다양하게 되는 사회임이 거의 확실하다. 이는 윌리엄 제임스가 만들어 유명하게 된 의미에서, 개인적 경험을 중심으로 한 종교적 생활을 따르는 수많은 사람들을 가지게 되리라는 것은 거의 확실하다.26) 그런데 여기서 모든 사람들이 또는 그의 대부분의 사람들이 이러한 것을 할 것이라는 것이 도출되는 것은 아니다. 많은 사람들은 그들의 영적 고향, 예를 들어 가톨릭 교회를 포함하는 교회에서 찾게 될 것이다. 탈-뒤르켕적 세계에서는 이러한 충성이 이전의 단계에서 해방되어 신성화된 사회(原-형태)로 혹은 어떤 민족적 정체성(新-형태)에 대한 충성에서 분리될 것이다. 그리고 만일 앞서 말한 것이 옳다면 그에 대한 접근의 양식은 달라질 것이다. 그리고 그것은 여전히 집단적 연결이 될 것이다.

---

26) William James, *The Varities of Religious Experience,* New York : Modern Library, 1929.

이러한 연결은 성례전적인 것이든 또는 일반적 예식을 통해서든, 근대적 세계에서도 분명 여전히 강력하다. 우리는 여기서 쉽게 빠지기 쉬운 오류, 즉 우리의 개인적 삶과 사회적 삶에서 종교의 새로운 지위, 다시 말해 우리가 영적 의미를 따라가야 한다는 이해의 틀과 우리가 어떤 길을 따를 것인가의 문제를 혼돈 하는 오류를 피해야 한다. 새로운 틀은 강력한 개인주의적 요소를 가지고 있지만 그렇다고 해서 그 내용도 개인주의화한다는 것을 반드시 의미하는 것은 아니다. 많은 사람들은 극단적으로 강력한 종교적 공동체에 참여하는 자신을 발견하게 될 것이다. 이는 그곳이 바로 많은 사람들의 영적인 감각에 의해 그들이 이끌리는 곳이기 때문이다.

물론 그들의 조상이 그러했던 것처럼 그들이 이러한 공동체에 반드시 쉽사리 가서 앉아 있게 될 것은 아니다. 그리고 특히 탈-뒤르켕적 시대란 종교적 충성에 있어 훨씬 더 적은 정도의 세대간의 연속성을 의미한다. 그리고 강력한 집단적 성격을 가진 선택도 추종자를 잃어버리지 않게 될 것이다. 아마 그 반대의 조류가 명백해질 것이다.

내용과 틀을 혼돈하게 될 때 과소평가하기 쉬운 또 다른 일은, 우리의 원래의 종교적 직관에 대한 우리의 반응이 형식적 종교적 예식으로 이어지게 되는 방식이다. 우리의 노선이 순간적인 영감, 즉 강한 영적 호감이나 맹목적 통찰의 순간에서 시작할 수도 있다. 그러나 그것은 다시 어떤 아마도 상당히 큰 요구를 하는 영적 훈련을 통해 지속될 수도 있을 것이다. 그것이 명상에서 일수도 있고 기도일 수도 있다. 사람은 종교적 삶을 발전시킨다. 거의 틀림없이 이러한 종류의 길은 우리의 (폭넓게 말해) 탈-뒤르켕적 시대에는 훨씬 더 현저하고 만연하게 될 것이다. 수많은 사람들은 순간적인 경탄의 감정에 만족하지 않게 될 것이다. 그들은 그것을 더 이상 심각하게 간주하지 않을 것이며, 그런 것이 가능하게 되는 방법을 찾을 것이다.27) 이것이 바로 그들로 하여금 전통적 형식의 신앙으로 나아가는 연결 통로인 종교적 예식으로 나가게 되는 이유다.

그렇다고 해서 탈-뒤르켕주의적 체제와, 종종 좋은 감정과 피상적인 것으로 빠져버리는 개인화된 영적 경험에 대한 경향 사이에는 아무런 연관이 없다고 말하려는 것은 아니다. 왜냐 하면 명백히 이런 종류의 노력을 요구하지 않는 영성은 수많은 사람들이 제 나름의 방식을 따라갈 때 이해하게 되는 것이기 때문이다. 만일 사람들이 과거로 되돌아갈 수 있다면 자기에게 몰입하는 추구자의 숫자는 급격히 줄어들 것이다. 그런데 이 모든 것은 자신의 잘못을 반복하는 데 대한, 그리고 자신만의 영적 노선을 따르라는 명령과 더욱더 약화되고 피상적인 선택들을 동일시하는 것에 대한 변명이 될 수는 없다.

일부 보수적인 사람들은 이 시대가 수많은 사람을 자유롭게 방랑하면서도 별로 절실하지 않는 영성으로 인도했다는 것을 지적하면서 이 세대를 저주하는 것으로 충분하다고 생각한다. 그런데 그들은 자신들에게 다름과 같은 두 가지 질문을 제기해야 한다. 첫째, 우리가 원-뒤르켕적인 체제로 또는 심지어 신-뒤르켕적 체제로 돌아간다는 것이 생각 가능한가? 그런데 더욱 심각한 것은 둘째 문제로, 모든 체제가 그 자체로 흥미로운 일탈의 형식을 가지고 있지 않은가? 만일 우리의 체제가 다소 천박하고 절실하지 않는 영적 선택을 양산하려는 경향이 있다고 해도, 우리는 여러 종류의 강요된 일치에 대한 영적 대가를 잊어서는 안 된다. 위선, 무능력, 복음에 대한 내적 반감, 신앙과 권력의 혼돈 그리고 더욱 심각한 일들 말이다. 비록 선택권이 내게 있다고 해도, 우리가 현재의 체제에 머무르려고 할 만큼 더 지혜로운지 나는 확신할 수 없다.

---

27) See the very interesting discussion in Robert Wuthnow, *After Heaven*, chapter 7 "The Practice of Spirituality."

[Lecture 4]

Religion today

Charles Taylor

We hear it said repeatedly today in the West that we are living in a secular age. What exactly do we mean by this? There are a number of ways of describing it : separation of religion from public life, decline of religious belief and practice. Both these are true. But I want to take this development up from another angle. What has come about, particularly in recent decades is a profound alteration in the situation of religion in social life ; what seems to be the encroaching end of Christendom.

The end of Christendom doesn't mean the end of Christianity. It might even mean a new beginning. After all the Christian faith was around for three centuries before the reign of Constantine. Christendom is a condition where the whole society or culture is impregnated with Christian belief and practice ; where the society and culture is united around some form of Christian belief. Belonging to society connected with belonging to Church. This is norm for religions in history. Even those who start outside of this relation – Christianity, Buddhism – ended up getting integrated into some version of it.

We're not totally out of it either. The development I am tracing is not equally strong everywhere in the West. And also there is hold of the past on our identity. But we can perhaps begin to discern a move beyond the condition which in one way or another has been ours since the later Roman Empire.

One way of describing the new condition is that it is one in which there is less and less connection between spiritual belonging and political belonging. Another way of putting it would be to say that we are living in a world in which more and more people are forced out of comfortable niches in which they can be believers or unbelievers with minimal challenge from their surroundings ; and hence that more and more people are pushed back on to personal decisions about the shape of their spiritual lives. This world will have two features : i) that it will be more secular and neutral in its public life, that is, that it will be less and less possible to allow the social cadre in which these personal decisions take place to reflect one or other position ; and (ii) that the spiritual landscape created by all these individual decisions will be less and less connected to other forms of collective identity, be they political, social, historical, tribal.

i) Secularization of the public sphere. We used to live in societies in which the presence of God was unavoidable ; authority itself was bound up with the divine, and various invocations of

God were inseparable from public life. But there was more than one form of this in our past. Between the 16th and the 19th Centuries, we moved from an original model, which was alive in the Middle Ages, and in a number of non-Western cultures, to another very different one.

The earlier one was connected to what one might call an "enchanted world". This is obviously borrowing from Max Weber, and introducing the antonym to his term "disenchanted". In an enchanted world there is a strong contrast between sacred and profane. By the sacred, I mean certain places : like churches, certain times : high feasts, certain actions : saying the Mass, in which the divine or the holy is present. As against these, other places, times, actions count as profane.

In an enchanted world, there is an obvious way in which God can be present in society ; in the loci of the sacred. And the political society can be closely connected to these, and can itself be thought to exist on a higher plane. Ernst Kantorowicz tells us that one of the first uses of the term 'mystical body' in European history referred to the French kingdom.[1] The king himself could be one of the links between the planes, represented respectively by the king's mortal and undying bodies.

Or to talk a slightly different language, in these earlier societies, the kingdom existed not only in ordinary, secular time, in which a strong transitivity rule held, but also existed in higher times. There are, of course, different kinds of higher times – Platonist

---

1) Ernst Kantorowicz, The King's Two Bodies, Princeton University Press, 1997.

eternity, where there is a level in which we are beyond the flux altogether ; God's eternity as understood in the Christian tradition, a kind of gathering of time together ; and various times of origins, in Mircea Eliade's sense.

Now with advancing disenchantment, especially in Protestant societies, another model took shape, with relation both to the cosmos and the polity. In this the notion of Design was crucial. To take the cosmos, there was a shift from the enchanted world to a cosmos conceived in conformity with post-Newtonian science, in which there is absolutely no question of higher meanings being **expressed** in the universe around us. But there is still, with someone like Newton himself, for instance, a strong sense that the universe declares the glory of God. This is evident in its Design, its beauty, its regularity, but also in its having evidently been shaped to conduce to the welfare of His creatures, particularly of ourselves, the superior creatures who cap it all off. Now the presence of God no longer lies in the sacred, because this category fades in a disenchanted world. But He can be thought to be no less powerfully present through His Design.

This presence of God in the cosmos is matched by another idea : His presence in the polity. Here an analogous change takes place. The divine isn't there in a King who straddles the planes. But it can be present to the extent that we build a society which plainly follows God's design. This can be filled in with an idea of moral order which is seen as established by God, in the way invoked, for instance, in the American Declaration of Independence : Men have been created equal, and have been endowed by their creator with certain inalienable rights.

The idea of moral order which is expressed in this Declaration, and which has since become dominant in our world is quite different from the orders which preceded it, because it starts from individuals, and doesn't see these as set a priori within a hierarchical order, outside of which they wouldn't be fully human agents. Its members are not agents who are essentially embedded in a society which in turn reflects and connects with the cosmos, but rather disembedded individuals who come to associate together. The design underlying the association is that each, in pursuing his or her own purposes in life, act to benefit others mutually. It calls for a society structured for mutual benefit, in which each respects the rights of others, and offers them mutual help of certain kinds. The most influential early articulator of this formula is John Locke, but the basic conception of such an order of mutual service has come down to us through a series of variants, including more radical ones, such as those presented by Rousseau and Marx.

But in the earlier days, when the plan was understood as Providential, and the order seen as Natural Law, which is the same as the law of God, building a society which fulfills these requirements was seen as fulfilling the design of God. To live in such a society was to live in one where God was present, not at all in the way that belonged to the enchanted world, through the sacred, but because we were following His design. God is present as the designer of the way we live. We see ourselves, to quote a famous phrase, as "one people under God".

In thus talking the United States as a paradigm case of this new idea of order, I am following Robert Bellah's tremendously fertile idea of an American "civil religion". Of course, the concept is understandably and rightly contested today, because some of the conditions of this religion are now being challenged, but there is no doubt that Bellah has captured something essential about American society, both at its inception, and for about two centuries thereafter.

The fundamental idea, that America had a vocation to carry our God's purposes, which alone makes sense of the passages Bellah quotes, for instance, from Kennedy's Inaugural address, and even more from Lincoln's second Inaugural, and which can seem strange and threatening to many unbelievers in America today, has to be understood in relation to this conception of order of free, rights-bearing individuals. This was what was invoked in the Declaration of Independence, which appealed to "the Laws of Nature and of Nature's God". The rightness of these laws, for both Deists and Theists, was grounded in their being part of the Providential Design. What the activism of the American Revolutionaries added to this was a view of history as the theatre in which this Design was to be progressively realized, and of their own society as the place where this realization was to be consummated what Lincoln will later refer to as "the last best hope on earth". It was this notion of themselves as fulfilling Divine purposes which, along with the Biblical culture of Protestant America, facilitated the analogy with ancient Israel that often recurs in American official rhetoric of the early days.[2]

The confusion today arises from the fact that there is both continuity and discontinuity. What continues is the importance of some form of the modern idea of moral order. It is this which gives the sense that Americans are still operating on the same principles as the Founders. The rift comes from the fact that what makes this order the right one is, for many though not by any means for all, no longer God's Providence ; the order is grounded in nature alone, or in some concept of civilization, or even in supposedly unchallengeable a priori principles, often inspired by Kant. So that some Americans want to rescue the Constitution from God, whereas others, with deeper historical roots, see this as doing violence to it. Hence the contemporary American Kulturkampf.

But the United States path to modernity, although considered paradigmatic by many Americans, is in fact rather exceptional. A secularization of the public sphere has come about in rather different ways elsewhere.

Thus in Catholic societies, the old model of presence lasted much longer. True, it was affected by disenchantment, and became more and more a compromise, in which the hierarchical order was in some sense treated as untouchable and the King as sacred, but in which also elements of functional justification began to creep in, where monarchical rule was argued to be

---

2) See Robert Bellah "Civil Religion in America", in <u>Beyond Belief : Essays on Religion in a Post-Traditional World</u>, New York : Harper & Row, 1970, chapter 9.

indispensable for order, for example. We can think of this as the "baroque" compromise.

The path to what we are now living today passes out of both of these forms of divine presence in society into something different, which I want to define below. The path out of the Catholic "baroque" went through a catastrophic revolutionary overturn. But the "Protestant" one was smoother, and therefore harder in some ways to trace.

David Martin, in a number of insightful works,[3] has developed an interesting account of the "Protestant", more particularly "Anglophone" path. This comes about in societies in which the reigning forms of social imaginary centre more and more on the order of mutual benefit, and the "baroque" order is seen as distant and somewhat abhorrent, in short "Papist".

In keeping with this outlook, it seems more and more evident in these cultures that valid religious adherence can only be voluntary. Forcing it has less and less legitimacy. And so popular alienation from élite-dominated religion can take the form of new voluntary associations, rather different from the earlier churches. The prototype of these is the Wesleyan Methodists, but the real explosion in such free churches occurs in the United States at the end of the 18th Century, and this transforms the face of American religion.

With the Methodists, we have something new, neither a church nor a sect, but a proto-form of what we now call a "denomination".

---

3) E.g., <u>Tongues of Fire</u>, Oxford : Blackwell 1990, and <u>A General Theory of Secularization</u>, Oxford : Blackwell 1978.

A "church" in this Troeltschian sense claims to gather within it all members of society ; as with the Catholic church, it sees its vocation as being the church for everyone. Some of the main Reformation churches had the same aspiration, and often managed to take with them into dissidence whole societies, for instance, in Germany, Scandinavia, and initially England as well.

But even what we call "sects" after Troeltsch, which concentrated on the "saved", those who really deserved to be members, were in a sense frustrated churches. That is, either like Presbyterians in England, they aspired to take over the one national church ; or like some Anabaptists, they despaired of the larger society, but just for that reason tried to reduce their contacts with it to a minimum. They still tried to circumscribe a zone in which they defined religious life.

At its beginning, the Methodist movement didn't aspire to churchhood, just to being a current within the national Church of England. They would practise their own kind of spirituality, but within a broader body which included others. Their desired status was analogous in some ways to that of religious orders in the Catholic Church. Something of this sense of legitimate difference carries over when they are forced out, and becomes the standard outlook which distinguishes the denomination, dominant on the US scene.

Denominations are like affinity groups. They don't see their differences from (at least some) others as make-or-break, salvation-or-damnation issues. Their way is better for them, may even be seen as better tout court, but doesn't cut them off from other recognized denominations. They thus exist in a space of other "churches", such that in another, more general sense, the whole group of these make up "the church". The injunction to worship in the church of your choice is an injunction to belong to the "church" in this broader sense, the limits of permitted choice defining its boundaries.

In earlier days on the American scene, Catholics were outside these limits, as they are still for many today. But for others, the limits have widened to include Jews as part of a common adhesion to Judaeo-Christian theism.

So it is a feature of denominationalism that, just because one's own church does not include all the faithful, there is a sense of belonging to a wider, less structured whole which does. And this can find at least partial expression in the state. That is, the members of mutually recognizing denominations can form a people "under God", with the sense of acting according to the demands of God in forming and maintaining their state, as in the case of the American "civil religion" alluded to above. Indeed, insofar as the divine Design includes freedom, this can be interpreted as calling for an openness to a plurality of denominations.

This sense of a providental political mission has been very strong among American Protestants, and remains alive till this day. But something analogous also developed in Britain. Linda Colley has claimed that a kind of British nationalism developed in the 18th Century, part of which formed around the sense of a shared Protestantism, which over-arched differences in actual confession.[4] This built on a previous self-identification of

Englishmen with the Protestant cause, in a world where the major threats to national security came from large "Papist" powers.

So in one way, a denominational identity tends to separate religion from the state. A denomination cannot be a national church, and its members can't accept and join whatever claims to be the national church. Denominationalism implies that churches are all equally options, and thrives best in a régime of separation of church and state, de facto if not je jure. But on another level, the political entity can be identified with the broader, over-arching "church", and this can be a crucial element in its patriotism.

This of course gives us a situation very different from the "Durkheimian" one prevailing in some Catholic countries, where the social sacred is defined and served by the Church. For one thing, in this disenchanted Protestant setting, there is no more sacred in the earlier sense, in which certain places, times, people, acts are distinguished as such from the profane. For another, no one church can uniquely define and celebrate the link of the political society and divine providence.

Of course, I am speaking here of an ideal type; one which in this regard is fully realized in the United States. The British situation is muddied by the continued existence of national churches, which in one case (the Anglican Church) goes on assuming a ceremonial role, which in type and even in many of its ritual details is a legacy of its Catholic, mediaeval past. But mass enjoyment of this ceremonial has long been unhooked from

---

4) Linda Colley, <u>Britons</u>, Yale U.P. 1992.

identification with this Church.

I will call this kind of link between religion and the state "neo-Durkheimian", contrasting on the one hand to the "paleo-Durkheimian" mode of "baroque" Catholic societies, and on the other to more recent forms in which the spiritual dimension of existence is quite unhooked from the political. The "paleo" phase corresponds to a situation in which a sense of the ontic dependence of the state on God and higher times is still alive, even though it may be weakened by disenchantment and an instrumental spirit; whereas in "neo" societies, God is present because it is his Design around which society is organized. It is this which we concur on as the identifying common description of our society, what we could call its "political identity."

Now if we look at this "Anglophone" trajectory, we can see that, unlike the "baroque" one, where the Church almost inevitably generated counter-forces, it can sustain a high level of religious belief and practice. Resentment at the power of élites, and estrangement from their spiritual style, can find expression in another mode of Christian life and worship. Popular groups can find and live by their own spiritual style, as the "enthusiastic" Methodists did in 18th Century England, and the Baptists did in the rural US, and Evangelicals and Pentacostals are doing today in Latin America, Africa and Asia. Alienation from a North-East dominated by genteel Episcopalians and Presbyterians can take the form of passionate born-again Evangelicalism in the South and West.

At the same time, belief is sustained by the "neo-Durkheimian" identification with the state. Over a long period, for many of the English, Christianity of a certain Protestant variety was identified with certain moral standards, often summed in the word "decency",[5] and England was thought to be the pre-eminent carrier of this variety on the world scene. This was what we could call the "established synthesis". English patriotism was built for many around this complex of beliefs and norms. Many Protestant Americans, and latterly some Catholic ones, have thought that the USA has a providential mission to spread liberal democracy among the rest of humankind.

The point here can perhaps be generalized. In the course of modern history, confessional allegiances have come to be woven into the sense of identity of certain ethnic, national, class or regional groups. Britain and the USA are powerful, independent nations. But this kind of identification often happens with marginal or oppressed populations. The Polish and Irish Catholic identities are well-known cases in point. The erstwhile French-Canadian one is another.

The link here between group and confession is not the paleo-Durkheimian one of the "baroque" hierarchy, even though it is the same Catholic Church which is involved. Throne and altar can't be allied, because the throne is alien, not just when it is Lutheran, Anglican or Orthodox, but even where it is Catholic (Vienna). Resentment at élites becomes marginal to the extent

---

5) The connection of Christianity with decency in England has been noted by David Martin, <u>Dilemmas of contemporary Religion</u>, Oxford : Blckwell 1978, p.122.

that these élites lose power and privilege. But the sense of national domination and oppression, the sense of virtue in suffering and struggle is deeply interwoven with the religious belief and allegiance – even to the point of such rhetorical excesses as the depiction of Poland as "Christ crucified among the nations". The result is what I'm calling a "neo-Durkheimian" effect, where the senses of belonging to group and confession are fused, and the moral issues of the group's history tend to be coded in religious categories. (The rival language for oppressed people was always that of the French Revolution. This had its moments in each of the subaltern nations mentioned here : the United Irish, Papineau's rebellion in 1837, Dabrowski's legion ; but in each case, the Catholic coding later took the upper hand.)

Where this effect takes hold, a potential decline in belief and practice is retarded or fails to occur. This easily gives rise to a misunderstanding in the climate of contemporary sociology with its rather "secular" mind-set. One is tempted to say of these situations, as well as the Anglophone nations above, that religion is performing an "integrating function". The slide is easy to the thesis that religious belief is the dependent variable here, its integrative function being the explanatory factor.

But I think it would be less distortive to say that the religious language is the one in which people find it meaningful to code their strong moral and political experience, either of oppression or of successful state building around certain moral principles. The point of citing the different predicaments of Polish or Irish peasants or workers, on one hand, and their Spanish or French counterparts on the other, is that the first offered inducements and little resistance to coding in a Catholic language, whereas life in a "baroque" régime generates experiences which are strong deterrents to doing so.

(ii) The new individualism. There are interesting issues here, but I want to hasten on to our contemporary predicament. Because something has happened in the last half-century, perhaps even less, which has profoundly altered the conditions of belief in our societies. We are now at a rather new phase of religious life, and one which James in a sense prefigured.

I believe, along with many others, that our North Atlantic civilization has been undergoing a cultural revolution in recent decades. The 60s provide perhaps the hinge moment, at least symbolically. It is on one hand an individuating revolution, which may sound strange, because our modern age was already based on a certain individualism. But this has shifted on to a new axis, without deserting the others. As well as moral / spiritual, and instrumental individualisms, we now have a widespread "expressive" individualism. This is, of course, not totally new. Expressivism was the invention of the Romantic period in the late 18th Century. Intellectual and artistic élites have been searching for the authentic way of living or expressing themselves throughout the 19th Century. What is new is that this kind of self-orientation seems to have become a mass phenomenon.

Its most obvious external manifestation has perhaps been the consumer revolution. With post-War affluence, and the diffusion of what many had considered luxuries before, came a new concentration on private space, and the means to fill it, which began distending the relations of previously close-knit working-class[6] or peasant communities,[7] even of extended families. Modes of mutual help dropped off, perhaps partly because of the receding of dire necessity. People concentrated more on their own lives, and that of their nuclear families. They moved to new towns or suburbs, lived more on their own, tried to make a life out of the ever-growing gamut of new goods and services on offer, from washing-machines to packaged holidays, and the freer individual life-styles they facilitated. The "pursuit of happiness" took on new, more immediate meaning, with a growing range of easily available means. And in this newly individuated space, the customer was encouraged more and more to express her taste, furnishing her space according to her own needs and affinities, as only the rich had been able to do in previous eras.

One important facet of this new consumer culture was the creation of a special youth market, with a flood of new goods, from clothes to records, aimed at an age bracket which ranged over adolescents and young adults. The advertising deployed to sell these goods in symbiosis with the youth culture which develops helped create a new kind of consciousness of youth as a stage in life, between childhood and an adulthood tied down by responsibility. This was not, of course, without precedent. Many earlier societies had marked out such a stage in the life

---

6) Cf Richard Hoggart, The Uses of Literacy, London : Chatto & Windus 1957.
7) Cf. Yves Lambert, Dieu Change en Bretagne, Paris : Cerf 1985.

cycle, with its own special groupings and rituals ; and upper class youth had enjoyed their student days and (sometimes) fraternities. Indeed, with the expansion of urban life and the consolidation of national cultures, upper- and middle-class youth began to become conscious of itself as a social reality towards the end of the 19th Century. Youth even becomes a political reference point, or a basis of mobilization, as one sees with the German Jugendbewegung, and later with Fascist invocation of "Giovinezza" in their famous marching song. But this self-demarcation of youth was a break with the working class culture of the 19th and early 20th Century, where the necessities of life seemed to exclude such a time out after childhood and before the serious business of earning began.

The present youth culture is defined, both by the way advertising is pitched at it, and to a great degree autonomously, as expressivist. The styles of dress adopted, the kinds of music listened to, give expression to the personality, to the affinities of the chooser, within a wide space of fashion in which one's choice could align one with thousands, even millions of others.

I want to talk about this space of fashion in a minute, but if we move from these external facts about post-war consumerism to the self-understandings that went along with them, we see a steady spread of what I have called the culture of "authenticity".[8] I mean the understanding of life which emerges with the Romantic expressivism of the late-18th Century, that each one of us has his / her own way of realizing our humanity, and that

---

8) See The Malaise of Modernity, Toronto : Anansi 1991.

it is important to find and live out one's own, as against surrendering to conformity with a model imposed on us from outside, by society, or the previous generation, or religious or political authority.

This had been the standpoint of many intellectuals and artists during the 19th and early 20th Centuries. One can trace the strengthening, even radicalization of this ethos among some cultural élites throughout this period, a growing sense of the right, even duty, to resist "bourgeois" or established codes and standards, to declare openly for the art and the mode of life that they felt inspired to create and live. The defining of its own ethos by the Bloomsbury milieu was an important stage on this road in early 20th Century England, and the sense of the epochal change is reflected in the famous phrase of Virginia Woolf : "On or about December 1910, human nature changed".[9] A somewhat parallel moment comes with André Gide's "coming out" as a homosexual in the 1920s, a move in which desire, morality, and a sense of integrity came together. It is not just that Gide no longer feels the need to maintain a false front ; it is that after a long struggle he sees this front as a wrong that he is inflicting on himself, and on others who labour under similar disguises.[10]

But it is only in the era after the Second World War, that this ethic of authenticity begins to shape the outlook of society in general. Expressions like "do your own thing" become current ; a

---

9) Quoted from Samuel Hynes : The Edwardian Turn of Mind, Princeton University Press 1968, p.325.
10) Michel Winock, Le Siècle des Intellectuels, Paris : Seuil 1997, chap 17.

beer commercial of the early 70s enjoined us to "be yourselves in the world of today". A simplified expressivism infiltrates everywhere. Therapies multiply which promise to help you find yourself, realize yourself, release your true self, and so on.

The new expressivist self-awareness brings to the fore a different kind of social imaginary. I have spoken elsewhere[11] about the typically modern, "horizontal" forms of social imaginary, in which people grasp themselves and great numbers of others as existing and acting simultaneously. The three widely-recognized such forms are : the economy, the public sphere, and the sovereign people. But the space of fashion just alluded to above is an example of a fourth structure of simultaneity. It is unlike the public sphere and the sovereign people, because these are sites of common action. In this respect, it is like the economy, where a host of individual actions concatenate. But it is different from this as well, because our actions relate in the space of fashion in a particular way. I wear my own kind of hat, but in doing so I am displaying my style to all of you, and in this, I am responding to your self-display, even as you will respond to mine. The space of fashion is one in which we sustain a language together of signs and meanings, which is constantly changing, but which at any moment is the background needed to give our gestures the sense they have. If my hat can express my particular kind of cocky, yet understated self-display, then this is because of how the common language of style has evolved between us up to this point. My gesture can change it, and then

---

11) See "Modern Social Imaginaries."

your responding stylistic move will take its meaning from the new contour the language takes on.

The general structure I want to draw from this example of the space of fashion is that of a horizontal, simultaneous mutual presence, which is not that of a common action, but rather of mutual display. It matters to each one of us as we act that the others are there, as witness of what we are doing, and thus as co-determiners of the meaning of our action.

As I mentioned in my first lecture, spaces of this kind become more and more important in modern urban society, where large numbers of people rub shoulders, unknown to each other, without dealings with each other, and yet affecting each other, forming the inescapable context of each other's lives. As against the everyday rush to work in the Metro, where the others can sink to the status of obstacles in my way, city life has developed other ways of being-with, for instance, as we each take our Sunday walk in the park ; or as we mingle at the summer street-festival, or in the stadium before the play-off game. Here each individual or small group acts on their own, but aware that their display says something to the others, will be responded to by them, will help build a common mood or tone which will colour everyone's actions.

Here a host of urban monads hover on the boundary between solipsism and communication. My loud remarks and gestures are overtly addressed only to my immediate companions, my family group is sedately walking, engaged in our own Sunday outing, but all the time we are aware of this common space that we are building, in which the messages that cross take their meaning. This strange zone between loneliness and communication strongly impressed many of the early observers of this phenomenon as it arose in the 19th Century. We can think of some of the paintings of Manet, or of Baudelaire's fascination with the urban scene, in the roles of flâneur and dandy, uniting observation and display.

And so the new more individualised pursuit of happiness, loosening some of the ties and common life-ways of the past, the spread of expressive individualism and the culture of authenticity, the increased importance of these spaces of mutual display, all these seem to point to a new way of being together in society. This expressive individualism, which has been growing since the war, is obviously stronger in some milieux than others, stronger among youth than among older people, stronger among those who were formed in the 60s and 70s ; but over-all it seems steadily to advance.

How is it altering our social imaginary? Here I can only sketch an ideal type, because we're dealing with a gradual process, in which the new co-exists with the old.

Our self-understandings as sovereign peoples hasn't been displaced by this new individualism. And as for the modern moral order of mutual benefit, this has been if anything strengthened. Or perhaps, better put, it has taken on a somewhat different form. Certainly it is clear that the ideals of fairness, of the mutual respect of each other's freedom, are as strong among young people today as they ever were. Indeed, precisely the soft relativism that seems to accompany the ethic of authenticity : let each person do their own thing, and we shouldn't criticise each other's "values" ; this is predicated on a firm ethical base, indeed, demanded by it. One shouldn't criticise the others' values, because they have a right to live their own life as you do. The sin which is not tolerated is intolerance. This injunction emerges clearly from the ethic of freedom and mutual benefit.[12]

Where the new twist comes in, evident in the "relativism", is that this injunction stands alone where it used to be surrounded and contained by others. For Locke, the Law of Nature needed to be inculcated in people by strong discipline ; so although the goal was individual freedom, there was no felt incompatibility between this and the need for strong, commonly enforced virtues of character. On the contrary, it seemed evident that without these, the régime of mutual respect couldn't survive. It took a long time before John Stuart Mill could enunciate what has come to be called the "harm principle", that no-one has a right to interfere with me for my own good, but only to prevent harm to others. In his day, this was far from generally accepted ; it seemed the path to libertinism.

But today, the harm principle is widely accepted, and seems

---

12) Jean-Louis Schlegel makes the point that the values which constantly emerge from studies of young people today are : "droits de l'homme, tolérance, respect des convictions d'autrui, libertés, amitié, amour, solidarité, fraternité, justice, respect de la nature, intervention humanitaire", Esprit, no 233, Juin 1997, p.29. Sylvette Denèfle concurs for her sample of French unbelievers ; Sociologie de la Sécularisation, Paris : L'Harmattan 1997, chapter 6. Tolerance is for them the key virtue ; pp.166ff.

the formula demanded by the dominant expressive individualism. (It is perhaps not an accident that Mill's arguments also drew on expressivist sources, in the person of Humboldt.)

Indeed, the "pursuit of (individual) happiness" takes on a new meaning in the after-war period. Of course, it is integral to Liberalism since the American Revolution, which enshrined it as one of a trinity of basic rights. But in the first century of the American Republic, it was inscribed within certain taken-for-granted boundaries. First there was the citizen ethic, centred on the good of self-rule, which Americans were meant to live up to. But beyond this, there were certain basic demands of sexual morality, of what later would be called "family values", as well as the values of hard work and productivity, which gave a framework to the pursuit of individual good. To move outside of these was not so much to seek one's happiness, as to head towards perdition. There seemed therefore nothing contrary to the three basic rights enshrined by the Declaration of Independence in society striving to inculcate, even in certain cases (e.g., sexual morality) to enforce these norms. European societies were perhaps less keen than the Americans to enforce various modes of social conformity, but their code was if anything even more restrictive.

The erosion of these limits on individual fulfillment has been in some cases gradual, with oscillations forward and backward, but with an unmistakable general tendency over the long run. Michael Sandel has noted how the concern for the citizen ethic was much more prominent in the first century of American history. Brandeis could argue the anti-trust case at the beginning

of the century partly on the ground that large combines "erod<e>
the moral and civic capacities that equip workers to think like
citizens".[13] But as the 20th Century advances, such considerations
take more and more a back seat. Courts become more concerned
to defend the "privacy" of the individual.

But it is really in the period after the Second World War that
the limits on the pursuit of individual happiness have been most
clearly set aside, particularly in sexual matters, but also in other
domains as well. The US Supreme Court decisions invoking
privacy, and thereby restricting the range of the criminal law,
provide a clear example. Something similar happens with the
revisions of the Canadian Criminal Code under Trudeau, which
expressed his principle that "the State has no business in the
bedrooms of the nation." Michel Winock notes the change in
"mentalités" in France during the 70s. "La levée des censures,
la 'libéralisation des moeurs', ··· entra dans la loi", with the
legalization of abortion, divorce reform, authorisation of pornographic
films, and so on.[14] This evolution takes place in virtually all
Atlantic societies.

In fact, the need to train character has receded even farther
into the background, as though the morality of mutual respect
were embedded in the ideal of authentic self-fulfillment itself ;
which is how undoubtedly many young people experience it
today, oblivious of how the terrible 20th Century aberrations of
Fascism and extreme nationalism have also drunk at the

---

13) Michael Sandel, Democracy's Discontent, Harvard 1996, pp.209-210.
14) Michel Winock, Le siècle des intellectuels, Paris : Seuil 1997, p.582.

expressivist source.

All this perhaps reflects the degree to which these principles of mutual respect for rights have become embedded in our cultures in the Atlantic world, forming the background against which many of our political and legal procedures of rights-retrieval and non-discrimination seem totally legitimate, even though we vigorously dispute their detailed application. But it also reflects the way in which rights-consciousness has become more loosely linked to the sense of belonging to a particular political community, which has both positive and negative sides.

I leave aside the pros and cons here to concentrate on what is relevant to our purposes, which we could describe as the imagined place of the sacred, in the widest sense. Drawing an ideal type of this new social imaginary of expressive individualism, we could say that it was quite non-Durkheimian.

Under the paleo-Durkheimian dispensation, my connection to the sacred entailed my belonging to a church, in principle co-extensive with society, although in fact there were perhaps tolerated outsiders, and as yet undisciplined heretics. The neo-Durkheimian dispensation saw me enter the denomination of my choice, but that in turn connected me to a broader, more elusive "church", and more importantly, to a political entity with a providential role to play. In both these cases, there was a link between adhering to God and belonging to the state – hence my epithet "Durkheimian".

The neo-Durkheimian mode involves an important step towards the individual and the right of choice. One joins a denomination because it seems right to one. And indeed, it now comes to seem that there is no way of being in the "church" except through such a choice. Where under paleo-Durkheimian rules one can – and did – demand that people be forcibly integrated, be rightly connected with God against their will, this now makes no sense. Coercion comes to seem not only wrong, but absurd and thus obscene. We saw an important watershed in the development of this consciousness in the reaction of educated Europe to the Revocation of the Edict of Nantes. Even the Pope thought it was a mistake.

But the expressivist outlook takes this a stage farther. The religious life or practice that I become part of must not only be my choice, but it must speak to me, it must make sense in terms of my spiritual development as I understand this. This takes us farther. The choice of denomination was understood to take place within a fixed cadre, say that of the apostles' creed, the faith of the broader "church". Within this framework of belief, I choose the church in which I feel most comfortable. But if the focus is going now to be on my spiritual path, thus on what insights come to me in the subtler languages that I find meaningful, then maintaining this or any other framework becomes increasingly difficult.

But this means that my placing in the broader "church" may not be that relevant for me, and along with this, my placing in the "people under God", or other such political agency with a providential role. In the new expressivist dispensation, there is no necessary embedding of our link to the sacred in any particular broader framework, whether "church" or state.

This is why the developments of recent decades in France have been so destabilizing for both sides of the old "guerre franco-française". Not only the church saw a sharp drop in adherence, but young people began to drop out of the rival Jacobin and/or communist world-views as well. In keeping with the dynamic of baroque, paleo-Durkheimian clericalism, the struggle threw up a kind of humanism which aspired in its own way to be a kind of national "church", that of the Republic and its principles, the framework within which people would hold their different metaphysical and (if they insisted) religious views. The Republic played a kind of neo-Durkheimian dispensation against the paleo-Durkheimianism of the clerical monarchists. This tradition even took over the term 'sacred' for itself. (Think of "l'union sacrée", of "la main sacrilège" which killed Marat, etc. This usage obviously faciliated Durkheim's theoretical use of the term to over-arch both ancien régime and republic.) It is not surprising that both Catholicism and this brand of republicanism undergo defections in the new post-Durkheimian dispensation of expressive individualism.

This changes utterly the ways in which ideals of order used to be interwoven with the polemic between belief and unbelief. What has changed to make this much less the case is not only that we have achieved a broad consensus on our ideal of moral order. It is also that in our post-Durkheimian dispensation, the "sacred", either religious or "laïque", has become uncoupled from our political allegiance. It was the rivalry between two such kinds of global allegiance that animated the "guerre franco-française".

It was also this older dispensation which could send masses of men into the trenches to fight for their country in 1914, and keep them there, with few desertions and rare instances of mutiny for over four years.[15]

I speak of this in the past tense, because in many of these same countries which were the prime belligerents in this war the new dispensation has probably made this kind of thing impossible. But it is also clear that the geopraphic area for which this holds true is limited. Down in the Balkans, not that much has changed since the wars which broke out in 1911. And we should not be too sanguine in believing that the change is irreversible even in the core North Atlantic societies.

Paleo-, neo-, post-Durkheimian describe ideal types. My claim is not that any of these provides the total description, but that our history has moved through these dispensations, and that the latter has come to colour more and more our age.

That the new dispensation doesn't provide the whole story is readily evident from the struggles in contemporary society. In a sense, part of what drove the Moral Majority and motivates the Christian Right in the USA is an aspiration to re-establish something of the fractured neo-Durkheimian understanding that used to define the nation, where being American would once more have a connection with theism, with being "one people under God", or at least with the ethic which was interwoven with this.

---

15) François Furet, Le Passé d'une Illusion, Paris : Gallimard 1996 points out how remarkable the allegiance was, and the sense of belonging that sustained it.

Similarly, much of the leadership of the Catholic Church, led by the Vatican, is trying to resist the challenge to monolithic authority which is implicit in the new expressivist understanding of spirituality. And the Catholic Church in the US frequently lines up with the Christian Right in attempts to re-establish earlier versions of the moral consensus which enjoyed in their day neo-Durkheimian religious grounding.16)

But the very embattled nature of these attempts shows how we have slid out of the old dispensation. This shift goes a long way to explain the conditions of belief in our day.

Before examining this, however, I want to bring out how much the shift consorts with the logic of modern subjectification, and with what we might call the "buffered self". We already saw in the 18th Century, at one of the important "branching points" mentioned in the first lecture, that one reaction to the cool, measured religion of the buffered identity was to stress feeling,

---

16) The excellent book by José Casanova, Public Religions in the Modern World, University of Chicago Press 1994, shows how diverse our religious predicament is. If we ever came to live in a predicament totally defined by the post-Durkheimian understanding, there would probably be no further space for religion in the public sphere. Spiritual life would be entirely privatized, in keeping with the norms of a certain procedural liberalism which is very widespread today. But Casanova traces in fact a "deprivatization" of religion, that is, an attempt by churches and religious bodies to intervene again in the political life of their societies. Instances are the Christian Right and the Catholic bishops' letters in the USA, which I have just mentioned. It is unlikely (and also undesirable) that this kind of thing ever cease. But the situation in which these interventions take place is defined by the end of a uniform Durkheimian dispensation, and the growing acceptance among many people of a post-Durkheimian understanding.

emotion, a living faith which moves us. We see this with Pietism and Methodism. This is more important than theological correctness.

Of course, these movements wished to remain within orthodoxy, but it wouldn't be long before the emphasis will shift more and more towards the strength and the genuineness of the feelings, rather than the nature of their object. Later in the Century, the readers of <u>Émile</u> will admire above all the deep authentic sentiments of the characters.

There is a certain logic in this. Where before there was lots of passionate belief, and the life and death issues were doctrinal; now there comes to be a widespread feeling that the very point of religion is being lost in the cool distance of even impeccable intellectual orthodoxy. One can only connect with God through passion. For those who feel this, the intensity of the passion becomes a major virtue, well worth some lack of accuracy in theological formulation. In an age dominated by disengaged reason, this virtue comes to seem more and more crucial.

By the time of the Romantic period, the same issue has been somewhat transposed. Now it appears to many that dessicated reason cannot reach the ultimate truths in any form. What is needed is a subtler language which can make manifest the higher or the divine. But this language requires for its force that it resonate with the writer or reader. Getting assent to some external formula is not the main thing, but being able to generate the moving insight into higher reality is what is important. Deeply felt personal insight now becomes our most precious spiritual resource. For Schleiermacher, the crucial thing to explore is the powerful feeling of dependence on something greater. To give this reign and voice in oneself is more crucial than getting the right formula.

I believe that the present expressive outlook comes from that shift having penetrated in some general form deep into our culture. In an age which seems dominated by the "learned despisers of religion", in Schleiermacher's phrase, what is really valuable is spiritual insight / feeling. This will inevitably draw on a language which resonates very much with the person who possesses it. Thus the injunction would seem to be : let everyone follow his / her own path of spiritual inspiration. Don't be led off yours by the allegation that it doesn't fit with some orthodoxy.

Hence while in the original paleo-Durkheimian dispensation, people could easily feel that they had to obey the command to abandon their own religious instincts, because these being at variance with orthodoxy must be heretical or at least inferior ; while those inhabiting a neo-Durkheimian world felt that their choice had to conform to the over-all framework of the "church" or favoured nation, so that even Unitarians and ethical societies presented themselves as denominations with services and sermons on Sunday ; in the post-Durkheimian age many people are uncomprehending in face of the demand to conform. Just as in the neo-Durkheimian world, joining a church you don't believe in seems not just wrong, but absurd, contradictory, so in the post-Durkheimian age seems the idea of adhering to a spirituality which doesn't present itself as your path, the one which moves and inspires you. For many people today, to set aside their own path in order to conform to some external authority just doesn't seem comprehensible as a form of spiritual life.[17] The injunction is, in the words of a speaker at a New Age festival : "Only accept what rings true to your own inner Self".[18]

Of course, this understanding of the place and nature of spirituality has pluralism built into it, not just pluralism within a certain doctrinal framework, but unlimited. Or rather, the limits are of another order, they are in a sense political, and flow from the moral order of freedom and mutual benefit. My spiritual path has to respect those of others ; it must abide by the harm principle. With this restriction, one's path can range through those which require some community to live out, even national communities or would-be state churches, but it can also range beyond to those which require only the loosest of affinity groups, or just some servicing agency, like a source of advice and

---

17) Luc Ferry in his very interesting L'Homme-Dieu ou le sens de la vie, Paris : Grasset 1996, chapter 1, picks up on this phenomenon under the title "le refus de l'Autorité". I agree with much of what he says, but I think he over-intellectualizes this reaction by relating it directly to Descartes, instead of seeing its expressivist roots.

18) Sir George Trevelyan, in a lecture at the Festival for Mind, Body and Spirit, quoted in Paul Heelas, The New Age Movement, Oxford : Blackwell's 1996, p.21. The injunction, one might say, represents only a New Age outlook. But in this respect, the various New Age movements accentuate much more widely held attitudes, as Heelas argues in Chapter 6. In 1978, for instance, a Gallup poll found that 80% of Americans agreed that "an individual should arrive at his or her own religious beliefs independent of any churches or synagogues." Heelas, p.164 ; also cited in Robert Bellah et al, Habits of the Heart, Berkeley : Univ of California Press 1985, p.228.

literature.

The a priori principle, that a valid answer to the religious quest must meet either the paleo- or neo-Durkheimian conditions (a church, or a "church" and / or society) has been abandoned in the new dispensation. The spiritual as such is no longer intrinsically related to society.

So much for the logic of the expressivist response to the buffered identity. But of course, this didn't have to work itself out as it has done. In certain societies at least, the principal catalyst for its having done so in recent decades seems to have been the new individual consumer culture released by post-War affluence. This seems to have had a tremendous appeal for populations which had been living since time out of mind under the grip of what appeared unchanging necessity, where the most optimistic horizon was maintaining a level of modest sufficiency and avoiding disaster. Yves Lambert has shown how this new culture at once loosened the tight community life of a Breton parish, and turned people from their dense communal-ritual life to the vigorous pursuit of personal prosperity. As one of his informants put it, "On n'a plus le temps de se soucier de ça [la religion], il y a trop de travail. Il faut de l'argent, du confort, tout ça, tout le monde est lancé là-dedans, et le reste, pffft!".19)

These are connected movements. The new prosperity came along with better communications, and this opened horizons ; but then the new pursuit of happiness drew people so strongly that they began to desert the older ritual life which was built around

---

19) Yves Lambert, Dieu Change en Bretagne, Paris : Cerf 1985, p.373.

the community and its common efforts to survive in the physical and spiritual world. This ritual life then itself begins to shrink, in part disappear, and there is less and less to hold those who might want to stay within it..[20]

It is almost as though the "conversion" was a response to a stronger form of magic, as earlier conversions had been. It is not that the religion of the villagers in Limerzel was exclusively concerned with economic survival and the defense against disaster, but their faith had so woven together the concern for salvation with that for well-being, that the prospect of a new individual road to prosperity, proven and impressive, dislocated their whole previous outlook. Said another informant : "Pourquoi j'irais à la messe, qu'ils se disent, le voisin qui est à côté de moi, il réussit aussi bien que moi, peut-être même mieux, et il n'y va pas."[21]

In other words, the old outlook bound together a composite of concerns, worldly and other-worldly, which now fell apart quite decisively. It couldn't be reconstituted, and the faith has only survived among those who hold to it by evolving, as Lambert describes.[22] Something analogous happened in Québec, though

---

20) Religious sociologists had already noticed that the high level of practice in certain regions of France was tied to living within the parish. Migration to the cities generally had a devastating effect. As Gabriel Le Bras put it, "Je suis convaincu que sur cent ruraux qui s'établissent à Paris, il y en a à peu près 90 qui, au sortir de la gare Montparnasse, cessent d'être des pratiquants." Quoted in Danièle Hervieu-Léger, Vers un nouveau Christianisme?, Paris : Seuil 1986, p.37.
21) loc. cit.
22) op. cit, pp. 385ff.

this was a much more urbanized society, in the 1960s. Here the effect was delayed by the neo-Durkeimian link between national identity and Catholicism, but when this knot was untied, the falling off happened with a bewildering rapidity. The development has perhaps some affinities with what is taking place in contemporary Ireland, or what is beginning to emerge in Poland.

The corresponding slide in other Protestant, especially Anglophone societies has been more gradual and less dramatic, perhaps because the new consumer culture developed more slowly and over a longer period of time. But in both Britain and America, the expressivist revolution of the 60s seems to have accelerated things.

How to understand the impact of this whole shift on the place of religion in public space? It can perhaps be envisaged in this way. The invention of exclusive humanism in the 18th Century created a new situation of pluralism, a culture fractured between religion and areligion (phase 1). The reactions not only to this humanism, but to the matrix (buffered identity, moral order) out of which it grew, multiplied the options in all directions (phase 2). But this pluralism operated and generated its new options for a long time largely within certain élite groups, intellectuals and artists.

Early on, especially in Catholic countries, there arose political movements of militant humanism which tried to carry unbelief to the masses, with rather modest success ; and religious alienation also detached some strata of the common people from the church without necessarily offering them an alternative. On the other side, large numbers of people were either held outside this pluralist, fractured culture ; or if on the fringes of it, were held strongly within the believing option, by different modes of Durkheimian dispensation, whereby a given religious option was closely linked to their insertion in their society. This could be of the paleo type, which although it began to decay rapidly on the level of the whole society could still be very operative in rural areas at the level of the local community, as in Lambert's Limerzel. Or it can be of the neo type, as in the triumphant sense of national providence, or among oppressed groups, defending a threatened identity against power of another religious stripe (including atheism in the case of recent Poland), or among immigrant groups.

My hypothesis is that the post-War slide in our social imaginary more and more into a post-Durkheimian age has destabilized and undermined the various Durkheimian dispensations. This has had the effect of either gradually releasing people to be recruited into the fractured culture, or in the case where the new consumer culture has quite dislocated the earlier outlook, of explosively expelling people into this fractured world.

The measurable, external results are as we might expect : first, a rise in the number of those who state themselves to be atheists, agnostics, or to have no religion, in many countries, including Britain, France, the US, and Australia.[23] But beyond this, the

---

23) See Steve Bruce, Religion in the Modern World, Oxford University Press 1996, pp.33, 137ff ; Sylvie Denèfle, Sociologie de la Sécularisation, Paris : L'Harmatan 1997.

gamut of intermediate positions greatly widens : many people drop out of active practice while still declaring themselves as belonging to some confession, or believing in God. On another dimension, the gamut of beliefs in something beyond widens, less declaring belief in a personal God, while more hold to something like an impersonal force[24] ; in other words a wider range of people express religious beliefs which move outside Christian orthodoxy. Following in this line is the growth of non-Christian religions, particularly those originating in the Orient, and the proliferation of New Age modes of practice, of views which bridge the humanist / spiritual boundary, of practices which link spirituality and therapy. On top of this more and more people adopt what would earlier have been seen as untenable positions, e.g., they consider themselves Catholic while not accepting many crucial dogmas, or they combine Christianity with Buddhism, or they pray while not being certain they believe. This is not to say that people didn't occupy positions like this in the past. Just that now it seems to be easier to be upfront about it. In reaction to all this, Christian faith is in the process of redefining and recomposing itself in various ways, from Vatican II to the charismatic movements. All this represents the consequence of expressivist culture as it impacts on our world. It has created a quite new predicament.[25]

---

24) For instance, the Gallup Political & Economic Index (394, June 1993) reports that in Britain 40% believe in "some sort of spirit or lifeforce", as opposed to 30% who have faith in a "personal God"; cited in Paul Heelas, op. cit., p. 166.
25) The move of many Western societies into what I have been calling a "post-Durkheimian" dispensation has obviously facilitated their move towards

What lies behind these figures and trends? We cannot understand our present situation by a single ideal type, but if we understand ourselves to be moving away from an Neo-Durkheimian Age and more into an Age of Authenticity, then we can see this whole move as in a sense a retreat of Christendom. I mean by Christendom a civilization where society and culture are profoundly informed by Christian faith.

Now our societies in the West will forever remain historically informed by Christianity. I will return below to some of the significance of this. But what I mean by the retreat of Christendom is that it will be less and less common for people to be drawn into or kept within a faith by some strong political or group identity, or by the sense that they are sustaining a socially essential ethic. There will obviously still be lots of both of these things : at the very least, group identity may be important for immigrants, particularly of recent provenance - and even more among non-Christians, say, Muslims or Hindus, who feel their difference from the established majority religion. And there will certainly remain a core of people both members and regular attenders of churches, larger or smaller from country to country

---

"multi-culturalism", at the same time as this has become a more urgent issue because of the increasing diversity of their populations. But multi-culturalism has also produced strains, which are often exacerbated by the continuing hold of one or other "Durkheimian" understanding on important segments of the population. Christian conservatives are made edgy by rampant expressivism in the USA ; and many French people find it hard to see their country as containing an important Muslim component, so long have they related to it as an essentially Catholic country, or one defined by the constitutive tension between Catholicism and "laïcité".

(vast in the USA, miniscule in Sweden).

And there is another reason which assures the continuing importance of the neo-Durkheimian identities. In some societies these are in a quasi-agonistic relation to the post-Durkheimian climate. Think for instance of the United States, and certain demands of the Christian Right, for e.g., school prayer. But these identities are perhaps even more in evidence among groups which feels suppressed or threatened (perhaps also the case of the Christian Right?), and often people of a certain ethnic or historical identity will look to some religious marker to gather around. I mentioned, e.g., the Poles and Irish above. These were peoples cast into the modern political form because they were mobilized to attain their independence or establish their integrity, in the context of being ruled from outside and sometimes being very heavily oppressed. They therefore took on the modern language and the modern conceptions of a political entity ; they became in a modern sense peoples. And modern peoples, that is collectivities that strive to be agents in history, need some understanding of what they're about, what I'm calling political identity. In the two cases mentioned, being Catholic was an important part of that identity.

This phenomenon remains important in the modern world, although from a faith perspective one might be ambivalent about it. Because there are a gamut of cases, from a deeply felt religious allegiance, all the way to situations in which the religious marker is cynically manipulated in order to mobilize people. Think of Miloshevic, and the BJP. But whatever one's ethical judgments, this is a powerful reality in today's world, and one that is not about to disappear.

But in general, we can say that in modern society not riven by ethnic-confessional differences (e.g., we're NOT talking about Northern Ireland), the recently dominant forms of the neo-Durkheimian Age will not tend to hold their members.

Now if we don't accept the view that the human aspiration to religion will flag, and I do not, then where will the access lie to practice of and deeper engagement with religion? The answer is the various forms of spiritual practice to which each is drawn in his / her own spiritual life. These may involve meditation, or some charitable work, or a study group, or a pilgrimage, or some special form of prayer, or a host of such things.

A range of such forms has always existed, of course, as optional extras as it were, for those who are already and primarily embedded in ordinary church practice. But now it is frequently the reverse. First people are drawn to a pilgrimage, or a World Youth Day, or a meditation group, or a prayer circle ; and then later, if they move along in the appropriate direction, they will find themselves embedded in ordinary practice.

And there will be much movement between such forms of practice, and between the associated faiths.

This shows the error of confusing the post-Durkheimian dispensation with a trivialized and utterly privatized spirituality. Of course, there will exist lots of both. These are the dangers which attend our present predicament. A post-Durkheimian world means, as I said above, that our relation to the spiritual is being more and more unhooked from our relation to our political societies. But that by itself doesn't say anything about whether or how our relation to the sacred will be mediated by collective connections. A thoroughly post-Durkheimian society would be one in which our religious belonging would be unconnected to our national identity. It will almost certainly be one in which the gamut of such religious allegiances will be wide and varied. It will also almost certainly have lots of people who are following a religious life centred on personal experience in the sense that William James made famous.[26] But it doesn't follow that everyone, or even that most people will be doing this. Many people will find their spiritual home in churches, for instance, including the Catholic Church. In a post-Durkheimian world, this allegiance will be unhooked from that to a sacralized society (paleo-style), or some national identity (neo-style); and if I am right above, the mode of access will be different; but it will still be a collective connection.

These connections, sacramental or through a common practice, are obviously still powerful in the modern world. We have to avoid an easy error here; that of confusing the new place of religion in our personal and social lives, the framework under-standing that we should be following our own spiritual sense, from the issue of what paths we will follow. The new framework has a strongly individualist component, but this will not necessarily mean that the content will be individuating. Many people will

---

26) William James, The Varities of Religious Experience, New York : Modern Library, 1929.

find themselves joining extremely powerful religious communities. Because that's where many people's sense of the spiritual will lead them.

Of course, they won't necessarily sit easily in these communities as their forbears did. And in particular, a post-Durkheimian age may mean a much lower rate of inter-generational continuity of religious allegiance. But the strongly collective options will not lose adherents. Perhaps even the contrary trend might declare itself.

The other thing that it is easy to under-rate, if one confuses framework with content, is the way in which our response to our original spiritual intuitions may continue into formal spiritual practices. Our path may start in a moment of inspiration, a strong feeling of spiritual affinity or moment of blinding insight, but it may then continue through some, perhaps very demanding spiritual discipline. It can be in meditation ; it can be prayer. One develops a religious life. Arguably this kind of path is becoming more and more prominent and widespread in our (largely) post-Durkheimian age. Many people are not satisfied with a momentary sense of wow! They weren't to take it further, and they're looking for ways of doing so.[27] That is what leads them into the practices which are their main access to traditional forms of faith.

This is not to say that there is no connection between a post-Durkheimian dispensation, on one hand, and the tendency to an individualized experience of the spiritual which often slides

---

27) See the very interesting discussion in Robert Wuthnow, <u>After Heaven,</u> chapter 7 "The Practice of Spirituality."

towards the feel-good and the superficial. For clearly, this kind of undemanding spirituality is what a lot of people will understand as following their own way. If one could in some way leap back to some earlier century, the number of self-indulgent seekers would radically decline. But all this is no excuse for repeating their mistake and just identifying the injunction to follow one's own spiritual path with the more flaccid and superficial options.

Some conservative souls feel that it is sufficient to condemn this age to note that it has led great numbers into modes of free floating not very exigent spirituality. But they should ask themselves two questions : First, is it conceivable that one could return to a paleo- or even neo-Durkheimian dispensation? But secondly, and more profoundly, doesn't every dispensation have its own favoured forms of deviation? If ours tends to multiply somewhat shallow and undemanding spiritual options, we shouldn't forget the spiritual costs of various kinds of forced conformity : hypocrisy, spiritual stultification, inner revolt against the Gospel, the confusion of faith and power, and even worse. Even if we had a choice, I'm not sure we wouldn't be wiser to stick with the present dispensation.

찰스 테일러 교수와의 인터뷰

— ■2002년 10월 30일 ■서울대학교 호암관 ■대담자 윤평중 교수 —

▽윤 : 테일러 교수님, 이렇게 만나 뵙게 되어서 반갑습니다. 한국 방문은 이번이 처음이 아니시지요?

▽테 : 1996년에 서울대학교 초청으로 온 적이 있습니다. 그러나 그때는 학회 발표만 했었고, 체재 기간도 워낙 짧았습니다. 이번에도 시간이 그리 충분치는 않지만, 서울을 포함해 광주와 진주 소재 대학들에서도 강연이 예정되어 있어 한국의 곳곳을 볼 수 있다는 큰 기대를 가지고 있습니다.

▽윤 : 일반적으로 교수님은 세계적인 헤겔 철학 전문가로도 알려져 있고, 근래 서구 실천철학의 최대 논쟁 가운데 하나인 자유주의 대(對) 공동체주의 논쟁의 주요 당사자로서 대표적인 공동체주의 철학자로서 간주되기도 합니다. 특히 한국에서 그렇지요. 그러나 이런 규정들은 현대의 중요한 독창적 정치사상가로서 교수님의 전체 면목을 제대로 전달하지 못한다고 생각합니다.

무엇보다도 교수님의 주된 문제 의식은 서양이란 무엇인가 하는 서양적 정체성의 연원과 흐름, 그 실천적 함의와 전망에 대해 정교하고 심원한 방식으로 새로 읽고자 하는 포괄적 열망에 의해 인도되고 있다는 생각이 듭니다. 헤겔에 대한 관심이나 자유주의／공동체주의 등의 문제는 그 같은 과정의 일부분일 것입니다. 도합 네 번에 걸쳐 진행될 교수님의 이번 다산 강좌도 근대성과 정치, 종교와 폭력, 세속화와 시간 의식 등의 다양하고 중요한 논제들을 다루게 됩니다. 매우 다채로운 교수님의 철학적 문제 의식을 살펴볼 때, 교수님이 캐나다 몬트리올 출신이라는 게 교수님의 철학함의 단초에 적지 않은 의미를 갖는 것으로 보이는데 어떻게 생각하시는지요?

▼테 : 그렇습니다. 몬트리올시가 있는 캐나다 퀘벡 주는 프랑스어문화권이며 가톨릭의 영향이 강한 곳입니다. 제 경우는 부계가 영어권이고 모계는 프랑스어권이어서 집에서 프랑스어와 영어를 자연스럽게 혼용하면서 성장했습니다. 가정 안에서부터 구현된 문화적 갈등과 공존의 경험을 갖고 있었다고 할 수 도 있을 겁니다. 북미 대륙을 거의 전면적으로 규정하고 있는 영어／개신교 문화 속에서 고립된 섬처럼 남아 있는 퀘벡의 상황은 제 상상력의 근원 가운데 하나입니다. 소수자가 부당한 이유로 억압받아서는 안 되고, 독자적인 정체성도 십분 인정받는 가운데 합리적이고 성숙한 공존의 지혜를 가꾸어야 한다는 생각의 뿌리가 여기서 배태되었다고 할 수도 있을 것입니다.

▼윤 : 교수님께서 잘 아시는 것처럼 알버트 슈바이처 박사도 자신의 고향이 수시로 독일과 프랑스에 의해 번갈아 점령·통치된 관계로 어렸을 때부터 프랑스어와 독어를 혼용하면서 자라났지요. 사르트르가 슈바이처와 친척 관계인 것도 이 때문입니다. 그러나 아프리카로 찾아온 기자가 슈바이처에게 '당신의 모국어가 뭐냐?'고 물었을 때 그는 독일어라고 단언하면서, 인간에게 모국어는 하나밖에 있을

수 없다고 말하는데요. 교수님께서는 꿈을 어느 언어로 꾸십니까?

▼테 : 글쎄요. 그건 일반화시키기 어려운 주제라고 생각합니다. 때에 따라 가변적이기는 하지만 저는 영어나 프랑스어 모두로 꿈을 꿉니다(웃음). 두 언어 모두 제게는 소중하고 자연스러운 모국어입니다.

▼윤 : 교수님께서 맥길대를 졸업하고 옥스퍼드대로 유학을 떠나신 1950년대 중반의 옥스퍼드대 철학과는 비트겐슈타인의 압도적 영향 아래서 이른바 일상 언어학파의 사조가 지배했을 것으로 추측됩니다. 그런데 흥미로운 것은, 현대 영미 분석철학의 전성기에 그 중심지였던 옥스퍼드대에서 수학했던 교수님이 학위 과정 중에 처음으로 발표한 논문이 현상학과 언어분석철학을 비교한 글이라는 것입니다. 요새는 상황이 많이 달라졌지만 그 당시만 해도 영미철학과 유럽철학 사이에는 넘기 힘든 상호 몰이해와 편견의 벽이 있었는데, 헤겔, 후설, 하이데거, 메를로-퐁티 같은 대륙 철학자들을 옥스퍼드 철학과의 그런 학풍 안에서 어떻게 공부하셨는지요? 선생들이나 동료 학우들로부터 지도나 도움은 받으셨습니까?

▼테 : 대륙의 학풍에 대한 공부는 거의 독학으로 진행했습니다. 분석철학의 엄밀하고 투명한 방법론으로부터는 배운 바가 많습니다. 그러나 특히 그 당시 제가 집중적으로 관심을 가졌던 인간 행위의 구조를 심리학적으로 설명하는 데에서나 언어의 의미가 어떻게 창출되는가를 해명하는 데에 분석철학과는 다른 전통의 도움을 받는 것이 불가피했습니다. 특히 후설과 메를로-퐁티의 핵심적 주장, 즉 현존하는 명시적 의미는 그 배경에 놓여 있는 전(前)이해의 순환적 구조와 연계된 의식의 지향성과 몸의 존재를 감안해야 제대로 파악될 수 있다는 통찰이 중요합니다. 대륙의 이런 통찰을 분석철학과 경험과학의 성과와 유기적으로 접합시키는 것이 필요하다고 생각했었습니다. 그러나 당시에 이런 생각을 하는 사람이 주위에는 없었

지요. 그 결과 옥스퍼드대 철학과의 세미나나 독회 모임에서 대륙 철학의 학문적 성과를 설명하거나 소개하는 일을 제가 맡는 경우가 많았습니다.

▽윤 : 비트겐슈타인의 제자이자 후에 캠브리지대 교수가 된 엘리자 베스 앤스콤(E. Anscombe) 교수는 당대 대륙 철학 전체에 대해 매우 적대적이고 냉소적이었지만, 당시 20대 후반에 불과했던 테일러 교수님에 대해 나중에 회상하면서 옥스퍼드에서 유일무이한 천재였다고 평가한 적이 있는데 혹시 알고 계십니까?

▽테 : 그건 처음 듣는 이야기인데요(크게 웃음). 그러나 당시 옥스퍼드대에서 강의하고 있었던 앤스콤 교수와 지적으로 아주 가깝게 지낸 것은 사실입니다. 철학과의 어떤 교수보다도 더 자주 만나서 토론을 치열하게 하곤 했지요. 이사야 벌린(I. Berlin) 경의 강의도 제게 일정한 영향을 주었습니다.

▽윤 : 제가 1980년대 중반에 논리실증주의 철학의 대가인 에이어(A. Ayer) 교수를 미국에서 만났을 때, 하이데거의 철학을 어떻게 생각하느냐고 물었던 적이 있습니다. 에이어는 하이데거의 전체 저작 가운데 단 한 문장도 유의미한 것이 없다고 단언하더군요.

▽테 : 의도적으로 논쟁을 즐겨했던 에이어의 방법적 태도를 감안해서 그 말을 새겨들어야 할 것입니다. 제 저작『헤겔』도 원래 에이어가 편집 책임을 맡고 있었던 펭귄 총서의 일부로서 기획됐던 것이고, 대륙 철학에 대한 에이어의 태도는 나중에 상당히 바뀌었습니다. 어쨌든지 상이한 철학적 문제 의식이나 문화적 전통에 대해 잘 알지도 못하는 상태에서 폐쇄적으로 대하는 것은 참으로 위험한 일이거니와 또한 우둔한 짓이기도 합니다.

▽윤 : 학위 과정에 있으면서도 교수님은 반핵 캠페인을 옥스퍼드 학

생 사회에서 처음 조직하는 등 활발한 현실 활동을 편 걸로 알고 있는데, 이런 실천적 관심이 나중의 정치 활동의 뿌리가 되는 것으로 보입니다. 제가 인상적으로 생각하는 것은, 교수님의 철학적 작업이 철저하게 일상적이고 구체적인 것으로부터 시작해서 추상 수준을 높여가고, 그 결과 도달한 고도의 사변적 작업이 다시 실천적 지평으로 매개되어 가는 선(善)순환의 모습을 보인다는 것입니다. 이른바 구체적 보편성의 정신을 육화시킨다는 맥락에서 이론과 실천의 통합에 충실하다는 점입니다.

▼테 : 옥스퍼드에서는 인간적 사회주의라고 할 수 있는 정치적 관점에 충실히 서 있었지요. 그때나 지금이나 저는 독단적 마르크스주의 이론과 실천에 대해 지극히 비판적입니다. 좌파 활동을 열심히 했고, 지금은『신좌파평론(*New Left Review*)』이 된 대표적 좌파 잡지의 초창기 편집에 관여하기도 했습니다. 옥스퍼드는 나에게 많은 것을 가르쳐주었지만 동시에 철학이 다른 학문 영역하고 철저히 분리되어 자신만의 고립된 성채를 쌓아가는 듯한 모습은 바람직하지 않았습니다. 나아가 문화나 사회 현실의 긴박한 문제 상황과 괴리된 철학적 탐구를 철학의 본령인 양 주장하는 것은 퇴행적이기까지 합니다. 그런 의미에서 나의 모든 이론적 작업은 실천 지향적이라고 할 수 있을 것입니다.

▼윤 : 교수님은 1961년에 학위를 끝내고 캐나다로 귀국한 후, 맥길대와 몬트리올대에서 철학과 정치학을 가르칩니다. 동시에 1960년대 내내 저널리즘 활동을 활발하게 하면서 새롭게 출범한 사회민주주의 정당인 신민주당에 현실 정치인으로서 참여한 것도 이채롭습니다. 캐나다의 주류 자유주의 정당과 트뤼도 정부에 맞서 국회의원 출마도 하셨지만 전부 낙선하셨지요(웃음). 어떻게 학문과 정치 활동을 병행했는지도 궁금하고, 또 교수님께서 가졌을 바람직한 정치

의 비전과 현실 정치는 어떻게 다르던가요?

▼테 : 정치 이론과 현실 정치는 정말 너무나 다릅니다. 그러나 현실 정치의 경험은 내가 정치철학을 구상하는 데 큰 도움을 주었습니다. 제가 개진한 실천철학은 대부분 현실 정치의 경험에 대한 뼈저린 반성으로부터 힘입은 것이 적지 않습니다. 현실은 무한히 복합적이고 가변적입니다. 동시에 구조적 관성과 행위자의 실천이 어우러지는 만화경이기도 하지요. 현실의 이런 모습에 대한 철저한 성찰 없는 실천적 이론의 전개는 공허해질 가능성이 있습니다. 그런 의미에서 현실 정치 참여 경험은 제게 매우 소중한 것이었습니다.

▼윤 : 교수님은 1960년대 말부터 현실 정치로부터 조금씩 거리를 두면서 독일 관념론, 특히 헤겔 연구에 몰두합니다. 그 결과 캠브리지대 출판부에서 1975년에 나온 『헤겔』은 거의 600쪽에 이르는 대저로서 헤겔 전문가로서의 세계적 명성을 확고히 하는 계기가 됩니다. 물론 오늘날에는 헤겔 연구가들 사이에서 비판도 받지만, 저는 개인적으로 이 책이 영어로 쓰여진 헤겔 연구서 가운데 가장 뛰어난 것 가운데 하나라고 생각합니다. 교수님은 헤겔주의자이십니까?

▼테 : 신민주당의 지도부에서 물러난 것이지 정치를 아주 그만둔 것은 아니었습니다. 지금도 저는 당원 자격을 유지하고 있습니다. 그러나 옥스퍼드 시절부터 저의 뇌리를 짓누르고 있던 독일 낭만주의 운동의 철학적 중요성에 대한 정리, 그리고 특히 헤겔에 대한 관심을 학문적으로 정리할 시간이 절대적으로 필요해서 정당 정치 일선으로부터 일정한 거리를 두는 것이 불가피했습니다.

　저는 헤겔 철학의 결론이 시대착오적인 것이기 때문에 우리가 받아들이기 어렵다고 생각하는 점에서 헤겔주의자가 아닙니다. 그러나 헤겔의 철학적 문제 의식, 즉 그 시대가 직면한 문제의 핵심을 분열적 상황에서 찾고 그것을 변증법적으로 극복하기 위해 고투한 그의 노력의 과정이 매우 의미심장하다고 보는 점에서 헤겔로부터 많은 영향을 받았습니다. 무슨 주의자인가 하는 여부는 그리 중요한 것이 아니라고 생각합니다. 헤겔의 철학은 계몽주의에서 집약된 근대성의 기획에 대한 거대한 철학적 반성이자 해답이었습니다. 그 해답은 받아들이기 어려운 것이지만 반성적 통찰의 핵심은 아직 유효하다고 봅니다.

◀윤 : 다방면에 걸친 학문적 업적이 인정되어 40대 중반의 한참 나이에 교수님께서는 1976년 옥스퍼드대의 도덕철학 및 정치 이론 석좌교수(Chichele Professor)로 초빙되었습니다. 그런데 불과 5년 만에 이 자리를 그만두고 캐나다로 돌아갑니다. 학문 세계의 중심이라고 할 수도 있는 옥스퍼드대 석좌교수라는 명예로운 자리를 그만두고, 고향이기는 하지만 서양 세계의 변방이라고 할 수도 있는 캐나다로 영구 귀국하게 된 동기는 무엇이었습니까?

◀테 : 글쎄요, 사람에게는 삶의 전환이 가끔 필요하기도 하지요. 그때가 제게는 변화가 필요한 바로 그런 시점이었습니다. 그러나 이보다 중요한 이유는 캐나다가 당시에 퀘벡 분리주의 운동의 여파로 백척간두의 위기를 맞고 있었다는 사실에 있습니다. 정치적 갈등과 문화적 충돌의 수위가 갈수록 높아져서 나라 전체가 문자 그대로 쪼개질 위기에 직면해 있었습니다. 그 현장에서 제가 해야 할 일, 그리고 할 수 있는 일이 있다고 저는 확신했었습니다.

퀘벡의 독자적 전통 그리고 자주성과 정체성이 십분 존중되고 육성되어야 한다고 믿었지만, 그 당시 퀘벡 안에서 특히 강력한 지지를 받고 있었던 정치적 분리 독립 운동은 결코 바람직한 대안이 될 수 없다고 생각했습니다. 1981년 이후 캐나다에서의 저의 공적 삶은 맥길대에서 가르치고 학술 활동을 하면서 동시에 퀘벡과 캐나다의 최대 현안과 정면으로 싸우는 그런 과정이 한 중심을 이루었습니다. 미미하기는 하지만 저의 노력도 일조를 해서 캐나다의 지금 상황이 안정을 되찾게 된 것은 천만 다행이라고 생각합니다.

▼윤 : 헤겔 연구도 그렇지만, 교수님의 이론적 작업이 철저히 실천 지향적 문제 설정 위에서 형성되고 진행된 이유를 짐작할 수 있을 것 같습니다. 교수님께서 창도(唱導)한 인정의 정치학이나 차이의 정치 그리고 문화다원주의 논쟁을 선도한 교수님의 입장이 모두 절실한 실존적 울림을 지닌다는 사실을 다시 확인할 수 있습니다. 이런 주요 논점들을 한국의 독자들을 위해 좀 설명해주시겠습니까?

▼테 : 인정의 정치의 기본 틀을 다룰 때 진정성(眞正性 authenticity) 의 이념을 먼저 다루어야 합니다. 인간의 자기 정체성에는 분리 불 가능하게 접합되어 있는 두 차원이 서로 교차합니다. 개인적 정체성 과 집합적 정체성이 바로 그것이지요. 그런데 서구 기독교 문명의 경우, 신앙 형태가 내면적 믿음을 중요시하는 방식으로 점차 바뀌면 서 서양 특유의 '개인'이라는 정체성을 형성해냈고, 이것이 바로 근 대 개인주의의 초석이 됩니다. 따라서 근대 계몽주의가 중세 기독교 를 파괴한 잔재 위에서 비로소 건설되었다는 상투적 역사 인식은 지극히 피상적인 진단입니다.

진정성이란 자신의 내면의 목소리 그리고 정서에 대한 헌신과 성실성을 우선 뜻합니다. 이런 측면의 진정성이란 사실 차축(車軸) 시대 이후 고등 종교의 예에서 광범위하게 찾아볼 수 있죠. 그러나 서양의 경우 이런 진정성의 윤리가 개인의 출현이라는 방식으로 전화(轉化)되었다는 사실에 우선 주목해야 합니다.

▼윤 : 교수님 말씀을 들으면서 한 가지 의문을 갖게 됩니다. 저는 여기서 동북아시아 전통 문명을 규정한 유교에 대해 묻지 않을 수 없는데요. 내면의 목소리에 대한 충실성이라는 이념은 유교적 가치 관에서야말로 주된 것이 아닙니까? 그렇다면 교수님의 화두 중의

하나인 진정성의 윤리가 서양의 소산이라는 말은 어폐가 있는 것 아닙니까?

▼테 : 저도 유가 사상에 대해 깊은 관심을 가지고 있고 관련 저작을 읽고 있습니다. 그러나 제가 공적으로 유교에 대한 어떤 가치 평가를 내리기에는 저의 지식이 전문적이지 못합니다. 제가 말씀드릴 수 있는 것은, 진정성의 윤리는 두 가지 차원을 복합적으로 내포한다는 것입니다. 그 하나는 내면에 대한 충실성이 자기 규정적 자유라는 이념으로 승화되면서 도덕철학적이고 정치철학적인 방식으로 동시에 형상화된다는 것입니다. 그 결과 도덕적 개인과 법적 권리주체가 한 동전의 양면을 구성하게 되는 현상을 서양의 경우 극명하게 볼 수 있습니다.

두 번째로 진정성의 윤리에는 역사적 지평에 대한 실천적 책임감과 부분 / 전체의 유기적 통합을 지향하는 문화적 특성도 있습니다. 이를 우리는 상호 주관적 검증에 대한 책임 의식, 그리고 표현적 통합에의 열망으로 축약할 수 있을 것입니다. 이런 두 차원의 진정성의 윤리 이념이 서양의 경우에 가장 명시적이고 풍부한 형태로 출현한다고 생각합니다.

▼윤 : 그렇다면 진정성의 윤리가 인정의 정치와는 어떻게 연결됩니까?

▼테 : 앞서 말씀드린 것처럼 정체성의 개념이 연결 고리 노릇을 합니다. 개인의 차원에서나 집단의 차원에서 공히 다른 사람(또는 집단)에 의해 동등하고 가치 있는 존재로 인정받는다는 것이 고유한 정체성의 획득에서 필수적입니다. 그렇지 않습니까? 이것은 발달심리학이나 사회학적으로 증명된 사실에 가깝다고 생각합니다. 근대 개인주의는 이런 정체성 형성의 한 전범(典範)일 것입니다. 그런데 근대성(모더니티)의 특징 가운데 하나는 집단적 정체성의 자기 존엄과

가치를 공적인 장에서 인정받겠다는 요구가 폭발적으로 증가한 것입니다.

▼윤 : 교수님께서는 민족주의의 중요성도 인정의 정치라는 틀 안에 집어넣고 계신 것 같은데요.

▼테 : 맞습니다. 민족주의는 근대의 소산이고 바로 인정의 정치의 발현이기도 합니다. 그리고 민족주의는 또한 민주주의에 대한 요구와도 분리시킬 수 없습니다. 근대 민주주의는 사회 성원의 정체성을 인민주권론의 원리에 입각해 보장하는 것으로부터 출발합니다. 그러나 모든 이의 평등과 자유를 보장하는 민주주의는 통합의 논리이기도 하지만 동시에 배제의 논리로도 작동한다는 것이 근대 민주주의의 구조적 역설이기도 합니다. 왜냐 하면 민주주의 체제 내에서 인민과 비인민, 국민과 비국민이 현실적으로 나눠질 수밖에 없기 때문이죠. 여기서 비인민 또는 비국민으로서 규정된 집단이 인정의 정치학의 논리에 입각해 자기 몫을 요구할 수밖에 없는 것입니다. 어떤 문화 / 인종 / 종교 / 이념 공동체가 자기 정체성을 확인받고 존중받겠다는 정체성의 정치, 인정의 정치가 근대성의 도전과 겹치면서 다중(多重) 근대성의 행로를 만든 것이 근·현대 세계사의 궤적이라고 봅니다. 민족주의가 그렇게 강력한 감성적 힘을 갖는 이유도 근대에 와서 확연해진 인정의 정치의 필연성 때문인 것입니다.

▼윤 : 오늘날 문화다원주의에 대한 요구가 거셉니다. 그것도 비슷한 논리로서 설명할 수 있을 것 같은데요.

▼테 : 그렇습니다. 장구한 기간 동안 다수의 사람들이 받아들여 발전시켜온 모든 문화들은 그 나름의 합리성과 가치를 지니기 때문에 그 존엄성을 인정받아야 합니다.

▼윤 : 그 주장은 문화상대주의와 비슷한 것으로도 들리는데요.

▼테 : 아닙니다. 문화상대주의의 논리는 자기 패배적인 것입니다. 오랜 기간 동안 특정한 사람들이 함께 누려온 문화 양식은 존중받아야 하지만, 그 모든 독자적 문화들이 기계적으로 동등한 의의를 갖는 것은 아니라고 봅니다. 오늘날 우리는 다른 문화와 가치관들을 접해 보고 경험할 수 있으며, 서로 토론할 수 있는 기회를 가지고 있습니다. 그 와중에 좀더 설득력이 있고 인간주의적이며 합리적인 강점을 갖는 문화에 대한 성찰적 판단이 내려질 수 있는 가능성이 확대되는 시대에 살고 있다고 저는 생각합니다. 그래서 저는 오늘의 세계에서 서구 문화의 압도적 헤게모니에 대한 치료제로서 문화다원주의에 굉장히 큰 의의가 있지만, 그것이 자기 충족적인 폐쇄 회로에 빠질 위험성도 경계해야 한다고 봅니다.

▼윤 : 9 · 11 테러 이후 세계는 갈수록 위험한 곳이 되어가고 있습니다. 헌팅턴은 문명충돌론을 제시하기도 했고, 미국에서의 반(反)이슬람정서, 그리고 이슬람권에서의 반서양 정서도 갈수록 악화되고 있는 것처럼 보입니다. 이 와중에 많은 서양 언론들은 이슬람교 자체에 폭력적 요소가 있음을 공공연히 암시하고 있고, 서양인들 자신은 물론이거니와 서방 언론의 강력한 영향을 받고 있는 한국에서도 이슬람 문명에 대한 부정적 인상이 지배적입니다. 오사마 빈 라덴은 지하드(聖戰)의 미명 아래 미국에 대한 테러 행위를 정당화하고 있는데, 과연 특정한 종교의 교리가 폭력과 직결되어 있다고 볼 수 있는 것입니까?

▼테 : 헌팅턴의 견해는 참으로 피상적인 진단의 한 범례로서, 이렇게 복잡하고 다면적인 현상에 대한 단선적 해석은 금물입니다. 기본적으로 이렇게 보아야 할 것입니다. 근대 이후의 세속화되고 있는 세계에서 종교도 스스로를 탄력적으로 재규정함으로써 인정의 정치에 관여합니다. 그러나 종교적 근원을 갖는 것으로 해석되기도 하는

오늘의 폭력 사태는, 사실 종교 그 자체에서 오는 것이 아니라 민족이나 다른 집단적 주체들의 정체성 획득 투쟁 과정에서 종교와 섞여지고 교차하면서 발생합니다. 세계적으로 최악의 폭력 사태들은 종교의 가르침과 오히려 배치되며, 종교를 권력 획득의 명분으로 삼는 자들에 의해 저질러지는 것을 볼 수 있습니다.

▽윤 : 동감입니다. 이슬람교의 폭력성이라는 그림에 집착하는 논자들은 서양 문명의 주축을 형성하는 기독교가 신앙이라는 미명을 내세워 서양 내부에서는 물론이거니와 전 세계적으로 저지른 야만적 폭력 행위에 대해서는 침묵하는 경향이 있습니다. 유럽 대륙에서 무고한 여자들을 수십만 명 불태워 죽인 중세 마녀 사냥은 말할 것도 없고, 신대륙에서 저지른 수천만 명에 이르는 인명을 손상시킨 천문학적인 학살과 토착 문명 파괴는 또 어떻습니까?

▽테 : 맞습니다. 군이 계량화시키자면 기독교의 이름 아래 자행된 폭력이 전체 인류사에서 가장 최악의 것이었다고 봐야 할 것입니다. 중요한 것은 종교적 교리와 폭력 현상 사이에는 직선적 연결 관계가 성립하는 경우는 매우 드물고, 권력 투쟁이나 정체성의 정치를 둘러싼 지평에서 종교가 다만 우회적이고 간접적으로 연루된다고 하는 사실을 분명히 이해해야 한다는 것입니다. 팔레스타인 문제를 보는 데서도 이런 시각이 필수적입니다.

▽윤 : 그렇다면 민간인에 대한 무차별 자살 공격 같은 경우는 어떻게 봐야 할까요?

▽테 : 민간인 살해와 자살 공격은 근본적으로 이슬람의 교리에도 위배되며, 9·11 테러는 어떤 논리로도 정당화될 수 없는 폭거입니다. 그러나 그런 비극적 사태가 놓여 있는 더 큰 역사적 배경을 정확히 이해할 필요가 있을 것입니다. 이슬람교는 그 이전의 모든 종교들을

완성시킨 최후의 종교로서 선포되었고, 찬란한 문명과 위세를 자랑한 바 있습니다. 그런 의미에서 이슬람 중세사는 대(對) 서양 우위사인 것입니다.

그런데 근대 이후 이슬람 현대사는 서양에 대한 계속되는 패퇴와 몰락의 역사로서 기록되었습니다. 중동에 대한 서양의 제국주의적 경략은 그 흐름을 고정화시켰고, 그 한 결과가 이슬람권에서의 서양적 근대성에 대한 반감과 서양에 대한 총체적 증오로 귀결된 것입니다. 따라서 서양이라는 타자로부터 자신의 자존심과 가치를 인정받고 싶다는 열망이 그만큼 강력해질 수밖에 없었습니다. 자살 공격은 패자가 스스로의 상처받은 자존심을 달래려는 인정 투쟁의 측면이 부분적으로 개재해 있다는 사실을 이해해야 합니다. 그러나 이 측면을 이해한다는 사실과, 자살 공격의 정당화를 판정하는 것은 서로 전혀 다른 사안임을 분명히 할 필요가 있습니다. 다시 한 번 말씀드리지만, 무차별 자살 공격은 어떤 이유로도 동의할 수 없는 행위입니다.

현대와 씨름하는 사상가 '찰스 테일러'

김 선 욱(숭실대 철학과)

2002년 11월 3일, 일요일. 이 날은 찰스 테일러 교수가 한국철학회에서 주최한 다산 기념 철학 강좌를 위해 한국에서의 7일간의 강연 일정을 마치고 저녁 비행기편으로 캐나다로 돌아가는 날이었다. 창덕궁(비원) 관광을 마치고 가까운 식당으로 들어가 손칼국수와 물만두를 함께 들었다. 커다란 국수 그릇 하나 가득 담긴 칼국수를 국물 한 방울 남김없이 맛있게 들이킨 후 그는 "지금까지 먹었던 국수류 중에 최고"라는 칭찬을 아끼지 않았다. 사실 이뿐 아니었다. 김치, 된장찌개는 말할 것도 없고, 육회, 게장, 미나리 골뱅이 무침, 작년에 담근 묵은 김장 김치에 심지어 홍어찜까지, 권하는 한국 음식 가운데 무엇 하나 거절하는 법이 없이 먹어보고 즐겼던 그였다. 자신의 다문화주의를 예증이나 하듯 그는 다문화적 식성을 마음껏 발휘하였던 것이다.

우리나라에는 테일러가 주로 헤겔 연구가로, 그리고 공동체주의적 사상가로 알려져 있다. 그런데 이번 일련의 강연을 통해 한국 학계에 드러낸 그의 모습은 그보다는 훨씬 더 깊이 있는, 그리고 엄청난 학식과 실천적 성향을 가진 독창적 사상가였다. 우리나라의 고유한 지방 음식까지 골고루 맛볼 정도로 열린 태도를 가진 그는 이슬람에서 뉴에이지 종교 운동에 이르기까지, 서양 고전에서 동양 불교 사상에 이르기까지, 그리고 서양 사상사에 대한 통찰에서 최근 의 젊은이들의 유행 사조에 이르기까지 다양한 영역에 해박한 지식을 갖추고 있었다. 그의 학문의 높이는 190센티미터에 가까운 그의 장신만큼이나 높게 보였다.

학문적 관심의 영역만큼이나 다채로운 그의 삶도 우리의 관심의 대상이 될 수 있다. 우선 테일러의 학문적 삶과 정치적 삶을 일별해 보면서 그의 사상적 역정을 조감해보겠다. 그리고나서 현대의 문제 들과 씨름하는 그의 노력의 땀방울들을 여러 차원에서 살펴보자.

1. 옥스퍼드에서의 철학과 정치적 활동

테일러는 1931년 캐나다의 몬트리올에서 태어났다. 캐나다는 영 어권과 프랑스어권으로 구분되는데, 몬트리올은 프랑스어권에 속 하며 가톨릭 세력이 강한 곳이다. 테일러 자신은 가톨릭 신자며 교 황 자문단의 일원이기도 하다. 한국 방문에 앞서 그는 바티칸을 들 러 교황을 알현하기도 하였다. 그의 부계는 영어권에, 모계는 프랑 스어권에 속한 환경 덕분에 그는 어려서부터 영어와 프랑스어를 함께 사용하면서 두 문화권 모두에 익숙해졌다. 이러한 성장 환경은 후에 그의 다문화적 사회에 대한 이해와 철학, 그리고 퀘벡을 위한 그의 정치 경력에 큰 영향을 미치게 된다.

테일러가 학위를 위해 영국의 옥스퍼드에 도착한 것은 1953년이 었다. 이때의 옥스퍼드는 진정한 철학적 방법으로 언어 분석에 몰두 하고 있었을 때였다. 의미의 명료화 작업을 철학의 목표로 삼고 있는 언어철학에 몰두하고 있었던 영국 철학, 특히 옥스퍼드의 철학은 1950년대에 들어와서는 소위 일상 언어 분석을 중심으로 하고 있었다. 후기 비트겐슈타인, 위즈덤, 스트로슨 등의 학자들로 대표되는 이 작업의 공헌에 대해 테일러는 언어 사용자가 일상적으로 언어를 통해 의미를 만들어가는 활동의 다양성을 인식한 것이라고 하였다. 이전의 논리 실증주의적 경향은 테일러의 이중 언어권에서의 경험에 비추어 설득력 있게 다가오지 않았던 것이다.

이 시기에 쓰여진 「현상학과 언어 분석」이라는 1959년의 논문에서 테일러는 언어철학에 대한 양면적 태도를 보여주고 있다. 이 논문에서 테일러는 한 언어에 담긴 의미를 다른 언어로 남김없이 옮겨낼 수 있다는 환원주의적 또는 본질주의적 언어관이 오류라는 점을 일상 언어 분석을 통해 적절히 보여주는 점은 큰 공헌이지만, 일상 언어 분석의 방법에 함축된 형이상학적, 존재론적 전제들이 간과되는 경향은 문제라고 지적한다. 아울러 일상 언어를 상식적이고 중립적인 것으로 간주하는 가운데 그 속에 담긴 역사성을 간취하지 못하는 점도 비판한다.

테일러가 갖고 있는 언어의 의미에 대한 적절한 이해는 오히려 당시 영국에서는 그다지 주목하지 않았던 유럽의 철학을 통해 해명된다. 특히 메를로-퐁티에 의해 전개된 현상학적 방법과 지향성 개념 분석에 테일러는 깊이 공감을 하게 된다. 니콜라스 스미스에 따르면, 테일러는 자신의 통일된 프로젝트를 가지고 있는데, 이를 한마디로 정리하면 메를로-퐁티의 "우리는 세상 가운데 있기 때문에 의미를 추구하도록 '저주받았다'"라는 말이라고 한다.[1] 이 정도로 테일러에 대한 메를로-퐁티의 영향은 지대하다. 메를로-퐁티에 따르면 객관적 경험은 세계를 열어주는 배경과 연관하여 이루어질

---

1) Nicholas H. Smith, *Charles Taylor : Meaning, Morals and Modernity* (Cambridge : Polity, 2002), pp.1 이하.

때만 의미 있게 된다. 테일러의 인식론은 이러한 입장에서 전개된다. 1960년도에 쓰여진 저작을 통해 테일러는 이러한 관점에서 행동주의와 기계론적 인간 이해를 비판하는 데 주력한다.

자신의 철학적 기초를 잡아가는 활동 외에도 테일러는 옥스퍼드에서 학생으로서 중요한 정치적 활동을 수행한다. 1954년에는 영국정부에 대해 제시된 수소폭탄 반대 청원서의 초안을 작성하고 이운동에 앞장선다. 1956년에는 헝가리의 자유화 운동에 대한 소련의탄압으로 인해 망명한 학생들을 돕는 운동에 몰두한다. 1957년에는반핵 운동을 위한 옥스퍼드대학 내의 조직의 장을 맡는데, 이때『대학과 좌파 리뷰』라는 사회주의적 성향의 잡지 창간에 참여한다. 이잡지는 후에『뉴 레프트 리뷰』라는 유명한 좌파 성향의 잡지로 거듭나게 된다. 이처럼 테일러는 1961년까지 옥스퍼드의 신좌파 운동에핵심적 역할을 수행하는데, 그의 졸업과 더불어 이 운동은 전성기를벗어나게 된다.

2. 캐나다 귀국 후의 철학과 정치적 활동

학위를 취득한 뒤 1961년에 귀국한 테일러는 맥길대와 몬트리올대에서 철학과 정치학을 가르친다. 1960년대의 저술 활동은 주로당시 풍미하던 행동주의에 반대하는 인식론적 작업을 중심으로 이루어진다.

아울러 그는 현실 정치인으로 정당 활동에 적극적으로 참여한다. 이때 캐나다에서는 신민주당이 결성되면서 민주적 좌파 운동의 중추 역할을 담당하게 되는데, 테일러는 이 당이 자신의 정치적 이념에 부합하는 현실적 정치 조직이라고 생각하여 참여한 것이다. 이후이 당을 통해 몇 차례 의회 진출을 시도하지만 근소한 차이로 실패하는 등 정치적으로는 불운하였다. 그러나 테일러는 지속적으로 신민주당의 이론가로 활동하였을 뿐 아니라 경제적 자립, 민족주의, 헌법, 지역 활성화 문제 등과 관련된 많은 안들을 제출하여, 신민주당의 주요 정책 입안자로 간주되었다.

1970년에는 『정치의 유형(The Pattern of Politics)』이라는 책을 저술하여 당시 트뤼도 수상의 자유주의 노선을 비판하였고, 캐나다 정치에 대한 사회 민주적 변혁을 강력히 요구하였다. 이 저술로 또다시 테일러는 정치적으로 유력한 인물로 부상하였고 이듬해 신민주당의 연방 조직의 의장직에 추천되었다. 그러나 이때 테일러는 정치 활동의 중지를 결심하고 추천을 사양하며, 당시 갖고 있던 신민주당 퀘벡주 부의장직도 사임하면서 정당 생활을 청산한다. 후에 테일러는 이것이 정치를 그만둔 것이 아니며 그 후에도 현실 문제에 관심을 유지하였다고 말한다. 다만 이러한 결정의 이유는 옥스퍼드 시절부터 관심을 갖고 있던 독일의 낭만주의 운동의 철학적 중요성을 정리하는 작업을 헤겔 연구를 통해 진행하려고 했는데, 이 작업을 위해서는 집중된 시간이 절대적으로 필요했으므로 현실 정치로부터 일정한 거리를 취하는 것이 필요했기 때문이라고 하였다.[2] 테일러는 1973년에 맥길대 교수로 부임하였고, 1975년에는 600여 페이지로 된 연구서 『헤겔』을 저술하여 세계적인 명성을 얻게 된다.

1976년에 테일러는 옥스퍼드대에 초빙을 받아 강의와 연구에 몰두하였고 『헤겔 철학과 현대의 위기(Hegel and Modern Society)』(1979)를 출간하기도 한다. 그러나 그는 5년 후 캐나다 맥길대로 복귀한다. 이는 1980년대 초부터 발생한 영어권 캐나다와 프랑스어권 캐나다 사이의 갈등과 퀘벡주의 분리 운동 때문이었는데, 테일러는 여기에서 자신의 역할이 있다고 인식하고 귀국을 결심하였던 것이다. 맥길대에서 강의를 하면서도 테일러는 이 현안에 정면으로

---

2) 윤평중, 「찰스 테일러 교수와의 인터뷰」, 『철학과 현실』 2002년 겨울호 참조.

부딪히면서 저술가로서 또 사상가로서의 역할을 다한다.

퀘벡 주 분리 운동에 관한 테일러의 참여는 그로 하여금 다문화 사회에서의 정치적 태도에 대해 인정의 정치(politics of recognition) 개념을 정립하는 방식으로 철학적 결실을 맺었다. 이후 퀘벡 주 문제는 다문화주의 논쟁과 자유주의-공동체주의 논쟁, 현상학적 정치 이론 등에서 전형적인 예로 사용이 되고 있으니, 이는 전형적인 캐나다의 문제를 오늘날의 정치 철학적 논의의 핵심 문제로 만들어 낸 것이라고 할 수 있다.

헤겔 연구를 통해 독일 낭만주의 운동의 현대적 중요성을 분석하는 작업은 테일러의 정치철학과, 현대의 문제에 대한 분석 및 해결책의 모색으로 이어진다. 헤겔 연구는 이론적 관점에서의 현대성 해명이며, 계몽주의의 인간관 및 사회관과 현대의 산업 발전과 맞물리면서 발생한 문제들에 대해 낭만주의적 대처와 저항의 성격을 구명하는 것이었다. 1985년의『인간 행위자와 언어 : 철학논문집 1』과『철학과 인문과학 : 철학논문집 2』는 인식론과 연관하여 언어가 갖는 정치철학적 문화론적 중요성의 구명과 연결된다. 1989년의『자아의 원천들 : 현대적 정치성의 형성』과 1991년의『불안한 현대 사회』(이 책은 이듬해에『진정성의 윤리(The Ethics of Authenticity)』라는 제목으로 미국에서 다시 출간된다)는 현대성의 해부이자 나름의 해결책의 제시로 받아들일 수 있다. 더욱 최근에는 현대를 세속화 과정으로서 분석하면서 종교와 초월의 문제, 정치적 정체성과 종교적 정체성의 연관성과 차이 등의 분석을 수행한다. 이 작업은 1999년 봄에 있었던 에버딘대학의 기포드 강의와 2000년 봄의 비엔나 인문학연구소 강의, 그리고 2002년 가을의 한국철학회 주최의 다산 강의를 통해 표현되고 성숙되고 있다.

3. 의미 상실의 현대

현대성(modernity)에 대한 테일러의 분석은 단선적이지 않다. 모든 문제를 오직 하나의 근원으로 환원하는 태도는 의심스러운 것처럼 현대에 대한 분석도 다양한 각도에서 이루어져야 한다고 테일러는 생각하며, 현대성의 전개 양상도 지역에 따라 다를 수 있음을 주장한다.

테일러는 현대의 풍요와 자유로움에도 불구하고 우리 현대인은 다음과 같은 상실을 경험한다고 말한다. 첫째, 현대에 사는 우리는 삶의 의미를 상실하였고 의미를 부여하는 도덕적 지평이 실종되었다. 둘째, 현대 사회에 만연하는 도구적 이성 앞에서 삶의 목표가 소멸되었다. 셋째, 개인에 몰입하는 현대인의 생활 태도로 인해 오히려 시민적 자유가 상실되었다. 이러한 상실로 특징지워질 수 있는 현대는 현대인들로 하여금 불안을 느끼게 만들었다.[3]

현대인의 의미 상실의 느낌에 대해 테일러는 현대를 규정하는 "세속화(secularization)" 과정의 분석을 통해 더욱 분명한 설명을 주고 있다. 세속화란 인간의 공적 영역에서 종교적인 것이 분리되어 나간 현상을 지칭한다. 현실의 질서보다 고차적이고 광대한 것으로 인정을 받았던 영적 질서나 형이상학적 질서 의식이 현실의 공적 질서에 더 이상 영향력을 미치지 못하게 된 것이다. 이렇게 해서 발생된 변화는 시간 의식에서의 변화를 통해 설명될 수 있다.

현대에 들어와서 중세나 고대와는 다른 시간 의식이 일반적으로 형성되었다. 과거에는 예컨대 플라톤의 이데아론에서 보는 것과 같은 초월적 영역의 존재를 인정하면서 현실을 영원한 이데아를 통해 인식하려는 형이상학적 태도가 있었다. 종교적으로는 신적 영원성을 염두에 두면서 현실의 질서와 존재, 그리고 시간적 현재의 의미

---

3) 찰스 테일러, 『불안한 현대 사회』, 송영배 역(이학사, 2001), p.21 참조.

를 규정하였다. 철학적으로 또 종교적으로 고차적으로 발전되지 않은 부족 사회라 하더라도 엘리아데가 말한 것과 같은 근원적 시간체험 등이 현재의 삶의 의미가 드러나게 하는 지평의 역할을 수행했다. 그러나 세속화 과정을 경험한 현대에서는 직선적 성격을 가지고 단지 수치를 통해 계산되는 시간 이해만이 있으며, 따라서 현대에는 시간에 대해 단지 양적인 체험만이 이루어지며 질적 체험은 사회적으로 불가능하게 되어 있다.

이러한 변화는 인간에게 그렇게 자연스러운 것은 아니다. 테일러는 1968년 프랑스의 학생 소요나 영국의 황태자비인 다이애나의 죽음에 대한 전국적인 애도의 물결 등과 같은 사건을 통해 삶에 대한 현대적 이해가 해명하지 못하는 차원이 있음을 설명한다. 1987년 5월 항쟁과 같은 경험을 통해 우리는 질적으로 다른 시간 경험을 사회적 차원에서 하게 되는데, 이를 통해 우리는 테일러가 터너(Victor Turner)의 용어를 빌려 말하는 "공동체성(communitas)"을 경험한 것이다. 공동체성이란, 개인이 단지 서로 다른 모습으로 분리적으로 존재하는 것이 아니라, 개인들은 근본적으로 평등하면서도 서로 연합을 이루는 가운데 하나의 공동체를 이루고 있다는 사실을 지칭하는 말이다. 이 공동체성은 사회적 변혁의 순간이나 전환기에 또는 어떤 예기치 않은 계기를 통하여 등장하며, 이때는 사회적으로 약자로 간주될 수 있는 집단의 힘에 사회적 정당성을 실어주는 역할을 하기도 한다. 현대는 개인으로 하여금 의미를 발견하게 해주는 이와 같은 공동체성과 고차적 시간에 대한 경험을 망각하도록 형성되었다.4) 이것이 현대에서 경험되는 개인의 상실감의 한 근원이다.

세속화 과정을 통해 형성된 현대는 계몽이라는 개념으로 특징지

---

4) Charles Taylor, "Modernity and Secular Time" (다산 기념 철학 강좌 첫 번째 강연) 참조.

어질 수 있다. 계몽이란 전통적 삶의 방식의 거부, 사회적 차원에서 초월성의 거부를 의미하는데, 이로써 계몽은 삶의 의미의 중심을 인간 외부가 아니가 인간 내부에서 찾으려 한다. 계몽이 취하는 입장은 인간의 번영이라는 유일한 목적을 추구하는 휴머니즘이다. 이러한 계몽의 경향에 반대하는 움직임은 크게 두 가지로 나타나는데, 그 하나는 과거의 전통으로 복귀하는 것으로 종교적 귀의를 통해 초월성을 전적으로 인정하는 태도다. 두 번째는 계몽의 전통의 연장 선상에 있으면서도 휴머니즘이 지향하는 삶의 형이상학적 우선성을 거부하는 태도다. 휴머니즘도 거부하고 초월성도 거부하는 이러한 신니체주의적 경향은 죽음과 폭력에 매료되는 문제점을 안고 있다. 테일러의 입장은, 과거로 다시 돌아갈 수는 없지만 현대의 무의미성에 대한 심각한 반성을 고려할 때 삶의 계몽과 역계몽 (counter-enlightenment), 두 경향 모두를 그대로 인정할 수는 없다는 것이다. 삶의 실천적 우선성은 인정하면서도 동시에 삶을 초월한 "선"의 존재에 대한 긍정의 길을 모색하면서, 아울러 역계몽의 위험성을 경고한다. 테일러는 현대의 계몽주의적 인간관과 사회관을 낳게 된 근본 경향에 내재하는 도덕적 차원을 무시하지 않으면서도 현대에 대한 낭만주의적 저항의 핵심 요소가 현대 가운데 표출되는 지점에 주목하면서 새로운 길을 모색해나간다.[5)

4. 현대 속의 낭만주의

앞서 언급한 것처럼 테일러의 헤겔 연구는 현대에 대한 이론적 분석과 독일 낭만주의의 중요성을 분석한 것이었다. 시간적으로는

---

5) Charles Taylor, "The Immanent Counter-Enlightenment" (다산 기념 철학 강좌 세 번째 강연) 참조.

헤겔 연구가 세속화 연구에 앞서 있지만 현대에 대한 본격적인 분석이 헤겔 연구와 더불어 시작되었고 세속화 과정에 대한 분석은 현대에 대한 연구의 일환으로 이루어져 있기 때문에 이 두 연구는 서로 밀접히 연결되어 있다.

테일러는 헤겔 철학이 프랑스 계몽 사상에 반대해서 생겨난 독일의 두 가지 사상적 경향을 철학적으로 종합한 것으로 해석한다. 프랑스 계몽 사상에 따르면 인간은 모든 것을 객체화하고 자기 자신도 객체화하는 주체다. 인간은 이기적 욕망을 가진 존재로 인식되며 사회적으로는 원자론적인, 그리고 윤리적으로는 공리주의적인 태도를 가지고 있다. 계몽의 기획은 과학적 사회 공학을 통해 인간과 사회를 재조직하여 인간간의 완벽한 상호 조정을 통해 인류의 행복을 추구하는 것이라고 테일러는 이해한다.

이러한 프랑스의 계몽 사상에 대하여 독일에서는 한편으로는 헤르더에서 시작하는 낭만주의적 성향의 표현주의가 나왔고, 다른 한편으로는 칸트를 중심으로 하는 인간의 자율적 자유에 대한 이해가 나왔다. 표현주의에 따르면 인간은 어떤 문화에 소속함으로써 표현적 존재가 되고, 문화는 공동체 속에서 형성되며 계승된다. 표현적 통일체인 공동체와 개인은 불가분의 관계에 있는데, 인간 개개인을 관통해 흐르는 거대한 생명의 흐름은 계몽주의적 개인관으로는 포착할 수 없는 차원이다. 인간 개개인에게는 자신의 정체성을 표현하는 것이 중요하다는 것을 강조하면서, 표현주의는 인간과 자연, 개인과 사회의 근원적 통일을 주장한다. 한편, 칸트는 인간을 자연의 일부로만 간주하면서 인간에 대하여 인과율적인 이해만을 주장하는 계몽주의의 과학적 인간 이해에 반대하여 정신적 도덕적 차원에서 인간은 자연적 성향을 거부하고 의지를 통해 자유를 가질 수 있으며, 자연의 법칙과는 다른 정신의 원리를 중심으로 자율성을 획득할 수 있다고 주장했다. 그리고 헤겔은 이러한 표현적 통일성과 정신의 자율적 자유라는 두 계기를 철학적으로 종합하려고 시도하였다. 역사 속에서 자기를 표현하는, 자유로운 "정신(Geist)"이라는 헤겔의 개념은 이러한 사상적 맥락에서 형성된 것으로 테일러는 이해한다.

그러나 이를 위해 헤겔이 역사철학의 형태로 제시한 해석학적 정당화의 방법이나 변증법을 통해 제시한 논리적 정당화의 방법 모두가 성공적이지 않다고 테일러는 분석한다. 그럼에도 불구하고 테일러는 헤겔의 문제 설정 방식과 사상적 통찰력은 현대에서 아주 중요하다고 주장한다. 헤겔이 극복하려고 했던 계몽주의의 인간관과 사회관, 윤리관은 18세기의 산업혁명과 과학 기술의 발전을 통해 더욱 강화되어 결국 현대의 불안으로 이어졌기 때문이다. 또 헤겔의 국가 개념과 정신 개념을 통해 극복하려 한 문제는 현대에 더욱 심각해졌고, 헤겔이 추구했던 통일의 열망은 여전히 오늘의 과제이기 때문이다. 헤겔이 근거했던 낭만주의적 경향은 다른 차원을 통해 현대에 대해 반항을 해왔다. 즉, 낭만주의적 예술가들의 활동에 의해, 그리고 토크빌이나 존 스튜어트 밀과 같은 정치 사상가들에 의해, 그리고 부정적 방식으로 과격하게 나타나는 것으로는 니체나 소렐 같은 이들에 의해 표현된 것들은 모두 현대가 내포한 계몽주의적 성향에 대한 낭만주의적 저항이라는 것이다. 결국 문제의 해결에서 낭만주의적 저항을 자신의 철학에 반영하지 못하고 오히려 현실과의 화해를 추구했으며, 또한 그가 의존하고 있는 것이 초기의 낭만주의였다는 점이 결국 헤겔을 실패하게 만든 원인이었다.6)

테일러의 철학에서 헤겔적 성향이 나타나고 영향을 받은 것은 분명해보인다. 또한 헤겔에게서 유의미한 부분이라고 할 수 있는 전체적(holistic) 시각의 중요성이 테일러에게서도 강조되고 역사적

---

6) 찰스 테일러, 『헤겔철학과 현대의 위기』, 박찬국 역(서광사, 1988), p.198 이하 참조.

경향성에 대한 신념도 표현된다. 사실 테일러가 헤겔에게서 많은 것을 배웠고 시사를 받았다는 것을 인정하는데, 그러면서도 자신이 헤겔주의자가 결코 아니라고 강변하는 것은 헤겔 철학의 시대착오적 측면과 철학적 기획의 오류들 때문이다.

5. 진정성의 윤리와 표현적 개인주의

현재 우리가 목격하고 우려하고 있는 개인주의는, 자신과 타인 사이에 있는 유대적 관계를 근본적으로 인정하지 못하고 원자화된 개인으로서 자신의 욕망과 이해 관계에만 몰두하는 경향을 드러낸다. 그러나 이 개인주의는 현대 문명의 업적으로 간주될 수 있다. 왜냐 하면 현대의 개인주의는 개인의 양심과 권리, 자유 개념을 진작시킨 근본적 사고 방식이기 때문이다. 이러한 긍정적 측면에도 불구하고 테일러는 개인주의가 자신에게만 초점을 맞추는 가운데 외적 목적을 상실하고 광범위한 시야를 상실하게 만드는, 즉 현대에서의 인간의 삶의 지평을 상실하게 하는 어두운 측면이 있다는 사실에 우리의 주목을 이끈다. 그런데 테일러는 여기서 멈추지 않고 현대의 개인주의에서 진정성의 윤리를 이끌어내고, 또 1950년대 이후의 개인주의의 새로운 경향에 주목하면서 새로운 사회 질서를 탐색한다.

현대의 개인주의는 자기 실현을 이상으로 한다. 자기에 몰두하는 개인은 타인의 간섭을 원하지 않으며, 마찬가지로 자신도 타인의 일에 개의치 않으려 한다. 서로 남의 일에 관여하지 않으려 하고, 서로 가진 가치관에 대해 비판하지 않으려는 태도는 교양 있는 태도로 간주되기도 한다. 이것이 개인주의가 내포하고 있는 온건한 상대주의적 경향이다. 이 같은 상대주의적 무관심주의는 오늘날의 윤리적 태도의 대표처럼 군림해 있다. 자기 실현에 몰두한 개인은 자신의 이해 타산을 넘어서서 타인을 배려하지 않으며 "자기에게 진실하라", "자신만의 진실된 삶을 추구하라"는 모토를 실천한다. 그런데 이러한 자기 폐쇄적 태도는 자기에게 진실하라는 개인주의의 이상에 비추어볼 때 빗나간 태도임을 테일러는 보여준다.

인간 생활은 일반적으로 서로 대화를 나누는 특성을 가지고 있다. 우리가 사용하는 풍부한 표현적 언어를 통해 우리는 자신을 이해하고 또한 자기 고유의 정체성을 규정하고 인식함으로써 성숙한 개인으로 된다. 자기에게 진실하기 위해서는 자기의 정체성이 확립되어 있어야 하는데, 이러한 정체성은 바로 타인과의 소통을 통해서 확립된다. 부모와 형제, 친구와 같은 의미 있는 타자와 표현적 언어(이때의 언어란 말로 이루어지는 것 외에도 예술, 몸짓, 사랑 행위 등 포괄적인 개념이다)를 통해 소통하면서 인정을 받는 가운데 인간의 마음이 형성되고 정체성이 확립되는 것이다.[7] 그러므로 자기 폐쇄적 행위는 이러한 정체성의 형성 자체를 불가능하게 하고 진정한 자아의 실현을 무위로 돌린다. 자신에게 진실된 삶, 즉 더욱 충만하고 차별화된 삶을 지향하는 개인주의가 추구하는 진정성(또는 자기 진실성. authenticity)의 확보는 자기를 넘어서 타자와 적극적 관계를 맺지 않으면 가능하지 않게 된다. 개인주의가 원래 추구하는 이상인 진정성을 성취하기 위해서는 이처럼 자기를 초월하여야 한다는 것을 테일러는 진정성의 윤리라는 이름으로 설명한다.

그런데 이러한 개인주의가 현대의 이성의 도구적 활용과 더불어 사회적으로 원자주의적 태도를 낳고, 자연에 대해서는 무감각한 태도를 낳게 된다는 점이 문제였다. 이성을 도구적으로 활용한다는 말은 우리에게 주어진 목적을 성취하기 위한 수단을 어떻게 하면 가장 경제적으로 응용해낼 수 있는가를 계산할 때의 태도를 말한다.

---

7) 찰스 테일러, 『불안한 현대 사회』, p.49.

현대는 어떠한 외부로 주어지는 종교적 철학적 목적 의식의 정당성을 거부한 채 인간이 실존하고 있다는 사실에만 치중한다. 이런 맥락에서 인생은 아무런 목표 의식 없이 주어진 삶의 유지만을 절대화하는 가운데 도구적 이성만 전적으로 작용하게 된다는 점이 문제로 지적된다. 그러나 현대의 도구적 이성의 사용에도 긍정적인 윤리적 측면이 있음을 테일러는 적절히 지적한다. 열악한 삶의 환경으로부터 해방되고 자연으로부터 오는 고통으로부터 자유로운, 좀더 좋은 형태의 삶을 만들려는 노력 때문에 현대의 도구적 이성이 기능하고 있다는 것이다. 그러므로 우리의 삶의 많은 부분을 도구적 이성에 맡길 수밖에 없고, 거대 규모의 단체와 정부 조직에서도 관료적 합리성이 작용해야 하는 것으로 본다. 이러한 입장을 테일러는 "일상 생활의 긍정"[8]이라고 부른다.

도구적 합리성과 더불어 과학 기술의 발전이 가져온 현대의 물질적 풍요는 현대에 새로운 경향을 초래하였다. "표현적 개인주의 (expressive individualism)"[9]라고 테일러가 이름한 이 경향은 1950년 이후 서구에서 등장한다. 이 개인주의가 이전의 개인주의와 다른 점은 19세기와 20세기 초에 예술가와 지성인들에 의해 주장되던 표현주의적 성향이 이제는 사회 전반에 걸쳐 확장되고 있다는 점이라고 테일러는 지적한다. 모든 사람들이 이제는 자신을 표현하기를 원하는데, 이는 특히 이 시기의 청년기 문화의 형성과 맞물려 있다. 패션 공간은 표현적 개인주의가 등장하는 대표적인 예로 볼 수 있는데, 이 공간에는 개인의 행위가 집중되며 이 행위는 자기 현시 행위로 특징지워진다. 모든 사람은 의상 등을 통해 자신을 표현하고, 동시에 타인이 표현한 것을 인정하면서 자연스럽게 서로 어울리며

---

8) Charles Taylor, *Sources of the Self: The Making of the Modern Identity* (Cambridge : Cambridge University Press, 1989) p.221 이하 참조.
9) Charles Taylor, *Varieties of Religion Today: William James Revisited* (Cambridge : Harvard University Press, 2002) p.80.

조화를 이루고 있다. 수평적 성격을 지닌 동시적 상호 현존의 공간인 패션의 공간에서 우리가 행위할 때 타인이 우리의 행위의 증인이 되고 우리 행위의 의미의 공동 결정자로 존재한다는 것을 인식할 수 있다. 테일러는 이 패션 공간에서 이루어지는 표현 행위들 속에서 이루어지는 소통의 특성에 주목하는 것이다. 이 소통은 새로운 시대의 정치 질서의 유형으로 생각될 수 있으며, 이는 다문화 사회와 국제 관계에서의 정치 방식으로 제시하는 테일러의 인정의 정치 개념과도 서로 잘 어울리는 관념이다.

6. 다문화 시대의 인정의 정치

다문화 사회란 여러 문화적 공동체가 존재하는 사회를 말한다. 미국이나 캐나다가 대표적 예다. 퀘벡의 경험을 통해 테일러는 다문화 현상이 한 사회 내에서 야기하는 문제를 어떻게 해결해야 할 것인가에 몰두하였다. 그런데 이러한 경험은 다문화 사회인 캐나다만의 문제가 아니라 현대의 정치 상황에 적용될 수 있는 문제다. 오늘날을 규정하여 말하는 다문화 시대란 여러 문화의 존재가 정치적 사회적으로 문제가 되는 시대를 의미하며, 다문화 사회의 정치 사상은 다문화 시대에도 직접적 적실성이 있다.

다문화 문제를 풀어가는 열쇠를 테일러는 정체성 개념으로 본다. 정체성 개념은 앞서 보았던 것처럼 낭만주의와 개인주의에서 중요한 개념이었다. 다문화성은 차별성을 전제한 것으로 통약 불가능한 (incommensurable) 다양성의 존재와 관련된다. 정체성은 인정을 통해 형성된다. 다문화 사회가 봉착하는 문제는 이러한 인정의 결여의 문제며, 따라서 테일러는 퀘벡의 문제도 이러한 인정의 결여가 바탕이 되어 만들어진 문제로 설명한다. 물론 문제 당사자는 이러한 차원을 거부할지 모르지만 결국 퀘벡 분리주의자들이 획득하려고 하는 것은 자신의 문화와 정체성에 대한 영어권 캐나다인들로부터 의 인정이라고 테일러는 말한다.[10]

이러한 관점은 오늘날 문화의 충돌이라고 흔히 규정되는 국제적 갈등에도 적용된다. 테일러는 헌팅턴이 문제를 너무 단순화해서 보 았다고 비판한다. 그리고 종교간의 투쟁으로 보이는 갈등도 사실은 집합적 주체들이 현실 세계에서 정체성의 인정을 얻기 위한 투쟁으 로 보아야 한다는 것이 테일러의 견해다.

이러한 갈등의 시발은 현대의 민주주의의 발전과 맥락을 같이 한다고 테일러는 주장한다. 현대의 시작과 더불어 정치는 모든 사람 이 주권을 가진다는 인민 주권 개념이 민주주의의 근간을 이루게 된다. 그런데 이러한 개념에서, 개인의 권리를 양도받는 정치체는 하나의 인격체로 간주되고, 이 맥락에서 한 정치 공동체에서 정치의 주체와 관련하여 정치적 정체성의 형성이 집단의 차원에서 이루어 지게 된다. 즉, 통치에 참여하는 집단과 그렇지 못한 집단의 구별이 이루어지고, 참여하지 못하는 집단이 나름의 정치적 정체성 형성을 통해 갈등을 유발하게 된다는 것이다. 다민족 사회나 다민족이 모여 사는 유럽에 민족주의가 발흥하여 갈등의 요인이 되는 상황을 이렇 게 이해할 수 있다고 테일러는 주장한다. 그런데 이슬람권은 교리적 차원에서 볼 때 정교의 분리가 근원적으로 불가능하며, 따라서 정치 적 정체성의 형성이 종교적 정체성과 밀접한 상관성을 가지게 된다. 이에 정치적 정체성의 인정 투쟁이 종교적 분쟁으로 비추어진다는 점을 테일러는 지적한다.

이렇게 본다면 9·11 테러도 그들의 종교적 차원과 분리하여, 상 처받은 자존심을 달래려는 하나의 응전 방식으로 간주할 수 있다.

---

10) Charles Taylor, "The Politics of Recognition" *Multiculturalism* ed by Amy Gutmann (Princeton : Princeton University Press, 1994) p.64.

민간인 살해와 자살 공격은 이슬람의 근본 원리와는 위배되는 것으로, 소수의 전투적 정치 집단이 자신의 행위를 종교적으로 정당화하려는 것과 다수가 신봉하는 이슬람의 근본 정신과는 구별되어야 한다. 이슬람이나 기독교와 같은 종교 자체가 본질적으로 투쟁을 야기하는 것이 아니라, 종교가 지대한 영향을 주는 정치적 정체성의 인정 획득의 노력이 투쟁을 야기한 것으로 보아야 한다는 것이 테일러의 분석이다.11) 이렇게 볼 때 빈 라덴의 광신적 투쟁 행위는 종교적 행위로 이해되어서는 안 된다. 그리고 중동의 문제는 상호 정체성의 인정을 위한 표현적 대화를 중심으로 한 노력을 통해 해결을 추구해야 한다고 볼 수 있다.

7. 자유주의자인가 공동체주의자인가?

그렇다면 다문화 상황에서 발생되는 문제를 적절한 절차를 수립하여 그 절차에 따라서 해결하는 것을 기대할 수는 없는 것일까? 공정한 절차를 강조하는 자유주의적 해결 방법에 대해 테일러는 자유주의자들이 생각하는 것처럼 그 절차가 중립적이지 않다고 주장한다. 단적인 예로서, 언어가 다른 두 문화권이 절차적 요건을 충족시키기 위해 대화를 나눌 때 어떤 언어를 사용하는가 자체가 이미 문화적 선호가 개입되는 것이며, 절차주의에 내재된 형식성 자체가 서구적 정신의 반영이라는 지적을 한다. 문화를 초월한 이성적 장치나 중립적 절차란 존재할 수 없다는 주장은 퀘벡의 경험과, 언어의 비환원적 성격에 대한 이해 그리고 인식론적 연구를 통해 테일러가 얻은 결론이다.

---

11) Charles Taylor, "Religion and Modern Social Imaginary" (다산 기념 철학 강좌 두 번째 강의) 참조.

이러한 다문화주의적 태도는 상대주의가 아닌가? 테일러는 문화가 다르다고 해도 표현된 행위의 이해와 끊임없는 소통은 상호 이해의 가능성을 열어준다고 확신한다. 그리고 가다머의 "지평 융해" 개념이 이러한 가능성을 이론적으로 예시한 것으로 간주한다. 그리고 문화적 다양성에도 불구하고 남녀 평등이나 생명 존중과 같은 인간의 보편적 인권의 존재는 인정한다. 다만 이러한 인정을 이성주의를 통한 자유주의적 정당화를 통해 보장하려는 생각을 테일러는 하고 있지 않다. 보편을 말하지만 이러한 보편도 공동체적 가치와 개인의 표현적 자유와 어우러져 상호 인정의 형태로 정당화될 것으로 그는 기대한다.

보편을 인정하면서 이성주의에 의존하지 않는 테일러는 자유주의자인가 공동체주의자인가? 이 질문에 대답하기 위해 우리는 이 개념이 갖고 있는 다의성을 먼저 해명해야 한다. 한국에서의 강의를 통해 가장 많이 받았던 이 질문에 대해 테일러는 공동체주의의 두 의미를 구별하면서 대답했다. 첫째는 우리 관심을 공동체에 쏟고, 공동체에 봉사하며 정책적 차원에서 기여하는 의미에서의 공동체주의로서 이런 공동체 중심적 사고는 필요한 것으로 간주될 수 있다. 그러나 공동체들은 서로 완전히 분리된 것으로, 이를테면 언어나 인종 집단처럼 구별되고 분리된 것으로 간주해 자신의 독특성만을 강조하는 지역이기주의적 태도에는 비판할 점이 많다는 것이다. 후자의 의미에서의 공동체주의에는 철학적 입장이 가능하지 않으므로 진정한 공동체주의로 인정할 수는 없다고 한다. 미국의 공동체 운동의 일환으로 제시된 "공동체 강령(Communitarian Platform)"에 대해 테일러가 동의하지 않은 것은 그것이 후자적 의미에서의 공동체주의적 성격을 갖고 있기 때문이라고 이해할 수 있다. 이 점은 마이클 왈처도 마찬가지다. 한편, 인권의 보편적 가치에 대한 인정은 자유주의적 성격을 나타내는 것이므로 많은 사람들은 테일러는 자유주의자라고 부르기도 한다. 그러나 테일러는 하버마스류의 형식주의적 철학을 비판하고 있으므로 일반적 의미의 자유주의자라고 불리기에는 적합하지 않다. 그래서 사람들은 자유주의적 공동체주의라는 복합적 이름을 사용하기도 한다.

8. 글을 맺으며

테일러는 공동체의 정체성의 다양성과 문화적 다양성, 그리고 표현적 개인주의가 담보하려는 다양한 개인의 존재를 전적으로 인정하면서도, 상대주의로 나아가지 않고 인류가 함께 지켜야 할 공통의 가치를 추구한다. 한 집단이 우월성을 점유하고 다른 집단에 대해 힘으로 군림하는 태도를 테일러는 거부한다. 중요한 것은 상호 인정이고 수평적 존중을 통한 상호 공존의 지혜다. 이는 개인의 차원에서는 자기 중심성을 초월하여 타인에 대한 관심과 배려로 나아가려는 태도를 통해, 그리고 집단의 차원에서는 문화적 차이에도 불구하고 인내심을 갖고 상대를 경청하고 이해하려는 태도를 통해 가능하게 될 것이다. 이를 위해 요구되는 전체에 대한 관심과 정치 문제에 대한 시민적 관심은, 인간다운 삶을 위해서 그리고 시민으로서 품위 있는 생활을 위해서 반드시 충족되어야만 하는 요구다. 이렇게 될 때만 오늘날 새롭게 야기되는 시민사회의 파편화 현상을 극복할 수 있고, 새로운 차원에서 형성되는 경제적, 정치적, 문화적 독재를 이겨낼 수 있게 된다.

이상과 같은 테일러 사상의 요약은 결코 충분한 것이 될 수 없다. 이는 테일러의 광범위한 관심을 짧은 지면에 모두 요약하는 것이 불가능한 탓도 있지만, 테일러가 70이 넘은 고령에도 불구하고 지속적인 사유와 저술 활동을 계속하면서 자신의 철학적 지평을 꾸준히

넓혀가고 있기 때문이기도 하다. 한국에서의 강연을 마치고 캐나다로 귀국한 지 며칠 되지 않아 테일러는 A4 용지로 20여 페이지가 넘는 원고를 한국에서 나올 전체 강연의 번역서의 서문으로 보내주었다. 그러고보니 이번 강연의 내용을 중심으로 하는 큰 부피의 책을 준비하고 있다는, 공항으로 가는 차 안에서 한 테일러의 말이 기억난다.

▣ 역자 소개
(가다나 순)

□ 김선욱

숭실대 철학과를 졸업하고, 미국 뉴욕주립대 버팔로대학 철학과에서 철학 박사 학위를 받았다. 서울대 미국학연구소 연구원을 역임했으며, 현재 숭실대 철학과 교수로 있다. 역서로는『칸트 정치철학 강의』(2002)가 있으며, 저서로는『정치와 진리』(2001),『한나 아렌트 정치 판단 이론』(2002)이 있고,「한나 아렌트의 정치 개념」외 다수의 논문을 발표하였다.

□ 노양진

전남대 철학과와 동 대학원을 졸업하고 미국 서던일리노이대(카본데일) 철학과에서 철학 박사 학위를 받았으며, 현재 전남대 철학과 교수로 있다. 역서로『삶으로서의 은유』(1995, 공역),『실용주의』(1999, 공역),『마음 속의 몸』(2000),『몸의 철학』(2002, 공역)이 있으며, 주요 논문으로「퍼트남의 내재적 실재론과 상대주의의 문제」,「로티의 듀이 해석」,「번역은 비결정적인가?」,「지칭에서 의미로」,

「비트겐슈타인과 철학의 미래」, 「실재론과 반실재론을 넘어서」, 「이성의 이름」, 「비트겐슈타인의 상대주의」 등 언어철학 분야에 다수의 논문이 있다.

□ 목 광 수

서울대 철학과를 졸업하고 서울대 철학과 박사 과정에 재학중이며, 다산 기념 철학 강좌 운영위원회 간사를 맡고 있다. 주요 대표적인 논문으로는 「인권과 지구촌 정의관」(석사 학위 논문, 2002), 「지구촌 정의관 ― 합의 공론장의 조건과 방법론을 중심으로」(『철학논구』, 2003)가 있다.

□ 신 혜 영

서울대 국어교육과를 졸업하고 서울대 철학과 박사 과정에 재학중이며, 가톨릭대 강사로 있다. 주요 논문으로는 「화이트헤드의 유기체 철학에 대한 연구 : 현실적 존재, 영원적 객체, 파악, 신개념을 중심으로」(석사 학위 논문, 1993)이 있다.

□ 윤 평 중

고려대 철학과를 졸업하고 미국 남일리노이주립대 철학과에서 철학 박사 학위를 받았다. 버클리대와 미시간주립대 방문 교수를 역임했으며, 현재 한신대 철학과 교수로 있다. 저서로는 『푸코와 하버마스를 넘어서』(1990), 『담론 이론의 사회철학』(1998), 『논쟁과 담론』(2001) 외 다수의 저서와 논문이 있다.

세속화와 현대 문명

초판 1쇄 인쇄 / 2003년 11월 5일
초판 1쇄 발행 / 2003년 11월 10일
■
지은이 / 찰스 테일러
옮긴이 / 김 선 욱 외
펴낸이 / 전 춘 호
펴낸곳 / 철학과현실사
서울특별시 서초구 양재동 338의 10호
전화 579—5908~9
■
등록일자 / 1987년 12월 15일(등록번호 : 제1—583호)
■
ISBN 89-7775-459-3 03160
*지은이 및 옮긴이와의 협의에 따라 인지를 생략합니다.
*잘못된 책은 바꾸어 드립니다.

값 20,000원